Der Beitrag „Technische Versicherungen“ ist eine Überarbeitung und teilweise Neugestaltung der von Dipl-Kfm. Hans. J. Vandrey verfaßten Abhandlung[1] durch Dipl.-Ing. Wolfgang Meyer-Rassow unter Mitarbeit von Martin Dornbusch, Roland Klier, Helmut Kreber, Dieter Platen und Edwin Weiß.

1 Versicherungswirtschaftliches Studienwerk, 2. Auflage, Wiesbaden 1970–1975

Technische Versicherungen

Von Dipl.-Ing. Wolfgang Meyer-Rassow

Inhaltsverzeichnis

Seite

A. Einführung

Von Dipl.-Ing. Wolfgang Meyer-Rassow

I. Begriff

Unter der Bezeichnung „Technische Versicherungen" werden verschiedene Versicherungsarten zusammengefaßt, deren Gegenstand die Versicherung von Sachschäden (Sachversicherungen) oder die Versicherung von Ertragsausfällen/Mehrkosten in weiterer Folge von Sachschäden (Vermögensversicherungen) sind. Es handelt sich im einzelnen um:

1. Sachversicherung von im Bau befindlichen Maschinen, Anlagen oder entstehenden Bauleistungen
   a) Montageversicherung
   b) Bauleistungsversicherung
2. Sachversicherungen von in Betrieb befindlichen Maschinen oder technischen Anlagen
   a) Maschinenversicherung
   b) Garantie-Versicherung
   c) Schwachstromanlagenversicherung
3. Vermögensversicherungen
   a) Maschinen-Betriebsunterbrechnungs-Versicherung
   b) Schwachstromanlagen-Betriebsunterbrechungs-Versicherung
   c) Montage-Betriebsunterbrechungs-Versicherung[2]
   d) Versicherung gegen Schaden durch Betriebsunterbrechung infolge des Ausfalls der öffentlichen Energieversorgung
   e) Versicherung von Mehrkosten infolge des Ausfalls von Maschinen oder technischen Anlagen
   f) Versicherung von Mehrkosten infolge des Ausfalls von Schwachstromanlagen

II. Entwicklung

Die in Abschnitt A.I genannte Gliederung entspricht nicht der historischen Entwicklung der Technischen Versicherungen in Deutschland. Etwa **im Jahre 1903** wurde die **Maschinenversicherung (M)** als erste der Technischen Versicherungen im damaligen Deutschen Reich zugelassen. Diese Versicherungsart hat hinsichtlich des Prämienaufkommens (vgl. Tabelle 1) noch heute die größte Bedeutung. Dies ist mit ein Grund dafür, daß die Maschi-

2 Diese Versicherungsart wird nur der Vollständigkeit halber genannt. Auf sie soll im Rahmen eines Studienwerkes erst dann näher eingegangen werden, wenn das entsprechende Bedingungswerk, das sich zur Zeit in Vorbereitung befindet, genehmigt ist.

nenversicherung lange Zeit der Sammelbegriff war für alle anderen Sparten, die jetzt unter der Bezeichnung „Technische Versicherungen" erfaßt werden. Wegen dieser Sonderstellung wird die Maschinenversicherung im Rahmen des vorliegenden Studienwerks an erster Stelle und besonders ausführlich behandelt.
Als nächste der Technischen Versicherunen folgte **im Jahr 1924** die **Schwachstromanlagenversicherung (Schw.)** etwa zur gleichen Zeit mit der **Montageversicherung (Mo)**, der sich **im Jahr 1927** die **Garantie-Versicherung (Gar)** anschloß. Die **Bauleistungsversicherung (BL)** wurde **im Jahr 1934** ins Leben gerufen, und als jüngste Sparte der Technischen Versicherungen erschien **im Jahr 1955** die **Maschinen-Betriebsunterbrechungs-Versicherung (MBU)** mit einem eigenen Bedingungswerk auf dem deutschen Versicherungsmarkt. Aus der MBU-Versicherung entwickelten sich dann mit der Zeit alle anderen in Abschnitt A.I genannten Vermögensversicherungen.

Die Technischen Versicherungen, einschließlich der genannten Vermögensversicherungen, zählen zu dem Oberbegriff „Sachversicherungen". Gemessen an ihrem Prämienaufkommen spielen die Technischen Versicherungen im Rahmen der Sachversicherungen nicht die beherrschende Rolle. Gleichwohl sind die Technischen Versicherungen zu einem festen Begriff auf dem Versicherungsmarkt geworden und stellen einen wesentlichen Teil der sogenannten *Industrie-Versicherungen* dar.

In Tabelle 1 wird die Prämienentwicklung der einzelnen Sparten der Technischen Versicherungen im Verlauf der Jahre 1971 bis 1980 in der Bundesrepublik Deutschland aufgezeigt. Es handelt sich hierbei um Prämieneinnahmen (jeweils in Mio. DM), die von den Mitgliedsunternehmen des Verbandes der Sachversicherer e. V. im deutschen direkten Geschäft gebucht wurden.

Tabelle 1

Jahr	M	Schw.	MBU	Mo	Gar	BL	Sonstige	Insgesamt
1972	226	97	31	80	15	113	5	567
1973	261	117	32	93	16	116	6	641
1974	286	138	34	95	23	97	8	681
1975	320	160	36	104	22	87	13	742
1976	356	178	30	121	25	91	17	818
1977	378	197	37	140	31	95	20	898
1978	404	223	39	157	25	109	43	1 000
1979	440	250	44	164	33	126	58	1 115
1980	492	282	52	167	34	138	67	1 232
1981	509	307	54	173	40	129	82	1 294

Anmerkungen

Unter „Sonstige" werden z. B. die im Rahmen dieses Studienwerkes nicht behandelten Versicherungen für Kleinmaschinen, Elektro- und Gasgeräte sowie Fernsehgeräte erfaßt. Diese Versicherungsarten werden vom BAV in den Rechnungslegungsvorschriften zwar den Technischen Versicherungen zugeordnet, aber von anderen Sachsparten betrieben.

In der Bundesrepublik Deutschland sind die Technischen Versicherungen innerhalb des Verbandes der Sachversicherer e.V. durch einen **Fachausschuß** vertreten. Auf internationaler Ebene findet im Rahmen der **„Internationale Vereinigung der Maschinenversicherung (IMIA)"** ein ständiger Erfahrungsaustausch statt. Dieser Vereinigung gehören neben mehreren europäischen Ländern einschließlich der UdSSR auch die USA und Japan an.

III. Rechtsgrundlagen

Rechtsgrundlagen für die Technischen Versicherungen sind:

1. Vertragliche Bestimmungen

   a) Allgemeine Geschäftsbedingungen der Versicherer in Form der vom Bundesaufsichtsamt für das Versicherungswesen (BAV) genehmigten **Allgemeinen Versicherungsbedingungen** und **Klauseln** sowie **Sonderbedingungen** (sogenannte *„geschriebene Bedingungen"*)

   b) besondere Vereinbarungen im Einzelfall

2. Gesetzliche Bestimmungen

   Soweit die vertraglichen Bestimmungen nicht eingreifen oder einer Auslegung bedürfen, kommen die gesetzlichen Bestimmungen zum Zuge, insbesondere

   a) Gesetz über den Versicherungsvertrag (VVG)
   b) Bürgerliches Gesetzbuch (BGB)
   c) Handelsgesetzbuch (HGB)

B. Maschinenversicherung

Überarbeitet von Helmut Kreher

I. Entwicklung der Maschinenversicherung

Während die ersten in England abgeschlossenen Dampfkesselversicherungen praktisch eine Haftpflichtdeckung für Revisionsingenieure darstellten, wurde in Deutschland im Jahre 1898 zum ersten mal ein Konzept zur Versicherung von Maschinen erarbeitet, das die Versicherung aller Arten von Maschinen als Sachwerte vorsah. Die ersten Tarife und Bedingungen wurden im Jahr 1900 erarbeitet und genehmigt. Aufgrund der gewonnenen Erfahrungen konnten dann im Jahre 1903 die ersten Allgemeinen Versicherungsbedingungen erstellt werden. Hierauf wurde drei deutschen Versicherungsgesellschaften die aufsichtsamtliche Genehmigung zum Betrieb der Maschinenversicherung im Deutschen Reich erteilt, und heute bieten fast alle bedeutenden Gesellschaften die Maschinenversicherung an.

Als Bedingungswerk dienten bis 1968 die „Allgemeine Bedingungen für die Versicherung von Maschinen, maschinellen Einrichtungen und Apparaten (AVB)" aus dem Jahr 1911. Diese Bedingungen wurden immer wieder in einzelnen Bestimmungen geändert sowie durch Klauseln ergänzt, bis im Jahr 1968 die **Allgemeine Maschinenversicherungsbedingungen (AMB)** in Kraft traten.

Zur Zeit liegt dem Bundesaufsichtsamt für das Versicherungs- und Bausparwesen (BAV) ein neues Bedingungswerk zur Genehmigung vor. Hiermit sollen künftig die Bedingungen für die Maschinenversicherung (AMB), die Versicherung fahrbarer oder transportabler Geräte (ABG und ABMG) (vgl. B.IX, unten) sowie schwimmendes Gerät (AMB in Verbindung mit der Klauselsammlung 400) zusammengefaßt werden. Die Bedingungen werden in vier Hauptteile gegliedert sein:

(A) Allgemeine Bestimmungen
Dieser Teil enthält die den Teilen (B) bis (D) gemeinsamen Bedingungen, wie versicherte Schäden und Gefahren, Versicherungssumme, Umfang der Entschädigung usw.

(B) Stationäre Maschinen oder sonstige technische Anlagen

(C) Fahrbare oder transportable Geräte

(D) Schwimmendes Gerät

Die Teile (B) – (D) enthalten spezielle Bestimmungen über versicherte Sachen, Versicherungsort, versicherte Schäden und Gefahren, soweit diese Bestimmungen von Teil (A) abweichen.

Der nun folgenden Darstellung der Maschinenversicherung liegen die AMB bzw., soweit die Versicherung von fahrbaren oder transportablen Geräten behandelt wird, die ABG oder ABMG zugrunde. Für die Mitglieder der „**Vereinigung Deutscher Elektrizitätswerke (VDEW)**" wurden eigene Versicherungsbedingungen geschaffen, die sogenannten „**VDEW-Bedingungen**". Dieses Bedingungswerk stellt auf die speziellen Erfordernisse dieses Kreises von Versicherungsnehmern ab. Soweit die VDEW-Bedingungen wesentlich von den AMB abweichen, wird auf diese Unterschiede hingewiesen.

II. Versicherte Sachen – ihre Bestimmung und Abgrenzung

1. Versicherbare und nicht versicherbare Sachen und Sachteile

Gegenstand der Versicherung sind Maschinen und maschinelle Einrichtungen im weitesten Sinn, in erster Linie **Kraft- und Arbeitsmaschinen**. Kraftmaschinen sind solche, mit deren Hilfe eine Energieform in eine andere umgewandelt wird (z. B. Motoren, Turbinen, Generatoren). So erzeugt man z. B. aus elektrischer Energie über den Elektromotor mechanische Energie. Unter Arbeitsmaschinen sind Maschinen zu verstehen, mit deren Hilfe Stoffe z. B. gewonnen, erzeugt, bearbeitet oder transportiert werden (z. B. Pumpen, Zentrifugen, Drehbänke, Kräne). Diese Maschinen werden von Kraftmaschinen angetrieben, d. h. ihnen wird mechanische Energie zugeführt.

Versichert wird grundsätzlich der **gesamte Maschinenpark** eines Werkes, mindestens aber eine geschlossene Betriebsabteilung.

Die AMB nennen in Ziffer 1.2 die Arten von Sachen und Sachteilen, die versichert werden können. Dabei ist klargestellt, daß bei elektrischen Einrichtungen, wie Transformatoren und Schaltern, die Ölfüllung mitversichert ist, weil sie hier Maschinenelement ist, nämlich Isoliermittel, und nicht wie sonst Öl, das der Schmierung dient, wie z. B. die Ölfüllung von Dampfturbinen. Ölfüllungen, die – wie z. B. bei Dampfturbinen – oft einen erheblichen Wert darstellen, können gemäß Ziffer 1.2.4 AMB durch besondere Vereinbarung gegen Zuschlagsprämie mitversichert werden. Versichert sind jedoch nur solche Schäden, die an der Ölfüllung infolge eines ersatzpflichtigen Schadens an der Turbine entstehen. Für die Entschädigung ist der Zeitwert des Öls maßgebend.

Schließlich können auch Reserveteile versicherter Maschinen mitversichert werden (Ziffer 1.2.3 AMB).

Die AMB sind auf die Versicherung **stationärer Maschinen** zugeschnitten. Über eine Maschinenversicherung können aber auch **transportable und selbstfahrende Arbeitsmaschinen**, wie z. B. Bagger, Turmdrehkräne, Planierraupen versichert werden, nicht jedoch Kraftfahrzeuge, die überwiegend dem Transport von Gütern oder Personen dienen.

Früher haben auch die Transportversicherer zum Teil für fahrbare Arbeitsmaschinen Versicherungsschutz geboten; es war deshalb eine klare Abgrenzung der Interessengebiete erforderlich. Dies geschah durch die zuständigen Fachverbände im Jahre 1934. Die damals getroffene, vom Aufsichtsamt gebilligte (VerAfP 1934, 166) und noch heute gültige Vereinbarung lautet:

„1. *Alle auf dem Wasser befindlichen und sich bewegenden Gegenstände, wie Verladebrücken, Bagger, Kräne, Pontons sowie Dock- und Slipanlagen, einerlei, ob sich diese auf dem Wasser oder in Werften auf Land befinden, fallen unter die Transportversicherung.*

2. *Auf dem Lande befindliche (feststehende und auf kurze Strecken auf Schienen laufende) Gegenstände, wie Verladevorrichtungen, Kräne, Abraum- und Förderbrücken, Landbagger, fallen unter die Maschinenversicherung.*

3. *Bei den auf dem Lande auf größeren Strecken sich bewegenden Gegenständen, wie Dampf- und elektrischen Lokomotiven, sind zwei Gruppen zu unterscheiden:*

   a) *solche, die dem Verkehr dienen. Diese fallen unter die Transportversicherung.*

   b) *solche, die als Hilfsmaschinen ausschließlich auf Industrie- oder Baugelände benutzt werden. Diese fallen unter die Maschinenversicherung.*

   Das dazu gehörende rollende Material ist zu der Gruppe zu rechnen, zu welcher die Lokomotive gehört.

4. *Drahtseil- und Förderbahnen fallen unter die Maschinenversicherung.*"

Fahrbare Maschinen aller Art werden im Rahmen der Maschinenversicherung nach den **Allgemeinen Bedingungen für die Maschinen- und Kasko-Versicherung von fahrbaren Geräten (ABMG)** versichert (vgl. B.IX, unten).

Daneben bietet die Kaskoversicherung für fahrbare Baugeräte nach den **Allgemeine Bedingungen für die Kaskoversicherung von Baugeräten (ABG)** einen eingeschränkten

Versicherungsschutz, der den inneren Betriebsschaden vom Versicherungsschutz ausnimmt (vgl. B.IX, unten).

An vielen Maschinen gibt es Teile, die durch den Gebrauch abgenutzt werden und deren Erneuerung von Zeit zu Zeit notwendig ist. Im Interesse der klaren Abgrenzung sind diese Teile unter Ziffer 1.3 AMB genannt und grundsätzlich nicht versichert. Die Aufzählung ist zum Teil erschöpfend; bei Werkzeugen ließ sich dieser Grundsatz nicht verwirklichen, weil eine Abgrenzung zwischen nicht versicherten Werkzeugen und versicherten Maschinenteilen nicht immer möglich ist. Hierüber entscheidet vielmehr der Sprachgebrauch der betroffenen Fachkreise, gegebenenfalls ein Sachverständigen-Gutachten. Nach den VDEW-Bedingungen sind auswechselbare Werkzeuge ebenfalls ausgeschlossen, jedoch erstreckt sich der Versicherungsschutz auch auf diese Sachen, wenn sie infolge eines ersatzpflichtigen Maschinenschadens beschädigt werden (§ 1, II VDEW). Diese Regelung ist möglich, weil es sich bei den Elektrizitätswerken um eine begrenzte Anzahl von Maschinenarten handelt und das Risiko deshalb übersehbar ist.

Die Ausschlußbestimmungen enthalten unter Ziffer 1.3.2 AMB eine Aufzählung von Sachen, die man nicht unter einen gemeinsamen Oberbegriff zusammenfassen kann, wie Transportbänder, Siebe, Musterwalzen, Seile, Gurte, Kunststoffbeläge, Bereifung, Ketten usw. Elevatoren und Reglerketten sind nicht ausgeschlossen, da sie nicht oder nicht ausschließlich der Kraftübertragung dienen. An den Elevatorketten sind Becher zum Transport von Fördergut befestigt. Reglerketten dienen zur Regulierung der Drehzahl von Getrieben. Um die Aufzählung nicht zu umfangreich werden zu lassen, hat man sich auf die wichtigsten Sachen beschränkt. Die Prämienrichtlinien nennen weitere vom Versicherungsschutz ausgeschlossene Maschinenteile.

Besonders sind als nicht versichert unter Ziffer 1.3.3 AMB die Ausmauerung von Öfen, Feuerungsanlagen und Behältern sowie Roststäbe und Brennerdüsen von Feuerungsanlagen genannt. Ausgeschlossen von der Versicherung sind ferner Betriebsstoffe, also Stoffe, die nicht Roh- oder Hilfsstoffe sind, aber zur Durchführung des Fertigungsprozesses gebraucht werden, wie Brennstoffe, Chemikalien, Filtermassen, Kühl-, Reinigungs- und Schmiermittel. In den VDEW-Bedingungen ist für diese Sachen der Ausdruck „Betriebsmittel" benutzt worden, worunter man in der Betriebswirtschaft jedoch den Vorrat an Gebäuden, Maschinen usw., der zur Erfüllung des Betriebszwecks benötigt wird, versteht. Zu den nichtversicherten Betriebsstoffen gehören auch die wegen ihrer Wichtigkeit und ihres meist hohen Wertes in einer besonderen Ziffer (1.3.5 AMB) genannten Katalysatoren.

2. Örtliche Begrenzung des Versicherungsschutzes

Versicherungsschutz besteht nur auf dem im Versicherungsschein genannten **Betriebsgrundstück.** Das ist der Klarheit halber in Ziffer 1.1.4 AMB und in § 2 der VDEW-Bedingungen festgelegt. Nach den VDEW-Bedingungen besteht Versicherungsschutz auch in Reparaturwerkstätten außerhalb des Betriebsgrundstückes. Diese Regelung ist vertretbar, denn die für Elektrizitätswerke in Betracht kommenden Reparaturwerkstätten sind den Versicherern bekannt; insbesondere ist hier das sogenannte subjektive Risiko leichter kalkulierbar. In der allgemeinen Maschinenversicherung dagegen sind Zahl und Qualität der Reparaturwerkstätten unüberblickbar. Auf diese generell den Versicherungsschutz auszudehnen, hätte eine erhebliche Erweiterung bedeutet. Aber auch nach den VDEW-Bedingungen besteht auf dem Weg zur Reparaturwerkstatt und zurück zum Betriebsgrundstück kein Versicherungsschutz; hierfür muß vielmehr eine Transportversicherung abgeschlossen werden. Diese klare Trennung ist notwendig, weil die Aufsichtsbehörde die Verquickung eines aufsichtspflichtigen Versicherungszweiges (Maschinenversicherung) mit einem aufsichtsfreien (Transportversicherung) als unerwünscht bezeichnet.

Der auf das Betriebsgrundstück beschränkte Versicherungsschutz ist für **ortsfeste Maschinen** ausreichend; **fahrbare Geräte** werden nach speziellen Bedingungen den ABG bzw. ABMG (vgl. B.IX, unten) versichert, und für **Sachen auf Gewässern** wird die örtliche Begrenzung des Versicherungsschutzes durch die Klausel 401 zu den AMB geregelt. Diese gilt für Schiffe, deren Motoren und Hilfsmaschinen versichert werden können, und für schwimmende Arbeitsmaschinen. Versicherungsort ist hier das im Versicherungsschein angegebene Fahrt- oder Einsatzgebiet oder der jeweilige Arbeits- oder Liegeplatz innerhalb der Bundesrepublik Deutschland einschließlich des Landes Berlin (West).

3. Zeitliche Begrenzung des Versicherungsschutzes

Die zu versichernden Sachen müssen eine **bestimmte Eigenschaft**, die **Betriebsfertigkeit**, erlangt haben, bevor der Versicherungsschutz beginnt; nur solange sie diese Eigenschaft besitzen, sind sie versichert.

In den AMB (Ziffer 1.1.2) ist der Begriff Betriebsfertigkeit definiert. Danach ist Betriebsfertigkeit erst anzunehmen, wenn der vereinbarte Probebetrieb beendet ist. Dieser Zeitpunkt fällt meistens mit dem der Abnahme zusammen. Ist kein Probebetrieb vorgesehen, dann kommt es für den Begriff der Erprobung u. a. darauf an, wie lange der Versicherungsnehmer Mängel gegenüber seinem Lieferanten geltend machen kann. Hat der Lieferant nur für Mängel einzustehen, die bis zur Abnahme entdeckt werden, so endet die Erprobung spätestens mit der Abnahme. Hat der Lieferant innerhalb der gesetzlichen oder einer vereinbarten Garantiefrist auch für später entdeckte Mängel einzustehen, so spielt der Zeitpunkt der Abnahme (Gefahrübergang nach § 644 BGB) nicht notwendig die entscheidende Rolle; aber die Erprobung endet hier auch nicht etwa erst mit Ablauf der Garantiefrist, sondern schon dann, wenn die Maschine wenigstens einmal ihrem technischen Zweck entsprechend erfolgreich eingesetzt wurde, also entweder einwandfrei gelaufen ist oder in der vollen zulässigen Höhe belastet wurde. Dieser Zeitpunkt kann im Einzelfall mit dem der Abnahme zusammenfallen.

Weil die VDEW-Bedingungen die Möglichkeit der Mitversicherung des Bestellerrisikos während des Probebetriebes von vornherein vorsehen, ist in jedem Fall eine Vereinbarung über den Beginn der Versicherung erforderlich. Nach den AMB beginnt die Versicherung im Regelfall nicht vor beendetem Probebetrieb, d. h. erst mit erlangter Betriebsfertigkeit. Die Versicherung dauert dann so lange diese Betriebsfertigkeit besteht. Die Betriebsfertigkeit kann für längere Zeit oder für dauernd verlorengehen, z. B. wenn eine reparaturbedürftige Sache nicht repariert, sondern in ihrem gegenwärtigen Zustand bei Gelegenheit verkauft werden soll.

Nach beiden Bedingungswerken ist aber eine dauernde Betriebsfertigkeit keineswegs Voraussetzung dafür, daß der Versicherungsschutz aufrechterhalten bleibt. Er wird nämlich nicht unterbrochen, wenn die Betriebsfertigkeit der versicherten Sache für die Dauer einer Reinigung, Lagerung, Revision, Überholung oder Instandsetzung vorübergehend nicht besteht, wenn die Sache aus solchen Anlässen innerhalb des Versicherungsortes transportiert, de- und remontiert und probeweise betrieben wird oder wenn sie stillsteht und z. B. nur als Reserve dient. Denn es ist dem Versicherungsnehmer nicht zuzumuten, für Vorgänge, die mit dem Betrieb der Maschine zwangsläufig verbunden sind, ohne Versicherungsschutz zu bleiben oder hier eine Sonderversicherung abzuschließen, es sei denn, es entsteht ein über das normale Ausmaß hinausgehendes Risiko.

Während des Probebetriebes steht die Maschine jedoch meistens noch im Eigentum des Lieferanten, dessen Risiko nicht durch die Maschinenversicherung, sondern durch eine Montageversicherung (vgl. Abschnitt E, unten) gedeckt werden kann. Durch die Maschinenversicherung des Bestellers werden Schäden an Sachen im Probebetrieb nur gedeckt, soweit sie nach den jeweils gültigen Lieferbedingungen vom Besteller und nicht vom Lieferanten zu vertreten sind. Gibt der Versicherungsnehmer seine Ansprüche gegen den Lieferanten vor Schadeneintritt auf, dann ist der Versicherer von der Verpflichtung zur Leistung wegen Gefahrerhöhung oder Verletzung der vorvertraglichen Anzeigepflicht frei. Gibt der Versicherungsnehmer seine Ansprüche nach Schadeneintritt auf, dann braucht der Versicherer aufgrund der Bestimmungen des § 67 Abs. 1 Satz 3 VVG unter Umständen nicht zu haften.

4. Maschinenverzeichnis

Die zur Versicherung angemeldeten Sachen werden **einzeln mit ihren technischen Daten,** also insbesondere mit Leistung, Drehzahl, Heizfläche, Druck, Spannung usw. und ihrer Versicherungssumme in ein Verzeichnis aufgenommen, das dem Versicherungsschein beigefügt wird. Die Maschinenversicherung versichert nicht einen Inbegriff von Sachen wie z. B. die Feuerversicherung. Kauft der Versicherungsnehmer nach Abschluß des Vertrages eine neue Maschine, dann muß diese, um versichert zu sein, zur Versicherung angemeldet, das Maschinenverzeichnis entsprechend ergänzt und über den Einschluß ein Nachtrag zum Versicherungsschein ausgestellt werden. Der Versicherungsschein ist im Zweifel Beweisurkunde dafür, daß eine Maschine versichert ist.

Der Versicherungsnehmer kann zur Versicherung nicht nur die ihm gehörenden Maschinen anmelden, sondern auch solche, die **fremdes Eigentum** sind, die er aber in seinem Betrieb benutzt. Das kann der Fall sein, wenn er eine Maschine auf Abzahlung kauft – dann bleibt sie gewöhnlich Eigentum des Verkäufers, bis die letzte Rate bezahlt ist –, oder wenn es sich um eine geliehene, gemietete oder bereits veräußerte Sache handelt.

Die Maschinenversicherung ist also eine Versicherung für Rechnung *„wen es angeht“* gemäß § 80 Abs. 2 VVG.

Gemäß Ziffer 1.1.1 AMB sind die im Maschinenverzeichnis aufgeführten Sachen auch dann versichert, wenn sie nicht oder **nicht mehr** dem Versicherungsnehmer gehören. Demnach kann der Versicherer auch im Falle der Veräußerung einer versicherten Sache nicht von sich aus den Versicherungsvertrag nach § 70 Abs. 1 VVG kündigen. Entsprechend kann sich der Versicherer auch nicht auf § 71 Abs. 1 VVG berufen.

III. Versicherungssumme

In das Maschinenverzeichnis ist für jede versicherte Sache auch die Versicherungssumme einzutragen. Sie dient der Prämienberechnung; volle Entschädigung im Versicherungsfall wird nur gewährt, wenn die Versicherungssumme ausreichend hoch bemessen ist. Die AMB enthalten in Ziffer 3 eine klare Bestimmung darüber, wie die Versicherungssumme zu bilden ist. Danach muß sie **dem jeweiligen Versicherungswert entsprechen.** Dieser wird erläutert als der **jeweils gültige Listenpreis** zuzüglich der jeweiligen Kosten für Fracht und Montage.

„Jeweilig" heißt nicht bei Vertragsabschluß, sondern zum Zeitpunkt des Schadens. Eine ständige Anpassung an die sich ändernden Listenpreise ist also erforderlich. Dabei muß natürlich darauf geachtet werden, daß es sich bei den in späteren Preislisten genannten Maschinen tatsächlich um solche handelt, die in allen Teilen mit den versicherten übereinstimmen, also keine veränderte Ausführung darstellen, nicht aus anderem Material hergestellt sind usw. Ist diese Übereinstimmung nicht mehr gegeben, dann gilt als Versicherungswert der letzte in einer Preisliste ausgewiesene Preis; für die Folgezeit gilt das gleiche wie für Maschinen, die von vornherein keinen Listenpreis hatten.

Nur ein verhältnismäßig kleiner Teil aller Maschinen wird in **Preislisten** geführt. Für alle anderen tritt an Stelle des Listenpreises der **Kauf-** oder **Lieferpreis,** der zumindest bei neuen Maschinen an Hand der Rechnungen oder einer Anfrage beim Erbauer festgestellt werden kann. In keinem Fall dürfen dabei Rabatte oder Preiszugeständnisse berücksichtigt werden, damit für gleichartige Maschinen mit gleichen Listenpreisen auch gleiche Prämien berechnet werden können. Eine Kürzung der Versicherungssumme um eingeräumte Rabatte ist auch deshalb nicht gerechtfertigt, weil bei späteren Reparaturen, deren Kosten der Versicherer ersetzen muß, einstige Kaufpreiszugeständnisse nicht mehr berücksichtigt werden.

Die im Jahre 1972 eingeführte Prämiengleitklausel (vgl. B.VIII, unten) stellt sicher, daß die zu einem bestimmten Zeitpunkt, nämlich März 1971, richtig gebildeten Versicherungssummen automatisch künftigen Preisbewegungen, entsprechend den vom statistischen Bundesamt veröffentlichten Änderungen der Erzeugerpreise industrieller Produkte, angepaßt werden.

Kann z. B. bei älteren Maschinen weder ein **Listen- noch ein Kauf- oder Lieferpreis** festgestellt werden, dann ist für den Versicherungswert die Summe der Kosten maßgebend, die jeweils notwendig sind, um die Sache in der vorliegenden Konstruktion und Abmessung herzustellen. Da für ältere Maschinen oft keine Zeichnungen, keine Ersatzteile und auch keine Modelle für die Herstellung mehr vorhanden sind, bedeutet diese Vorschrift, man habe zu unterstellen, daß die Maschine als Einzelstück, d. h. praktisch in Handarbeit hergestellt werden muß. Daß sich dabei ein sehr hoher Endpreis ergibt, braucht nicht weiter begründet zu werden. Entsprechend teuer sind eben auch Reparaturen an solchen Maschinen, deren Ersatzteile nicht mehr vorhanden sind und deshalb besonders angefertigt werden müssen.

Bei den VDEW-Bedingungen kann nur aus der Bestimmung, daß eine Unterversicherung vorliegt, wenn die Versicherungssumme am Tage des Schadens niedriger ist als der Neuwert, geschlossen werden, daß die Versicherungssumme in Höhe des Neuwertes gebildet werden muß. Der **Neuwert** ist ähnlich zu ermitteln, wie nach den AMB. Der Unterschied besteht darin, daß bei Maschinen, für die es Listenpreise gibt, diese bei Abschluß des Vertrages maßgebend sind. Dann erfolgt die Anpassung an die Änderung des Neuwertes nach der allgemeinen Preisentwicklung, nicht nach Änderung des Listenpreises dieser Maschinen.

Der Begriff „Neuwert" ist in den AMB durch das Wort „*Versicherungswert*" ersetzt worden, weil der Neuwert, wie er in der Maschinenversicherung zu verstehen ist, oft mit dem Wiederbeschaffungswert verwechselt wurde und bei Einholen von Erbauerauskünften, bei der Beschäftigung freier Sachverständiger usw. immer erst erläutert werden mußte. In Wirklichkeit liegt der Versicherungswert aber häufig über dem Wiederbeschaffungspreis, da dem Listen-, Kauf- oder Lieferpreis noch die Kosten für Fracht und Montage zuzurechnen sind.

IV. Umfang des Versicherungsschutzes

1. Grundsätzliches

Die Maschinenversicherung gewährt Versicherungsschutz gegen einen **Inbegriff von Gefahren**, d. h. gegen alle Schäden an den versicherten Sachen, die in den Bedingungen nicht namentlich ausgeschlossen sind. Es macht dabei keinen Unterschied, ob die Schadenursache mit dem Betrieb zusammenhängt oder nicht.

Die Schäden müssen, um ersatzpflichtig zu sein **„unvorhergesehen** und **plötzlich"** eintreten. Nach den VDEW-Bedingungen genügt der Tatbestand „unvorhergesehen".

Plötzlich ist ein Schaden eingetreten, wenn innerhalb weniger Sekunden oder Minuten die Substanz und die Brauchbarkeit oder der Wert der Sache nachteilig verändert wurde. Aber auch dann, wenn rein zeitlich gesehen diese Voraussetzung nicht gegeben ist, sondern eine gewisse Zeitspanne abläuft, während die Substanz und der Wert oder die Brauchbarkeit der Sache gemindert wird, kann es sich um einen Versicherungsfall handeln. Es genügt dann, daß wenigstens der Beginn dieses Vorganges plötzlich eingetreten ist.

Unvorhergesehen ist ein Schaden, der objektiv betrachtet, nicht so rechtzeitig vorhergesehen werden konnte, daß es noch möglich gewesen wäre, ihn unter zumutbarem Kostenaufwand abzuwenden. Das Wort „unvorhersehbar" hätte vielleicht den Sachverhalt besser getroffen, da es unerheblich ist, ob der Versicherungsnehmer oder sein Repräsentant den Schaden rechtzeitig hätte voraussehen und abwenden können. Vielmehr kommt es nur darauf an, ob dies unter den gegebenen Verhältnissen einem Fachmann möglich gewesen wäre, dessen technisches Wissen allen Erfordernissen des Betriebes des Versicherungsnehmers genügt.

Bei der zur Genehmigung vorgelegten Neufassung der AMB wurde der Begriff „unvorhergesehen" in § 2 übernommen (vgl. B.X, unten).

Es werden somit strengere Maßstäbe angelegt als im VVG, wo es z. B. bei der Anzeigepflicht (§§ 16 und 27) nur auf das tatsächliche subjektive Wissen des Versicherungsnehmers ankommt.

Durch „unvorhergesehen und plötzlich" werden die ersatzpflichtigen Schäden auch abgegrenzt gegen alle solche Vorkommnisse, die zwar ebenfalls die Brauchbarkeit der Sache mindern, die aber zwangsläufig mit dem Betrieb von Maschinen in Kauf genommen werden müssen, nämlich in erster Linie Abnutzung und Verschleiß, also die dauernden Einflüsse des Betriebes (Ziffer 2.2.10 AMB). Auf dauernde Einflüsse des Betriebes bzw. auf ihre Folgen einzuwirken und auf ein Mindestmaß zu beschränken, gehört zur ordentlichen Führung eines Betriebes und kann deshalb nicht Gegenstand einer Versicherung sein. Diese soll allein Schutz gewähren gegen die Folgen solcher Schäden, die zwar nicht eintreten müssen, deren Eintritt aber nicht auszuschließen und deren Auswirkung für den Betrieb unübersehbar ist.

2. Beispiele für versicherte Gefahren

Die AMB nennen einige Beispiele für die häufigsten Schadenursachen:

Bedienungsfehler, Ungeschicklichkeit, Fahrlässigkeit und Böswilligkeit stehen an erster Stelle, denn ein erheblicher Teil aller Maschinenschäden entsteht durch menschliches Versagen. Es kommt zwar selten vor, daß eine Maschine böswillig beschädigt wird; um so häufiger aber sind Schäden durch Fahrlässigkeit. Der tägliche Umgang mit derselben Maschine verleitet das Bedienungspersonal oft zu mangelnder Sorgfalt. Bei Schäden durch grobe Fahrlässigkeit oder Vorsatz des Versicherungsnehmers oder seines verantwortlichen Betriebsleiters entfällt jedoch der Versicherungsschutz. **Konstruktions-, Material- oder Ausführungsfehler** sind Ursachen, die die Maschine von Anfang an in sich trägt. Hierzu gehören die Wahl ungeeigneten Materials oder das Vorhandensein von Fehlerstellen in Gußstücken. Nicht immer zeigen sich diese Fehler beim Probebetrieb oder während der Garantiezeit. Manchmal treten sie erst in Erscheinung, nachdem die Maschine schon jahrelang ohne Beanstandung gearbeitet hat, und werden festgestellt, wenn sie zu einem Schaden geführt haben. **Wassermangel** als Schadenursache ist vor allem **bei Dampfkesseln und Dampfgefäßen** möglich und besonders erwähnt, da er verhältnismäßig häufig zu Schäden führt, die oft ein erhebliches Ausmaß annehmen. Wassermangel kann durch Bedienungsfehler hervorgerufen werden, durch falsches Anzeigen der Meßinstrumente, durch Versagen der Kesselspeisung usw.

Zerreißen infolge Fliehkraft kann durch überhöhte Drehzahl bei Maschinen mit rotierenden Teilen infolge Versagen von Regeleinrichtungen auftreten. Die Teile bersten bei Überschreitung der Festigkeit des Konstruktionsmaterials explosionsartig. Der Vorgang ist jedoch scharf zu trennen von der in der Feuerversicherung gedeckten Explosion.

Ebenfalls der Abgrenzung zur Feuerversicherung dient der Hinweis, daß **Schäden durch Überdruck,** soweit diese nicht in den Bereich der Feuerversicherung fallen, oder **durch Unterdruck** ersatzpflichtig sind. Während bei der Explosion eines Behälters die Kraftäußerung stets von innen nach außen gerichtet ist, handelt es sich bei der Implosion um den entgegengerichteten Vorgang. Er kann vonstatten gehen, wenn der Druck in einem Behälter geringer ist als der in seiner Umgebung herrschende und die Wände des Behälters dem Druckunterschied nicht gewachsen sind. Die Implosion bewirkt das Zusammendrükken des Behälters. Hierbei kommt es in der Regel nicht zu einer Trennung der Wände, so daß kein Spannungsausgleich durch eine solche Trennung vor sich gehen kann, wie es die Explosionsklausel für physikalische Explosionen fordert. Ein Ausgleich der Spannung erfolgt vielmehr durch das Zusammenpressen des Behälters, allenfalls durch ein langsames Einströmen von Luft in den unter Unterdruck stehenden Behälter.

An **elektrischen Einrichtungen und Maschinen** sind Schäden durch **Kurzschluß, Überstrom oder Überspannung** eine der häufigsten Schadenursachen. Elektrische Maschinen, wie Generatoren, Elektromotoren oder Transformatoren zur Umwandlung der elektrischen Spannung, haben Wicklungen, die aus isolierten Drähten bestehen. Der Draht muß überall gleichmäßig dick und die Isolierung fehlerlos sein, denn nur so ist ein störungsfreier Betrieb möglich. Bei diesem entsteht Wärme, und dadurch, sowie durch äußere Einflüsse, wird die aus Papier, Gummi, Leinen oder anderen Stoffen hergestellte Isolierung mit der Zeit brüchig. Kommt es an einer schadhaft gewordenen Stelle zur Berührung der Drähte, nimmt der Strom den kürzeren Weg des geringsten Widerstandes. Seine ganze Energie konzentriert sich an dieser Stelle, die Leitungen erhitzen sich, kommen zum Glühen, und es entstehen Funken und Lichtbögen, die die ganze Wicklung zerstören und in Brand setzen können. Solche Schäden haben oft ein erhebliches Ausmaß. Überspannung, also eine besonders hohe Spannung, entsteht in Leitungen durch atmosphärische Aufladungen, z. B. bei Blitzschlägen oder Schaltvorgängen. Überspannung pflanzt sich in die angeschlossenen elektrischen Maschinen fort und kann dort zu Kurzschlußschäden führen.

Die Fassung der AMB ist dem Abs. 2 der **Klausel 3 der Zusatzbedingungen für Fabriken und gewerbliche Anlagen der Feuerversicherung** angepaßt. Diese lautet: „*Kurzschluß-, Überstrom- und Überspannungsschäden, die an elektrischen Einrichtungen mit oder ohne Feuererscheinung entstehen, fallen nicht unter die Versicherung außer, wenn sie Folgeschäden eines bedingungsmäßigen Brand- oder Explosionsschadens sind.*"

Versagen von Meß-, Regel- oder Sicherheitseinrichtungen werden als eine häufige Schadenursache besonders erwähnt.

Schließlich werden die versicherten Gefahren **Sturm, Frost und Eisgang** erwähnt. Es kommt bei Sturm nicht auf die gemessene Windstärke an, sondern auf die Ursächlichkeit für den Schadeneintritt, sofern er unvorhergesehen und plötzlich erfolgt. Durch Sturm können z. B. Schornsteine und die im Freien stehenden Kühltürme von Kraftwerken beschädigt, Krananlagen und Verladeanlagen abgetrieben und umgestürzt werden. Frostschäden entstehen leicht an stilliegenden Anlagen, bei denen vergessen wurde, das Kühlwasser restlos abzulassen. Bekannt ist das durch Eisbildung verursachte Platzen des Zylinderblocks bei wassergekühlten Verbrennungsmotoren. Aber auch plötzlich eintretende Temperaturveränderungen können Spannungsrisse an betriebswarmen Maschinen verursachen. Eisgang gefährdet die Wehranlagen, Turbinen von Wasserkraftwerken, Kühlwassereinläufe von thermischen Kraftwerken.

3. Nichtversicherte Gefahren

Unter Ziffer 2.2 AMB werden die Ausschlüsse aufgeführt, die keine Ersatzpflicht auslösen, d. h. Schadenursachen, die hier nicht ausdrücklich genannt sind, zählen zu den versicherten Gefahren.

Der Passus *„ohne Rücksicht auf mitwirkende Ursachen"* soll zum Ausdruck bringen, daß bei Vorliegen von mehreren Schadenursachen eine Ersatzpflicht bereits dann nicht gegeben ist, wenn auch nur eine einzige Ursache sich unter einen der Ausschlußtatbestände subsumieren läßt. Keine Entschädigung wird geleistet für Schäden

– Ziffer 2.2.1 AMB **„die während der Dauer von Erdbeben, Erdsenkungen, Erdrutsch, Felssturz, Hochwasser, Überschwemmungen oder sonstigen Ereignissen höherer Gewalt als deren Folge entstehen"**. Der Oberbegriff für diese Bestimmung ist die **höhere Gewalt**. Das ist *„ein von außen auf den Betrieb einwirkendes Ereignis, das unvorhersehbar, auch bei Anwendung äußerster Sorgfalt ohne Gefährdung des Betriebes und des wirtschaftlichen Erfolges des Unternehmers nicht abzuwenden und nicht wegen seiner Häufigkeit von den Betriebsunternehmen in Rechnung zu ziehen und mit in Kauf zu nehmen ist"* (vgl. *Prölss-Martin, VVG,* Anhang II zu §§ 129 bis 148 Anm. 3 zu § 1 Flußkaskopolice). Diese Voraussetzung muß für die Leistungsfreiheit des Versicherers erfüllt sein.

  Die als **Beispiele** genannten Ereignisse sind indessen keineswegs stets solche „höherer Gewalt". Ein Felssturz in einem Steinbruch ist eine mit dem Betrieb verbundene Gefahr, mit der der Unternehmer rechnen und die abzuwenden er alles Notwendige tun muß. Führt ein Fluß erfahrungsgemäß jährlich zur annähernd gleichen Zeit und im gleichen Umfang Hochwasser, dann ist ein Schaden durch dieses Hochwasser weder durch ein Ereignis höherer Gewalt noch unvorhergesehen entstanden. Dagegen gilt ein durch statistische Erfahrung nicht vorhersehbares, außergewöhnliches Hochwasser ebenso wie eine durch Deichbruch entstandene Überschwemmung als ein Ereignis höherer Gewalt. Tritt durch einen Rohrbruch der Wasserleitung eine Überschwemmung, z. B. im Keller, ein, dann ist ein dadurch entstandener Maschinenschaden, sofern er plötzlich und unvorhergesehen ist, ersatzpflichtig. Aber selbst wenn ein Ereignis höherer Gewalt den Schaden verursacht hat, ist er nur dann nicht ersatzpflichtig, wenn er während der Dauer dieses Ereignisses und außerdem als dessen Folge entstand. Nach den AMB trägt der Versicherer die Beweislast für den Kausalzusammenhang zwischen der ausgeschlossenen Ursache und dem Schaden, wenn er diesen Schaden ablehnen will, wobei die überwiegende Wahrscheinlichkeit genügt. Tritt der Schaden zwar als Folge eines Ereignisses höherer Gewalt, nicht aber während dessen Dauer ein, ist eine Ersatzpflicht gegeben, soweit kein anderer Ausschlußtatbestand vorliegt.

Anders ist es nach den VDEW-Bedingungen, in denen statt von Ereignissen höherer Gewalt von **katastrophalen Naturereignissen** gesprochen wird. Jeder dadurch verursachte Schaden ist nicht ersatzpflichtig.

- Ziffer 2.2.2 AMB **„durch Kriegsereignisse jeder Art, Bürgerkrieg oder innere Unruhen"**. Innere Unruhen sind gegeben, wenn eine nicht unerhebliche Zahl von Personen die öffentliche Ordnung stört und Gewalttätigkeiten begeht (vgl. *Prölss-Martin, VVG,* Anhang II zu §§ 81–107 c, Anm. 4 zu § 1 AFB).
- Ziffer 2.2.3 AMB, **„die durch Streikende oder Ausgesperrte entstehen, die zusammengerottet in die Betriebsgrundstücke eindringen oder widerrechtlich dort verbleiben"**.

  Bei Ausständlern oder Ausgesperrten ist es unerheblich, ob die Handlungen anläßlich eines gesetzlich zulässigen oder eines gesetzwidrigen wilden Streiks erfolgen. Die Gefahren sind für den Versicherer in beiden Fällen gleich und unberechenbar. Es braucht sich bei den Schadenstiftern nicht um Arbeitnehmer des Versicherungsnehmers zu handeln, sie müssen aber zusammengerottet eindringen, d. h. Einzelaktionen begründen keinen Haftungsausschluß. Auf die enge Begrenzung des Ausschlusses und die Beweislastregelung wurde bereits unter Ziffer 2.2.1 AMB hingewiesen.
- Ziffer 2.2.4 AMB **„durch Kernenergie"**. Die VDEW-Bedingungen verwenden den technisch weniger richtigen Ausdruck Atomenergie, gemeint ist in beiden Fällen das gleiche.
- Ziffer 2.2.5 AMB **„durch Anprall oder Absturz eines unbemannten Flugkörpers, seiner Teile oder seiner Ladung"**. Der Absturz eines unbemannten Flugkörpers wird als ein Ereignis höherer Gewalt angesehen. Nach den VDEW-Bedingungen ist ein derartiger Schaden ersatzpflichtig, da der Versicherer bei dem begrenzten Kundenkreis das Risiko in Kauf nehmen kann.
- Ziffer 2.2.8 AMB **„die der Versicherungsnehmer, die Leitung des Unternehmers oder ein verantwortlicher Betriebsleiter eines Werkes vorsätzlich oder grobfahrlässig verursachen"**. Aus der Beschränkung des Ausschlusses auf Vorsatz und grobe Fahrlässigkeit kann nicht hergeleitet werden, daß Schäden infolge leichter Fahrlässigkeit des hier genannten Personenkreises stets mitversichert sind. In der Regel werden solche Schäden deshalb ausgeschlossen sein, weil ihr Eintritt nicht unvorhergesehen und plötzlich erfolgt, wobei auf das technische Wissen und Können eines vollwertigen Fachmannes abzustellen ist. In den neuen AMB wird deshalb diese Bestimmung weggelassen (vgl. B.X, unten).
- Ziffer 2.2.9 AMB **„durch Mängel, die bei Abschluß der Versicherung bereits vorhanden waren und dem Versicherungsnehmer, der Leitung des Unternehmens oder einem verantwortlichen Betriebsleiter bekannt sein mußten"**. Schäden durch bekannte Mängel können nicht unvorhergesehen eintreten.

  Der entsprechende Ausschluß der VDEW-Bedingungen spricht vom Versicherungsnehmer und seinem Repräsentanten. Während nach den VDEW-Bedingungen die tatsächliche Kenntnis vom Versicherer belegt werden muß, braucht er nach den AMB nur nachzuweisen, daß die vorhandenen Mängel und Fehler dem Versicherungsnehmer oder seinem Repräsentanten hätten bekannt sein müssen. Unabhängig von der Bestimmung unter Ziffer 2.2.9 AMB werden solche Schäden im allgemeinen schon deshalb nicht ersatzpflichtig sein, weil sie nicht unvorhergesehen eintreten.

– Ziffer 2.2.10 AMB „**die eine unmittelbare Folge der dauernden Einflüsse des Betriebes, der übermäßigen Bildung von Rost oder des übermäßigen Ansatzes von Kesselstein, Schlamm oder sonstiger Ablagerungen sind; wird infolge eines solchen Schadens ein benachbartes Maschinenteil beschädigt, so leistet der Versicherer im Rahmen von 2.1. und 2.2. Entschädigung**".

Durch diese Bestimmung werden Schäden ausgeschlossen, die deshalb nicht unvorhergesehen eintreten, weil sie die zwangsläufige Folge des Betriebes der Maschinen sind und in Kauf genommen werden müssen, oder die durch eine sorgfältige Betriebsführung sowie gute Wartung und Pflege der Maschinen weitgehend hätten verhindert werden können. Gleiche Ausschlußbestimmungen enthalten die VDEW-Bedingungen (§ 3 II 8 und 9).

Der Folgeschaden an einem benachbarten Maschinenteil wird jedoch ersetzt. Voraussetzung ist allerdings, daß das benachbarte Maschinenteil seinerseits nicht bereits durch Rost oder eine andere vom Versicherungsschutz ausgeschlossene Schadenursache entwertet oder geschwächt war, so daß seine Erneuerung ohnehin erforderlich gewesen wäre.

In den VDEW-Bedingungen wird dieser Ausschluß für Schäden an Wicklungen und Blechpaketen elektrischer Maschinen aufgehoben und eine besondere Regelung für die Ersatzleistung festgelegt (vgl. B.V, unten). Bei Elektrizitätswerken ist der Anteil elektrischer Maschinen erheblich. Durch den Betrieb altern die Wicklungen, in denen der Strom fließt, die Isolierung wird brüchig, und es kommt zu Kurzschlüssen. Diese können zwar auch auf andere Ursachen zurückzuführen sein, aber eine klare Trennung in ersatzpflichtige und nichtersatzpflichtige Schäden wäre schwierig und würde den Wert der Versicherung mindern.

– Ziffer 2.2.11 AMB „**durch Diebstahl; der Versicherer leistet jedoch für Schäden gemäß 2.1 an nicht gestohlenen Sachen Entschädigung, auch wenn sie als Folge des Diebstahls eintreten**".

Ein Schaden, der an einer versicherten Sache dadurch entsteht, daß ein Teil von ihr gewaltsam entfernt wird, z. B. ein Elektromotor von der Arbeitsmaschine, ist ersatzpflichtig.

Durch den Diebstahl verliert ein Versicherungsnehmer den Besitz der versicherten Sache oder eines ihrer Teile; das ist ein hier nicht versicherter Vermögensschaden. Wird die gestohlene Sache später wieder aufgefunden und dabei festgestellt, daß sie in der Hand des Diebes einen Sachschaden erlitten hat, dann ist dieser Schaden nicht ersatzpflichtig, weil er außerhalb des Versicherungsortes eingetreten ist.

– Ziffer 2.2.12 AMB Schäden „**für die ein Dritter als Lieferant, Werkunternehmer oder aus Reparaturauftrag einzutreten hat. Bestreitet der Dritte seine Eintrittspflicht, so leistet der Versicherer zunächst Entschädigung, soweit er dazu bedingungsgemäß ver-**

pflichtet ist. Ergibt sich nach Zahlung der Entschädigung, daß ein Dritter für den Schaden eintreten muß und bestreitet er dies, so behält der Versicherungsnehmer zunächst die bereits gezahlte Entschädigung.

§ 67 des Gesetzes über den Versicherungsvertrag (VVG) gilt für diese Fälle nicht. Der Versicherungsnehmer hat seinen Anspruch auf Kosten und nach den Weisungen des Versicherer außergerichtlich und erforderlichenfalls gerichtlich geltend zu machen.

Die Entschädigung ist zurückzuzahlen, wenn der Versicherungsnehmer einer Weisung des Versicherers nicht folgt oder soweit die Eintrittspflicht des Dritten unstreitig oder rechtskräftig festgestellt wird".

In Abs. 1 wird festgestellt, daß kein Ersatz geleistet wird, wenn ein Dritter für den Schaden einzutreten hat. Aus dieser Formulierung ergibt sich unzweifelhaft, daß damit auch Nachbesserungsansprüche erfaßt sind. Der Ausschluß gilt nur dann, wenn sich die Eintrittspflicht des Vertragspartners des Versicherungsnehmers aus einem Kauf- oder Werkvertrag ergibt. Die Schadenersatzpflicht sonstiger Dritter kraft Gesetzes wird von Ziffer 2.2.11 AMB nicht behandelt; in solchen Fällen hat der Versicherer bedingungsgemäß Ersatz zu leisten. Es gelten dann die Bestimmungen des § 67 VVG.

Im Abs. 2 ist festgelegt, daß der Versicherer zu zahlen hat, wenn der Dritte seine Eintrittspflicht bestreitet. Stellt sich die Eintrittspflicht erst heraus, nachdem der Versicherer gezahlt hat, dann behält der Versicherungsnehmer die Entschädigung, wenn der Dritte seine Eintrittspflicht bestreitet. Falls der rechtliche Grund für die Zahlung fortfällt, muß der Versicherungsnehmer die Entschädigung zurückzahlen.

Für den Fall, daß der Lieferant usw. seine Eintrittspflicht bestreitet, wird § 67 VVG außer Kraft gesetzt. Die in diesen Fällen gezahlte Entschädigung gilt nicht als endgültige, sondern als vorläufige Zahlung. Der Versicherungsnehmer behält seinen Anspruch gegen den Lieferanten und muß ihn selbst geltend machen.

Die Rückzahlungspflicht besteht unabhängig davon, ob der Versicherungsnehmer seinerseits von dem Eintrittspflichtigen entschädigt wird. Dessen Zahlungsunfähigkeit ändert also nichts am Anspruch des Versicherers gegenüber dem Versicherungsnehmer. Dieser schuldet Zinsen von dem Tag an, an dem er erfährt, daß die Rückzahlungsvoraussetzungen gegeben sind.

Es ist denkbar, daß, nachdem der Versicherer Entschädigung geleistet hat, erst die Eintrittspflicht eines Lieferanten festgestellt und von diesem auch gar nicht bestritten wird, er aber zahlungsunfähig ist. Auch in diesem Fall muß der Versicherungsnehmer die Entschädigung zurückzahlen und sie von dem Zeitpunkt an verzinsen, an dem er von der unstreitigen Eintrittspflicht Kenntnis erlangt hat.

Nach § 3 II 7 der VDEW-Bedingungen sind solche Schäden ausgeschlossen, für die der Lieferant oder die Reparaturwerkstätte einzutreten hat oder schadenersatzpflichtig ist. Läßt sich die Haftung oder Eintrittspflicht nur im Prozeßweg feststellen, dann muß der Versicherer den Schaden, sofern er sonst ersatzpflichtig ist, bezahlen und kann gegen den Lieferanten oder die Reparaturwerkstätte Regreß nehmen und zu diesem Zweck auch einen Prozeß führen. Der Versicherungsnehmer wird in diese Auseinandersetzung nicht eingeschaltet.

4. Abgrenzung zur Feuerversicherung

Von der Versicherung sind weiterhin ausgeschlossen Schäden

- Ziffer 2.2.6 AMB „**durch Brand, Explosion, Blitzschlag, Löschen oder Niederreißen bei diesen Ereignissen, durch Anprall oder Absturz eines bemannten Flugkörpers, seiner Teile oder seiner Ladung, soweit diese Gefahren durch eine Feuerversicherung gedeckt werden können**".

- Ziffer 2.2.7 AMB „**die als Folge von Brand, Explosion oder Blitzschlag durch Kurzschluß, Überstrom oder Überspannung an elektrischen Einrichtungen entstehen und durch eine Feuerversicherung gedeckt werden können**".

  Diesen beiden Ziffern der AMB, die mit materiell gleichem Inhalt, aber mit anderem Wortlaut auch in den VDEW-Bedingungen enthalten sind, kommt deswegen eine besondere Bedeutung zu, weil sie eine lückenlose Verbindung zwischen den beiden für einen Industriebetrieb wichtigsten Versicherungszweigen darstellen, nämlich zwischen der Feuer- und der Maschinenversicherung.

Die verschiedenen Zweige der Sachversicherung sind so aufeinander abgestimmt, daß eine Sache nicht gleichzeitig von zwei oder mehreren Sparten gegen dieselbe Gefahr versichert wird. Drohen einer Sache mehrere Gefahren, für die besondere Versicherungsarten bestehen, so kommt die **Abgrenzung in den Bedingungen zum Ausdruck** oder wird im Einzelfall durch Sonderbestimmungen geschaffen, um im Versicherungsschutz keine Lücke entstehen zu lassen. Das Ereignis, das die versicherte Sache beschädigt oder zerstört, muß die Verwirklichung der in den Bedingungen genau definierten Gefahr darstellen; allerdings kann ein Schaden durch das Zusammenwirken mehrerer Ursachen entstehen, von denen jede für sich Kennzeichen eines selbständigen Versicherungszweiges ist.

Es gibt Schadenereignisse, die zwar einem Brand oder einer Explosion ähneln, die aber nach den Begriffsbestimmungen der Feuerversicherung nicht unter die von dieser Versicherung versicherten Gefahren fallen. Die Maschinenversicherung schließt deshalb Schäden nur insoweit aus, wie sie durch eine Feuerversicherung gedeckt werden können. Diese Regelung weist dem Maschinenversicherer die Ersatzpflicht erst dann zu, wenn der Versicherungsnehmer alle sich bietenden Möglichkeiten der Feuerversicherung in Anspruch genommen hat. Diese vorausgesetzt, besteht ein lückenloser Versicherungsschutz. Wird der Deckungsumfang der Feuerversicherung eingeschränkt, sei es, daß die technische Entwicklung dazu Anlaß gibt, sei es, daß die Allgemeinen Feuerversicherungs-Bedingungen durch die Rechtsprechung enger als bisher ausgelegt werden, dann erweitert sich automatisch der Umfang der Deckung der Maschinenversicherung. Der Maschinenversicherer hat dann zu prüfen, ob die erweiterte Haftung ohne Prämienerhöhung oder Bedingungsänderung übernommen werden kann.

Hinsichtlich des Brandes ergibt sich zwischen der Feuerversicherung und der Maschinenversicherung in erster Linie dort eine Berührung, wo ein Ereignis, das einen ersatzpflichtigen Maschinenschaden herbeiführt, gleichzeitig oder in unmittelbarer Folge an der gleichen Sache auch ein Schadenfeuer verursachen kann. Das ist bei allen elektrischen Maschinen und Apparaten der Fall, bei denen der Strom seine durch die Isolierung abgeschirmte Bahn aus irgendeinem Grund verlassen kann und die Spannung auf kürzestem

Weg einen Ausgleich findet. Dabei bildet sich meist ein Lichtbogen, der die aus brennbarem Material bestehende Isolierung entzündet, aber auch das Kupfer der Leitung zum Schmelzen bringen oder das bei Transformatoren als Isolierung dienende Öl in Brand setzen kann.

Nach Ziffer 2.1.6 AMB erstreckt sich der Versicherungsschutz auf Schäden durch Kurzschluß, Überstrom oder Überspannung; die auf diese Vorgänge folgenden Brand- und Explosionsschäden sind jedoch ausgeschlossen. Nach den VDEW-Bedingungen ist es grundsätzlich ebenso. Aus diesem Bedingungswerk ergibt sich aber nicht klar, daß der durch einen Brand oder eine Explosion verursachte Kurzschlußschaden nicht unter den Deckungsumfang der Maschinenversicherung fällt. Aus diesem Grunde wurde Ziffer 2.2.7 in die AMB aufgenommen.

Durch einen Kurzschluß mit folgendem Brand werden oft schwere Beschädigungen hervorgerufen. Nicht selten ist die Zerstörung der ganzen vom Schaden betroffenen Sache damit verbunden. Bei dieser Sachlage ist es außerordentlich schwierig, den Gesamtschaden auf die Maschinenversicherung, die den Kurzschlußschaden zu ersetzen hat, und die Feuerversicherung, die für den folgenden Brandschaden aufkommt, aufzuteilen. Man hat deshalb durch eine Klausel die Möglichkeit geschaffen, die Trennungslinie zwischen diesen beiden Versicherungszweigen so zu verschieben, daß der Deckungsumfang der Maschinenversicherung erweitert, der Umfang der Feuerversicherung eingeschränkt wird. Für diese Regelung ist in der Maschinenversicherung ein Prämienzuschlag zu zahlen, der dem Nachlaß entspricht, den der Feuerversicherer gewährte. In solchen Fällen wird **in die Feuerversicherung eine Klausel** (Klausel 1.01) mit folgendem Wortlaut aufgenommen:

„Kurzschluß-, Überspannungs-, Induktions- und Blitzschäden an elektrischen Einrichtungen sowie aus solchen Vorgängen an diesen entstehenden Brand- und Explosionsschäden sind nicht ersatzpflichtig".

Der **Maschinenversicherungsvertrag wird dann um die Klausel 110 erweitert,** die lautet:

„Abweichend von 2.2.6 und 2.2.7 AMB leistet der Versicherer Entschädigungen auch für:

1. **Blitzschäden an elektrischen Einrichtungen;**
2. **Brand- oder Explosionsschäden, die als Folge eines Blitzschlags oder als Folge von Kurzschluß, Überstrom oder Überspannung an der von einem dieser Ereignisse betroffenen elektrischen Einrichtungen entstehen;**
3. **Kurzschluß-, Überstrom- und Überspannungsschäden, die als Folge von Brand oder Explosion an elektrischen Einrichtungen entstehen".**

Durch die Klausel 110 zu den AMB übernimmt der Maschinenversicherer auch die Deckung für Schäden durch Blitzschlag an elektrischen Einrichtungen. Auch mit dieser Regelung sollten Abgrenzungsschwierigkeiten vermieden werden. Im Normalfall sind Schäden durch Blitzschlag zwar Gegenstand der Feuerversicherung, doch nur dann, wenn der Blitz die versicherte Sache direkt trifft. Schlägt er beispielsweise in die Freileitung ein und entsteht durch die induzierte Überspannung am angeschlossenen Transformator ein Schaden, dann ist dieser nicht durch die Feuerversicherung gedeckt. Die nachträgliche Feststellung, wo der Blitz eingeschlagen hat, ist aber oft schwer.

Die Einschränkung, daß der Ausschluß in der Maschinenversicherung nur insoweit gilt, wie eine Versicherungsmöglichkeit bei der Feuerversicherung besteht, hat wohl die größte Bedeutung hinsichtlich der Brandschäden. Nach § 1 (2) AFB gilt als **Brand „ein Feuer, das ohne einen bestimmungsmäßigen Herd entstanden ist oder ihn verlassen hat und sich aus eigener Kraft auszubreiten vermag (Schadenfeuer)"**. Schäden, auf die diese Definition nicht zutrifft, die also durch ein Feuer entstehen, das einen bestimmungsmäßigen Herd zwar verlassen hat, sich aber aus eigener Kraft nicht auszubreiten vermag, oder das einen bestimmungsmäßigen Herd überhaupt nicht verlassen hat, sind in der Feuerversicherung nicht ersatzpflichtig. Wichtiger ist aber die Bestimmung, daß Schäden, die an der versicherten Sache dadurch entstehen, daß diese einem Nutzfeuer oder der Wärme zur Bearbeitung oder zu sonstigen Zwecken ausgesetzt ist, ebenfalls nicht unter den Versicherungsschutz der Feuerversicherung fallen. Diese Bestimmung trifft auf alle Dampfkessel zu. Der Feuerraum des Kessels und seine in ihm befindlichen Teile sind so ausgelegt, daß sie die betriebsnotwendige Temperatur des Feuers ohne Schaden ertragen. Ein Anstieg dieser Temperatur, gleich aus welchem Grund, kann zur Zerstörung führen. Bleibt die Temperatur in der vorschriftsmäßigen Höhe, versagt aber beispielsweise die Kesselspeisung, werden die Rohre glühend und schmelzen. Aber auch in den von den Flammen nicht direkt berührten Teilen des Kessels sind Zerstörungen durch Feuer oder Wärme keineswegs ausgeschlossen. Die Mitversicherung solcher Schäden ist in der Feuerversicherung nicht möglich. Es gibt dort zwar die Klausel für Erhitzungsanlagen (Klausel 1.02), doch ist eindeutig klargestellt, daß sie nur für Räucher-, Trocken- und sonstige ähnliche Erhitzungsanlagen gilt (VerBAV 1959, 241).

Was unter **Explosion** zu verstehen ist, wird in der in den Zusatzbedingungen für Fabriken und gewerbliche Anlagen enthaltenen Klausel der Feuerversicherung erläutert. Daraus ergibt sich, daß Ereignisse, die im Sprachgebrauch bisweilen als Explosion bezeichnet werden, weil die Erscheinungsform dazu Veranlassung gibt, nicht hierher gehören.

Das gilt für das Auseinanderfliegen rotierender Körper durch die Wirkung der Zentrifugalkraft, das Zerspringen von Behältern, deren Inhalt gefroren ist, Bersten von Gußstücken wegen vorhandener Materialspannungen und dergleichen. In allen diesen Fällen spielt das Ausdehnungsbestreben von Gasen oder Dämpfen keine Rolle. Die Schäden gehören zum Deckungsbereich der Maschinenversicherung (Ziffer 2.1.5 AMB).

Bei Behältern, insbesondere bei Kesseln und Rohrleitungen, muß die Explosion die Wandung in einem solchen Umfang zerreißen, daß ein plötzlicher Ausgleich des Drucks innerhalb und außerhalb des Behälters stattfindet. Es handelt sich hier nur scheinbar um eine Einschränkung des Explosionsbegriffes, in Wirklichkeit jedoch um eine Ausdehnung des Versicherungsschutzes, die im Widerspruch steht zu dem Grundsatz, daß Betriebsschäden von der Feuerversicherung ausgeschlossen sein sollen.

Eine Behälterexplosion ist ein **Betriebsschaden,** wenn man darunter versteht, **„was im normalen Ablauf des wirtschaftlichen oder technischen Vorganges gegeben ist oder als unvermeidliche Begleiterscheinung in Kauf genommen werden muß"** (*Hagen, Handbuch des gesamten Handelsrechts*, 8. Band, Abt. 2, Leipzig 1922) und deshalb von der Entschädigungsfähigkeit in der Feuerversicherung ausscheidet.

Ein Dampfkessel ist nicht nur dem Nutzfeuer ausgesetzt, sondern auch der Einwirkung des in seinem Inneren herrschenden Dampfdruckes. Trotzdem ist eine Beschädigung durch das Nutzfeuer nicht ersatzpflichtig, wohl aber der Explosionsschaden, wenn die Wandung so aufreißt, daß ein plötzlicher Druckausgleich zwischen innen und außen erfolgen kann.

Nicht die Betriebsmäßigkeit ist hier das Kriterium für die Ersatzpflicht, sondern das Moment der Plötzlichkeit. Hierin liegt aber auch die Schwierigkeit bei der Entscheidung der Ersatzpflichtfrage, da jede Explosion eine gewisse Zeitspanne für ihren Ablauf braucht. Jeder Behälterexplosion geht mindestens ein anderes Ereignis voran, als dessen Folge die Explosion anzusehen ist. Ein solches Ereignis ist ein Rohrreißer, der z. B. durch einen Materialfehler entstehen kann. Dabei handelt es sich zunächst einwandfrei um einen Betriebsschaden, doch ist es in der Praxis sehr schwierig festzulegen, wann der Explosionsschaden beginnt. Je größer die durch den Rohrreißer geschaffene Öffnung ist, um so schneller wird auch der Druckausgleich stattfinden und um so größer wird in der Regel der vom Feuerversicherer zu tragende Teil des gesamten Schadens sein.

Wird ein Behälter dadurch beschädigt, daß in seinem Innern eine Explosion durch chemische Umsetzung stattfindet, so wird die Ersatzpflicht der Feuerversicherung nicht davon abhängig gemacht, daß die Wandung des Behälters gerissen ist.

Schließlich werden durch die Klausel noch solche Schäden von der Feuerversicherung ausgeschlossen, die sich an Verbrennungskraftmaschinen durch die im Verbrennungsraum stattfindenden Explosionen ereignen sowie diejenigen Schäden, die an Schaltorganen von elektrischen Schaltern durch den in ihnen auftretenden Gegendruck entstehen. Ferner kann in beiden Versicherungspolicen die sogenannte *Regulierungsklausel* (Klausel 29 der Feuerversicherung) aufgenommen werden, die ein auf Verlangen des Versicherungsnehmers oder des Feuerversicherers oder des Maschinenversicherers in Gang zu setzendes Sachverständigenverfahren regelt, dessen Aufgabe es ist, die Höhe des Brandschadens und des Maschinenschadens festzustellen. Die Feststellung ist verbindlich, wenn nicht nachgewiesen wird, daß sie von der wirklichen Sachlage offenbar erheblich abweicht.

V. Umfang der Entschädigungspflicht

Die genaue Definition der Ausschlußtatbestände unter Ziffer 2.2 AMB grenzt den Inbegriff der Gefahren, für die Versicherungsschutz geboten wird, ab; Ziffer 4 AMB dagegen regelt den Umfang der Entschädigungspflicht.

1. Teilschaden

Zu unterscheiden ist zwischen dem Teilschaden und dem Totalschaden. Ein Teilschaden liegt vor, wenn die versicherte Sache beschädigt oder teilweise zerstört ist und die Wiederherstellungskosten den Zeitwert nicht übersteigen.

Wiederherstellungskosten sind die Kosten, die aufgewendet werden müssen, um den früheren betriebsfähigen Zustand wieder herzustellen.

Zeitwert ist der Wert, den die unbeschädigte Sache einschließlich der Fracht- und Montagekosten unmittelbar vor dem Eintritt des Versicherungsfalles hatte.

Der Versicherungsnehmer kann vom Versicherer nur die Kosten für die Wiederherstellung der Betriebsfertigkeit verlangen. Ist dies bei einer Maschine kostensparend, aber technisch einwandfrei möglich, weil neue Werkstoffe oder neue Reparaturmethoden verwendet werden können, dann kann der Versicherungsnehmer nicht fordern, daß auch der frühere Sachwert der Maschine wieder hergestellt werden muß. Es kann auch nicht, etwa unter Hinweis auf die Versicherungssumme, ein Ausgleich für eine Wertminderung verlangt werden. Das Kriterium ist allein die Wiederherstellung der Betriebsfertigkeit. Es wird also im Teilschadenfall eine Entschädigung in Höhe der tatsächlich entstandenen Wiederherstellungskosten nach Abzug des Wertes des Altmaterials geleistet. Der Nachweis über die tatsächlich entstandenen Wiederherstellungskosten ist in der Regel nur durch Vorlage der Rechnungen zu führen, die die mit der Reparatur beauftragten Unternehmer ausgestellt haben. Auf die Rechnungsbeträge darf der Versicherungsnehmer keinen Verwaltungskostenzuschlag aufschlagen (BGH II ZR 154/67, Versicherungspraxis 4/70, S. 53). Sind im Zusammenhang mit der Reparatur besondere Kosten entstanden, muß der Versicherungsnehmer diese nachweisen, um hierfür einen Ersatz zu erhalten.

Hat der Versicherungsnehmer die notwendigen Fachleute und eine eigene Reparaturwerkstatt, so kann er die Reparatur ganz oder teilweise selbst ausführen. Als Entschädigung erhält er dann die ihm entstandenen Kosten, auf die er aber nicht die in seinem Fertigungsbetrieb üblichen Gemeinkosten zuschlagen darf (VW, Heft 24/70, S. 1594).

Der Wert des Altmaterials, also im allgemeinen der Schrottwert, wird von der errechneten Entschädigung abgezogen, da der Erlös hierfür den entstandenen Schaden mindert.

Die Entschädigung umfaßt nur die zur Wiederherstellung der Betriebsfertigkeit notwendigen Kosten, das sind die Kosten für eine technisch richtig durchgeführte Reparatur. Was dazu im einzelnen gehört, kann nur an Hand des technischen Zustandes der versicherten Sache nach dem Schaden beurteilt werden. Eine in technisch falscher Weise begonnene Reparatur wird im allgemeinen mehr Kosten verursachen, doch hat der Versicherer diese Mehrkosten nur zu tragen, wenn den Versicherungsnehmer bei der Auswahl der Reparaturfirmen kein Verschulden trifft und wenn er etwaige Gewährleistungsansprüche gegen die Reparaturfirma fristgerecht geltend gemacht hat. Auch wenn der Versicherungsnehmer die beschädigte Sache zunächst vorläufig wiederherstellt, vielleicht, weil die benötigten Ersatzteile nicht sofort beschafft werden können und die Maschine für die Produktion gebraucht wird, erhält er als Entschädigung für die vorläufige und endgültige Reparatur zusammen nur so viel, wie ohne eine vorläufige Reparatur für die Wiederherstellung aufzuwenden gewesen wäre (Ziffer 4.1.8 AMB).

Die **Wiederherstellungskosten setzen sich aus verschiedenen Teilen** zusammen:

- die Kosten für die Ersatzteile,
- die Reparaturkosten (zum größten Teil Löhne),
- die notwendigen Mehrkosten für Überstunden, Sonntags-, Feiertags- und Nachtarbeiten (soweit der Mehraufwand nachweisbar gerechtfertigt war, z. B. in einem Saisonbetrieb, dem keine Ersatzmaschine zur Verfügung steht),

- die Kosten für die zur Reparatur erforderliche Demontage,
- die Kosten der Wiedermontage nach beendeter Reparatur,
- die Frachtkosten für etwaige zu beschaffende Ersatzteile oder für den Fall, daß die beschädigte Maschine in eine fremde Reparaturwerkstatt gebracht werden muß, jeweils einschließlich notwendiger Mehrkosten für Eil- und Expreßfrachten.

Außer diesen, in den AMB besonders genannten Kosten, die den Hauptteil der Wiederherstellungskosten ausmachen, können noch weitere entstehen, von denen aber ebenfalls nachgewiesen werden muß, daß ihr Aufwand zur Wiederherstellung des früheren betriebsfertigen Zustandes der beschädigten Maschine notwendig war, z. B. Kosten der Verpakkung von Ersatzteilen, Reisekosten des Versicherungsnehmers zur Reparaturwerkstatt und dergleichen.

Nicht dazu gehören Suchkosten, die entstehen, wenn ungewiß ist, ob ein Schaden eingetreten ist. Für den Ersatz solcher Kosten gilt § 66 VVG, d. h. sie sind nur dann vom Versicherer zu übernehmen, wenn tatsächlich ein entschädigungspflichtiger Sachschaden eingetreten ist. Stellt sich heraus, daß der Schadenverdacht unbegründet war, hat der Versicherer Suchkosten nur zu übernehmen, wenn die Voraussetzungen der §§ 670 und 675 BGB erfüllt sind. Das trifft zu, wenn der Versicherer in Gesprächen über die Notwendigkeit einer Fehlersuche und die dabei entstehenden Kosten nicht deutlich darauf hingewiesen hat, daß er diese Kosten nicht trägt, sie vielmehr im Rahmen der Schadenverhütungspflicht allein den Versicherungsnehmer treffen.

Da diese Frage bei dem Kundenkreis, der die VDEW-Bedingungen erhält, eine erhebliche Rolle spielen kann, enthalten diese Bedingungen eine besondere Regelung über die Untersuchung bei Schadenverdacht (§ 4 VIII VDEW). Wird bei aufgetretenem Schadenverdacht mit Einwilligung des Versicherers die Sache untersucht und stellt sich kein Schaden heraus, dann tragen Versicherer und Versicherungsnehmer je die Hälfte der entstandenen Kosten für das Auf- und Zudecken. Handelt es sich um Maschinen, für die Revisionsfristen vereinbart sind, also in erster Linie um Turbogeneratoren, große Elektromotoren usw., dann trägt der Versicherer diese Kosten im ersten Drittel der Revisionsperiode ganz, im zweiten Drittel der Revisionsperiode zur Hälfte und im letzten Drittel gehen sie ganz zu Lasten des Versicherungsnehmers. Dieser Regelung liegt die Überlegung zugrunde, daß im letzten Drittel das Aufdecken der Maschine wegen eines Schadenverdachts gleich dazu benutzt wird, um die ohnehin anstehende, planmäßige Revision vorzunehmen, deren Kosten in jedem Fall allein der Versicherungsnehmer zu tragen hat.

Mehrkosten für Luftfracht gehören nicht zu den Wiederherstellungskosten. Die Mitversicherung auf Erstes Risiko ist durch Sondervereinbarung (Klausel 118 zu den AMB) gegen Zuschlagprämie möglich.

Die anläßlich eines bedingungsmäßigen Schadens entstehenden notwendigen Bergungskosten werden nur dann erstattet, wenn sie durch Sondervereinbarung mitversichert wurden (Ziffer 4.1.4.2 AMB). Diese Vereinbarung geht den abdingbaren Bestimmungen des § 63 VVG voran. Der Einschluß kann durch Vereinbarung der Klausel 119 zu den AMB auf Erstes Risiko erfolgen. Zu den Bergungskosten gehören die Kosten aller Maßnahmen, die ergriffen werden müssen, um eine versicherte Sache auf andere Weise als durch die dafür vorgesehenen Antriebskräfte und Transportmittel und zu einem anderen Zweck als dem bloßen Wechsel ihres Einsatzortes in eine andere räumliche Lage zu bringen. Nicht als Bergungskosten sind solche Kosten zu betrachten, die durch den Transport einer Maschine zur Reparaturwerkstatt und zurück entstehen. Sie werden nach Ziffer 4.1.3.4 AMB ersetzt. Bergungskosten allein sind nicht ersatzpflichtig. Ein und dasselbe Ergebnis muß die Maschine beschädigt und die Bergung notwendig gemacht haben. Daß der Schaden unmittelbar bevorsteht, wenn die Bergungskosten nicht aufgewendet werden, genügt nicht. Es muß sich ferner um einen Schaden handeln, für den der Versicherer wirklich Entschädigung leistet, der also nicht unter dem Selbstbehalt liegt (Ziffer 4.4 AMB) oder für den der Versicherer aus irgendeinem Grund nicht zur Leistung verpflichtet ist. Bergungskosten sind Teil der Wiederherstellungskosten; die Mitversicherung von Bergungskosten für den Totalschadenfall ist nicht möglich.

Ist für Luftfracht oder Bergungskosten Entschädigung geleistet worden, dann vermindert sich entsprechend die auf Erstes Risiko versicherte Summe. Der Versicherungsnehmer hat die anteilige Prämie bis zum Ende des laufenden Versicherungjahres nachzuentrichten. Diese Prämie wird mit der geschuldeten Entschädigung verrechnet. Die Versicherungssumme steht danach wieder in der ursprünglich vereinbarten Höhe zur Verfügung.

Nicht zu den Wiederherstellungskosten gehören ferner Kosten für Überholungen, Änderungen oder Verbesserungen, die über die Wiederherstellung hinausgehen (Ziffer 4.1.5.1 und 4.1.5.2 AMB). Wird statt einer Reparatur, die ohne Gefährdung der Betriebssicherheit möglich war, ein Austausch der beschädigten Teile vorgenommen, so ersetzt der Versicherer die Kosten, die für die Reparatur aufzuwenden wären, soweit diese nicht den Aufwand für den Austausch übersteigen (Ziffer 4.1.6 AMB).

In den VDEW-Bedingungen ist ein genereller *„Abzug neu für alt"* vorgesehen, der jedoch durch Prämienzuschlag abdingbar ist (§ 4 II VDEW). Da hier Schäden durch dauernde Einflüsse des Betriebes an Wicklungen und Blechpaketen mitversichert sind und durch eine Erneuerung der Wicklung, die den wichtigsten Teil einer elektrischen Maschine darstellt, immer eine Erhöhung des Zeitwertes erfolgt, werden in den Bedingungen die nach Leistung und Betriebsjahren gestaffelten Kürzungssätze, die im Schadenfall als „Abzug neu für alt" gelten, festgelegt.

2. Totalschaden

Ein Totalschaden liegt dann vor, wenn die Wiederherstellungskosten den Zeitwert der versicherten Sache, also den Wert, den die unbeschädigte, ganze Sache einschließlich der Kosten für Fracht und Montage unmittelbar vor Eintritt des Schadenfalles hatte, übersteigen. Aus diesem Totalschadenbegriff ergibt sich nicht zwingend, daß eine Reparatur der Maschine unmöglich ist. Der Versicherungsnehmer kann sie wiederherstellen lassen, wenn es sich z. B. um eine Spezialmaschine handelt, für die schwer Ersatz zu beschaffen ist. Dann wird als Entschädigung der Zeitwert abzüglich des Wertes der Reste gezahlt. Beim Teilschaden geht man davon aus, daß nur als Schrott verkäufliche Trümmerstücke anfallen. Beim Totalschaden, besonders beim versicherungstechnischen Totalschaden, von dem man spricht, wenn eine Reparatur erfolgt, deren Kosten den Zeitwert übersteigen, wäre es ungerechtfertigt, den unversehrt gebliebenen Teil der Maschine als Schrott zu bewerten.

In Elektrizitätswerken werden meist große Aggregate versichert, deren Teile an sich selbständige Maschinen darstellen, im Maschinenverzeichnis jedoch als eine Position geführt werden. Deshalb bestimmen die VDEW-Bedingungen, daß in einem Schadenfall total zerstörte Teile eines Aggregates so behandelt werden, als wären sie einzeln versichert gewesen. Eine Anrechnung der übrigen, noch verwendbaren Aggregatteile erfolgt hier nicht.

Der **Unterschied zwischen dem Teil- und dem Totalschaden** besteht im wesentlichen darin, daß im Teilschaden Kosten zu ersetzen sind, im Totalschaden dagegen ein Wert ersetzt wird, und zwar nicht der Wiederbeschaffungswert einer gleichartigen, modernen, sondern der Zeitwert einer zerstörten Maschine. Da dieser Zeitwert nach technischen Gesichtspunkten ermittelt wird und unabhängig ist von steuerlichen und handelsrechtlichen Bewertungsvorschriften, ist er in der Regel höher als der Buchwert.

3. Selbstbehalt

Die Tarifbestimmungen sehen vor, daß der Versicherungsnehmer 5 %, mindestens 200,– DM des entschädigungspflichtigen Schadens selbst trägt. Der Mindestbehalt wird grundsätzlich in jedem Schadenfall abgezogen (Abzugsfranchise) und soll den Versicherer von der kostenintensiven Bearbeitung einer großen Zahl kleiner und kleinster Schäden entlasten. Der Selbstbehalt ist nicht durch Mehrprämie ablösbar. Dagegen ist eine Erhöhung gegen Prämiennachlaß möglich. Der Selbstbehalt wird immer ganz zum Schluß abgezogen, also nach Berücksichtigung einer etwaigen Unterversicherung und nach Abzug des Wertes der Trümmer bzw. der Reste. Auf diese Weise kann es dazu kommen, daß der Versicherer überhaupt nichts zu ersetzen hat. Dann handelt es sich zwar um einen ersatzpflichtigen, nicht aber um einen entschädigungspflichtigen Schaden.

4. Unterversicherung

Eine Unterversicherung liegt vor, wenn zur Zeit des Eintritts des Versicherungsfalls die Versicherungssumme niedriger ist als der Versicherungswert. Nach den VDEW-Bedingungen ist das Verhältnis Versicherungssumme zum Neuwert maßgebend.

Auf den Einwand der Unterversicherung kann der Versicherer durch die **Vollwertklausel** (Klausel 113 zu den AMB) verzichten. Voraussetzung ist, daß bei Beginn des Versicherungsschutzes Versicherungswert und Versicherungssumme übereinstimmen. Stellt sich im Schadenfall heraus, daß die Versicherungssumme zu niedrig ist, dann kann der Versicherer alle Versicherungssummen nachprüfen und für die zu niedrig bemessenen die Prämiendifferenz vom Beginn des zur Zeit des Schadeneintritts laufenden Versicherungsjahres an nachfordern. Daneben kann der Versicherer aber jederzeit verlangen, daß alle zu niedrigen Versicherungssummen vom Beginn des nächsten Versicherungsjahres an neu gebildet werden. In diesem Fall ist der Verzicht auf den Einwand der Unterversicherung für alle

Schäden aufgehoben, die bis zur Vereinbarung der neuen Versicherungssummen eintreten.

Die Vollwertklausel wird durch eine im Jahre 1972 zu den AMB eingeführte **Prämienklausel** (vgl. B.VIII, unten) ersetzt. Sie stellt sicher, daß die Versicherungssummen automatisch den Änderungen des Preisgefüges angepaßt werden. Unterversicherung gemäß Ziffer 3.6 AMB kann also nur dann bestehen, wenn nach dem Stand März 1971 Unterversicherung vorgelegen hätte.

In den VDEW-Bedingungen ist eine der Vollwertklausel entsprechende Bestimmung eingearbeitet (§ 4 V VDEW). Alternativ zur Vollwertbestimmung kann auch bei den VDEW-Bedingungen eine automatische Versicherungssummen- und Prämienangleichung vereinbart werden.

VI. Sachverständigenverfahren

In den meisten Schadenfällen gibt es über die Leistungspflicht des Versicherers und die Höhe der Entschädigung keinen Zweifel. Bei Meinungsunterschieden sehen die Bedingungen ein Sachverständigenverfahren vor, das sowohl der Versicherer als auch der Versicherungsnehmer beantragen kann. Das Verfahren ist in Ziffer 8 AMB detailliert geregelt.

VII. Zahlung der Entschädigung

Die Entschädigung wird fällig, wenn die zur Feststellung des Versicherungsfalls und des Umfangs der Leistung des Versicherers notwendigen Erhebungen abgeschlossen sind. Da dies bei großen Schäden oft lange dauert, nicht selten mehrere Jahre, weil die Reparatur in kürzerer Zeit nicht durchzuführen ist, kann der Versicherungsnehmer einen Monat nach Anzeige des Schadens als Teilzahlung den Betrag verlangen, den der Versicherer nach Lage der Sache mindestens zu zahlen hat. Er kann dann seinerseits ohne Schwierigkeiten die für die Reparatur etwa erforderliche Anzahlung leisten.

VIII. Prämie

1. Grundsätzliches

Die Prämien für die Maschinenversicherung ergeben sich durch **Multiplikation der Versicherungssummen mit Prämiensätzen** nach den Prämienrichtlinien, die aus einer gemeinsamen Statistik der deutschen Maschinenversicherer entstehen. Da es sehr viele unterschiedliche Maschinen und zahlreiche Arten von Betrieben gibt, ist die Statistik sehr weit gegliedert. Die Prämienrichtlinien enthalten deshalb eine große Zahl verschieden hoher Prämiensätze.

2. Der Prämiensatz

Die Berechnung der Prämie durch Multiplikation der Versicherungssumme mit einem festen Prämiensatz ist in der Sachversicherung allgemein und seit langem üblich. Diese Methode ist auch für den Maschinenversicherer richtig, solange zwischen dem Wert der Sache, dem Prämiensatz und der in Geld ausgedrückten Leistung des Versicherers ein ausgewogenes Verhältnis besteht. Voraussetzung hierfür ist jedoch, daß die Änderung der Löhne etwa in gleicher Weise erfolgt wie die der Preise; denn Schäden in der Maschinenversicherung sind fast ausschließlich Reparaturschäden, selten dagegen haben wir es mit Totalschäden zu tun.

Automation und Rationalisierungsmaßnahmen bewirken, daß Lohnerhöhungen zum Teil aufgefangen werden konnten, also nicht voll in den Preis der Produkte eingingen. Das gilt nicht für Reparaturarbeiten, die unverändert überwiegend lohnintensiv sind. Ihre Kosten werden also nicht durch die Entwicklung der Preise, sondern durch die der Löhne bestimmt. Dies führte etwa ab dem Jahr 1950 dazu, daß die Preise für neue Maschinen weniger stark stiegen als die Reparaturkosten. Gegenüber dem Jahr 1950 waren im Jahr 1952 in der Investitionsgüterindustrie die Preise um 27,2 %, die Stundenverdienste der Arbeiter in der gleichen Industriegruppe um 24,9 % gestiegen; für das Jahr 1960 lauten die entsprechenden Zahlen 34,8 % und 107,5 % und im Jahr 1971 hatten wir gegenüber 1950 eine Preissteigerung von 83,2 %, während die Stundenverdienste um 430,1 % gestiegen waren. Diese Entwicklung mußte bei den Maschinenversicherern zwangsläufig zu Verlusten führen, denn selbst wenn die Versicherungssummen den Vorschriften der Bedingungen entsprechend in vollem Umfang der Preisentwicklung angepaßt wurden (vgl. B.III, oben), ergab sich eine Prämie, die bei weitem nicht ausreichte, um die Schäden zu bezahlen.

Der Prämiensatz wird aus einer Statistik gewonnen, in die sämtliche in der Vergangenheit bezahlten Schäden, umgerechnet auf den Zeitpunkt der Auswertung, eingeflossen sind. Die Preis- und Lohnveränderungen bis zu diesem Zeitpunkt sind also berücksichtigt und finden im Prämiensatz ihren Niederschlag. Der so entstandene Prämiensatz ist also so lange richtig, bis keine Preis- und Lohnänderungen eintreten und auch andere Einflüsse, insbesondere solche technologischer Art, ausbleiben. Letztere wirken sich erfahrungsgemäß nur in längeren Zeiträumen aus, denn Maschinen neuartiger Konstruktion, besonders hoher Leistung o. ä. sind immer nur ein verhältnismäßig kleiner Teil der Gesamtheit der versicherten Maschinen. Eine Erhöhung der Tariflöhne in der Metallindustrie, beispielsweise um 7 %, dagegen bewirkt, daß vom Tage ihres Inkrafttretens an alle Schäden, die danach eintreten, um etwa 5 % teurer werden. Die Prämie müßte also auch entsprechend steigen. Nun werden die Löhne erfahrungsgemäß jährlich erhöht. Es ist aber praktisch nicht möglich, in so kurzen Abständen statistisch einen Prämiensatz zu ermitteln; außerdem gäbe es keine Möglichkeit, den neuen Prämiensatz bei den bestehenden, meist auf mehrere Jahre abgeschlossenen Verträgen anzuwenden, es sei denn, der Versicherer kündigt zu diesem Zweck den Vertrag. Die bisherige Methode zur Ermittlung der Prämiensätze führt deshalb nicht zu dem gewünschten Erfolg. Es wurde deshalb eine Klausel entwickelt, mit der die jährliche Anpassung an das veränderte Lohn- und Preisgefüge vereinbart wird.

3. Die Klausel

Die Maschinenversicherung ist eine Reparaturkostenversicherung, d. h. die Fälle, in denen eine versicherte Maschine völlig zerstört wird, sind selten. Fast alle eintretenden Schäden können durch Reparatur behoben werden. Der Lohnanteil an den Reparaturkosten beträgt etwa 70 %. Dieser Satz basiert auf den bei der Abrechnung der Schäden von den Versicherern gemachten Beobachtungen und wird ebenfalls von den die Reparatur ausführenden Firmen bestätigt. Auch die Industrie benützt bei langfristigen Reparaturarbeiten Preisformeln, in denen der Lohnanteil 60–70 % beträgt. Die Kosten der vom Maschinenbetreiber auszuführenden De- und Remontagearbeiten – reine Lohnkosten, die zu den Entschädigungsleistungen der Versicherer gehören – sind dabei nicht berücksichtigt. Es wurde also für die Maschinenversicherung eine Klausel geschaffen, die sicherstellt, daß die Prämie sich der dynamischen Entwicklung der Schadenseite anpaßt. Diese Klausel (Klausel 130) lautet:

„*Angleichung der Prämien und Versicherungssummen*

1. *Prämien und Versicherungssummen werden im Versicherungsschein nach dem Stand der Löhne und Preise in der Investitionsgüter-Industrie vom Januar/März 1971 angegeben. Eine Änderung dieser Löhne und Preise hat eine entsprechende Angleichung der Prämien und Versicherungssummen zur Folge.*

2. *Für die Angleichung der Prämien wird zu 30 v.H. die Preisentwicklung und zu 70 v.H. die Lohnentwicklung berücksichtigt. Die Angleichung der Versicherungssummen erfolgt unter Berücksichtigung der Preisentwicklung. Wäre die Versicherungssumme höher, wenn sie entsprechend dem Anstieg des Versicherungswertes gemäß 3.2–3.5 AMB angeglichen würde, dann ist die Grenze der Entschädigung (4.3 AMB) dieser höhere Betrag. Maßgebend für diese Angleichung sind die vom Statistischen Bundesamt veröffentlichten Indizes, und zwar*

   a) *für die Preisentwicklung der Index der Erzeugerpreise industrieller Produkte (Inlandabsatz), Gruppe Investitionsgüter, für den Monat September eines jeden Jahres im Verhältnis zu dem Index für März 1971 und*

   b) *für die Lohnentwicklung der Index der Bruttostundenverdienste der Arbeiter in der Investitionsgüter-Industrie (alle Arbeiter) für den Monat April eines jeden Jahres im Verhältnis zu dem Index für Januar 1971.*

3. *Die Angleichung wird jeweils für die im folgenden Kalenderjahr fällige Jahresprämie wirksam.*

4. *Unterversicherung gemäß 3.6 AMB besteht nur, soweit nach dem Stand März 1971 Unterversicherung vorgelegen hätte.*“

Da es sich hier um eine genehmigungspflichtige Wertsicherungsklausel im Sinne von

§ 3 des Währungsgesetzes vom 26. 8. 1964 handelt, mußte zunächst die Zustimmung der Deutschen Bundesbank eingeholt werden. Diese wurde erteilt, weil die Ausnahmetatbestände der Genehmigungsrichtlinien erfüllt sind. Die jeweils vom Versicherungsnehmer geschuldete Prämie wird von der Entwicklung von Löhnen und Preisen abhängig gemacht, durch die die künftigen Schadenleistungen der Maschinenversicherer wesentlich beeinflußt werden. Anschließend hat dann das Bundesaufsichtsamt die Verwendung der Klausel ebenfalls genehmigt (VerBAV 1972, 286).

In einer **geschäftsplanmäßigen Erklärung** haben sich die Versicherer verpflichtet, die Anwendung der Klausel den Versicherungsnehmern folgendermaßen zu erläutern (Erläuterung zu Klausel 130 – Berechnung der Prämie und der Versicherungssumme):

„Prämie

Die Prämie P des jeweiligen Versicherungsjahres berechnet sich zu

$$P = P_0 \text{ x Prämienfaktor}$$

$$\text{Prämienfaktor} = 0{,}3 \text{ x } \frac{E}{E_0} + 0{,}7 \text{ x } \frac{L}{L_0}$$

Versicherungssumme

Die Versicherungssumme S des jeweiligen Versicherungsjahres berechnet sich zu

$$S = S_0 \text{ x Summenfaktor}$$

$$\text{Summenfaktor} = \frac{E}{E_0}$$

Es bedeuten:

P_0 = *Im Versicherungsschein genannte Prämie, Stand Januar/März 1971*

S_0 = *Im Versicherungsschein genannte Versicherungssumme, Stand März 1971*

E = *Index der Erzeugerpreise industrieller Produkte, Gruppe Investitionsgüter, für den Monat September des Ermittlungsjahres*

E_0 = *Stand März 1971*

L = *Index der durchschnittlichen Bruttostundenverdienste der Arbeiter, Gruppe Investitionsgüter-Industrie (alle Arbeiter), für den Monat April des Ermittlungsjahres*

L_0 = *Stand Januar 1971.“*

Die Klausel regelt die Berechnung der Prämien und der Versicherungssummen, sie bezieht sich deshalb auf Ziffer 3.1 und Ziffer 5.1.1 AMB. Es wird von einer Prämie ausgegangen, die dem Preis- und Lohnstand vom März 1971 entspricht. Zu diesem Zeitpunkt müssen also die Versicherungssummen den Bedingungen entsprechend gebildet sein (vgl. B.III, oben), und der Prämiensatz muß dem aus der Statistik ermittelten Bedarfsprämiensatz entsprechen. Diese Prämie wird zu Beginn eines jeden Versicherungsjahres den Änderungen des Lohn- und Preisgefüges angepaßt, und zwar mit einem Prämienfaktor, der aus dem vom Statistischen Bundesamt für Erzeugerpreise und Bruttostundenverdienste der Investitionsgüter-Industrie ermittelten Index gebildet wird. Der gewählte Index für Preise umfaßt alle Industrie-Erzeugnisse, die im Produktionsbereich keiner weiteren Bearbeitung unterliegen und soweit sie investitionsreif sind. Der Anteil der Stahlbauerzeugnisse, zu denen auch Dampfkessel gehören, der Erzeugnisse des Maschinenbaus und der Elektroindustrie an diesem Index beträgt etwa 80 %. Die unterschiedliche Entwicklung der Produktpreise dieser Gruppen kann vernachlässigt werden, da der Index nur zu 30 % in den Prämienfaktor eingeht. Bei den Verdiensten gibt es nur geringe Unterschiede zwischen den einzelnen Branchen, die nicht ins Gewicht fallen.

März 1971 wurde deshalb als Ausgangsbasis gewählt, weil bei der Bearbeitung der Klausel die Indizes dieses Monats die zuletzt veröffentlichten waren.

4. Auswirkung auf die Versicherungssummen

Auch die Versicherungssummen entsprechen dem Stand vom März 1971. Sie werden mit dem Summenfaktor, der die Preissteigerung gegenüber März 1971 angibt, jährlich hochgerechnet. Man stellt die gerade geltende Versicherungssumme jedoch nur dann fest, wenn man sie kennen muß, z. B. im Schadenfall. Ob eine Unterversicherung vorliegt, wird nach dem Stand vom März 1971 geprüft. Waren die Versicherungssummen zu diesem Zeitpunkt richtig gebildet, kann später keine Unterversicherung mehr eintreten. Die ständige Überwachung der Versicherungssummen und der Preisbewegung, die sich jährlich wiederholenden Verhandlungen zwischen Versicherer und Versicherungsnehmer über die Angleichung der Versicherungssummen, wie sie bisher notwendig waren, fallen also fort.

5. Zusammenfassung

Die Prämiengleitklausel stellt das Gleichgewicht zwischen der Schaden- und Prämienseite wieder her und sorgt dafür, daß es erhalten bleibt. Lohn- und Preisänderungen wurden bei der Prämienkalkulation schon immer berücksichtigt. Da sie früher aber langsam und maßvoll eintraten, machten sie sich kaum bemerkbar. Ihre Auswirkung blieb im Prämiensatz verborgen. Durch die Prämiengleitklausel wird sie sichtbar gemacht. Aber in der gesamten Wirtschaft ist die Änderung des Geldwertes viel deutlicher und für jedermann spürbarer als früher. Ein Versicherungsnehmer soll die Verteuerung des Schadens gegenüber früher nicht selbst tragen; das setzt voraus, daß er auch dafür die erforderliche Prämie bezahlt. Dies soll durch die Prämiengleitklausel erreicht werden.

Diese Klausel ist kein Mittel zur Sanierung schlecht verlaufener Versicherungen. Die Veränderung der Technik und andere Faktoren, die die Wahrscheinlichkeit des Eintritts eines Maschinenschadens und seine mögliche Höhe beeinflussen, werden durch sie nicht berührt.

6. Prämienregulierung

Bei dem hohen Wert, den der Maschinenpark vieler Unternehmen darstellt, erreicht die für die Maschinenversicherung zu zahlende Prämie rasch eine beachtliche Höhe. Bei Verträgen besonderer Prämiengröße kann deshalb eine sogenannte Prämienregulierung vereinbart werden.

Diese sieht vor, daß dann, wenn in jeweils 5 Versicherungsjahren die Schadenleistungen niedriger sind als 70 % der Prämieneinnahme, der Versicherungsnehmer von dem so ermittelten Unterschied einen vertraglich vereinbarten Anteil zwischen 30 % und 50 % zurückerhält. Dadurch wird erreicht, daß das subjektive Risiko des einzelnen Betriebes berücksichtigt ist.

IX. Maschinen- und Kaskoversicherung von fahrbaren Geräten

Früher wurde Versicherungsschutz für Baugeräte gegen Bauunfallschäden (Kaskoschäden) im Rahmen der Bauwesenversicherung geboten. Mit der Neuauflage der **Allgemeine Bedingungen für die Bauwesenversicherung von Unternehmensleistungen (ABU) 1974** wurden Baugeräte ausdrücklich ausgeschlossen (vgl. Abschnitt G, unten). Es ist daher scharf zu trennen zwischen der Versicherung der Bauleistung und der Versicherung von Baugeräten. Diese Trennung ist auch in den Rechnungslegungsvorschriften enthalten.

Zur Versicherung dieser Geräte wurden 2 neue Bedingungswerke geschaffen:

- die **Allgemeine Bedingungen für die Kaskoversicherung von Baugeräten (ABG)**, die Versicherungsschutz gegen Unfallschäden (Kaskoschäden) bieten, und
- die **Allgemeine Bedingungen für die Maschinen- und Kasko-Versicherung von fahrbaren Geräten (ABMG)**, die zusätzlich zum Umfang der ABG eine Allgefahrendeckung entsprechend der Maschinenversicherung gemäß AMB bietet.

Vor Einführung der ABMG wurden Baugeräte und sonstige fahrbare Geräte nach den AMB versichert, die durch Klauseln angepaßt wurden, z. B. Ausdehnung des Versicherungsortes auf das gesamte Bundesgebiet. Der Name der Bedingungen – „Allgemeine Bedingungen für die Maschinen- und Kasko-Versicherung von fahrbaren Geräten (ABMG)" – setzt sich zusammen aus „Allgemeine Maschinenversicherungsbedingungen (AMB)" und „Allgemeine Bedingungen für die Kaskoversicherung von Baugeräten (ABG)". Im folgenden werden, um Wiederholungen zu vermeiden, solche Bestimmungen der ABG und ABMG behandelt, die von den AMB abweichen.

1. Versicherung nach den Allgemeine Bedingungen für die Maschinen- und Kaskoversicherung von fahrbaren Geräten (ABMG)

a) Versicherte Sachen

In § 1 sind, wie in den AMB, Beispiele für Sachen genannt, die versichert werden können, nämlich Baugeräte und sonstige fahrbare und transportable Sachen mit wechselndem Einsatzort. Da Baugeräte oft mehrere für verschiedene Arbeiten auswechselbare Zusatzgeräte haben, ist bestimmt, daß diese Sachen einzeln mit ihren Versicherungssummen in dem dem Versicherungsschein beigefügten Verzeichnis aufgeführt sein müssen, um versichert zu sein. Auch das Gerät selbst muß mit seiner ebenfalls genau bezeichneten Grundausstattung im Verzeichnis eingetragen sein. Nicht versichert sind Fahrzeuge, die ausschließlich der Beförderung von Gütern im Rahmen eines darauf gerichteten Gewerbes oder von Personen dienen. Dagegen können Fahrzeuge von Bauunternehmern für den Gütertransport auf der Baustelle mitversichert werden.

Abweichend von den AMB sind Werkzeuge aller Art nicht generell ausgeschlossen, sondern Schäden an diesen Sachen sind dann mitversichert, wenn sie infolge eines ersatzpflichtigen Schadens an anderen versicherten Sachen entstehen. Der bloße Zusammenhang, also der gleichzeitige Eintritt der Schäden, löst keine Ersatzpflicht aus. Die Aufzählung der Werkzeuge in § 1 Nr. 4 a ABMG ist nur beispielhaft. Ob es sich im Einzelfall um ein Werkzeug handelt, muß u. U. nach dem Sprachgebrauch der betroffenen Fachkreise entschieden werden. § 1 Nr. 4 b ABMG dagegen enthält eine erschöpfende Aufzählung von Sachen und Sachteilen, die sich nicht unter einem Oberbegriff zusammenfassen lassen. Nicht nach den ABMG versicherbar sind schwimmende Geräte. Hierfür sind die AMB in Verbindung mit den Klauseln 400 zu den AMB anzuwenden.

b) Versicherte Gefahren

Der Katalog der versicherten Gefahren in § 2 Nr. 1 ABMG deckt sich mit den AMB, erweitert um die Klausel 307 zu den AMB, die heute nicht mehr angewendet wird. Mit dieser Klausel wurden die Ausschlüsse gemäß Ziffer 2.2.1 AMB (Höhere Gewalt) sowie Ziffer 2.2.6 und 2.2.7 AMB (Brand, Blitzschlag, Explosion usw.) aufgehoben.

Der Schaden muß unvorhergesehen und plötzlich eintreten, wobei man für die Auslegung des Begriffs „unvorhergesehen“ sich an die Definition gemäß § 2 Nr. 1 der ABU hält:

„*Unvorhergesehen sind Schäden, die der Versicherungsnehmer oder seine Repräsentanten rechtzeitig weder vorhergesehen haben, noch mit dem für die im Betrieb ausgeübte Tätigkeit erforderlichen Fachwissen hätten vorhersehen können*“ (vgl. Abschnitt G, unten). Es kommt hier ebenso wie bei den AMB auf die objektive Vorhersehbarkeit an.

Die Aufzählung in § 2 ABMG bringt nur Beispiele für Schadenursachen, die Abgrenzung der hier gebotenen Allgefahrendeckung erfolgt durch § 2 Nr. 3 ABMG. Dort sind Tatbestände aufgeführt, die ohne Rücksicht auf mitwirkende Ursachen keinen ersatzpflichtigen Schaden herbeiführen können; es sind die gleichen, wie sie die AMB nennen.

Entsprechend den Erfordernissen der Bauwirtschaft decken die ABMG Schäden, die unmittelbar durch Naturgewalten, wie Erdbeben, Erdrutsch, Felssturz, Hochwasser, Überschwemmung, Sturm, Frost und Eisgang entstanden sind. Für Schäden durch die besonderen Gefahren des Einsatzes auf Wasserbaustellen usw. (§ 2 Nr. 5 ABMG) wird Entschädigung jedoch nur aufgrund einer besonderen Vereinbarung geleistet.

Der besonderen Interessenlage bei fahrbaren Arbeitsmaschinen wird weiter dadurch Rechnung getragen, daß der Versicherungsschutz auch gilt, wenn die Sachen vom Lieferwerk zum Arbeits- oder Lagerplatz des Versicherungsnehmers überführt – also bevor sie zum ersten Mal betriebsfertig waren – oder aus sonstigen Anlässen auf eigener Achse oder auf einem Fahrzeug im Binnenland transportiert werden. Schließlich besteht Versicherungsschutz, ebenfalls wie nach den ABG, auch während Verladevorgängen und während De- und Remontagen. Durch diese Regelung wird ein ununterbrochener Versicherungsschutz sichergestellt, der auch das Transportrisiko einschließt, allerdings nur im Rahmen der Bedingungen nach den ABMG. Wünscht der Versicherungsnehmer den weitergehenden Schutz der Transportversicherung, muß eine solche abgeschlossen werden.

Bei dem Ausschluß der Schäden durch solche Mängel, die bei Abschluß der Versicherung bereits vorhanden waren (§ 2 Nr. 3 a ABMG), wird anders als in den AMB, wo an dieser Stelle Bezug genommen wird auf den Versicherungsnehmer, die Leistung des Unternehmens oder eines verantwortlichen Betriebsleiters, in den ABMG dem Versicherungsnehmer jede Person gleichgestellt, die über den Einsatz der versicherten Sache verantwortlich zu entscheiden hat. Es ist hier zwar nicht an jeden Arbeitnehmer gedacht, der ein Gerät bedient, wohl aber an jemanden der im örtlichen Bereich des Einsatzortes der versicherten Sache Verantwortung trägt, und zwar unabhängig von seiner Stellung im Gesamtbetrieb des Versicherungsnehmers.

Ausgeschlossen sind außerdem Schäden während der Dauer von Seetransporten, da diese Gefahr eindeutig in den Zuständigkeitsbereich des Transportversicherers fällt.

Zusätzlich eingeschlossen sind Schäden durch Brand, Blitzschlag, Explosion sowie durch Löschen bei diesen Ereignissen.

c) Versicherungsort

Versicherungsort ist die Bundesrepublik Deutschland einschließlich des Landes Berlin und der Verbindungsstraßen. Das gilt auch für versicherte Fahrzeuge, für die jedoch die öffentlichen Straßen dann nicht Versicherungsort sind, wenn sie ausschließlich der Beförderung dienen. Durch eine besondere Vereinbarung kann der Versicherungsort auf das im Versicherungsschein bezeichnete Betriebsgrundstück beschränkt werden.

d) Versicherungssummen

Die Bestimmung über die Bildung der Versicherungssummen entspricht den Regelungen der AMB. Auch in den ABMG ist der jeweilige Listenpreis einschließlich Bezugskosten der Versicherungswert. Für Bergungs- und Aufräumungskosten im Totalschadenfall – bei Teilschäden sind sie Teil der Wiederherstellungskosten – kann eine Versicherungssumme auf Erstes Risiko mitversichert werden, also anders als nach den AMB; dort können diese Kosten nur für Teilschäden eingeschlossen werden, nicht jedoch für den Totalschadenfall.

e) Umfang der Entschädigung

In § 8 ABMG wird der Umfang der Entschädigung eingehend dargestellt, wobei sich Unterschiede zu den AMB ergeben. Ergänzend gelten zu § 8 ABMG die darin genannten und dem Versicherungsschein beigefügten „Berechnungsgrundlagen für die Wiederherstellungs- und Aufräumungskosten bei Baugeräten (BWAKG)", ferner wird für die Ermittlung des Zeitwertes auf die vom Hauptverband der Deutschen Bauindustrie herausgegebene „Baugeräteliste (BGL)" in ihrer jeweils neuesten Fassung verwiesen.

Es werden Teil- und Totalschäden unterschieden. Ein Totalschaden liegt vor, wenn die Wiederherstellungskosten zuzüglich des Wertes der Reste den Zeitwert übersteigen.

Von den Wiederherstellungskosten ist der Wert solcher Reste abzuziehen, die nicht wieder verarbeitet werden. Verarbeitete Reste mindern die Wiederherstellungskosten dadurch, daß keine Kosten für neues Material aufgewendet zu werden brauchen. Allenfalls hätte man in § 8, Nr. 1 ABMG formulieren können, „abzüglich des Wertes des anfallenden Altmaterials", wobei durch das Wort „anfallen" angedeutet wäre, daß es sich um Altmaterial handeln muß, welches nach beendeter Wiederherstellung noch vorhanden ist, also zur Verwertung anfällt.
Zu den Bergungskosten gehören nicht nur Schadenminderungskosten gemäß § 63 Abs. 1 Satz 1 VVG, sondern auch Kosten aller Maßnahmen, die dazu dienen, eine versicherte Sache auf andere Weise als durch die dafür vorgesehenen Antriebskräfte und Transportmittel und zu einem anderen Zweck als den bloßen Wechsel ihres Einsatzortes in eine geänderte Lage zu bringen. Um Bergungskosten im Sinn dieser Verkehrsansicht handelt es sich z. B. auch, wenn eine reparaturbedürftige Sache aus einer bestimmten räumlichen Lage befreit wird, obgleich ihrer Substanz durch diese Lage nicht unmittelbar ein weiterer Schaden droht. Außerdem ist zu beachten, daß die Kosten des Transports einer beschädigten versicherten Sache nicht Teil der Bergungskosten sind, sondern schon nach § 8 Nr. 1 a) dd ABMG ersetzt werden, wobei jedoch gegebenenfalls eine Unterversicherung und der Abzug eines Selbstbehaltes zu berücksichtigen sind.

f) Anpassung der Versicherungssummen und der Prämien

In § 9 ABMG ist die **Prämiengleitklausel** eingearbeitet, die sicherstellt, daß die einmal richtig gebildeten Versicherungssummen sich der Preisentwicklung anpassen, so daß eine Unterversicherung nur insoweit geltend gemacht werden kann, wie die Versicherungssummen zu Beginn der Versicherung falsch gebildet worden waren (vgl. B.VIII, oben). Die auf Erstes Risiko versicherten Summen – z. B. für Aufräumungs- und Bergungskosten – wird man bei dieser automatischen Anpassung nicht ausschließen. Einmal würde man sonst die Bearbeitung der Verträge unnötig komplizieren, zum anderen läge es auch nicht im Interesse des Versicherungsnehmers, daß trotz steigender Bergungs- und Aufräumungskosten der reale Wert der hierfür mitversicherten Summe ständig geringer wird. Die Prämie ändert sich entsprechend der Preis- und Lohnentwicklung.

g) Selbstbehalt

Die bedingungsgemäß errechnete Entschädigung wird um 10 %, wenigstens aber um einen Mindestselbstbehalt in Höhe von 500,– DM gekürzt. Bei mehreren Schäden wird der Selbstbehalt jeweils einzeln abgezogen. Es ist dabei unerheblich, ob es sich um mehrere Schäden an verschiedenen Sachen oder um mehrere Schäden an nur einer Sache handelt, die jeweils durch das gleiche Ereignis, z. B. durch Sturm, verursacht wurden. Das heißt anders als nach den AMB wird der Selbstbehalt für jeden Schaden einzeln abgezogen, auch wenn ein ursächlicher Zusammenhang zwischen diesen Schadenereignissen untereinander besteht. Der prozentuale Selbstbehalt in Höhe von 10 % wird erst bei Schadenbeträgen ab 5 000,– DM wirksam. Der feste Selbstbehalt erspart die Bearbeitung einer Fülle kleiner und kleinster Schäden. Ein Festbetrag hat allerdings den Nachteil, daß er durch die inflationäre Entwicklung real immer geringer wird.

Eine Erhöhung sowohl des festen als auch des prozentualen Selbstbehaltes ist gegen Prämiennachlaß möglich.

2. Versicherung nach den Allgemeine Bedingungen für die Kaskoversicherung von Baugeräten (ABG)

Der nach der ABG gebotene Versicherungsschutz ist gegenüber den ABMG stark eingeschränkt und erstreckt sich praktisch nur auf die Versicherung von sogenannten Unfallschäden (Kaskoschäden) an den versicherten Baugeräten. Im folgenden soll kurz auf die Unterschiede zwischen den beiden Bedingungswerken eingegangen werden.

a) Versicherte Sachen

Der Katalog der Sachen, die versichert werden können, ist umfangreicher als in den ABMG. Zusätzlich zu den Baugeräten und ihren Zusatzgeräten können nach den ABG auch Stahlrohr- und Spezialgerüste, Stahlschalungen usw. Vermessungs-, Werkstatt-, Prüf-, Labor- und Funkgeräte sowie Baubüros, Baubuden, Baubaracken und dergleichen versichert werden (vgl. § 1 Nr. 2 ABG).

Auf der anderen Seite werden in den ABG neben den Sachen, die bereits nach den ABMG nicht versichert sind, **weitere Ausschlüsse** genannt. Es handelt sich hierbei um die Einrichtungen von Baubüros, Baubuden, Baubaracken usw. Hierunter hat man das Mobiliar zu verstehen, während die technische Einrichtung (Geräte und sonstige technische Anlagen) versichert werden kann (vgl. § 1 Nr. 3 ABG).

b) Versicherte Gefahren

Gemäß § 2 Nr. 1 ABG leistet der Versicherer Entschädigung für Schäden, die durch ein unmittelbar von außen her plötzlich und unvorhergesehen einwirkendes Ereignis (Unfall) verursacht werden. Es muß sich also um einen Unfallschaden handeln, wobei das Wort „Unfall“ nicht besonders erläutert ist. Man hat von einer eigenen Definition abgesehen, weil bei der Geräteversicherung, wie sie bisher geboten wurde, sich eine gewisse Ausweitung des Unfallbegriffes gegenüber der Kraftverkehrsversicherung ergeben hat.

Anschließend folgt eine beispielhafte Aufzählung von möglichen Unfallschäden. Genannt werden Schäden durch Naturgewalten, durch Brand, Blitzschlag, Explosion und Schäden während einer Montage und Demontage, während eines Verladevorgangs sowie Schäden die **als Folge** eines inneren Betriebsschadens eintreten. Daß auch Schäden während der Dauer von Transporten mitgedeckt sind, läßt sich einmal aus dem Vergleich mit den ABMG entnehmen, zum anderen auch aus der Ausschlußbestimmung, daß Schäden während der Dauer von Seetransporten nicht versichert sind (§ 2 Nr. 3 g ABG). Es ist offensichtlich übersehen worden, in der beispielhaften Aufzählung auch Schäden während der Dauer von Transporten zu nennen.

Innere Betriebsschäden selbst, insbesondere Bruchschäden, sind keine Unfallschäden und demnach nicht ersatzpflichtig, gleichviel aus welcher Ursache sie entstehen. An Stelle einer Definition des Unfallbegriffes ist in den ABG die Bestimmung hineingenommen worden, daß innere Betriebsschäden – ein Begriff, der ebenfalls nicht erläutert wird – keine Unfallschäden sind. Andererseits sind aber Unfallschäden als Folgeereignis innerer Betriebsschäden versichert. Unterdessen gibt es auch von außen auf die versicherte Sache einwirkende Ereignisse, die mit dem Betrieb der Sache zusammenhängen, wenn man darunter die bestimmungsgemäße Benutzung versteht. So entstandene Schäden sind z. B. Beulen, Verbiegungen usw. Sie sind nicht gedeckt, weil es sich hierbei um Schäden durch die dauernden Einflüsse des bestimmungsgemäßen Betriebes handelt und weil sie nicht unvorhergesehen eintreten; bei bestimmten Arbeiten sind sie fast unvermeidbar.

Die in den ABMG enthaltene Bestimmung, daß Schäden, die eine unmittelbare Folge der dauernden Einflüsse des Betriebes sind, nicht ersetzt werden, braucht in den ABG nicht enthalten zu sein, weil es sich bei solchen Schäden meist um innere Betriebsschäden handeln wird. Desgleichen fehlt hier mit Recht die Bestimmung, daß solche Schäden nicht ersatzpflichtig sind, für die ein Dritter als Lieferant, Werkunternehmer oder aus Reparaturauftrag einzutreten hat. Es ist zwar denkbar, daß ein Unfallschaden von einer Reparaturfirma verursacht wird, doch sind diese Fälle so selten, daß es einer besonderen Regelung nicht bedarf. Hier genügen die gesetzlichen Vorschriften.

Schäden durch Brand, Blitzschlag, Explosion gelten zwar als Unfallschäden, jedoch sind sie nicht mitversichert bei Baubüros, Baubuden, Baubaracken, Werkstätten, Magazinen, Labors und Gerätewagen (vgl. § 2 Nr. 3 d ABG).

c) Versicherungsort

Sollen Geräte nur während der Zeit der Arbeiten an einer Bauleistung versichert werden, so wird man im allgemeinen nicht die ABMG, sondern die ABG verwenden. Diesem Umstand trägt die Bestimmung über den Versicherungsort Rechnung. Beide Möglichkeiten, nämlich Verträge mit mehrjähriger Dauer (Jahresversicherung) abzuschließen, oder aber eine Versicherung nur kurzfristig für die Zeit der Bauarbeiten zu nehmen (Einzelversicherung), sind hier gleichrangig nebeneinander gestellt. Bei einer kurzfristigen Versicherung ist nur die Baustelle Versicherungsort.

d) Anpassung der Versicherungssummen und der Prämien

Die im Zusammenhang mit den Bestimmungen über die Unterversicherung in § 9 der ABG enthaltene Prämiengleitklausel gilt natürlich nur für Jahresversicherungen, nicht dagegen für kurzfristige Versicherungen, die sich nur auf die Zeit des Einsatzes der im Versicherungsschein bezeichneten Baustelle erstreckt.

e) Klauseln zu den ABMG und ABG

Die Klauseln „**Führung**", „**Makler**", „**Prozeßführung bei Mitversicherung**", „**Radioaktive Isotope**" und „**Luftfrachtkosten**" entsprechen den genehmigten Klauseln zu den AMB. Sie sind jedoch für die Versicherung fahrbarer Geräte, insbesondere Baugeräte, ohne praktische Bedeutung.

Die einzige Klausel, die jedem Versicherungsvertrag beigelegt wird, weil die ABG und ABMG einen Hinweis auf sie enthalten, ist die **Klausel 72 „Berechnungsgrundlagen für die Wiederherstellungs- und Aufräumungskosten bei Baugeräten (BWAKG)"**.

Bei der Bauleistungsversicherung sind diese Berechnungsgrundlagen in die Bedingungen eingearbeitet, weil man davon ausgeht, daß der beauftragte Bauunternehmer in der Regel die beschädigte Bauleistung auch selbst wieder herstellen wird (vgl. Abschnitt G, unten). Bei Schäden an Baugeräten und anderen fahrbaren Geräten ist das in weit geringerem Umfang der Fall. Nur große Bauunternehmen werden leistungsfähige Werkstätten haben. Die wesentliche Bestimmung der BWAKG ist die, daß bei Arbeiten, die der Versicherungsnehmer ganz oder teilweise in eigener Regie durchführt, nur eine Selbstkostenerstattung erfolgt, d. h. es werden keine Zuschläge für Wagnis und Gewinn, für nichtschadenbedingte Gemeinkosten und allgemeine Geschäftskosten ersetzt. Weiterhin ist festgelegt, daß der Versicherungsnehmer bei Stundenlohnarbeiten auf die für den Ort der notwendigen Arbeiten geltenden Stundenlohnsätze zuzüglich tariflicher Zulagen für Erschwernis, Schmutzarbeit usw., ferner auf die tariflichen Zuschläge für Überstunden, Sonntags-, Feiertags- und Nachtarbeiten, Zuschläge von 150 % für Werkstattarbeiten und von 100 % für alle übrigen Arbeiten berechnen darf, falls keine anderen Sätze vereinbart sind. Die Prämienrichtlinien sehen vor, daß diese Zuschläge gegen Prämienzuschlag erhöht werden können, wenn der Versicherungsnehmer meint, daß ihm tatsächlich höhere Aufwendungen entstehen.

X. Die wesentlichen Änderungen in den neuen Allgemeinen Bedingungen

Die im Abschnitt B.I erwähnte Neufassung der AMB, die zur Zeit dem BAV zur Genehmigung vorliegt, sieht folgende wesentliche Änderungen vor:

(1) Die bisher in drei Druckstücken niedergelegten Bedingungen AMB, ABG und ABMG werden in einem Bedingungswerk zusammengefaßt, das aus einem allgemeinen Teil und speziellen Bestimmungen für stationäre Maschinen, fahrbare Geräte und Maschinen auf Schwimmkörpern besteht.

(2) Generell ausgeschlossen, und damit auch nicht mehr als Folge eines ersatzpflichtigen Schadens in den ABMG/ABG gedeckt, sind Werkzeuge. Dagegen sind „Folgeschäden“ an Transportbändern, Kabeln usw. künftig auch in die Maschinenversicherung eingeschlossen.

(3) Die Ausschlüsse der dauernden Betriebseinflüsse gelten nur, soweit kein Konstruktions-, Material- oder Ausführungsfehler vorliegt, wobei noch klargestellt wird, daß hierbei der Stand der Technik zur Konstruktionszeit zu berücksichtigen ist.

(4) Die Ereignisse höherer Gewalt werden auf Erdbeben, Überschwemmung, Hochwasser oder Sturmflut beschränkt. Schäden durch Erdrutsch, Felssturz sind also künftig, wie in den ABMG/ABG bisher schon, in allen Maschinensparten gedeckt.

(5) Die jährliche Anpassung der Versicherungssumme und Prämien, die bisher mit Klauseln vereinbart wurde, ist in die Bedingungen §§ 4 und 5 AMB eingearbeitet.

(6) Für fahrbare Geräte wird es keine getrennten Bedingungen mehr geben. Es ist lediglich ein Hinweis enthalten, daß der Versicherungsschutz durch Vereinbarung auf reine Unfallschäden beschränkt werden kann.

C. Schwachstromanlagenversicherung

Von Edwin Weiß

I. Entwicklung der Schwachstromanlagenversicherung

Die Entwicklung auf dem nachrichtentechnischen Sektor zu Beginn dieses Jahrhunderts ließ bereits Anfang der zwanziger Jahre das Bedürfnis nach einer Spezialversicherung für dieses Gebiet entstehen. Fehler bei der Bedienung der empfindlichen Anlagen führten häufig zu Schäden. Die immer mehr in den Vordergrund tretende Automation erhöhte die Anfälligkeit der Anlagen für Einwirkungen durch Temperatur, Feuchtigkeit, Schmutz und anderes. Seit 1924 zählt die Schwachstromanlagenversicherung zu den aufsichtspflichtigen Zweigen der Sachversicherung. Zu diesem Zeitpunkt wurden auch die Allgemeinen Versicherungsbedingungen für Schwachstromanlagen geschaffen, die in den wichtigsten Passagen unverändert bis Mitte der 70er Jahre Gültigkeit hatten.

Schon von Anfang an erkannten die Versicherer von Schwachstromanlagen, daß man dem speziellen Versicherungsbedarf, der sich seinerzeit noch aus der Stromgebundenheit der Anlagen ergab und dann zunehmend durch den Einfluß der Elektronik bestimmt wurde, nur durch eine Allgefahrendeckung Rechnung tragen kann. Ein weiteres besonderes Merkmal der Schwachstromanlagenversicherung liegt in der Ergänzung der Wartungsleistungen der Herstellerfirma durch den Versicherungsschutz. Normalerweise bestehen für die wichtigsten Anlagenarten, die im Rahmen der Schwachstromanlagenversicherung in Deckung genommen werden, solche Wartungsverträge. Wenn dabei ein Versicherer von Schwachstromanlagen mit den Herstellerfirmen eng zusammenarbeitet, wie dies z. B. bei den drei größten Versicherern dieses Zweiges der Fall ist, kommt diese Bindung insbesondere dem gemeinsamen Kunden, d. h. dem Versicherungsnehmer, zugute. Der Hersteller verpflichtet sich im Rahmen solcher Wartungsverträge zur Instandhaltung und Wartung der Anlage, wozu auch die Beseitigung von Störungen gehört. Dagegen bietet die Schwachstromanlagenversicherung den notwendigen Schutz zur Deckung der oft nicht unbeträchtlichen Kosten für die Behebung von unvorhergesehen eintretenden Schäden. Besteht eine solche Verbindung zwischen Hersteller und Versicherer, wird die Schadenbehebung denkbar einfach und unbürokratisch abgewickelt, da die Verrechnung direkt zwischen der Herstellerfirma und der Versicherungsgesellschaft ohne Belastung des Versicherungsnehmers erfolgt.

Die Schwachstromanlagenversicherung bietet Versicherungsschutz für bestimmte Sachen gegen einen Inbegriff von Gefahren, wobei sie sich gegenüber der Maschinenversicherung dadurch unterscheidet, daß nur wenige Ausschlußtatbestände bestehen (vgl. Abschnitt B, oben). Damit ist der Abschluß von weiteren Versicherungsverträgen – z. B. zur Deckung des Feuerrisikos, Einbruchdiebstahlrisikos, Leitungswasserrisikos – nicht mehr notwendig.

Das Vordringen der Elektronik, insbesondere der elektronischen Datenverarbeitung, brachte der Schwachstromanlagenversicherung eine erhebliche Erweiterung ihres Aufgabengebietes. Heute betreiben fast alle bedeutenden Gesellschaften diesen Versicherungszweig. Den nachfolgenden Darstellungen zur Schwachstromanlagenversicherung liegen die **Allgemeine Versicherungsbedingungen für Fernmelde- und sonstige elektrotechnische Anlagen (AVFE 76)** zugrunde. Diese Bedingungen sind im Jahre 1976/77 entstanden und aus den bis dahin gültigen Bedingungen, die überarbeitet und dem neuesten Stand angepaßt wurden, hervorgegangen. Soweit bestimmte Begriffe oder gesamte Passagen bereits im Rahmen der Maschinenversicherung behandelt wurden, wird hierauf in den nachstehenden Ausführungen nicht mehr eingegangen. In diesem Fall gilt für die Schwachstromanlagenversicherung das gleiche wie für die Maschinenversicherung (vgl. Abschnitt B, oben).

II. Umfang des Versicherungsschutzes

Die Schwachstromanlagenversicherung gewährt Versicherungsschutz gegen einen Inbegriff von Gefahren, d. h. gegen alle Schäden an den versicherten Sachen, die in den AVFE 76 nicht namentlich ausgeschlossen sind. Es muß nur eine Zerstörung oder Beschädigung durch ein unvorhergesehenes Ereignis für die versicherte Sache oder die Entwendung der versicherten Sache vorliegen. Durch die Allgefahrendeckung paßt sich der Versicherungsschutz sukzessive den Veränderungen der technischen Umwelt an. Alle weiteren neu hinzukommenden Gefahren werden automatisch in den Versicherungsschutz einbezogen.

1. Versicherte Gefahren

In § 1 Nr. 1 AVFE 76 werden neben dieser generellen Definition der versicherten Gefahren anhand von Beispielen die wichtigsten Schadenursachen erläutert.

Fahrlässigkeit, unsachgemäße Handhabung, Vorsatz Dritter

Man kennt hier keine Einschränkung, d. h. sowohl leichte Fahrlässigkeit als auch grobe Fahrlässigkeit des Versicherungsnehmers sind versichert. § 61 VVG ist insoweit zugunsten des Versicherungsnehmers abbedungen. Insofern wird im Rahmen der Schwachstromanlagenversicherung der Begriff „unvorhergesehen" anders definiert als bei anderen Versicherungssparten.

Kurzschluß, Überspannung, Induktion

Da überwiegend elektrotechnische und elektronische Anlagen versichert werden, kommt diesen Gefahren besondere Bedeutung zu.

Kurzschluß ist dabei kein „autonomes Risiko"; er ist keine Ursache, sondern die Auswirkung eines vorangegangenen Ereignisses. Ein ersatzpflichtiger Kurzschluß im Sinne der AVFE 76 ist nur dann gegeben, wenn der Kurzschluß nicht die Folge eines Ausschlußtatbestandes war.

Brand, Blitzschlag, Explosion oder Implosion

Der Versicherungsschutz wird hier nicht nur im Umfang der **Allgemeinen Feuerversicherungsbedingungen (AFB)** geboten, sondern darüber hinaus besteht auch Deckung z. B. für Seng- und Schmorschäden, die bei den im Rahmen der Schwachstromanlagenversicherung zu versichernden Anlagen und der dort verwendeten Materialien viel häufiger als echte Brandschäden auftreten.

Wasser, Feuchtigkeit, Überschwemmung

Auch hier beschränkt sich der Versicherungsschutz nicht nur auf die Risiken, die nach den **Allgemeinen Bedingungen für die Versicherung gegen Leitungswasserschäden (AWB)** versichert gelten, es sind vielmehr Wasserschäden aller Art versichert. Besonders hervorzuheben ist auch die Versicherung von Schäden durch Überschwemmungen, die im Rahmen sonstiger Sachversicherungen nicht möglich ist.

Einbruchdiebstahl, Diebstahl, Beraubung, Plünderung, Sabotage

Nicht nur der Einbruchdiebstahl gemäß den **Allgemeinen Bedingungen für die Versicherung gegen Schäden durch Einbruchdiebstahl und Raub (AERB)** und den **Sonderbedingungen für die Beraubungsversicherung** gilt versichert, sondern auch jede Art von Entwendung.

Sabotage in diesem Fall ist die absichtliche Zerstörung oder Beschädigung der versicherten Sachen zu einem politischen oder wirtschaftlichen Zweck.

Höhere Gewalt

Höhere Gewalt ist ein Ereignis, das von außerhalb des Betriebes des Versicherungsnehmers einwirkt, objektiv unvorhersehbar und objektiv unabwendbar ist. Mit Ausnahme von Erdbeben kennt die Schwachstromanlagenversicherung keine Einschränkungen im Rahmen dieses Risikos.

Konstruktions-, Material- oder Ausführungsfehler

Der Versicherungsschutz erfaßt dabei verständlicherweise nicht das Teil, das einen Konstruktions-, Material- oder Ausführungsfehler hat, sondern deckt die Folgen aus diesen Ursachen.

2. Ausschlüsse

Keine Entschädigung wird geleistet, wenn eine Schadenursache vorliegt, die in dem Ausschlußkatalog des § 1 Nr. 2 AVFE 76 enthalten ist. Dies gilt auch dann, wenn eine Ursache bei der Entstehung des Schadens mitgewirkt hat, die für sich allein die Entschädigungspflicht des Versicherers ausgelöst hätte. Die Ausschlußtatbestände sind erschöpfend in den Bedingungen aufgeführt, d. h. es handelt sich nicht um eine beispielhafte Aufzählung, sie sind auch nicht auslegungsfähig.

Vorsatz des Versicherungsnehmers

Die vom Versicherungsnehmer vorsätzlich herbeigeführten Schäden können auch im Rahmen der Schwachstromanlagenversicherung nicht gedeckt werden (§ 61 VVG). Dem Versicherungsnehmer gleichzusetzen sind seine Repräsentanten (vgl. *Prölss-Martin, VVG* § 6 Anm. 8 B).

Abnutzung

Der zweite Teilsatz bei diesem Ausschlußtatbestand sieht eine Entschädigung vor für den durch Abnutzung verursachten Schaden an einem benachbarten Anlageteil, darüber hinausgehend für den durch Abnutzung verursachten Gesamtschaden, sofern bei der Beschädigung eines benachbarten Anlageteils und/oder in der weiteren Folge versicherte Gefahren nach den AFB oder AWB mitgewirkt haben.

Somit ist auch dieser Ausschlußtatbestand im Rahmen der Schwachstromanlagenversicherung nicht so weitgehend wie bei anderen technischen Versicherungen. Dies liegt insbesondere daran, daß im Rahmen der Schwachstromanlagenversicherung auch Schäden durch Brand und Leitungswasser mitversichert sind. Der Versicherungsnehmer soll deshalb nicht schlechter gestellt werden, als wenn er eine Feuer- oder Leitungswasserversicherung abgeschlossen hätte.

Wasser- oder Säuredämpfe; Erdbeben, Kernenergie, Kriegsereignisse

Ausgeschlossen sind ferner Schäden durch Wasser- oder Säuredämpfe, die durch die Eigenart des Betriebes des Versicherungsnehmers verursacht werden; außerdem Schäden durch Erdbeben und Kernenergie sowie durch Kriegsereignisse jeder Art, Bürgerkrieg oder innere Unruhen.

Ist bei Schäden durch Erdbeben, Kernenergie, Kriegsereignisse jeder Art, Bürgerkrieg und innere Unruhen der Beweis für das Vorliegen einer dieser Ursachen nicht zu erbringen, dann genügt für den Ausschluß der Haftung des Versicherers die überwiegende Wahrscheinlichkeit, daß der Schaden auf eine dieser Ursachen zurückzuführen ist.

Hat der Versicherungsnehmer seine versicherten Sachen im Rahmen der Betriebsversicherung gegen die Gefahren Feuer und/oder Einbruchdiebstahl und/oder Leitungswasser nach AFB, AWB und AERB versichert, wird er diese Gefahren ausschließen wollen. Dies geschieht durch Vereinbarung der **Klauseln 605 bis 608 zu den AVFE 76.**

III. Versicherte Sachen

In § 2 AVFE 76 ist beschrieben, unter welchen Voraussetzungen die Sachen versichert sind. Welche Sachen versichert werden können, wird im Gegensatz zu den AMB nicht gesagt (vgl. Abschnitt B). Man kann es nur aus der Bezeichnung der Bedingungen schließen, d. h. elektrotechnische Anlagen und Geräte, die nicht elektrische Energie erzeugen, verteilen oder in mechanische Kraft umwandeln. Die wichtigsten **Anlagenarten** sind:

Fernsprechtechnik
(z. B. Fernsprech-, Wechselsprech-, Gegensprechanlagen)

Signaltechnik
(z. B. Uhren-, Arbeitszeitkontroll-, Lichtruf-, Verkehrssignal-, Objektschutzanlagen)

Übertragungstechnik
(z. B. elektro-akustische Anlagen, Fernschreiber)

Hochfrequenz-Nachrichtentechnik
(z. B. Gemeinschaftsantennenanlagen, Funkanlagen, Autotelefone, Personensuchanlagen, Industriefernsehanlagen)

Medizintechnik
(z. B. Röntgeneinrichtungen, Anlagen und Geräte der physikalisch-medizinischen Technik, der Nuklearmedizin, der medizinischen Meß- und Überwachungstechnik, der Dentaltechnik und der medizinischen Labortechnik)

Meß- und Materialprüfungstechnik
(z. B. Meß- und Prüfgeräte, Anlagen der Steuerungs- und Regeltechnik, Materialuntersuchungsanlagen)

Elektronische Datenverarbeitung
(u. a. auch Prozeßrechner, Lichtsatz- und Textverarbeitungsanlagen, Produktions- und Betriebsdatenerfassung)

Sonstige stromgebundene Informationstechnik
(z. B. Büromaschinen, Kino-, Förderanlagen, Anlagen zur Klischeeherstellung und der Reproduktionstechnik, elektrische Kassen und Waagen)

Eine klare Abgrenzung zwischen der Schwachstromanlagenversicherung und der Maschinenversicherung gibt es nicht, man kann nur sagen, daß die Schwachstromanlagenversicherung keine Maschinen zur Stromerzeugung und -übertragung sowie keine Arbeitsmaschinen versichert. Die nirgends festgelegte, aber tatsächlich vorhandene Trennung der Arbeitsgebiete hat sich historisch entwickelt und bewährt.

Versichert sind nur die im Versicherungsschein aufgeführten Sachen, und zwar sobald und solange sie **betriebsfertig** sind. Als betriebsfertig gelten die Sachen, wenn sie nach beendeter Erprobung und, soweit vorgesehen, nach beendetem Probebetrieb zur Arbeitsaufnahme bereit sind oder sich in Betrieb befinden. Waren die Sachen einmal betriebsfertig, dann bleibt der Versicherungsschutz für die Dauer einer Wartung, Lagerung, Überholung oder Wiederinstandsetzung erhalten. Das gleiche gilt, während die Sachen aus solchen Anlässen de- oder remontiert oder probeweise betrieben werden. Der Versicherungsschutz gilt jedoch nur innerhalb des Versicherungsortes.

Die Bestimmungen unter § 2 Nr. 2 AVFE 76 enthalten für bestimmte Anlagenteile eine Einschränkung. **Röhren** sind danach nur versichert gegen Schäden durch Brand, Blitzschlag, Explosion oder Implosion oder durch Löschen, Niederreißen, Ausräumen oder Abhandenkommen bei diesen Ereignissen sowie durch Wasser, Feuchtigkeit und Überschwemmung. Die Ausschlüsse gemäß § 1 Nr. 2 und 3 AVFE 76 gelten auch hier.

Für spezielle Röhren – und zum Teil Arbeitsmittel –, insbesondere **Bildaufnahme- und Bildwiedergaberöhren sowie Röntgenröhren,** kann der Versicherungsschutz erweitert werden. Dafür sind die **Klauseln 612, 635, 636 und 637 zu den AVFE 76** geschaffen. Diese sehen vor, daß mit Ausnahme der nach den AFB, AEB (in Zukunft AERB) und AWB versicherbaren Gefahren eine Entschädigung erfolgt, jedoch nach einer in diesen Klauseln fest vorgeschriebenen Abschreibungsstaffel. Dadurch wird der kurzen Lebensdauer der Röhren Rechnung getragen. Bei den nach den AFB, AEB und AWB versicherbaren Gefahren wird keine Abschreibung vorgenommen.

Aufgrund besonderer Vereinbarung können auch **beweglich eingesetzte Sachen** versichert werden. Damit der Versicherungsschutz auch außerhalb des Versicherungsortes besteht, ist eine Deckungserweiterung nach den **Klauseln 613 bis 617 zu den AVFE 76** vorzunehmen. Außerdem können auf besondere Vereinbarung Außenleitungen und Erdkabel versichert werden. Dies geschieht dadurch, daß die Kabel im Versicherungsschein mit aufgeführt werden.

Betriebsstoffe, Verbrauchsmaterialien und Arbeitsmittel sind nicht mitversichert. Eine Besonderheit gilt für **Lichtquellen.** Diese werden ersetzt, wenn sie im zeitlichen Zusammenhang mit einem entschädigungspflichtigen Schaden an anderen Teilen der versicherten Sache beschädigt wurden.

IV. Versicherungssumme; Unterversicherung; Versicherungswert; Angleichung der Versicherungssumme

Für jede versicherte Sache muß im Anlageverzeichnis die Versicherungssumme angegeben werden. Die Versicherungssumme ist einmal Grenze der Entschädigungsleistung gemäß § 7 Nr. 9 AVFE 76 und zum anderen Grundlage der Prämienberechnung. Die Versicherungssumme soll dabei dem Versicherungswert entsprechen. Ist die Versicherungssumme niedriger als der Versicherungswert, liegt eine Unterversicherung vor (§ 7 Nr. 8 AVFE 76).

Nach § 3 AVFE 76 sind zwei Preisarten bei der Festsetzung des Versicherungswertes zu unterscheiden. Üblicherweise geht man vom jeweiligen **Listenpreis (Neuwert)** der versicherten Sache zuzüglich der Nebenkosten (Fracht, Montage, eventuell Innenleitungsnetz usw.) und gegebenenfalls der Mehrwertsteuer aus. Ist der Wert der Nebenkosten nicht im einzelnen bekannt, wird meistens ein Pauschalsatz angesetzt, der auf den Erfahrungswerten der Versicherer beruht.

Im Hinblick darauf, daß bei der Schwachstromanlagenversicherung eine große Anzahl von kleinen Schäden anfällt, wünscht der Versicherungsnehmer oft die direkte Abrechnung der Schäden zwischen dem Versicherer und der Reparaturfirma. Um dies zu ermöglichen, muß die Mehrwertsteuer bei der Bildung der Versicherungssumme mit berücksichtigt werden. „Jeweilig" bedeutet, daß bei Änderung des Listenpreises (Neuwertes) auch die Versicherungssumme zu ändern ist, wenn keine Unterversicherung entstehen soll. Wird eine versicherte Sache eines Tages nicht mehr in Preislisten geführt, ist als Versicherungswert der letzte Listenpreis anzusetzen und an die Änderungen des Lohn- und Preisgefüges anzupassen.

Hatte die Sache überhaupt keinen Listenpreis, dann tritt an dessen Stelle der Kauf- oder Lieferpreis im Neuzustand, wobei auch dieser an Änderungen des Lohn- und Preisgefüges anzupassen ist. Wenn weder ein Listen- noch ein Kauf- oder Lieferpreis feststellbar ist, sind die Kosten maßgebend, die jeweils notwendig sind, um die Sache in der vorliegenden Konstruktion und Leistung herzustellen.

Rabatte und Preiszugeständnisse müssen stets bei der Ermittlung des Versicherungswertes unberücksichtigt bleiben. Einmal ist es notwendig, für gleiche Objekte eine gleiche Grundlage für die Prämienbemessung zu haben, zum anderen werden zumindest bei den Reparaturen solche Rabatte nicht gegeben. Um die Reparaturkosten ersetzen zu können, braucht der Versicherer deshalb die Prämie, die sich aus der ungekürzten Versicherungssumme errechnet. Kann der Versicherungsnehmer nachweisen, daß er bei Neuanschaffung einer Anlage entsprechende Rabatte erhält, so kann dies nur dadurch Berücksichtigung finden, daß für den Totalschadenfall eine **Schadenmaximierung** vereinbart wird (Klausel 628 zu den AVFE 76). Einen Einfluß auf die Bemessung der Versicherungssumme hat dies also nicht.

Bei Versicherungsgesellschaften, die die Schwachstromanlagenversicherung betreiben, wird zum Teil nach § 3 Nr. 2 b AVFE 76 gearbeitet. Als Versicherungswert gilt hier der jeweils gültige Listenbetrag für den Miet- oder Wartungsvertrag der versicherten Anlage. Im Gegensatz zu der üblicherweise geltenden Regelung, die Versicherungssumme aus dem Listenpreis zu errechnen, lehnt man sich hier an die Mietpreise oder Wartungsgebühren an, die ähnlich wie Preise in Listen der Hersteller- und Wartungsfirmen zusammengestellt sind.

Die **Angleichung der Versicherungssumme** wird in § 4 Nr. 1 AVFE 76 geregelt. Ändern sich die Versicherungswerte gegenüber der letzten Festsetzung der Versicherungssummen um mehr als 5 %, kann der Versicherer die Versicherungssummen ab Beginn des nächsten Versicherungsjahres entsprechend erhöhen oder ermäßigen. Nach § 4 Nr. 1 AVFE 76 verzichtet der Versicherer dabei in gewissen Grenzen auf den Einwand der Unterversicherung. Dieser Verzicht leitet sich aus der Notwendigkeit ab, dem Versicherungsnehmer einen Vorteilsausgleich dafür zu gewähren, daß er sich für die unbefristete Dauer seines Vertrages unter bestimmten Voraussetzungen mit einer Versicherungssummen- und Prämienangleichung einverstanden erklärt, ohne zu dieser Regelung die Möglichkeit einer Änderungskündigung zu besitzen.

Der Verzicht auf den Einwand der Unterversicherung gilt zunächst für eine Änderung der Versicherungswerte gegenüber dem Zeitpunkt der Erstfestsetzung der Versicherungssumme bis zu 5 %, und zwar ohne Rücksicht darauf, ob der Versicherer späterhin bei einer Überschreitung der 5 %-Schwelle von der Versicherungssummen- und Prämienangleichung Gebrauch macht. Bis zur Erreichung der 5 %-Schwelle kann aber dennoch eine Unterversicherung geltend gemacht werden, wenn die Unterversicherung bereits bei der Erstfestsetzung der Versicherungssumme bestand.

Wird die 5 %-Schwelle überschritten und will der Versicherer von der Angleichung Gebrauch machen, so gilt der Verzicht ferner in Höhe der bei Überschreitung der 5 %-Schwelle festgestellten Versicherungssumme. Die Angleichungsregelung in § 4 Nr. 1 Satz 2 AVFE 76 „*Die Änderung wird zu Beginn des nächsten Versicherungsjahres wirksam.*" bezieht sich hiernach nur auf die Änderung der Prämie in bezug auf die geänderte Versicherungssumme, d. h. die erhöhte Prämie muß erst ab nächster Versicherungsperiode bezahlt werden, obwohl durch die sofortige Anpassung der Versicherungssummen für den Versicherungsnehmer wieder voller Versicherungsschutz besteht.

Unberührt davon bleiben die Bestimmungen über die Unterversicherung (§ 3 Nr. 1 Satz 2 AVFE 76, § 56 VVG) oder Überversicherung (§ 51 Abs. 1 VVG), d. h. für die Übereinstimmung der Versicherungssummen mit den Versicherungswerten ist allein der Versicherungsnehmer verantwortlich.

Anstelle dieser **Anpassung** kann **durch die Klausel 621 zu den AVFE 76** eine automatische Angleichung der Prämien und Versicherungssummen vereinbart werden. Die Klausel 621 entspricht der Klausel 130 zu den AMB (vgl. Abschnitt B). Eine Abweichung besteht nur für den Fall, daß die mit dem Summenfaktor angeglichene Versicherungssumme niedriger ist als die nach den §§ 3 und 4 Nr. 2 AVFE 76 ermittelte Summe. Dann gilt zwar diese Versicherungssumme, aber höchstens in Höhe von 120 % der mit dem Summenfaktor angeglichenen Summe. Diese Begrenzung ist notwendig, weil in der Schwachstromanlagenversicherung im Totalschadenfall der Wiederbeschaffungspreis bezahlt wird und nicht, wie in der Maschinenversicherung, der Zeitwert der versicherten Anlage (vgl. Abschnitt B).

Eine weitere Möglichkeit, die Anpassung der Versicherungssummen und damit einen Verzicht auf den Einwand der Unterversicherung zu erreichen, ist über die Vereinbarung der **Klausel 622 zu den AVFE 76** möglich. Hier ist Voraussetzung, daß die Versicherungssumme bei Abschluß des Vertrages richtig gebildet und vom Versicherungsnehmer zu Beginn eines jeden Versicherungsjahres an den Versicherungswert angepaßt worden ist. Anders als nach § 4 Nr. 1 AVFE 76 muß also hier der Versicherungsnehmer alleine für ausreichende Versicherungssummen sorgen. Die Klausel 622 wird in erster Linie für Anlagenarten Verwendung finden, bei denen der Versicherer eine laufende Preisbeobachtung und Angleichung der Versicherungssummen nach § 4 Nr. 1 AVFE 76 nicht vornehmen kann.

Wenn sich die Versicherungswerte durch **Erweiterungen** oder **Umbauten** ändern, kann der Versicherer ebenfalls die Versicherungssummen erhöhen oder vermindern. Auch hier bleiben die Bestimmungen über die Unter- oder Überversicherung und die alleinige Verantwortung des Versicherungsnehmers für die Richtigkeit der Versicherungssummen unberührt.

V. Versicherungsort; Gefahrenerhöhung; Auskunftspflicht

Der Versicherungsschutz gilt für die versicherte Sache in der jeweiligen Betriebsstätte des Versicherungsnehmers **(Versicherungsort)**.

Gefahrerhöhungen, einen **Wechsel der Betriebsstätte**, eine **Verlegung** innerhalb der Betriebsstätte, **Erweiterungen** oder **Umbauten** hat der Versicherungsnehmer dem Versicherer unverzüglich schriftlich anzuzeigen. Der Versicherungsnehmer ist verpflichtet, eine durch Gefahrerhöhungen erforderlich werdende Mehrprämie zu zahlen. Der Anspruch auf diese Mehrprämie bewirkt entsprechend § 29 Satz 2 VVG, daß der Versicherer weitestgehend auf seine Rechte aus den §§ 24 ff. VVG verzichtet. So schließt der Anspruch auf Mehrprämie den Einwand der Leistungsfreiheit nach den §§ 25 und 28 VVG aus, läßt aber das Kündigungsrecht nach den §§ 24 und 27 VVG wegen Gefahrerhöhungen unberührt.

VI. Beginn der Haftung; Prämienzahlung

Die Haftung des Versicherers beginnt mit der Einlösung des Versicherungsscheines, jedoch nicht vor dem vereinbarten Zeitpunkt (§ 6 Nr. 1 AVFE 76). Da die Prüfung des Risikos, die Ausstellung des Versicherungsscheines und die sonstigen in diesem Zusammenhang anfallenden Arbeiten einige Zeit in Anspruch nehmen, wird in vielen Fällen die Prämie erst nach dem als Beginn der Versicherung genannten Zeitpunkt angefordert. Damit der Versicherungsnehmer dadurch keinen Nachteil hat, enthalten die AVFE 76 die sogenannte **erweiterte Einlösungsklausel**. Zahlt der Versicherungsnehmer die nach dem als Versicherungsbeginn vereinbarten Zeitpunkt angeforderte Prämie unverzüglich, dann beginnt die Haftung des Versicherers schon zu dem vereinbarten Zeitpunkt. Somit haftet der Versicherer dann auch für Schäden, die nach dem vereinbarten Zeitpunkt, aber vor Annahme des Antrages eingetreten sind, jedoch nur dann, wenn diese Schäden dem Versicherungsnehmer bei Stellung des Antrages nicht bekannt waren.

VII. Entschädigungsleistung

Der Versicherer leistet Entschädigung nach seiner Wahl entweder durch Naturalersatz oder Geldersatz (§ 7 AVFE 76). Bei **Naturalersatz** läßt er die Wiederinstandsetzung selbst vornehmen oder beschafft selbst Ersatz für eine zerstörte, beschädigte oder entwendete

Sache. Bei der Kombination von Wartungsvertrag bzw. Mietvertrag und Versicherungsvertrag bietet sich diese Form der Ersatzleistung geradezu an. Ausgewechselte Sachen gehen in das Eigentum des Versicherers über.

Wird **Geldersatz** geleistet, werden die zur Wiederinstandsetzung oder Wiederbeschaffung am Schadentag erforderlichen Kosten bezahlt. Die Worte „am Schadentag" bedeuten, daß nur die Kosten ersetzt werden, die erforderlich sind, wenn die für die Wiederinstandsetzung oder Wiederbeschaffung erforderlichen Maßnahmen am Schadentag eingeleitet werden. Eine Kostensteigerung geht jedoch zu Lasten des Versicherungsnehmers, wenn z. B. der Reparaturauftrag ohne jede Notwendigkeit erst zu einem späteren Zeitpunkt erfolgt.

Bei **Teilschäden** werden die am Schadentag erforderlichen Wiederinstandsetzungskosten abzüglich des Wertes des Altmaterials bezahlt. Ein Teilschaden liegt vor, wenn diese Kosten niedriger als der Versicherungswert nach § 3 Nr. 2 a AVFE 76 oder, wenn keine serienmäßig hergestellten Ersatzteile mehr bezogen werden können, niedriger als der Zeitwert (§ 86 VVG) sind. Erfolgt keine Wiederinstandsetzung, so ersetzt der Versicherer die einer Wiederinstandsetzung entsprechenden Kosten, jedoch nicht mehr als den Zeitwert. Als Zeitwert ist hier der sogenannte *Verkaufswert* nach § 52 VVG anzusetzen.

Bei einem **Totalschaden** wird der Versicherungswert auf der Basis des Sachwertes nach § 3 Nr. 2 a AVFE 76 am Schadentag abzüglich des Wertes des Altmaterials ersetzt. Erfolgt keine Wiederbeschaffung, ist die Entschädigung auf den Zeitwert (§ 52 VVG) begrenzt.

Sind **keine serienmäßig hergestellten Ersatzteile** mehr zu beziehen und liegen die Wiederinstandsetzungskosten über dem Zeitwert, wird nur dieser ersetzt. Als Zeitwert gilt hier der Gebrauchtwert nach § 86 VVG.

Da die Fälle, in denen keine serienmäßig hergestellten Ersatzteile mehr zu beziehen sind oder eine Wiederinstandsetzung bzw. Wiederbeschaffung nicht erfolgt, als Ausnahmen anzusehen sind, ist es richtig, grundsätzlich von einer **Neuwertversicherung** zu sprechen.

Ersetzt werden auch notwendige Kosten für **Eil- und Expreßfrachten, Überstunden** sowie **Sonntags-, Feiertags-** und **Nachtarbeiten.**

Nur soweit es besonders vereinbart ist, werden auch zusätzliche Kosten für **Luftfracht** und Kosten für **Erd-, Pflaster-, Maurer-** und **Stemmarbeiten** ersetzt. Dies geschieht durch Vereinbarung der **Klausel 625 zu den AVFE 76.** Danach werden solche Kosten auf erstes Risiko mitversichert.

Der Versicherer leistet keine Entschädigung für

- Kosten, die auch dann entstanden wären, wenn der Schaden nicht eingetreten wäre (z. B. für Wartung),
- zusätzliche Kosten, die dadurch entstehen, daß anläßlich eines Versicherungsfalls die versicherte Sache geändert oder verbessert wird,
- Kosten, die nach Art oder Höhe in der Versicherungssumme nicht enthalten sind.

Bei **vorläufiger Wiederinstandsetzung** zahlt der Versicherer für diese und die endgültige Reparatur zusammen nur so viel, wie für die endgültige Reparatur ohne eine vorläufige Wiederinstandsetzung aufzuwenden gewesen wäre.

Besteht **Unterversicherung**, wird die ermittelte Entschädigung im Verhältnis Versicherungssumme zum Versicherungswert gekürzt.

Ist als Versicherungswert der Listen-, Kauf- oder Lieferpreis gemäß § 3 Nr. 2 a AVFE 76 vereinbart, ist die Versicherungssumme die Grenze der Entschädigung.

Ist als Versicherungswert der Listenbetrag eines Miet- oder Wartungsvertrages vereinbart (§ 3 Nr. 2 b AVFE 76), so gilt hier sinngemäß das gleiche.

VIII. Obliegenheiten des Versicherungsnehmers im Versicherungsfall; Rechtsverhältnis nach dem Versicherungsfall

Der Versicherungsnehmer hat den Eintritt eines Versicherungsfalls dem Versicherer unverzüglich schriftlich anzuzeigen. Brand-, Explosions-, Einbruchdiebstahl-, Diebstahl- und Beraubungsschäden sind dabei gleichzeitig der Polizeibehörde zu melden. Der Versicherungsnehmer ist auch hier zur Abwendung und Minderung des Schadens gemäß § 62 VVG verpflichtet. Die hierbei entstehenden Kosten ersetzt der Versicherer nach § 63 VVG.

Die Versicherungssumme mindert sich bei Teilschäden nicht durch Zahlung einer Entschädigung (§ 10 Nr. 1 AVFE 76).

Nach Eintritt eines Versicherungsfalles kann der **Versicherungsnehmer** den **Vertrag nur kündigen**, wenn der Versicherer seine Ersatzpflicht nicht anerkennt. Der **Versicherer** kann **nur kündigen**, wenn seine Aufwendungen für Schäden in dem zur Zeit des Versicherungsfalles laufenden Versicherungsjahr den zweifachen Betrag der Jahresprämie übersteigen. Die schriftliche Kündigung ist bis zum Ablauf eines Monats nach Zugang der Ablehnung oder dem Tag der Ersatzleistung zulässig. Der Vertrag endet einen Monat nach Zugang der Kündigung. Der Versicherungsnehmer kann jedoch für das Ende des Vertrages einen späteren Zeitpunkt, spätestens den Schluß der laufenden Versicherungsperiode, bestimmen. Kündigt der Versicherer, hat er die Prämie zeitanteilig zurückzuerstatten (§ 10 Nr. 2 AVFE 76).

IX. Wechsel der versicherten Sachen

Wird die versicherte Sache nicht installiert oder aufgegeben, und erhält der Versicherungsnehmer dafür eine andere Sache, so besteht nach entsprechender Anzeige des Versicherungsnehmers vorläufige Deckung bis zum Abschluß des neuen Versicherungsvertrages und, wenn ein Vertrag nicht zustande kommt, bis zum Abbruch der Verhandlungen. Die vorläufige Deckung entfällt rückwirkend, wenn die Prämie dafür nicht vom Versicherungsnehmer innerhalb einer vom Versicherer festgesetzten Frist gezahlt wird (§ 11 AVFE 76).

X. Versicherung von Datenträgern

Nicht nur bei elektronischen Datenverarbeitungsanlagen, sondern auch bei anderen Anlagenarten werden im vermehrten Maße Datenträger eingesetzt. Die Versicherung der Datenträger erfolgt durch **Klausel 638 zu den AVFE 76.** Sollen Datenträger versichert werden, müssen sie im Versicherungsschein aufgeführt sein. Datenträger werden definiert als **Datenträgermaterial (wiederkehrend verwendbare Speichermedien für maschinenlesbare externe Informationen)** mit den darauf befindlichen **maschinenlesbaren externen Informationen,** das sind Daten, die außerhalb der Zentraleinheit, z. B. auf Magnetbändern gespeichert sind.

Für Verlust oder Veränderung der Informationen wird Ersatz nur geleistet, wenn im zeitlichen Zusammenhang damit ein ersatzpflichtiger Schaden an dem betroffenen Datenträgermaterial entstanden ist. Ist der Verlust oder die Veränderung der Informationen nachweislich die Folge einer Blitzeinwirkung, wird auch Ersatz geleistet, wenn im zeitlichen Zusammenhang damit kein ersatzpflichtiger Schaden am Datenträgermaterial entstanden ist. Für Schäden durch fehlerhafte Datenerfassung oder versehentliches Wegwerfen wird ohne Rücksicht auf mitwirkende Ursachen kein Ersatz geleistet.

Anstelle der §§ 3 und 4 AVFE 76 ist als Versicherungssumme der Betrag, der zur Wiederbeschaffung des gesamten Datenträgermaterials sowie im Höchstfall zur Wiederherstellung der darauf befindlichen maschinenlesbaren Informationen aufzuwenden wäre, anzusetzen.

Entschädigung wird geleistet für die erforderlichen und angefallenen Kosten zur Wiederbeschaffung des Datenträgermaterials sowie zur Wiederherstellung der darauf befindlichen maschinenlesbaren externen Informationen. Ist die Wiederherstellung nicht notwendig oder erfolgt sie nicht binnen zwei Jahren nach Schadeneintritt, ersetzt der Versicherer den Zeitwert des Datenträgermaterials. Der Versicherungsnehmer hat von jedem Schaden den vereinbarten **Selbstbehalt** zu tragen. Dieser beträgt wenigstens 5 %, mindestens jedoch 1 000,– DM.

Versicherungsort sind die im Versicherungsschein bezeichneten Räume. Werden die **Datenträger** auch **befördert,** z. B. zu den Auslagerungsstätten, kann durch die **Klausel 639 zu den AVFE 76** der Versicherungsschutz auch auf das Beförderungsrisiko ausgedehnt werden. Art des Beförderungsmittels, Anzahl der Beförderungen pro Jahr und die Entfernung (pro Beförderung) innerhalb der Bundesrepublik einschließlich des Landes Berlin müssen besonders vereinbart werden. Die Entschädigung ist je Beförderung und Beförderungsmittel auf den vereinbarten Betrag begrenzt.

XI. Mehrkostenversicherung

Tritt ein Sachschaden an einer Fernmelde- oder sonstigen elektrotechnischen Anlage ein und kann die Reparatur bzw. Wiederbeschaffung nicht innerhalb kürzester Zeit erfolgen, tritt für den Betrieb oft ein erheblicher **Folgeschaden** ein. In vielen Fällen wird für den Unternehmer die Möglichkeit bestehen, z. B. auf eine Fremdanlage auszuweichen oder die

Arbeiten durch ein entsprechendes Dienstleistungsunternehmen während der Dauer des Ausfalls der Anlage durchführen zu lassen. Insbesondere bei elektronischen Datenverarbeitungsanlagen können daher die Folgeschäden mit erheblichen Mehrkosten für den Kunden verbunden sein.

Mehrkosten sind die Kosten, die aufzuwenden sind, um die Arbeiten, die auf die zerstörte oder entwendete Anlage entfallen wären, anderweitig zu erledigen.

Solche Mehrkosten können im Rahmen der Mehrkostenversicherung versichert werden. Grundlage bilden die **Allgemeine Bedingungen für die Mehrkostenversicherung bei Fernmelde- und sonstigen elektrotechnischen Anlagen (AVFEM).**

Wird die versicherte Anlage beschädigt oder zerstört (versicherter Sachschaden) und wird dadurch die technische Einsatzmöglichkeit der Anlage unterbrochen oder beeinträchtigt, werden die **Mehrkosten** ersetzt, die durch die **Benutzung fremder Anlagen** oder die **Anwendung anderer Arbeits- bzw. Fertigungsverfahren** oder Inanspruchnahme von **Lohn-Dienstleistungen** oder **Lohn-Fertigungsleistungen** oder den **Bezug** von **Halb- oder Fertigfabrikaten** entstanden sind. Die Versicherung bezieht sich auch hier nur auf die betriebsfertige Anlage, wobei der Versicherungsschutz auch dann fortbesteht, wenn die Betriebsfertigkeit dieser Anlage wegen Wartung, Lagerung, Überholung oder Wiederinstandsetzung unterbrochen wird. Insoweit liegt wieder eine **Deckungsgleichheit zur Sachversicherung** vor.

Ist ein Unterbrechungsschaden eingetreten, müssen für die Ersatzpflicht zwei Voraussetzungen erfüllt sein. Der Unterbrechungsschaden muß durch einen versicherten Sachschaden verursacht und dieser Sachschaden während der Laufzeit des Mehrkostenversicherungsvertrages eingetreten sein.

Auch in der Mehrkostenversicherung gilt als Sachschaden die **Zerstörung oder Beschädigung durch ein unvorhergesehenes Ereignis.** Die **Entwendung** steht dem Sachschaden gleich. Es besteht damit der gleiche umfassende Versicherungsschutz, wie er unter Abschnitt C.II bei der Sachversicherung beschrieben wurde, d. h. auch hier kann man von einer **Allgefahrendeckung** sprechen. Neben den schon bei der Sachversicherung behandelten Einschränkungen oder Ausschlüssen ist bei der Mehrkostenversicherung noch besonders darauf zu achten, daß der Versicherer keine Entschädigung für Mehrkosten infolge von Sachschäden an Datenträgern leistet. Dieser Ausschluß gilt auch dann, wenn die Datenträger zu der Anlage gehören, auf die sich der Versicherungsvertrag bezieht (§ 2 AVFEM).

Nach § 3 Nr. 2 AVFEM wird ohne Rücksicht auf mitwirkende Ursachen **keine Entschädigung** geleistet, soweit die Mehrkosten insbesondere auf außergewöhnlichen Ereignissen, behördlich angeordneten Wiederaufbau- oder Betriebseinschränkungen beruhen oder wenn der Versicherungsnehmer nicht rechtzeitig genügend Kapital zur Wiederherstellung oder Wiederbeschaffung der versicherten Anlage hat bzw. anläßlich der Wiederherstellung oder Wiederbeschaffung Verbesserungen bzw. Überholungen durchführt.

Es werden nur die Mehrkosten ersetzt, die innerhalb der **vereinbarten Haftzeit** entstehen. Die Haftzeit wird ab dem Zeitpunkt gerechnet, ab dem der Sachschaden vom Versicherungsnehmer erkennbar war. Als Haftzeit kann ein Zeitraum bis zu einem Jahr gewählt werden. Sie wird bei Abschluß des Vertrages festgelegt, kann aber auch innerhalb der Vertragsdauer geändert werden. Eine neue Haftzeit kann nur dann zur Anwendung kommen, wenn die Veränderung vor Eintritt des Sachschadens vereinbart wurde. Die Haftzeit soll dabei im allgemeinen dem Zeitraum entsprechen, mit dem im Totalschadenfall der versicherten Anlage für die Wiederbeschaffung einschließlich Wiederinbetriebnahme einer neuen Anlage im ungünstigsten Fall zu rechnen ist.

Die zu versichernden Mehrkosten werden für die Dauer eines Jahres berechnet, und zwar auch dann, wenn die Haftzeit unter einem Jahr liegt. Diese Mehrkosten bilden die **Versicherungssumme.** Dabei ist von dem pro Tag/Monat vereinbarten Betrag an Mehrkosten für die Benutzung einer anderen Anlage, den zusätzlichen Personal- oder Transportkosten oder den Kosten für Lohnarbeiten u. ä. auszugehen. Auf den Einwand einer **Unterversicherung wird verzichtet.**

Im Rahmen der Mehrkostenversicherung werden die nachweislich während der Haftzeit angefallenen Mehrkosten ersetzt. Die gemäß § 5 AVFEM vereinbarten Beträge stellen dabei die **Leistungsgrenze** dar, und zwar maximal bis zum Ende der vereinbarten Haftzeit. Ersparte Kosten sind zu berücksichtigen.

Der so ermittelte Betrag wird um den vereinbarten **Selbstbehalt** gekürzt. Dieser beträgt mindestens das Zweifache der vereinbarten Tagesentschädigung. Eine Abgeltung des Selbstbehaltes ist nicht möglich (§ 6 AVFEM).

Die Mehrkosten werden nicht ersetzt, wenn die Einsatzmöglichkeit der versicherten Anlage auch ohne einen versicherten Sachschaden unterbrochen oder beeinträchtigt gewesen wäre. Dies gilt insbesondere bei geplanten oder notwendigen Überholungsarbeiten oder Änderungen der versicherten Anlage.

Die **Haftung** des Versicherers beginnt bei der Mehrkostenversicherung (§ 7 AVFEM) mit der Einlösung des Versicherungsscheines, jedoch nicht vor dem vereinbarten Zeitpunkt. Eine sogenannte *rückwirkende Einlösungsklausel*, wie sie für die Sachversicherung gilt, kennt also die Mehrkostenversicherung nicht.

Auch im Rahmen der Mehrkostenversicherung kann nach Eintritt eines Versicherungsfalles der Versicherungsnehmer den Vertrag nur kündigen, wenn der Versicherer seine Ersatzpflicht nicht anerkannt hat. Der Versicherer kann nur kündigen, wenn seine Aufwendungen für Schäden in dem zur Zeit des Versicherungsfalles laufenden Versicherungsjahr den zweifachen Betrag der Jahresprämie übersteigen.

XII. Betriebsunterbrechungs-Versicherung

Besteht bei Ausfall infolge eines Sachschadens der versicherten Anlage keine bzw. keine vollständige Ausweichmöglichkeit auf eine Fremdanlage, auf andere Arbeitsverfahren u. ä., ist anstelle der Mehrkostenversicherung auch für Fernmelde- oder sonstige elektrotechnische Anlagen eine Betriebsunterbrechungsversicherung abzuschließen, um neben dem Sachschaden einen sich als Folge ergebenden **Vermögensschaden** ersetzt zu bekommen. Eine an sich unbedeutende Beschädigung an einem elektrotechnischen System kann oft einen großen Unterbrechungsschaden für den gesamten Betrieb auslösen. Durch die Entschädigung aus dieser Betriebsunterbrechungsversicherung soll der Versicherungsnehmer so gestellt werden, als wenn keine Unterbrechung eingetreten wäre. Grundlage für die Versicherung bilden die hierfür eigens im Jahre 1982 genehmigten **Allgemeinen Betriebsunterbrechungsversicherungs-Bedingungen bei Fernmelde- und sonstigen elektrotechnischen Anlagen (AVFEBU).**

§ 1 AVFEBU beschreibt den **Gegenstand der Versicherung** folgendermaßen:

Ein versicherbarer Bedarf liegt vor, wenn der **Umsatz** des Versicherungsnehmers von der Einsatzbereitschaft der versicherten Anlage abhängt. Der Betriebsgewinn und die fortlaufenden Kosten des gesamten Betriebes sowie der Anteil daran, der bei Ausfall der Anlage durch den Unterbrechungsschaden voraussichtlich nicht erwirtschaftet werden kann, müssen meßbar und nachprüfbar sein.

Wird die **technische Einsatzmöglichkeit** der versicherten Anlage, sobald und solange sie betriebsfertig ist, durch einen Sachschaden gemäß § 2 AVFEBU unterbrochen oder beeinträchtigt, ist der dadurch entstehende Unterbrechungsschaden zu ersetzen. Der Versicherungsschutz besteht fort, wenn die Betriebsfertigkeit der versicherten Anlage wegen Wartung, Lagerung, Überholung oder Wiederinstandsetzung unterbrochen wird. Der Zeitpunkt, von dem an der Sachschaden für den Versicherungsnehmer nach den anerkannten Regeln der Technik frühestens erkennbar war, muß innerhalb der vereinbarten Versicherungsdauer liegen. Nach den anerkannten Regeln der Technik bedeutet dies, daß man auf diejenigen technischen Kenntnisse abstellt, die der Versicherungsnehmer als Betreiber der Anlage mindestens besitzen muß.

§ 2 AVFEBU enthält die Definition, was unter einem Sachschaden zu verstehen ist:

Sachschaden ist auch hier die **Zerstörung oder Beschädigung** der versicherten Sache durch ein unvorhergesehenes Ereignis, wobei Entwendung dem Sachschaden gleichgestellt ist. Mit wenigen Ausnahmen besteht damit der gleiche umfassende Deckungsschutz, wie er schon bei der Sach- oder Mehrkostenversicherung beschrieben wurde. Neben den dort behandelten **Ausschlüssen** wird hier noch ohne Rücksicht auf mitwirkende Ursachen keine Entschädigung für Unterbrechungsschäden infolge von Sachschäden durch **grobe Fahrlässigkeit des Versicherungsnehmers, Streik und Aussperrung** geleistet, sowie für Schäden durch **Brand, Blitzschlag oder Explosion** oder als Folge davon durch **Kurzschluß, Überstrom oder Überspannung** an elektrischen Einrichtungen, soweit diese Gefahren durch eine Feuer-Betriebsunterbrechungsversicherung gedeckt werden können.

Wenn keine Feuer-Betriebsunterbrechungsversicherung besteht, können die Gefahren Brand, Blitzschlag oder Explosion gemäß Klausel 801 mitversichert werden. Der Einschluß ist nur dann zweckmäßig, wenn sich bei einem Feuerschaden die Betriebsunterbrechung ausschließlich auf die Schwachstromanlage bezieht. Wenn gleichzeitig auch weitere Einrichtungen des Versicherungsnehmers beschädigt werden oder sogar das Gebäude zerstört wird und dann derselbe Ertragsausfall eintritt, ist es ratsam, das Feuerrisiko über eine Feuer-Betriebsunterbrechungsversicherung abzudecken. Der über die Betriebsunterbrechungsversicherung der Schwachstromanlage gewährte Versicherungsschutz wäre in solchen Fällen für den Versicherungsnehmer nicht ausreichend.

Keine Entschädigung wird gemäß § 3 Nr. 2 AVFEBU geleistet, soweit der Unterbrechungsschaden verursacht oder vergrößert wurde durch außergewöhnliche Ereignisse während der Unterbrechung oder Beeinträchtigung der Anlage, behördlich angeordnete Wiederaufbau- oder Betriebseinschränkungen. Gleiches gilt, wenn dem Versicherungsnehmer zur Wiederherstellung oder Wiederbeschaffung der versicherten Anlage nicht rechtzeitig Kapital zur Verfügung steht, anläßlich der Wiederherstellung oder Wiederbeschaffung Verbesserungen bzw. Überholungen durchgeführt werden und bei Sachschäden an Datenträgern.

Grund und Höhe der Entschädigungsleistung sind ebenfalls in den §§ 3 und 6 AVFEBU geregelt. Die Entschädigungsleistung errechnet sich aus dem Betriebsgewinn und den fortlaufenden Kosten, die der Versicherungsnehmer nicht erwirtschaften kann, weil der frühere betriebsfähige Zustand der beschädigten Anlage wiederhergestellt oder die zerstörte oder entwendete Anlage durch eine gleichartige ersetzt werden muß. Bei der Feststellung des Unterbrechungsschadens sind alle Umstände zu berücksichtigen, die den Gang und das Ergebnis des Betriebes günstig oder ungünstig beeinflußt haben würden, wenn nicht die technische Einsatzmöglichkeit der Anlage infolge des Sachschadens unterbrochen oder beeinträchtigt gewesen wäre. Die Kosten werden nur ersetzt, wenn ihr Weiteraufwand rechtlich notwendig oder wirtschaftlich begründet ist. Zwischen dem Sachschaden und dem Ertragsausfall muß stets ein kausaler Zusammenhang bestehen.

Betriebsgewinn ist gemäß § 4 Nr. 1 AVFEBU der Gewinn aus dem Umsatz der im versicherten Betrieb hergestellten Erzeugnisse und gehandelten Waren oder der Gewinn aus Dienstleistungen. Unter **fortlaufende Kosten** fallen gemäß § 4 Nr. 2 AVFEBU alle im versicherten Betrieb anfallenden Kosten mit Ausnahme bestimmter umsatzabhängiger Kosten (wie Aufwendungen für Roh-, Hilfs- oder Betriebsstoffe, Verbrauchssteuern und Ausfuhrzölle, Ausgangsfrachten, umsatzabhängige Versicherungsprämien und Lizenzgebühren, Umsatzsteuern).

Die Entschädigung wird stets um den vereinbarten **Selbstbehalt** gekürzt (§ 6 Nr. 5 AVFEBU). Bei einem zeitlichen Selbstbehalt, der in Arbeitstagen bemessen ist, hat der Versicherungsnehmer denjenigen Teil selbst zu tragen, der sich zum Gesamtbetrag verhält wie der zeitliche Selbstbehalt zu dem Gesamtzeitraum der Unterbrechung.

Auch bei der Betriebsunterbrechungsversicherung gilt der Grundsatz, daß die Entschädigung nicht zur **Bereicherung** führen darf (§ 6 Nr. 4 AVFEBU). Wirtschaftliche Vorteile, die sich innerhalb von 6 Monaten nach Ablauf des Bewertungszeitraumes als Folge der Unterbrechung ergeben, sind deshalb in billiger Weise zu berücksichtigen.

Es wird nur der Unterbrechungsschaden ersetzt, der innerhalb der vereinbarten **Haftzeit** liegt. Die Haftzeit beginnt mit dem Zeitpunkt, von dem an der Sachschaden für den Versicherungsnehmer erkennbar war, spätestens mit dem Beginn des Unterbrechungsschadens (§ 3 Nr. 3 AVFEBU). Im übrigen wird auf die Ausführungen zur Haftzeit bei der Mehrkostenversicherung verwiesen.

Die **Versicherungssumme** hat auch hier dem Versicherungswert zu entsprechen, wenn keine Unterversicherung bestehen soll.

Versicherungswert sind der Betriebsgewinn und die fortlaufenden Kosten, die der Versicherungsnehmer in dem Bewertungszeitraum erwirtschaftet hat, wobei Entschädigungen aus einer Betriebsunterbrechungsversicherung hinzuzurechnen sind. Der **Bewertungszeit-**

raum beträgt 1 Jahr. Er endet mit dem Zeitpunkt, von dem an ein Unterbrechungsschaden nicht mehr entsteht, spätestens mit Ablauf der Haftzeit (§ 5 Nr. 1 AVFEBU).
Die richtige Versicherungssummenermittlung ist zu Beginn des Versicherungsjahres oft schwierig, da auch die geschäftliche Entwicklung im voraus berücksichtigt werden soll. Es ist deshalb notwendig, die Versicherungssumme möglichst hoch zu bemessen, um eine Unterversicherung zu vermeiden. Dies hat für den Versicherungsnehmer keine Nachteile, da er nach § 8 AVFEBU bis zu 6 Monate nach Ablauf des jeweiligen Versicherungsjahres die Berichtigung der Versicherungssumme auf den tatsächlich erwirtschafteten Betriebsgewinn und die angefallenen fortlaufenden Kosten verlangen kann. Es erfolgt dann eine entsprechende **Prämienrückgewähr**. Diese ist auf ein Drittel der gezahlten Prämie begrenzt. Wenn sich im Schadenfall erweist, daß der Versicherungsnehmer zu niedrige Summen angegeben hat, wird der Entschädigungsbetrag entsprechend gekürzt.

Eine besondere Bedeutung kommt bei der Betriebsunterbrechungsversicherung den **Ausfallziffern** zu (Klausel 848). Bezieht sich die Versicherung nur auf bestimmte Anlagen des Betriebes, wird pro Anlage die Ausfallziffer festgelegt. Die Ausfallziffer bezeichnet den prozentualen Anteil am Betriebsgewinn und an den fortlaufenden Kosten, die voraussichtlich nicht erwirtschaftet werden, falls die Anlage während des gesamten Bewertungszeitraumes nicht betrieben werden kann. Auf diesen Anteil ist auch die Entschädigungsleistung begrenzt. Wird somit die Ausfallziffer zu niedrig bemessen, ist der Versicherungsnehmer entsprechend dem Anteil der dokumentierten zur tatsächlichen Ausfallziffer unterversichert. Die Ausfallziffer wird auch bei der Prämienbemessung voll berücksichtigt.

In gewissen Fällen ist es dem Versicherungsnehmer nicht möglich, den Ertragsausfall voll nachzuweisen. Mit Hilfe der Klausel 840 kann dann trotzdem ein sachgerechter Versicherungsschutz geboten werden, und zwar die sogenannte **Festkosten-Betriebsunterbrechungsversicherung**. Diese Versicherungsform ist auf Produktionseinheiten abgestellt.

Bezüglich des **Beginns der Haftung** (§ 7 AVFEBU) gilt das gleiche wie bei der Mehrkostenversicherung.

Nach § 14 AVFEBU vermindert sich die Versicherungssumme nicht um die geleistete Entschädigung. Der Versicherungsnehmer hat aber die anteilige Prämie für die laufende Versicherungsperiode nachzuzahlen. Nach Eintritt des Versicherungsfalles können Versicherungsnehmer oder Versicherer den Vertrag kündigen.

D. Technische Betriebsunterbrechungs-Versicherungen

Von Roland Klier

I. Übersicht

Die technischen Betriebsunterbrechungs-Versicherungen (TV-BU) kommen für den durch einen Sachschaden verursachten **Ertrags**ausfall (weiterlaufende Kosten und entgangener

Gewinn) auf oder ersetzen die **Mehrkosten**, die zur Vermeidung eines Unterbrechungsschadens aufgewendet werden müssen. Obwohl prinzipiell jede der technischen Sachversicherungen durch eine entsprechende BU-Versicherung ergänzbar ist, haben – neben der Maschinen-Betriebsunterbrechungs-Versicherung (MBUV) – nur die in der Tabelle 2 aufgeführten BU-Arten eine gewisse Bedeutung erlangt. Es handelt sich dabei um jeweils selbständige Versicherungsformen mit eigenen Bedingungswerken.

Untereinander unterscheiden sich diese BU-Versicherungen vor allem im Gegenstand der Versicherung und in der Sachschadendefinition. Die Unterschiede sind in der Tabelle 2 zusammengestellt. Die Montage-BU ist dort nur der Vollständigkeit halber erwähnt. Für diese Versicherungsart wird zur Zeit erst ein eigenes Bedingungswerk entwickelt.

Voraussetzung für den Abschluß einer BU- oder Mehrkostenversicherung ist eine entsprechende Sachschadendeckung, jedoch mit Ausnahme der „Versicherung gegen BU-Schaden infolge des Ausfalls der öffentlichen Versorgung" (Vgl. D.V, unten).

In diesem Kapitel wird auf die MBU-Versicherung vergleichsweise ausführlicher eingegangen. Dies ist sicherlich berechtigt, weil die MBUV den anderen TV-BU-Arten als Vorbild diente und weil sie innerhalb der TV-BU auch hinsichtlich des Prämienaufkommens die größte Bedeutung hat.

II. Maschinen-Betriebsunterbrechungs-Versicherung (MBUV)

1. Entwicklung der MBUV

Zu Beginn unseres Jahrhunderts waren die Maschinen bereits so groß und kompliziert geworden, daß der Zeitbedarf für ihre Reparatur oder Erneuerung und der dadurch verursachte Produktionsausfall die Betriebe allmählich belasteten. Aus der Erkenntnis, daß der Unterbrechungsschaden größer sein kann als der ihn auslösende Sachschaden, entstand bereits damals der Wunsch, auch den Unterbrechungsschaden versichern zu können. Nachdem im Jahr 1908 mit dem „Gesetz über den Versicherungsvertrag" der Weg dafür geebnet war, wurde erstmals im Jahr 1910 als Ergänzung zur damaligen Maschinenbruchversicherung eine Betriebsverlustversicherung angeboten, bei der jedoch die Prämie in einem festen Verhältnis zur Prämie der Maschinenbruchversicherung stand und die Entschädigung von der Sachschadenhöhe abhing. Diese Versicherungsform war einfach in der Anwendung. Sie löste aber das eigentliche Problem nicht, da zwischen der Höhe des Sach- und der Höhe des Unterbrechungsschadens kein Zusammenhang besteht. Diese Art der Ertragsausfallversicherung erlangte dann auch keine größere Bedeutung.

Erst im Jahr 1955 wurden Bedingungen eingeführt, die es ermöglichten, Prämie und Entschädigung auf die jeweils vorliegenden betrieblichen Gegebenheiten abzustellen. Diese Bedingungen entsprachen, von der Sachschadendefinition abgesehen, zunächst weit-

Tabelle 2

Anwendungsschwerpunkt	Ursache der Betriebsunterbrechung	Gegenstand der Versicherung	Bedingungen
Maschinen-BU			
Fertigungsbetriebe	Sachschaden im Sinne der Maschinenversicherung	– Ertragseinbuße (nicht erwirtschafteter Betriebsgewinn und weiterlaufende Kosten) – Maximaler Stundenbetrag – Festbetrag je Produktionseinheit; Einschluß möglich für: – Verlust durch Warenverderb	AMBUB
Mehrkosten (Maschinen)			
Elektrizitätswerke Fertigungsbetriebe	Sachschaden im Sinne der Maschinenversicherung	– Bei E-Werken: Fremdstromzukauf (Arbeitspreis und Leistungsgebühr), Mehrkosten für Einsatz unwirtschaftlicher Anlagen – Bei Fertigungsbetrieben: Zukauf von Waren und Dienstleistungen; Einsatz weniger geeigneter Maschinen	AMKB
Schwachstromanlagen-BU*			
Dienstleistungsbetriebe	Sachschaden im Sinne der Schwachstromanlagenversicherung	wie bei Maschinen-BU	AVFEBU
Mehrkosten (Schwachstromanlagen)*			
Dienstleistungsbetriebe Fertigungsbetriebe	Sachschaden im Sinne der Schwachstromanlagenversicherung	– Bei Dienstleistungsbetrieben: Kosten für die Benutzung fremder Anlagen – Bei Fertigungsbetrieben: Wie Mehrkosten (Maschinen)	AVFEM
BU bei Ausfall der öffentlichen Versorgung			
Betriebe abhängig von Strom-, Gas-, Wärme- oder Wasserversorgung	Ausfall der öffentlichen Versorgung, soweit keine geplante Abschaltung vorliegt	wie Versicherungsart Maschinen-BU oder nur Lohnkosten	ABUB (E)
Montage-BU			
Errichtung oder Umbau von Anlagen	Verspätete Inbetriebnahme wegen Sachschaden im Sinne der Montageversicherung	– Ertragseinbuße wie bei Maschinen-BU – Mehr- und Ausweichkosten wie bei Mehrkosten (Maschinen)	AMBUB/ AMKB mit Sondervereinbarungen

* Diese Versicherungen werden in Abschnitt C „*Schwachstromanlagenversicherung*" behandelt.

gehend den Feuer-BU-Bedingungen. Sie entwickelten sich in der Folgezeit jedoch davon weg.

Die derzeit gültigen **Allgemeine Maschinen-Betriebsunterbrechungs-Versicherungsbedingungen (AMBUB)** und die **Klauseln zu den AMBUB** wurden im Jahr 1975 genehmigt. Sie entsprechen im grundsätzlichen Aufbau noch in etwa den Feuer-BU-Bedingungen, enthalten jedoch eine Vielzahl von spartenspezifischen Abweichungen und Klarstellungen.

2. Gegenstand der Versicherung

Gegenstand der Versicherung ist der **Unterbrechungsschaden,** der entsteht, wenn die technische Einsatzmöglichkeit einer

- im **Maschinenverzeichnis** aufgeführten,
- **betriebsfertigen** Maschine oder maschinellen Einrichtung
- durch einen **Sachschaden** unterbrochen oder beeinträchtigt wird
- und der Zeitpunkt, von dem an der Sachschaden für den Versicherungsnehmer nach den anerkannten Regeln der Technik frühestens **erkennbar** war, innerhalb der vereinbarten Versicherungsdauer liegt (§ 1 AMBUB).

Die Ersatzpflicht hängt also von vier Voraussetzungen ab. Das Maschinenverzeichnis und den Begriff der Betriebsfertigkeit kennt auch die Machinenversicherung (vgl. Abschnitt B, oben). Die Sachschadendefinition ist in beiden Versicherungssparten nahezu wortgleich. Trotzdem sind Unterschiede zu beachten:

a) Maschinenverzeichnis

Dem Maschinenverzeichnis kommt in der MBU-Versicherung eine noch größere Bedeutung zu. Da meist nur ausgewählte, für den Betrieb besonders wichtige Objekte – die sogenannten **Engpaßmaschinen** – versichert werden, sind diese gegenüber den nicht versicherten Betriebseinrichtungen genau abzugrenzen. Wird beispielsweise ein Dampfkessel versichert, dann ist im Maschinenverzeichnis anzugeben, ob zum versicherten Umfang auch eventuell vorhandene Kohlemühlen, Zwischenüberhitzer usw. gehören. Bei Kesseln und Turbinen geschieht dies meist dadurch, daß dem Vertrag ein vorbereitetes Maschinenschema beigefügt wird, in dem die versicherte Grundausstattung und die eingeschlossene Sonderausstattung des Objektes übersichtlich aufgeführt sind.

b) Betriebsfertigkeit

Betriebsfertig ist eine Maschine, wenn sie den vorgesehenen Probelauf erfolgreich beendet hat. Sie bleibt betriebsfertig, solange sie das im Versicherungsschein angegebene Betriebsgrundstück nicht verläßt und nicht wesentlich geändert oder umgebaut wird. Die Betriebsfertigkeit im Sinne der MBU-Versicherung bleibt sogar bestehen, wenn wegen einer Revision oder Reparatur eine Maschine demontiert oder auf dem Betriebsgrundstück transportiert werden muß.

c) Sachschaden

Die Sachschadendefinition (§ 2 AMBUB) in der MBU-Versicherung verlangt ebenso wie die Maschinenversicherung die unvorhergesehen und plötzlich eintretende Zerstörung oder Beschädigung durch eine Gefahr, die nicht ausdrücklich ausgeschlossen ist. Der Ausschluß von Garantieschäden, für die eine gesetzliche oder vertragliche Haftung besteht, gilt jedoch für die MBU-Versicherung nicht, da der Lieferant nicht für Unterbrechungsschäden haftet.

d) Zeitpunkt der Erkennbarkeit

Daß der Zeitpunkt der Erkennbarkeit des Sachschadens innerhalb der Versicherungsdauer liegen muß, ist deshalb wichtig, weil zwischen dem Eintritt des Sachschadens und dessen Erkennbarkeit einerseits und der daraus resultierenden Betriebsunterbrechung andererseits, erhebliche Zeitabstände liegen können und weil ferner mit dem Zeitpunkt der Erkennbarkeit des Sachschadens durch den Versicherungsnehmer die **Haftzeit** beginnt.

Diese Regelung ist von allen anderen in Frage kommenden Lösungen für den Versicherungsnehmer die günstigste, weil nicht – wie bei früheren MBU-Bedingungen – befürchtet werden muß, daß sich in der Zeit zwischen Eintritt und Erkennbarkeit des Sachschadens die Haftzeit ganz oder teilweise verbraucht. Läuft die Versicherung nach dem Zeitpunkt der Erkennbarkeit eines Schadens aus und tritt der Unterbrechungsschaden erst danach ein, ist eine Haftung des Versicherers dennoch gegeben.

e) Unterbrechungsschaden

Der Unterbrechungsschaden ist gemäß § 3 AMBUB die Summe aus Betriebsgewinn und fortlaufenden Kosten, die der Versicherungsnehmer infolge der Betriebsunterbrechung nachweislich nicht erwirtschaften konnte, oder mehr betriebswirtschaftlich ausgedrückt:

Der MBU-Versicherer leistet Entschädigung für den versicherten **Betriebsertrag** (Deckungsbeitrag), den der Versicherungsnehmer ohne die Betriebsunterbrechung nachweislich erwirtschaftet hätte.

Für eine Vergrößerung des Schadens durch außergewöhnliche, während der Unterbrechung eintretende Ereignisse, durch behördlich angeordnete Beschränkungen beim Wiederaufbau oder dadurch, daß zur Wiederherstellung nicht rechtzeitig genügend Kapital zur Verfügung steht, haftet der Versicherer nicht. Die MBU-Versicherung schließt ferner die Vergrößerung des Unterbrechungsschadens durch Verderb, Zerstörung oder Beschädigung von Rohstoffen usw. aus, läßt jedoch die Möglichkeit offen, hierzu besondere Vereinbarungen zu treffen.

3. Versicherungssumme / Versicherungswert

Die Versicherungssumme bzw. der Versicherungswert bezieht sich auf 12 Kalendermonate und kann auf zweierlei Arten ermittelt werden:

- Einmal durch **Addition** von fortlaufenden Kosten und Gewinn. Diese Methode ist nicht zu empfehlen. Sie ist aufwendig und berührt bei den kalkulatorischen Kosten das Problem der Gewinnverwendung. Wird kein Gewinn ausgewiesen (Verlustbetrieb), ist festzustellen, bis zu welcher Höhe die fortlaufenden Kosten tatsächlich erwirtschaftet werden.
- Zu empfehlen ist dagegen die **Abzugsmethode.** Bei dieser wird in Übereinstimmung mit den betrieblichen Rechnungslegungsvorschriften (Aktiengesetz vom 6. 9. 1965) vom Nettoerlös ausgegangen und die Gesamt-Betriebsleistung ermittelt. Von dieser werden die in § 4 Nr. 2 a bis g AMBUB im einzelnen aufgeführten variablen, d. h. nicht versicherbaren Kosten abgezogen. Für diese Berechnungsmethode, die auch der Praxis der FBU-Versicherung entspricht, hat der Verband der Sachversicherer ein einfach zu handhabendes Berechnungsschema herausgegeben.

  Wichtig ist zu beachten, daß es sich bei der **Versicherungssumme** um einen vorläufigen Betrag handelt, der die zukünftige Geschäftsentwicklung berücksichtigen soll, während der nach demselben Schema ermittelte **Versicherungswert** sich auf die Vergangenheit bezieht.

Die Versicherungssumme erscheint in der Police. Der Versicherungswert wird für die **Prämienrückgewähr** (§ 8 AMBUB) und für die Prüfung, ob im Schadenfall eine **Unterversicherung** vorliegt (§ 5 AMBUB), benötigt.

4. Umfang der Entschädigung

Die Entschädigung wird zum einen vom Bereicherungsverbot und zum anderen durch die **zeitlichen Grenzen der Haftung,** die durch den zeitlichen Selbstbehalt und die Haftzeit bestimmt wird, sowie durch die Ausfallziffer begrenzt.

Das Bereicherungsverbot verlangt, daß bei der Feststellung des Unterbrechungsschadens alle Umstände zu berücksichtigen sind, die Gang und Ergebnis des Betriebes auch dann günstig oder ungünstig beeinflußt haben würden, wenn der Schaden nicht eingetreten wäre. Für ohnehin geplante Betriebsstillstände, beispielsweise wegen Werksferien, Revisions- oder Überholungsarbeiten, kann der Versicherungsnehmer keine Entschädigung beanspruchen. Auch ein ersparter Werteverzehr in Form von nicht eingetretener technischer Abnutzung braucht nicht entschädigt zu werden.

a) Zeitlicher Selbstbehalt

Unterbrechungsschäden, die das Betriebsergebnis nicht nennenswert beeinflussen und daher ohne Probleme vom Betrieb selbst getragen werden können, sollen nicht Gegenstand einer MBU-Versicherung sein. Erreicht wird dies, indem eine – als zeitlicher Selbstbehalt bezeichnete – Ausschlußzeit von beispielsweise 7 Tagen vereinbart wird.

Soll, um Prämie zu sparen, lediglich das Großschadenrisiko versichert werden, kann durch die Wahl des zeitlichen Selbstbehaltes das Versicherungsbedürfnis leicht in einen Anteil, den sich der Betrieb in Eigenvorsorge selbst zumutet, und in einen zu versichernden Anteil aufgeteilt werden.

b) Haftzeit

Bei einer BU-Versicherung spielt der Faktor **Zeit** eine wichtige Rolle, da der Unterbrechungsschaden mit zunehmender Dauer immer größer wird. Um das Risiko für den Versicherer kalkulierbar zu machen, ist daher die Schadenhöhe zu begrenzen. Dies geschieht durch die Festlegung der Haftzeit. Sie beginnt mit dem Zeitpunkt, von dem an der Sachschaden für den Versicherungsnehmer erkennbar war. Ihre Dauer wird in Monaten bemessen und sollte solang gewählt werden, wie es voraussichtlich dauern wird, bis der Betrieb nach dem größten zu erwartenden Maschinenschaden wieder seine normale Lieferfähigkeit erreicht hat. In der MBU-Praxis sind Haftzeiten von 3, 6, 9 und 12 Monaten üblich.

c) Ausfallziffer

Mit der Ausfallziffer wird die Bedeutung der Maschine für den Betrieb ausgedrückt. Die Ausfallziffer bezeichnet den prozentualen Anteil des Versicherungswertes, der nicht erwirtschaftet wird, wenn die betreffende Maschine während des **gesamten Bewertungszeitraumes** nicht zur Verfügung steht. Deshalb wirkt sich eine zu niedrig angegebene Ausfallziffer im Schadenfall wie eine zu niedrige Versicherungssumme aus, d. h. es muß eine Unterversicherung geltend gemacht werden. Die Ausfallziffer ist daher vom Versicherungsnehmer selbst zu ermitteln und zu vertreten.

d) Bewertungszeitraum

Im Schadenfall werden Versicherungswert und Ausfallziffer für den Bewertungszeitraum ermittelt, um zu prüfen, ob der volle Unterbrechungsschaden gedeckt ist. Der Bewertungszeitraum umfaßt die letzten 12 Monate **vor** dem Schadenende bzw. **vor** dem Ablauf der Haftzeit.

5. Verderbschäden

Hat die ersatzpflichtige Betriebsunterbrechung zusätzlich noch einen Verderbschaden an Roh-, Hilfs- und Betriebsstoffen oder an Halb- und Fertigfabrikaten zur Folge, kann dieser Verlust in die MBU-Deckung eingeschlossen werden (Klausel 22 zu den AMBUB). Für die Beurteilung des Risikos ist wichtig zu wissen, nach welcher Zeit der Verderb beginnt und wann die versicherten Waren wertlos geworden sind. Häufigstes Anwendungsgebiet für diese Zusatzversicherung sind Zuckerfabriken.

6. Versicherung von Festbeträgen je Produktionseinheit

Bei der bisher besprochenen Form der MBU-Versicherung wird vorausgesetzt, daß die Ausfall- und Reserveverhältnisse der einzelnen Maschinen überschaubar und damit die Auswirkungen ihres Ausfalles auf die Produktionsmengen abschätzbar sind. Ferner geht man davon aus, daß die Betriebsbuchhaltung die tatsächliche Kosten- und Ertragssituation aufschlüsseln kann. Dies trifft jedoch nicht in allen Fällen zu, sei es, weil wegen der großen Zahl der gefertigten Produkte oder durch die Art des Produktionsflusses die Ermittlung der Ausfallziffer ein schwer lösbares Problem darstellt oder weil in konzernabhängigen Betrieben anstelle von Realwerten Verrechnungspreise ausgewiesen werden. In diesen Fällen regelt **Klausel 29 zu den AMBUB** die Einführung von **Produkt-Versicherungssummen.** Diese werden aus der jeweils umgesetzten Menge eines Produktes und einem festen – jährlich zu überprüfenden – gesicherten Produktwert ermittelt. Im Schadenfall erstreckt sich dann die Ermittlung nur auf die fehlende Umsatzmenge, die, mit dem festen Produktwert multipliziert, den Ausfallschaden ergibt.

7. Schadenminderung

Nach dem Schadeneintritt entwickelt sich der Unterbrechungsschaden erst mit zunehmender Dauer der Betriebsunterbrechung. Es gibt vielfältige Möglichkeiten, einen BU-Schaden zu mindern, z. B. durch eine provisorische oder beschleunigte Reparatur, durch Aufstellen von Leihmaschinen oder durch betriebswirtschaftliche Maßnahmen, wie Warenzukauf, Vergabe von Aufträgen außer Haus. Ihrer Bedeutung entsprechend befassen sich in den Bedingungen eigene Abschnitte mit den Obliegenheiten zur Schadenminderung (§ 10 AMBUB) und der Aufteilung der dafür entstehenden Aufwendungen (§ 11 AMBUB). Zieht auch der Versicherungsnehmer Vorteile aus Schadenminderungsmaßnahmen, sei es außerhalb der zeitlichen Haftungsgrenzen des Versicherers, sei es, weil eine Unterversicherung vorliegt, dann sind die gemachten Aufwendungen nach dem Prinzip des **Vorteilsausgleiches** auf Versicherer und Versicherungsnehmer zu verteilen.

III. Mehrkosten-Versicherung bei Maschinen

Oft können Betriebe nach einem Sachschaden weiterarbeiten, beispielsweise indem sie Fremdstrom beziehen, auf unwirtschaftliche Maschinen oder Verfahren ausweichen, Produktionsvorgänge fremd vergeben oder Fremdprodukte zukaufen usw. Solche Maßnahmen verursachen erhebliche Mehrkosten, die Gegenstand dieser Versicherung sind.

Bevor im Jahr 1977 mit den **Allgemeine Mehrkosten-Versicherungs-Bedingungen (AMKB)** und den **Klauseln zu den AMKB** eigene Bedingungen geschaffen wurden, war die Mehrkosten-Versicherung in Form nicht genehmigter Klauseln zu den jeweiligen MBU-Bedingungen betrieben worden. Die damit gemachten Erfahrungen zeigten, daß die Formulierung neuer genehmigungsfähiger Klauseln und Unterklauseln zu den AMBUB bzw. zu deren Klauselwerk ein schwer überschaubares System ergeben hätte.

Wichtigster Anwendungsfall der AMKB ist die Versicherung von Mehrkosten bei Fremdstrombezug, und zwar sowohl bei Ausfall von Kraftwerken für die öffentliche Versorgung als auch bei Industriekraftwerken, die den Strombedarf nur eines Werkes decken. Der Versicherung liegt hier der Stromlieferungsvertrag zugrunde, den der Versicherungsnehmer mit seinem Stromlieferer geschlossen hat. Im Normalfall ist ein Stromlieferungsvertrag so gestaltet, daß nicht nur die bezogene elektrische Arbeit (Kilowattstunden) bezahlt werden muß, sondern zusätzlich eine erhebliche Einmalgebühr, die sogenannte *Leistungsgebühr*, die bereits nach kurzer Inanspruchnahme des Fremdstrombezuges in beträchtlicher Höhe anfällt, und zwar unabhängig von der Menge der bezogenen Kilowattstunden. Für die Berechnung gibt es etliche Varianten; so kann beispielsweise die höchste im Stromverrechnungsjahr bezogene Leistung oder der Durchschnitt der zwei oder drei höchsten Spitzen eines Monats maßgebend sein. Es gibt aber auch Leistungsgebühren, die für jede innerhalb eines Monats oder einer Woche in Anspruch genommene Leistung fällig werden. Die für das Versicherungsverhältnis sich ergebenden Besonderheiten regelt die Klausel 22 zu den AMKB *„Leistungspreise beim Fremdstrombezug"*. Zu beachten ist, daß bei der Versicherung von Leistungs- und sonstigen Einmalgebühren das Instrument des „zeitlichen Selbstbehaltes" versagt. An seine Stelle tritt eine finanzielle Beteiligung in Höhe von 20 % oder 10 % des jeweiligen Schadens.

Versicherbare Mehrkosten können aber auch durch Inanspruchnahme beliebiger sonstiger fremder Sachen oder Leistungen, z. B. durch Kauf oder Miete entstehen.

Von dem Anspruch aus § 63 VVG und § 11 AMBUB auf Ersatz von Schadenminderungskosten im Rahmen einer Betriebsunterbrechungsversicherung unterscheidet sich die Mehrkostenversicherung dadurch, daß ein Betriebsunterbrechungsschaden überhaupt nicht versichert wird. Der Versicherungsnehmer selbst kann am besten beurteilen, ob er durch den Aufwand von Mehrkosten eine wegen eines Maschinenschadens drohende Betriebsunterbrechung stets abwenden kann. Glaubt er, diese Frage mit Sicherheit bejahen zu können, so kann er sich auf eine Mehrkostenversicherung beschränken und dadurch eine entsprechend niedrigere Versicherungssumme und eine niedrigere Prämie ermöglichen. Aber auch wenn nicht mit Sicherheit feststeht, ob eine Betriebsunterbrechung stets durch Aufwand von Mehrkosten abgewendet werden kann, gibt es für einen Betrieb oft Gründe, das Risiko einer vielleicht doch eintretenden Betriebsunterbrechung selbst zu tragen und sich nur gegen den Mehrkostenaufwand zu versichern.

IV. Versicherung gegen BU-Schaden bei Ausfall der öffentlichen Energieversorgung

Diese Versicherungsart war zunächst nur für Schäden durch Betriebsunterbrechung infolge des Ausfalls der öffentlichen Elektrizitätsversorgung gedacht. Der Titel der im Jahr 1956 genehmigten **Allgemeine Bedingungen für die Versicherung gegen Schaden durch Betriebsunterbrechung infolge des Ausfalls der öffentlichen Elektrizitätsversorgung (ABUB (E))** bringt dies deutlich zum Ausdruck. Inzwischen wird jedoch auf der Grundlage dieser Bedingungen auch Versicherungsschutz bei Ausfall der öffentlichen Versorgung mit anderen Energiearten, wie Dampf, Gas und Wasser geboten. Die Vertragsform ist einfach. Da nur Ereignisse außerhalb des versicherten Betriebes den Schaden auslösen können, ist es wichtig, die **Grenzstelle** zwischen dem versicherten Betrieb und dem öffentlichen Versorgungsnetz im Versicherungsvertrag genau zu bezeichnen.

Es gibt daher auch kein Maschinenverzeichnis und keine Sachdeckung. Ferner kennt der Gefahrenkatalog an Ausschlüssen lediglich Kriegs- und Unruheereignisse sowie Kernenergie und vorausgeplante Abschaltungen. Mit dem Ausschluß ,,Kernenergie" ist jedoch nicht die Stromlieferung aus Kernkraftwerken gemeint.

Eine bedeutende versicherbare Gefahr dieser Versicherungsart sind Witterungseinflüsse. Es sei hier an die großflächigen und lang dauernden Stromausfälle im Jahr 1979 in Schleswig Holstein und im April 1980 in Bayern erinnert. Im Bereich eines mittleren bayerischen Elektrizitäts-Versorgungsunternehmens kam es beispielsweise innerhalb von 2 Tagen durch starke Naßschneefälle u. a. zu 1 200 Mast- und 5 500 Seilbrüchen. Von den Stromausfällen waren 30 % der Kunden dieses Unternehmens betroffen. Ein Teil von ihnen war mehrere Tage ohne Stromversorgung.

Verglichen mit einer Maschinen-BU-Versicherung ist die durchschnittliche Dauer des Unterbrechungsschadens bei dieser Versicherungsart erheblich kürzer. Dies hat Auswirkung auf die Versicherungssumme, Selbstbeteiligung und Haftzeit. Obwohl den Allgemeinen Maschinen-BU-Versicherungsbedingungen entsprechend auch hier der Unterbrechungsschaden Gegenstand der Versicherung ist, bezieht sich die Versicherungssumme wegen des einfachen Nachweises oftmals nur auf die Jahres-Lohn- und Gehaltssumme, d. h. im Schadenfall werden lediglich Löhne und Gehälter, die durch die Betriebsunterbrechung nicht erwirtschaftet werden konnten, ersetzt.

An die Stelle des zeitlichen Selbstbehaltes tritt eine **Integralfranchise** von meist 30 Minuten Dauer, d. h. ersatzpflichtig sind nur Unterbrechungen, die mindestens 30 Minuten dauern. Wird diese Zeitgrenze erreicht, dann ist jedoch für die gesamte Dauer des Unterbrechungsschadens Ersatz zu leisten.

Als Haftzeit haben sich für den Normalfall 7 Kalendertage als ausreichend erwiesen.

Es ist zu erwarten, daß diese Versicherungsart mit der zunehmenden Ausschöpfung der Reservekapazitäten in den Kraftwerken an Bedeutung gewinnt.

E. Montageversicherung

Von Martin Dornbusch

I. Entwicklung der Montageversicherung

Die Montageversicherung wurde im Jahr 1924 aus den Kaskobedingungen der Transportversicherung entwickelt, um die Möglichkeit zu schaffen, durch **einen** Versicherungsvertrag alle mit einer Montage verbundenen Risiken abdecken zu können. Bis dahin mußte eine Vielzahl von Einzelversicherungen abgeschlossen werden, die oft keinen genügenden Schutz boten oder zu Doppelversicherungen führten. Durch die Einführung der Montageversicherung (VerAfP 1927, 160; 1931, 167; 1932, 193) wurde ein umfassender lückenloser Versicherungsschutz geschaffen. Aufsichtspflichtig wurde die Montageversicherung dann im Jahr 1931 (VerAfP 1929, 157; 1930, 157).

Da die Maschinen und maschinellen Anlagen immer größer und komplexer werden, ist für den Hersteller solcher Anlagen der Abschluß einer Montageversicherung zur Selbstverständlichkeit geworden. Oft wird der Abschluß vom Besteller sogar vorgeschrieben, denn ein großer Montageschaden kann durchaus dazu führen, daß manchem Auftragnehmer die endgültige Ausführung des Auftrags unmöglich wird. Aber auch dort, wo mit bisher unbekannten Gefahren gerechnet werden muß, die aus einer neuartigen Konstruktion, der Größe der Anlage, einem wenig erprobten Werkstoff, der geographischen Lage usw. herrühren können, bietet die Montageversicherung den erforderlichen Versicherungsschutz.

Versicherungsschutz wird auf der Grundlage der **Allgemeine Montageversicherungs-Bedingungen (AMoB)** geboten. Diese traten im Jahr 1972 in Kraft.

Heute bieten in der Bundesrepublik Deutschland ca. 60 Versicherungsgesellschaften die Montageversicherung an.

Die Versicherung wird in Form von Generalverträgen für den Gesamtumsatz bzw. für einzelne Fabrikationsgebiete der Hersteller oder als Einzelverträge für bestimmte einzelne Objekte abgeschlossen.

II. Versichertes Interesse

Die Montageversicherung wird in der Regel vom **Unternehmer** abgeschlossen, um **seine Interessen** zu versichern. Bedient sich der Unternehmer zur Ausführung des Lieferauftrages noch der Mithilfe von **Subunternehmen**, so sind auch **deren Interessen** gedeckt (vgl. § 3 AMoB).

Außerdem besteht die Möglichkeit, zusätzlich die Interessen des Bestellers in den Versicherungsschutz einzubeziehen, und zwar zum einen in Form einer Mitversicherung, wenn der Besteller durch Zulieferungen an der Erstellung der von ihm in Auftrag gegebenen Anlage beteiligt ist. Zum anderen kann der Besteller selbst Versicherungsnehmer sein. Dies ist vornehmlich bei Großprojekten der Fall, wenn der Besteller für die Koordinierung und die gesamte Abwicklung keinen Generalunternehmer beauftragt hat.

III. Versicherte Sachen – ihre Bestimmung und Abgrenzung

1. Montageobjekt

Die Montageversicherung bietet Versicherungsschutz gegen einen **Inbegriff von Gefahren für bestimmte Sachen.** Versichert sind nur solche Sachen, die im Versicherungsschein aufgeführt oder aufgrund eines bestehenden Generalvertrages zur Versicherung angemeldet werden (vgl. § 1 Nr. 1 AMoB).

Die Versicherung erstreckt sich primär auf das Montageobjekt, also auf das im Entstehen begriffene Werk. Als Beispiele für Montageobjekte, die versichert werden können, nennen die Bedingungen

- Konstruktionen aller Art;
- Maschinen und maschinelle Einrichtungen;
- zugehörige Reserveteile.

Es handelt sich hierbei hauptsächlich um Erzeugnisse aus den Bereichen **Elektrotechnik, Fördertechnik, Kesselbau, Kerntechnik, Maschinenbau, Stahlbau, Verfahrenstechnik.**

In den meisten Fällen wird die Montage neuer Konstruktionen oder Maschinen versichert. Aber auch bei Umbauten, Erweiterungen oder Reparaturen ist das Risiko oft erheblich, so daß hierfür ebenfalls häufig eine Montageversicherung abgeschlossen wird.

2. Montageausrüstung

Zur Erstellung eines Montageobjektes werden Geräte, Werkzeuge, Hilfsmaschinen, Gerüste, Maste und dergleichen, Baubuden und Wohnbaracken benötigt. Es handelt sich hierbei um Sachen, die man als Montageausrüstung bezeichnet. Sie können gemäß § 1 Nr. 3 a AMoB zusammen mit dem Montageobjekt versichert werden. Des weiteren besteht eine Versicherungsmöglichkeit für Autokrane, Baustellenfahrzeuge und schwimmende Sachen, jedoch müssen für diese Sachen, die im allgemeinen besonderen Gefährdungen ausgesetzt sind, auch besondere Vereinbarungen getroffen werden (Klauseln 3 und 4 zu den AMoB). Eigentum des Montagepersonals, das ebenfalls zur Montageausrüstung zählt, ist nur auf Auslandsbaustellen versichert (Klausel 5 zu den AMoB). Bei Inlandbaustellen kann hierfür Versicherungsschutz über eine Hausratversicherung genommen werden.

3. Fremde Sachen

Schäden an sogenannten **Fremden Sachen** können aufgrund einer besonderen Vereinbarung ebenfalls zusammen mit dem Montageobjekt versichert werden. Fremd sind Sachen, die sich innerhalb des Versicherungsortes befinden und die weder zum Montageobjekt noch zu der Montageausrüstung gehören. Verursacht der Versicherungsnehmer oder ein Mitversicherter im Zuge der Montagearbeiten an diesen Sachen einen Schaden – es handelt sich hierbei eigentlich um einen Haftpflichtschaden –, so fällt ein solcher Schaden jedoch in der Haftpflichtversicherung meistens unter die Ausschlußbestimmung gemäß § 4 I 6 b AHB (Ausschluß von sogenannten *Tätigkeitsschäden*).

IV. Versicherungssumme

1. Montageobjekt

Die Versicherungssumme für das Montageobjekt entspricht im allgemeinen dem Kontraktpreis, der in dem Liefervertrag mit dem Besteller festgelegt ist. Es müssen jedoch mindestens die Selbstkosten versichert werden (vgl. § 5 Nr. 1 a AMoB). Soweit Fracht-, Montage- und Zollkosten sowie Gewinn in dem Kontraktpreis nicht bereits enthalten sind, können diese Kosten in die Versicherung einbezogen werden (vgl. § 5 Nr. 1 b AMoB). Nach Ende der Haftung wird die Versicherungssumme entsprechend etwaiger während der Versicherungsdauer eingetretener Veränderungen endgültig festgesetzt. Diese Regelung bezieht sich jedoch nur auf eine Ergänzung oder Erweiterung der versicherten Sachen sowie auf inflationsbedingte Steigerungen während der Versicherungsdauer. Wurde dagegen die Versicherungssumme bereits zu Beginn der Versicherung zu niedrig festgelegt, so wird im Schadenfall eine Unterversicherung geltend gemacht (vgl. § 13 AMoB).

Bei gebrauchten Objekten wird die Versicherungssumme aus dem Preis gebildet, der für ein gleichartiges, neues Objekt zu zahlen wäre.

2. Montageausrüstung

Die Versicherungssumme für die **Montageausrüstung** ist aufgrund des Neuwertes **aller** versicherten Sachen, die im Laufe der Montagearbeiten eingesetzt werden, zu bilden und soll Fracht- und Montagekosten einschließen (vgl. § 5 Nr. 2 AMoB). Es gelten also hier die gleichen Grundsätze wie für das Montageobjekt.

3. Fremde Sachen

Die Festsetzung der Versicherungssumme für **Fremde Sachen** liegt im Ermessen des Versicherungsnehmers, da eine genaue Ermittlung nicht möglich ist. Man ist hierbei auf Schätzungen angewiesen. Deshalb wird für die Versicherung von Fremden Sachen grundsätzlich eine Versicherungssumme auf **Erstes Risiko** gebildet. Eine Unterversicherung im Schadenfall kann somit nicht geltend gemacht werden.

4. Aufräumungs- und Bergungskosten

Aufräumungskosten sind Kosten, die infolge eines dem Grunde nach entschädigungspflichtigen Versicherungsfalles aufgewendet werden müssen, um die Trümmer zu beseitigen oder den Versicherungsort in einen Zustand zu versetzen, der die Wiederherstellung der beschädigten Sache ermöglicht (§ 12 Nr. 2 AMoB).

Bergungskosten sind Kosten, die infolge eines dem Grunde nach entschädigungspflichtigen Versicherungsfalles aufgewendet werden müssen, um die Reparatur der beschädigten versicherten Sache zu ermöglichen (§ 12 Nr. 3 AMoB). Bergungskosten werden für Maßnahmen aufgewendet, die eine Ortsveränderung der beschädigten Sache bewirken.

Aufräumungs- und Bergungskosten sind bis zu einem Betrag von 2 v.H. der Versicherungssumme für das Montageobjekt mitversichert (vgl. § 13 Nr. 1 AMoB). Sollen diese Kosten mit einem höheren Betrag versichert werden, so ist eine zusätzliche Versicherungssumme zu vereinbaren (§ 5 Nr. 3 AMoB). Es handelt sich hierbei ebenfalls um eine Versicherungssumme auf **Erstes Risiko.**

V. Versicherte Gefahren

Ebenso wie andere Sachsparten der Technischen Versicherungen bietet auch die Montageversicherung eine sogenannte **Allgefahrendeckung**, d. h. versichert sind sämtliche Gefahren bis auf solche, die ausdrücklich ausgeschlossen sind. Deshalb heißt es in den Bedingungen nur: **„Der Versicherer leistet Entschädigung für Schäden an und Verluste von versicherten Sachen, die während der Versicherungsdauer unvorhergesehen und plötzlich eintreten“** (§ 2 Nr. 1 AMoB).

Ein Schaden ist nur dann unvorhergesehen und plötzlich eingetreten, wenn er nicht so rechtzeitig voraussehbar war, daß er mit zumutbarem Aufwand auf eigene Kosten des Versicherungsnehmers noch hätte abgewendet werden können.

Um den Versicherungsschutz eindeutig zu bestimmen, sind bei einer Allgefahrendeckung sämtliche nicht versicherten Gefahren in den Bedingungen aufzuführen. Die wenigen Ausschlüsse sind in § 2 Nr. 5 AMoB genannt. Danach leistet der Versicherer ohne Rücksicht auf mitwirkende Ursachen keine Entschädigung für Schäden oder Verluste durch

erklärte oder nicht erklärte Kriege oder durch **Bürgerkriege.** Drohende Kriegsgefahr kann dazu führen, daß die Unternehmer ihr Personal von der Baustelle abziehen. Schäden, die dann auf den verlassenen Baustellen eintreten, entziehen sich jeder Kalkulation und können deshalb nicht versichert werden. Ähnliches gilt, vor allem im Hinblick auf das Ausland, für **Schäden oder Verluste durch Beschlagnahme oder sonstige hoheitliche Eingriffe.**

Die **weiteren Ausschlüsse** betreffen **Schäden durch Kernenergie; Schäden und Verluste, die als unmittelbare Folge normaler Witterungseinflüsse** eintreten, mit denen wegen der Jahreszeit und der örtlichen Verhältnisse gerechnet werden muß; **Schäden, die eine unmittelbare Folge der dauernden Einflüsse des Betriebes während der Erprobung** sind; sowie schließlich **Verluste,** die erst **bei einer Bestandskontrolle** festgestellt werden.

Bemerkenswert ist die Einschränkung bei der Versicherung von Lieferungen und Leistungen, die der Versicherungsnehmer ihrer Art nach ganz oder teilweise erstmalig ausführt (vgl. § 2 Nr. 3 AMoB). Es ist verständlich, daß der Versicherer das Entwicklungsrisiko – ein reines Unternehmerrisiko – nicht übernehmen und solche Schäden nicht decken kann, die nur deshalb eintreten, weil es sich bei der versicherten Sache um eine Erstausführung handelt. Deshalb beschränkt sich bei diesen Sachen der Versicherungsschutz nur auf Schäden, die durch Einwirkung von außen entstehen, z. B. durch Unwetter, Bedienungsfehler usw., also auf Schäden, deren Ursache nicht in der Erstausführung selbst liegt. Für begrenzte Erweiterungen des Versicherungsschutzes können jedoch von Fall zu Fall Vereinbarungen getroffen werden. Hierfür ist im allgemeinen ein Risikozuschlag zur Prämie zu entrichten.

Schäden durch **innere Unruhen, Streik oder Aussperrung** sind nur versichert, wenn für die Versicherung eine besondere Vereinbarung getroffen wurde. Die Versicherung dieser Gefahren kann jedoch jederzeit gekündigt werden. Die Kündigung wird zwei Wochen nach Zugang wirksam (Klauseln 6 und 7 zu den AMoB).

Bei der Montageausrüstung sind lediglich Schäden durch Unfall versichert, d. h. durch unmittelbar von außen her plötzlich und unvorhergesehen einwirkende Ereignisse. Betriebsschäden sind keine Unfallschäden. Die Versicherung kann jedoch aufgrund einer Vereinbarung und gegen Mehrprämie auf Betriebsschäden ausgedehnt werden (Klausel 9 zu den AMoB).

VI. Beginn und Ende der Haftung

In fast allen Zweigen der Sachversicherung ist festgelegt, daß die Haftung des Versicherers mit der Einlösung des Versicherungsscheines, d. h. nach Zahlung der Prämie beginnt. Die Montageversicherung kann, da sie es nur mit einem kleinen, in geschäftlichen Dingen erfahrenen Interessenkreis zu tun hat, sich auf die Feststellung beschränken, daß die Haftung des Versicherers beginnt, sobald die versicherten Sachen innerhalb des Versicherungsortes abgeladen worden sind, jedoch nicht vor dem vereinbarten Zeitpunkt (vgl. § 7 Nr. 1 AMoB). Bei Montage-Generalverträgen beginnt die Haftung des Versicherers frühestens mit dem Zeitpunkt, zu dem ihm die Anmeldung über die zu versichernden Sachen zugegangen ist (vgl. § 7 Nr. 2 AMoB). Anders als in den meisten anderen Versicherungssparten hängt also bei der Montageversicherung der Beginn des Versicherungsschutzes nicht davon ab, daß zuvor die Prämie bezahlt wurde.

Die Versicherungsdauer einer Montageversicherung ist von vornherein durch die Montagezeit und den Erprobungszeitraum bestimmt. Die Versicherung wird deshalb bis zu dem Zeitpunkt abgeschlossen, an dem vermutlich die Abnahme des Montageobjektes durch den Besteller erfolgen wird. Tritt durch irgendwelche Umstände eine Verzögerung der Montage oder der Erprobung ein, kann der Versicherungsnehmer eine Verlängerung der Versicherung beantragen. Zum Schutz des Versicherungsnehmers muß der Versicherer rechtzeitig auf den Ablauf der Versicherung hinweisen (vgl. § 8 Nr. 2 AMoB). Die Haftung des Versicherers endet spätestens, wenn das Montageobjekt abgenommen oder wenn die Montage beendet ist und der Versicherungsnehmer das versicherte Interesse dem Versicherer gegenüber als erloschen bezeichnet hat (vgl. § 8 Nr. 3 AMoB).

Das größte Risiko liegt bei den meisten Montageobjekten während der Erprobung, weil in dieser Zeit die versicherte Sache in ihrer Gesamtheit sich als betriebsfähig erweisen muß und dabei die größten Schäden entstehen können. Der Versicherer ist deshalb sehr daran interessiert, über Dauer und Art der Erprobung genau informiert zu sein, um das Risiko richtig bewerten und entsprechende Vereinbarungen im Versicherungsvertrag treffen zu können.

Die Bedingungen legen als Normalfall für die Erprobung **einen** Monat fest. Ist kein längerer Zeitraum für die Erprobung vereinbart, dann wird für Schäden, die später als einen Monat nach Beginn der Erprobung eintreten, Entschädigung nur geleistet, wenn der Versicherungsnehmer nachweisen kann, daß die Schäden mit der Erprobung nicht im Zusammenhang stehen (vgl. § 8 Nr. 5 AMoB).

Sind innerhalb eines Großprojektes selbständige Anlagenteile versichert, dann endet für diese die Versicherung in der gleichen beschriebenen Weise. Dies bedeutet, daß die Haftung des Versicherers für manche Anlagenteile bereits vor Ablauf der Gesamtversicherungsdauer enden kann. Versicherungsschutz für die Sachen kann dann in der Folgezeit nur noch über die Position „Fremde Sachen" bestehen (vgl. § 8 Nr. 4 AMoB).

VII. Umfang der Entschädigung

Die Montageversicherung ist eine Sachversicherung. Sie bietet **Entschädigung für beschädigte, zerstörte oder abhandengekommene Sachen,** nicht dagegen für Vermögensschäden, auch wenn diese infolge eines Sachschadens eintreten. Ausgenommen hiervon ist die Entschädigungspflicht für Aufräumungs- und Bergungskosten (vgl. § 10 Nr. 1 AMoB).

Ist eine Sache zerstört oder abhandengekommen, so wird deren **Zeitwert** ersetzt; der Wert anfallenden Altmaterials wird angerechnet.

Eine Sache gilt als zerstört, wenn die **Wiederherstellungskosten** den Zeitwert unmittelbar vor Eintritt des Versicherungsfalles übersteigen würden (vgl. § 10 Nr. 2 AMoB). Da bei neuen Sachen der Zeitwert dem Neuwert entspricht, erfolgt somit Ersatz auf Neuwertbasis.

Ist eine Sache beschädigt, so ersetzt der Versicherer die **Wiederherstellungskosten.** Auch in diesem Fall erfolgt eine Anrechnung des Wertes von Altmaterial (vgl. § 10 Nr. 3 AMoB).

Wiederherstellungskosten sind die Kosten, die aufgewendet werden müssen, um die Sache in den Zustand zu versetzen, in dem sie sich unmittelbar vor Eintritt des Versicherungsfalles befand (vgl. § 11 Nr. 1 AMoB). Die Ersatzleistung erstreckt sich nur auf solche Kostenarten und Kostensätze, die in der Versicherungssumme enthalten sind. Deshalb werden Mehrkosten für Überstunden, Sonntags-, Feiertags- und Nachtarbeiten sowie für Eil-, Expreß- und Luftfrachten nur aufgrund einer besonderen Vereinbarung ersetzt (vgl. Klauseln 20 und 21 zu den AMoB).

Ein Mangel allein stellt im Sinne der Versicherungsbedingungen keinen Sachschaden dar. Tritt jedoch infolge eines Mangels ein Schaden ein, dann sind solche Kosten von der Ersatzpflicht ausgeschlossen, die der Versicherungsnehmer, auch ohne daß der Schaden eingetreten wäre, für die Behebung des Mangels hätte aufwenden müssen, sobald er diesen erkannt hätte. Die in diesem Zusammenhang sowohl für die Behebung des Schadens als auch für die Beseitigung des Mangels anfallenden De- und Remontagekosten können dagegen in Höhe von 80 % ersetzt werden, wenn hierüber vor Versicherungsbeginn eine entsprechende Vereinbarung getroffen wurde (vgl. Klausel 23 zu den AMoB).

Wird eine beschädigte Sache nur vorläufig wieder hergestellt, so ersetzt der Versicherer für die vorläufige Wiederherstellung und die spätere endgültige Reparatur zusammen nur den Betrag, den eine sofortige endgültige Reparatur erfordert hätte (vgl. § 11 Nr. 5 AMoB).

VIII. Unterversicherung; Selbstbehalt; Grenzen der Entschädigung; Verhältnis zu anderen Versicherungsverträgen

1. Unterversicherung

Die Bestimmungen über die Unterversicherung sind schon bei der Behandlung der Versicherungssumme erwähnt worden. Es genügt zu merken, daß eine Unterversicherung dann vorliegt, wenn die Versicherungssumme zu Beginn der Versicherung zu niedrig festgesetzt wurde. Dann wird die errechnete Entschädigung im Verhältnis der erforderlichen zur vereinbarten Versicherungssumme gekürzt. Die genannten Voraussetzungen und Folgen der Unterversicherung werden für jede Versicherungssumme gesondert festgestellt (vgl. § 13 AMoB).

2. Selbstbehalt

Der bedingungsgemäß ermittelte Entschädigungsbetrag wird um einen Selbstbehalt in Höhe von 500,– DM gekürzt. Bei Verlusten durch Diebstahl beträgt die Selbstbeteiligung 25 v. H. des Entschädigungsbetrages, mindestens jedoch 500,– DM (vgl. § 14 AMoB).

3. Grenze der Entschädigung

Grenze der Entschädigung ist der auf die betroffene Sache entfallende Teil der Versicherungssumme abzüglich des Selbstbehaltes (vgl. § 15 AMoB).

„Sache“ ist hier nicht im rechtlichen Sinn zu verstehen. Gemeint ist vielmehr eine Lieferung oder Leistung, die als selbständige technische Einheit angesehen und als solche auch gesondert versichert werden könnte.

4. Verhältnis zu anderen Versicherungsverträgen

Kann für einen Schaden eine Leistung aus einem anderen vom Versicherungsnehmer oder einem Versicherten abgeschlossenen Versicherungsvertrag erlangt werden, dann ist eine Ersatzpflicht über die Montageversicherung nicht gegeben (vgl. § 16 AMoB). Obgleich mit dieser Bestimmung jede Art einer anderen Versicherung gemeint ist, wird es sich jedoch in der Praxis hierbei vor allem um separate Feuer- oder Haftpflichtversicherungen handeln.

IX. Sachverständigenverfahren

Das Sachverständigenverfahren ist in § 17 AMoB hinreichend geregelt. Die Bestimmungen entsprechen im wesentlichen den Regelungen in den anderen Sparten der Technischen Versicherungen.

X. Prämie

Die Montageversicherung beschäftigt sich im allgemeinen mit der Versicherung von Einzelobjekten, d. h. mit Sachen oder kompletten Anlagen, die in ihrer Art einmalig gefertigt und montiert werden. Deshalb ist in solchen Fällen die Prämie unter Berücksichtigung der jeweils vorliegenden Risikomerkmale zu kalkulieren.

Soll z. B. der Bau einer Brücke oder irgendeine andere Ingenieurleistung versichert werden, so ist für die Prämienkalkulation erforderlich, daß der Versicherer anhand von Zeichnungen, Plänen, Bau- bzw. Montagebeschreibungen usw. sich zuvor ein Bild von dem Risiko gemacht hat. Des weiteren sind bei der Risikobeurteilung häufig auch die geologischen, geographischen und topographischen Gegebenheiten von Bedeutung, insbesondere dann, wenn es sich um ein großes Montagevorhaben im außereuropäischen Ausland handelt.

Sind dagegen Objekte zu versichern, die in Serie gebaut werden, deren Konstruktion also bekannt ist und die sich im Betrieb seit langem bewährt haben, gestaltet sich die genau bekannt ist und die sich im Betrieb seit langem bewährt haben, gestaltet sich die Prämienkalkulation einfacher. In solchen Fällen kann der Versicherer für eine größere Zahl vergleichbarer Objekte gleiche Durchschnittsprämiensätze berechnen. Von dieser Möglichkeit wird bei sogenannten *Generalverträgen* Gebrauch gemacht (vgl. E.I). Durch die Vielzahl gleicher oder ähnlicher Objekte, die über einen einzigen Vertrag versichert werden, ist die Möglichkeit eines Risikoausgleiches eher gegeben, als wenn einzelne, besonders ausgewählte Objekte, zur Versicherung angemeldet werden.

Der kalkulierte Prämiensatz bleibt in seiner Höhe für die bei Vertragsabschluß vereinbarte Versicherungsdauer gleich und wird stets auf den gesamten Wert (gesamte Versicherungssumme) des zu versichernden Objektes bezogen. Die auf diese Weise ermittelte Prämie wird im voraus erhoben (vgl. § 6 Nr. 1 AMoB).

Gegen dieses Verfahren wird manchmal eingewendet, es sei nicht gerechtfertigt, schon bei Beginn der Versicherung den ganzen Wert der Anlage der Prämienberechnung zugrunde zu legen, weil beim Einrichten der Baustelle nur geringe Werte vorhanden wären und ein Risiko für den Versicherer kaum bestünde. Ebenso gäbe es in sich abgeschlossene Teile des Montageobjektes, die schon lange vor der Fertigstellung der gesamten Anlage fertig seien und an denen überhaupt nicht mehr gearbeitet würde.

Wollte man dem ersten Einwand nachgeben, müßte dem Fortschritt der Montagearbeiten entsprechend dauernd die Versicherungssumme und wegen des steigenden Risikos auch der Prämiensatz laufend erhöht werden. Eine ähnliche Auswirkung hätte die Berücksichtigung des zweiten Einwands, bei dem übersehen wird, daß auch an einem fertiggestellten Teil eines Montagekomplexes, der ja noch versichert ist, durchaus ersatzpflichtige Schäden eintreten können, z. B. durch äußere Einwirkungen, wie Naturereignisse, höhere Gewalt usw. Besondere Beachtung verdient auch der Umstand, daß bereits fertiggestellte Anlagen beim Probebetrieb oder bei der Probebelastung erst ihre Bewährung bestehen müssen. Dann ist ein Totalschaden des gesamten Objektes denkbar, und in dieser Zeit liegt im allgemeinen auch das größte Risiko für den Versicherer. Aus diesen Überlegungen heraus wird stets der Gesamtwert der Anlage für die Prämienberechnung herangezogen und ein Durchschnittsprämiensatz für die beantragte Dauer der Montage und Erprobung gebildet.

F. Garantie-Versicherung

Von Martin Dornbusch

I. Entwicklung der Garantie-Versicherung

Nachdem zum Schutz der Unternehmer die Montageversicherung geschaffen worden war, um die Gefahren aus der Erstellung und Erprobung der zu liefernden Sachen abdecken zu können, bestand noch ein Versicherungsbedarf für solche Risiken, die der Unternehmer nach Erfüllung seines Auftrages aus der von ihm übernommenen Gewährleistung zu tragen hat. Es handelt sich hierbei um Schäden, deren Ursache vor dem Gefahrenübergang liegt und die vom Unternehmer zu vertreten sind. Die ersten Bedingungen wurden im Jahr 1927 vom damaligen Reichsaufsichtsamt genehmigt (VerAfP 1927, 162). Die erste Änderung erfolgte im Jahr 1931 (VerAfP 1931, 172).

Versicherungsschutz besteht auf der Grundlage der **Allgemeine Versicherungsbedingungen für Garantie-Versicherung (Haftung aus Sachmängel)**.

Die Garantie-Versicherung wird in der Bundesrepublik Deutschland heute von ca. 50 Versicherungsgesellschaften angeboten. Wie in der Montageversicherung erfolgt die Versicherung im Rahmen von Generalverträgen für den Gesamtumsatz bzw. für einzelne Fabrikationsgebiete, aber auch auf der Basis von Einzelverträgen, also für bestimmte einzelne Objekte.

II. Versicherte Interessen

Es wird ausschließlich das Interesse des Lieferanten (Herstellers) versichert. Der Besteller tritt weder als Versicherungsnehmer noch als Mitversicherter in Erscheinung.

III. Versicherte Sachen

Gegenstand der Garantie-Versicherung, die man als Fortsetzung einer Montageversicherung bezeichnen könnte, sind Maschinen, maschinelle Einrichtungen und Apparate sowie Eisenkonstruktionen mit und ohne mechanische oder maschinelle Einrichtungen (vgl. § 1 AVB Garantie).

IV. Umfang des Versicherungsschutzes

1. Versicherte Gefahren

Der Versicherer gewährt **Versicherungsschutz gegen Folgeschäden** an den versicherten Sachen, verursacht durch **Konstruktionsfehler, Guß- oder Materialfehler, Berechnungs-, Werkstätten- oder Montagefehler,** soweit sie der Versicherungsnehmer aufgrund seines Verkaufs- oder Liefervertrages zu vertreten hat, unter Ausschluß solcher Kosten, die zur Beseitigung der Fehler selbst erforderlich sind.

Wenn die gewählte und richtig durchgeführte Berechnung und Konstruktion und/oder das gewählte fehlerfreie Material sich den Betriebsanforderungen nicht gewachsen zeigt, werden Schäden, die in vorzeitiger Abnutzung bestehen, nicht ersetzt (vgl. § 2 Nr. 1 AVB-Garantie).

Dem Hersteller wird für die von ihm liefervertraglich übernommene Garantie eine Art „Rückversicherung" gegeben, die zwar nicht das volle Risiko abdeckt, aber doch einen weitgehenden Versicherungsschutz bietet.

Es wird Versicherungsschutz nur gegen Folgeschäden geboten, soweit sie der Versicherungsnehmer aufgrund seines Verkaufs- oder Liefervertrages zu vertreten hat. Die Kosten, die zur Beseitigung der Fehler selbst erforderlich sind, werden nicht ersetzt. Der Lieferant muß solche Kosten selbst tragen, gleichgültig ob durch den Fehler bereits ein Schaden entstanden ist oder nicht. Es soll damit einer leichtfertigen Konstruktion oder einer unsachgemäßen Arbeit nicht Vorschub geleistet werden. Es kann auch bei der Garantie-Versicherung nicht Aufgabe des Versicherers sein, das Risiko aus der Entwicklung neuer Konstruktionsmethoden oder der Verwendung bisher nicht erprobten Materials, zu übernehmen.

Beispiel:

Wenn z. B. ein Zahnrad aus zu weichem Material hergestellt wurde, so daß es während des Betriebes der Maschine, in die es eingebaut ist, bricht, können dadurch an der laufenden Maschine schwere Folgeschäden eintreten. Die Kosten für den Ersatz des nun als ungeeignet erkannten zerbrochenen Zahnrades durch ein anderes aus härterem Material gehen zu Lasten des Versicherungsnehmers; denn diese Kosten werden zur Beseitigung des Fehlers aufgewendet. Die Reparatur der übrigen Maschinenteile jedoch fällt unter die Ersatzpflicht des Versicherers.

Der ersatzpflichtige Folgeschaden braucht nicht immer auf das mit dem Fehler behaftete Objekt beschränkt zu bleiben. Umherfliegende Bruchstücke können in der Nachbarschaft stehende Maschinen oder das Gebäude beschädigen. Solche Schäden sind auch dann nicht in die Garantie-Versicherung eingeschlossen, wenn der Lieferant hierfür einzutreten hat. Für solche Schäden kommt u. U. die Haftpflichtversicherung auf. Die Ersatzpflicht des Garantie-Versicherers dagegen beschränkt sich stets auf die gelieferte und versicherte Sache selbst.

Der ersatzpflichtige Folgeschaden an der versicherten Sache braucht nicht immer in einer **mechanischen Zerstörung** zu bestehen. So kann z. B. durch einen Konstruktionsfehler **ein Brand** verursacht werden, der die versicherte Sache zerstört. Dieser Feuerschaden wäre vom Garantie-Versicherer zu bezahlen.

2. Nichtversicherte Gefahren

Der Versicherungsschutz erstreckt sich nicht auf **Schäden durch**

- **dauernde Einflüsse des Betriebes,**
- **Korrosion, Erosion und Rost,**

soweit sie nicht auf Ursachen zurückzuführen sind, die gemäß AVB-Garantie ersatzpflichtig sind (vgl. § 2 Nr. 2 a AVB-Garantie).

Diese Bestimmung hat ihren Grund darin, daß die Garantie-Versicherung vom Lieferanten abgeschlossen wird und sich auf eine Sache, z. B. eine Maschine, bezieht, über die er keine Verfügungsgewalt mehr besitzt. Der Lieferant kann damit auch nicht verhindern, daß schädigende Einflüsse, die im Betrieb des Käufers der Maschine ihre Ursachen haben, auf die Maschine einwirken. Anders kann es sich dagegen verhalten, wenn ein Maschinenteil in kurzer Zeit durch Rost so geschwächt wird, daß es bricht. Wird in solchem Fall festgestellt, daß z. B. entgegen den Vorschriften kein nichtrostender Stahl verwendet wurde, wäre der durch den Bruch entstandene Folgeschaden ersatzpflichtig.

Weiter sind ausgeschlossen **Schäden durch ungenügende Wartung oder sonstige unsachgemäße Behandlung während des Betriebes** (vgl. § 2 Nr. 2 b AVB-Garantie).

Auch für diese Bestimmung gilt das eben Gesagte. Der Lieferant hat keinen Einfluß darauf, wie die von ihm gelieferte Maschine im Betrieb behandelt wird; deshalb können ihm Schäden durch unsachgemäße Behandlung auch nicht zur Last gelegt werden.

Verständlicherweise erstreckt sich die Versicherung ebenfalls nicht auf Schäden, **die auf einen vor dem Schadenfall bereits erkannten Konstruktions- oder Materialfehler zurückzuführen sind** (vgl. § 2 Nr. 2 c AVB-Garantie).

Diese wichtige Bestimmung ist von Bedeutung bei Maschinen, die in Serie hergestellt werden, also in Konstruktion und Material völlig gleich sind. Erleidet eine solche Maschine einen Schaden, dessen Ursache auf einen Konstruktionsfehler zurückzuführen ist, so kann als sehr wahrscheinlich angenommen werden, daß bei den anderen Maschinen der gleichen Serie ebenfalls mit gleichartigen Schäden gerechnet werden muß. Es würde sich also um Schäden handeln, deren Eintritt voraussehbar ist und die deshalb niemals von einer Versicherung gedeckt werden können. Ein Versicherungsschutz für solche Schäden könnte den Hersteller nur zu einer weniger sorgfältigen Arbeit verleiten. Es soll jedoch auch in der Garantie-Versicherung Schutz nur gegen solche Schäden geboten werden, die zu verhindern trotz aller Sorgfalt nicht möglich war.

Schließlich sind ausgeschlossen **Ersatzansprüche aus Vertragsstrafen, selbst wenn die Ursache auf einen ersatzpflichtigen Schaden zurückzuführen ist** (vgl. § 2 Nr. 2 d AVB-Garantie).

Da es sich bei der Garantie-Versicherung um eine reine Sachversicherung handelt, gilt dieser Ausschluß auch dann, wenn die Grundlage für den Ersatzanspruch ein ersatzpflichtiger Schaden ist. Das gleiche gilt für alle sonstigen Vermögensschäden, auch wenn sie auf einem vorangegangenen Sachschaden beruhen.

Der Vollständigkeit halber sei erwähnt, daß auch in der Garantie-Versicherung kein Versicherungsschutz besteht für **Schäden durch Atomenergie** (vgl. § 2 Nr. 2 e AVG-Garantie).

V. Beginn und Ende der Haftung

Die Garantie-Versicherung beginnt, wenn die montierten Objekte betriebsfertig sind, also nach Durchführung einer etwa vorgesehenen Erprobung und nachdem die zu versichernden Sachen durch den Besteller abgenommen worden sind. Ist keine Montage notwendig, dann beginnt die Haftung des Versicherers mit dem Tag, an dem das Objekt versandt oder dem Besteller die Versandbereitschaft mitgeteilt wird (vgl. § 4 Nr. 2 AVB-Garantie).

Die Dauer der Gewährleistung des Lieferanten beträgt je nach Objektart im allgemeinen drei, sechs oder zwölf Monate. Sie geht hin und wieder hierüber hinaus. Die Gewährleistungsdauer ist in manchen Fällen auch von der Einsatzdauer der Maschine innerhalb eines bestimmten Zeitraumes abhängig. Die Dauer der Garantie-Versicherung kann dann auf die festgelegte Betriebsstundenzahl abgestellt werden.

Läuft die Gewährleistungsverpflichtung des Lieferanten ab, erlischt damit auch die Haftung des Garantieversicherers.

VI. Umfang der Entschädigung

Die Garantie-Versicherung kann als eine auf das Interesse des Lieferanten abgestellte Maschinenversicherung betrachtet werden. Aus diesem Grund sind die Bestimmungen über Ersatzleistung und Unterversicherung in beiden Bedingungen materiell nahezu gleich (vgl. Abschnitt B).

Die Garantie-Versicherung kennt jedoch nur eine 80 %ige Ersatzleistung; der Selbstbehalt von 20 % kann auch gegen Prämienzuschlag nicht abgelöst werden. Zusätzlich wird ein Mindestselbstbehalt vereinbart. Ferner ist ein Abzug „neu für alt" vorgesehen, dessen Mitversicherung ebenfalls nicht möglich ist. Diese Bestimmung hat jedoch kaum Bedeutung, weil sich die Versicherung in der Regel auf fabrikneue Objekte erstreckt.

VII. Prämie

Die Prämienkalkulation gestaltet sich in der Garantie-Versicherung einfacher als in der Montageversicherung. Zum einen werden nur betriebsfertige Sachen versichert, zum anderen ist die Anzahl der Schadenursachen kleiner und auf solche Ursachen begrenzt, die in der versicherten Sache selbst liegen. Außerdem kann sich der Garantie-Versicherer bei der Prämienkalkulation auf die Erfahrungen und Statistiken des Maschinenversicherers stützen, da ein Großteil der im Rahmen der Garantie-Versicherung gedeckten Risiken ebenfalls zum Gefahrenkatalog der Maschinenversicherung gehört.

VIII. Sachverständigenverfahren

Für das Sachverständigenverfahren gelten im wesentlichen die entsprechenden Bestimmungen der Maschinenversicherung.

G. Bauleistungsversicherung

Von Dietrich Platen

I. Aufgaben der Bauleistungsversicherung

Die Errichtung von Bauwerken unterscheidet sich wesentlich von der Herstellung industrieller Produkte. In der Regel ist jedes Bauwerk einmalig. Vom Bauingenieur seinem späteren Zweck entsprechend entworfen und vom Statiker berechnet, wird es im Zusammenspiel verschiedener Bauhandwerker errichtet und ausgebaut und ist dabei während der Bauzeit meist für jedermann zugänglich. Die immer neuen Anforderungen, die durch die Örtlichkeit, den Baugrund, die Witterungsverhältnisse, die Konstruktion und die Baumaterialien gestellt werden, bergen eine Vielzahl von Gefahren in sich, die leicht zu Schäden führen können.

Diese schadenträchtige Situation erfordert klare Rechtsverhältnisse. Sie werden geschaffen durch den Bauvertrag, den der Bauherr als Auftraggeber mit seinen Auftragnehmern, den Bauunternehmern und Handwerkern, abschließt. Dem Bauvertrag liegen zunächst die **Bestimmungen des Werkvertrages** (§§ 631 ff. BGB) zugrunde. Hiernach hat der Auftragnehmer das Risiko für die von ihm zu erbringenden Leistungen und Sachen bis zur Abnahme durch den Auftraggeber allein zu tragen, d. h. er muß sämtliche Schäden, gleichgültig aus welcher Ursache sie entstanden sind, auf eigene Kosten beheben.

Als Ergänzung oder anstelle der Bestimmungen des Werksvertrages gemäß BGB kann die **Verdingungsordnung für Bauleistungen (VOB)**, ein von der Bauwirtschaft entwickeltes

Vertragswerk, vereinbart werden. Hinsichtlich der Gefahrtragung wird hiermit der Auftragnehmer entlastet, denn nach der VOB, Teil B, § 7 gilt, daß der Bauunternehmer nur solche Gefahren zu tragen hat, denen er mit wirtschaftlich vertretbaren Mitteln begegnen kann. Werden seine Leistungen durch ein unabwendbares Ereignis beschädigt, dann erhält der Auftragnehmer einen Vergütungsanspruch gegen seinen Auftraggeber. Wird z. B. ein teilweise gedecktes Dach durch einen Wirbelsturm zerstört, muß der Auftraggeber dem Dachdecker die ausgeführte Leistung bezahlen und für die Wiedereindeckung einen neuen Auftrag erteilen.

Trotz dieser Entlastung, die durch die VOB gegeben ist, bleibt das Risiko für jeden Auftragnehmer eines Bauauftrages erheblich. Risikozuschläge in den Angebotspreisen und Rückstellungen reichen selten, um ausreichende Reserven für größere Schäden zu bilden. Auch der Haftpflichtversicherer kann nicht helfen, da der Auftraggeber bauvertragliche Erfüllungsansprüche hat, die in der Betriebshaftpflichtversicherung ausgeschlossen sind.

II. Entwicklung der Bauleistungsversicherung

Als Anfang der dreißiger Jahre eine staatliche Baupreisverordnung die Reservebildung der Unternehmer zusätzlich einengte, suchte die Bauwirtschaft nach einer Versicherungsmöglichkeit besonders für ihre Großaufträge. Diese Versicherung sollte das Risiko aus der Herstellung von Bauwerken im Umfange des Bauvertrages abdecken. Entsprechende Bedingungen wurden unter Berücksichtigung der Erfahrungen mit den vorhandenen Montage- und Maschinenversicherungs-Bedingungen geschaffen. Im Jahre 1934 wurde die „Bauwesenversicherung" ins Leben gerufen, die neben den Bauleistungen auch die gesamte dazugehörige Baustelleneinrichtung einschließlich der Baugeräte erfaßte.

Als sich 3 Jahre später die VOB durchzusetzen begann, wurde der Versicherungsumfang der dort vereinbarten Gefahrenteilung angepaßt. Damit war die Bauwesenversicherung von dem schweren Risiko der **Höheren Gewalt** entlastet, das seitdem nur durch eine Klausel und einen risikogerechten Zuschlag von Fall zu Fall mitversichert werden konnte.

Nach dem Zweiten Weltkrieg wurden dann speziell Bedingungen für die Versicherung von Wohngebäuden geschaffen, um dem Bedarf der Auftraggeber – privaten Bauherren oder Wohnbaugesellschaften zu entsprechen.

An dem Bauboom der Nachkriegsjahre hatte auch die Bauwesenversicherung ihren Anteil. Immer mehr Versicherer nahmen diese Sparte in ihr Angebot auf, und heute bieten in der Bundesrepublik Deutschland nahezu 80 Gesellschaften die Bauleistungsversicherung an. Da besonders die Auftraggeber schlüsselfertiger Hochbauten ihr Interesse an einem umfassenden Versicherungsschutz **bis zum Bezug** ihrer Neubauten zeigten, mußte an den ursprünglich nur für Bauunternehmen gedachten Bedingungen viel ergänzt und geändert werden. Schließlich arbeitete fast jeder Versicherer mehr oder weniger mit abgewandelten Bedingungen und Klauseln.

Um einer Aufforderung des Bundesaufsichtsamtes zur Wiederherstellung der Markttransparenz zu folgen, entstanden in 8jähriger Arbeit zwei völlig neue Bedingungswerke, die im Jahr 1974 genehmigt wurden. Sie heißen:

- **Allgemeine Bedingungen für die Bauwesenversicherung von Gebäudeneubauten durch Auftraggeber (ABN)** und
- **Allgemeine Bedingungen für die Bauwesenversicherung von Unternehmensleistungen (ABU).**

Da für die Baustelleneinrichtung und Baugeräte inzwischen eigene Bedingungen im Rahmen der Maschinenversicherung (ABG und ABMG) (vgl. Abschnitt B, oben) geschaffen wurden, trifft der Name „Bauwesen"-Versicherung nicht mehr ganz zu. Man nennt diese Sparte deshalb jetzt **„Bauleistungsversicherung"**.

III. Die wichtigsten Vertragsformen der Bauleistungsversicherung

Auf der **Grundlage der ABN** wird dem Auftraggeber für einen Gebäudeneubau – ob Einfamilienhaus, Verwaltungsgebäude oder Krankenhaus usw. – Versicherungsschutz für einen Einzelvertrag gegen eine dem Risiko entsprechende Einmalprämie geboten. Bauträgern von Gebäudeneubauten – wie Kommunen, Wohnbaugesellschaften oder Wohnbaugenossenschaften, Hotelkonzerne, Leasinggesellschaften, Banken – haben die Möglichkeit, über die Zusatzbedingung 67 zu den ABN einen Jahresvertrag mit vereinfachter Einzelanmeldung zu einer fest vereinbarten Durchschnittsprämie abzuschließen.

Auf der **Grundlage der ABU** kann sich ein Bauunternehmer, d. h. ein Unternehmer, der Erd-, Mauer- und Betonarbeiten ausführt, für den gesamten von ihm übernommenen Auftrag aus dem Bereich Hoch-, Tief-, Ingenieur-, Straßen- und Wasserbau gegen eine dem Risiko entsprechende Einmalprämie versichern. Derselbe Versicherungsschutz wird über die Zusatzbedingung 62 zu den ABU als Jahresvertrag ohne Einzelanmeldung mit jährlicher Abrechnung nach festgelegten Prämiensätzen auf Leistungsgruppenbasis geboten.

Mit der Klausel 64 zu den ABU wird das in den ABU zunächst nicht gedeckte Auftraggeberrisiko gegen eine Zuschlagprämie in den Versicherungsschutz einbezogen. Wenn ein Auftraggeber selbst eine Baumaßnahme versichern will, die keinen Gebäudeneubau darstellt, z. B. eine Kläranlage oder ein Kraftwerk, werden die ABU unter Einschluß der Klausel 65 zu den ABU vereinbart. Der Auftraggeber ist dann Versicherungsnehmer.

Werden durch eine versicherte Baumaßnahme vorhandene Bauwerke unmittelbar bearbeitet, z. B. unterfangen, kann für diese nach Klausel 55 zu den ABN oder ABU eine Altbauversicherung auf Erstes Risiko abgeschlossen werden.

IV. Versicherte Sachen

Die ABN und ABU nennen als versicherte Sachen die in dem Versicherungsschein bezeichneten **Bauleistungen, Baustoffe** und **Bauteile** (vgl. § 1 ABN und ABU).

Bauleistungen sind das Ergebnis von Bauarbeiten jeder Art. Hierunter fallen neben der eigentlichen geschuldeten Bauleistung auch das Einrichten der Baustelle, z. B. das Aufstellen des Bauzaunes und der Baubuden, und andere Vorbereitungsmaßnahmen, z. B. das Aufrichten von Gerüsten oder Schlagen von Spundwänden.

Bauhilfsstoffe und aus ihnen zusammengesetzte Hilfsbauten, die nur vorübergehend Hilfsdienst leisten, z. B. Schalholz, sind durch die ABU generell, durch die ABN nur auf Antrag mitversichert. Baugrund und Bodenmassen, soweit diese nicht Bestandteil der Bauleistung sind, können auf Erstes Risiko versichert werden.

Die **ABN** sind für **Gebäudeneubauten in schlüsselfertiger Ausfertigung** gedacht und schließen deshalb den gesamten Innenausbau ein. Somit zählen zu den versicherten Sachen auch als wesentliche Bestandteile einzubauende Einrichtungsgegenstände, z. B. Heizungs-, Elektro- und Sanitärinstallationen, Einbauschränke, nicht jedoch bewegliche oder leicht herausnehmbare Sachen, z. B. Herde, Kühlschränke, Wasch- und Spülmaschinen, Küchenelemente. Aufgrund besonderer Vereinbarungen können auch Spezialeinbauten der Medizintechnik, Laboreinrichtungen, Stromerzeugungs-, Datenverarbeitungsanlagen und sonstige selbständige elektronische Anlagen sowie Bestandteile von unverhältnismäßig hohem Kunstwert nach den ABN versichert werden.

Maschinelle Einrichtungen für Produktionszwecke, z. B. eine Hebebühne in der Kfz-Werkstatt oder ein Generator im Kraftwerk, sind über die Bauleistungsversicherung nicht versicherbar. Ebenfalls ausdrücklich ausgeschlossen sind in beiden Bedingungswerken Kleingeräte und Handwerkszeug sowie solche Sachen, die nach den ABG versichert werden können, z. B. Baugeräte, Stahlgerüstmaterial, Baubuden. Ebenso nicht versichert sind Fahrzeuge sowie Akten, Zeichnungen und Pläne.

V. Versicherte Gefahren

Die Bauleistungsversicherung bietet eine **Allgefahrendeckung mit Ausnahme solcher Risiken,** die ausdrücklich ausgeschlossen sind. Es handelt sich hierbei im wesentlichen nur um die sogenannten *politischen Risiken* sowie um Schäden durch Kernenergie (vgl. § 2 ABN und ABU).

Die Versicherung von Schäden durch Brand, Blitzschlag oder Explosion sowie durch Löschen oder Niederreißen bei diesen Ereignissen muß besonders vereinbart werden (vgl. § 2 Nr. 6 ABN und § 2 Nr. 5 ABU).

Der Einschluß von Verlusten durch Diebstahl ist bei Versicherungsverträgen nach den ABN möglich; der Versicherungsschutz erstreckt sich dann jedoch nur auf bereits festeingebaute versicherte Sachen (vgl. § 2 Nr. 2 ABN).

Als Schäden im Sinne der Bauleistungsversicherung gelten unvorhergesehen eintretende Beschädigungen oder Zerstörungen an versicherten Bauleistungen oder an sonstigen versicherten Sachen. Es muß also eine Beschädigung oder Zerstörung vorliegen oder die Sachen müssen für den vorgesehenen Zweck unbrauchbar, d. h. „*in ihrem bisherigen Zustand nachteilig verändert*" (BGH) sein. Alldies muß sich „unvorhergesehen" ereignet haben, d. h. trotz Voraussicht, Umsicht oder Rücksicht auf die technischen, örtlichen oder jahreszeitlichen Gegebenheiten. Reine Leistungsmängel, wie z. B. Pfuscharbeit, sind nicht versichert, da Mängel keine Beschädigung oder Zerstörung darstellen.

VI. Versicherte Interessen

Wie schon in der Bezeichnung der Versicherungsverträge nach den ABN zum Ausdruck kommt, ist Versicherungsnehmer der Auftraggeber von Gebäudeneubauten. Versichert sind die Interessen des Auftraggebers für Schäden, die zu seinen Lasten gehen. Versichert sind außerdem die Auftragnehmer, und zwar jeder für Schäden an seiner Leistung, die zu seinen Lasten gehen (vgl. § 3 ABN).

Wird die Leistung eines Auftragnehmers beschädigt und ist dieser Schaden von einem anderen mitversicherten Auftragnehmer verursacht, wird der Bauleistungsversicherer Ersatz leisten und beim Schädiger Regreß nehmen, wenn und soweit der Versicherer auf Rückgriffsansprüche nicht ausdrücklich verzichtet hat (vgl. Klausel 68 zu den ABN).

Schäden an Eigenleistungen des Bauherrn oder eines sonstigen Auftraggebers werden wie Auftragnehmerschäden behandelt.

Bei Versicherungsverträgen nach den ABU ist im allgemeinen der Bauunternehmer Versicherungsnehmer. Er besitzt bedingungsgemäß Versicherungsschutz für solche Schäden, die nach den VOB zu seinen Lasten gehen, auch wenn der Schaden von einem seiner Nachunternehmer verursacht wurde. Trat der Schaden für den Nachunternehmer nicht unvorhergesehen ein und erlangt sein Auftraggeber damit einen Anspruch auf Behebung des Schadens, geht dieser Anspruch auf den Versicherer über in dem Umfang, wie eine Ersatzleistung über den Versicherungsvertrag erfolgte (vgl. § 3 ABU).

Wenn ein Nachunternehmer an der Leistung des Hauptunternehmers oder eines anderen Nachunternehmers einen ersatzpflichtigen Schaden verursacht, wird der Bauleistungsversicherer bei ihm Regreß nehmen, wenn und soweit der Versicherer auf Rückgriffsansprüche nicht ausdrücklich verzichtet hat (vgl. Klausel 66 zu den ABU). Das Auftraggeberrisiko kann mit Klausel 64 zu den ABU zusätzlich eingeschlossen werden. Soll der Auftraggeber selbst Versicherungsnehmer sein, muß Klausel 65 zu den ABU vereinbart werden. Eigenleistungen des Auftraggebers werden auch hier wie Auftragnehmerleistungen im Rahmen der VOB behandelt.

VII. Versicherungsort

Ein Schaden ist nur dann ersatzpflichtig, wenn dieser auf der im Versicherungsschein genannten Baustelle (Versicherungsort) eingetreten ist (vgl. § 4 Nr. 1 ABN und ABU). Besteht die Baustelle aus mehreren Teilbereichen, kann der Versicherungsort auf die Transportwege zwischen diesen Bereichen erweitert werden (vgl. § 4 Nr. 2 ABN und ABU).

VIII. Versicherungssumme

Grundsätzlich kann ein Bauvorhaben nach den ABN oder ein Bauauftrag nach ABU nur als Ganzes versichert werden.

Die Versicherungssumme muß der Summe der Herstellungs- bzw. Auftragkosten entsprechen, soweit diese versicherte Sachen betreffen. Grundstückskosten, Gebühren oder Honorare gehören nicht zur Versicherungssumme.

Da gewöhnlich die Versicherungssumme vor Baubeginn nur durch Schätzung ermittelt werden kann, muß nach Beendigung aller Bauarbeiten eine Endabrechnung vorgenommen werden.

Die Mehrwertsteuer muß im Fall, daß der Versicherungsnehmer nicht vorsteuerabzugsberechtigt ist, in der Versicherungssumme enthalten sein.

IX. Prämie

Die Prämie für Einzelversicherungen wird vom Versicherer anhand der Angaben auf dem Antragsformular zur Versicherung und unter Umständen nach Einsicht in die Ausschreibungsunterlagen und nach einer Besichtigung der Örtlichkeit kalkuliert. Die Prämie gilt für die gesamte geplante Bauzeit. Verlängert sich die Bauzeit, wird gegebenenfalls eine zusätzliche Prämie erhoben. Für Jahresverträge werden Durchschnittsprämiensätze festgelegt.

X. Beginn und Ende der Haftung

Die Versicherungszeit ist im allgemeinen mit der Bauzeit identisch. Die Haftung des Versicherers beginnt mit dem Einrichten der Baustelle und endet mit der Bezugsfertigkeit oder der Benutzbarkeit des Bauwerkes bzw. mit der Abnahme der Bauleistung. Die Bedingungen setzen die genauen Zeitpunkte fest und regeln abweichende Sonderfälle (vgl. §§ 7 und 8 ABN und ABU).

Vor dem Ablauf der Versicherungszeit muß der Versicherer den Versicherungsnehmer rechtzeitig auf den bevorstehenden Ablauf hinweisen (Ablaufanfrage). Der Versicherungsnehmer kann vor Ablauf der Haftung die Verlängerung der Versicherung beantragen.

XI. Umfang der Entschädigung

Die Ersatzleistung in der Bauleistung umfaßt alle Aufwendungen an Material und Arbeitslöhnen, die notwendig sind, um die Schadensstätte aufzuräumen und um einen Bauzustand wieder herzustellen, der dem Zustand unmittelbar vor dem Schaden technisch gleichwertig ist (vgl. § 9 ABN und ABU). Kosten für Änderungen oder Verbesserungen sind ebensowenig ersatzpflichtig wie Kosten für Vertragsstrafen, Nutzungsausfall u. ä.

Bei der Berechnung des Schadenbetrages wird, soweit möglich, von den Preisen ausgegangen, die auch der Berechnung der Versicherungssumme zugrunde gelegt wurden.

Bei Schäden, die zu Lasten des Auftragnehmers gehen, werden nur die schadenbedingten Aufwendungen ohne Zuschläge für Wagnis und Gewinn ersetzt.

Die Berechnung der Entschädigungsleistung wird in den Bedingungen der Bauleistungsversicherung sehr eingehend festgelegt, womit Auseinandersetzungen mit den Anspruchsberechtigten vermieden werden sollen (vgl. § 10 ABN und ABU).

XII. Selbstbehalt

Ein Selbstbehalt hilft beiden Vertragsparteien, unnötigen Verwaltungsaufwand für Kleinschäden zu vermeiden und hält zur Schadenverhütung auf der Baustelle an.

Der für jede Bauleistungsversicherung vereinbarte, vom Versicherungsnehmer zu tragende Selbstbehalt beträgt 10 % gemäß ABN bzw. 20 % gemäß ABU, jeweils jedoch mindestens 500,– DM. Der prozentuale Selbstbehalt kann im allgemeinen gegen Prämienzuschlag ermäßigt oder abgegolten werden. Eine Abgeltung des Mindestselbstbehaltes ist dagegen nicht möglich.

XIII. Sachverständigenverfahren

Das Sachverständigenverfahren ist in § 15 ABN und ABU hinreichend geregelt. Die Bestimmungen entsprechen im wesentlichen den Regelungen, die auch für die anderen Sparten der Technischen Versicherungen gelten.

Literaturhinweise

Braun, H., Grundlage der Technischen Versicherungen, Fachzeitschrift „Der Maschinenschaden“, 1972, Heft 3, Allianz-Versicherungs-AG, Berlin und München

Braun, H., Die Bedeutung der Technischen Versicherungen für die Industrie, in Reihe „Allianzberichte für Betriebstechnik und Schaden“, Heft 7, Mai 1968 (vergriffen), Allianz-Versicherungs-AG, Berlin und München

Braun, H., Die Technischen Versicherungen im Wandel der Umweltbedingungen, Versicherungswirtschaft, 1974, Heft 15

Bögerl, A., Schwachstromanlagenversicherung aktuell, Sonderdruck aus „Der Versicherungskaufmann“, 1978, Nr. 11, Gabler-Verlag, Wiebaden

Dörr, E., Stand der MBU-Versicherung, Sonderdruck 1972 (Best.-Nr. ATI so 85), Allianz-Versicherungs-AG, Berlin und München

Dörr, E. und Martin, A., Aktuelles zur Maschinen-Betriebsunterbrechungs-Versicherung, „Versicherungswirtschaft“, 1977, Heft 4

Gerlach, P., Die Maschinenversicherung, Verlag Versicherungswirtschaft e.V., Karlsruhe 1971

Klier, R., Die Maschinen-Betriebsunterbrechungs-Versicherung (MBUV), Sonderdruck 1974 (Best.-Nr. ATI DE 6-96), Allianz-Versicherungs-AG, Berlin und München

Martin, A., Neue „Allgemeine Montageversicherungs-Bedingungen (AMoB)“ und Klauseln, „Versicherungswirtschaft“, 1972, Heft 8

Martin, A., Montageversicherung, Kommentar zu den Allgemeinen Montageversicherungs-Bedingungen (AMoB), C. H. Beck'sche Verlagsbuchhandlung, München 1972

Martin, A., Maschinen-Betriebsunterbrechungs-Versicherung neue AVB und Klauseln, „Versicherungswirtschaft“, 1976, Heft 7, 8 und 9

Platen, D., Handbuch der Versicherung von Bauleistungen, Verlag Versicherungswirtschaft e.V., Karlsruhe 1977

Rehm, R. B., Bauwesenversicherung, Kommentar zu den ABU und ABN, Bauverlag GmbH, Wiesbaden und Berlin, 1977

Schittek, H. B., Inflations- und Wechselkursprobleme in der Bauleistungs- und Montageversicherung, Fachzeitschrift „Der Maschinenschaden“ 1980, Heft 5, Allianz-Versicherungs-AG, Berlin und München

Vandrey, H. J., Die Berechnung der Versicherungssumme und der Prämie in der Maschinenversicherung, Fachzeitschrift „Der Maschinenschaden“, 1972, Heft 3, Allianz-Versicherungs-AG, Berlin und München

Vandrey, H. J., Neue Bedingungen für die Versicherung von Bauleistungen und fahrbaren Geräten, insbesondere Baugeräten, Sonderdruck aus „Der Versicherungskaufmann“, 1975, Nr. 4, 5 und 6, Gabler-Verlag, Wiesbaden

Vandrey, H. J., Technische Versicherungen – nicht nur für die Industrie, „Versicherungswirtschaft", 1976, Heft 13

Weiß, E., Schwachstromanlagen-Versicherung, Haufe Kundendienst, Rudolf Haufe Verlag, Freiburg i. Br., Juni 1977

Weiß, E., Schwachstromanlagen-Versicherung für elektronische Datenverarbeitungsanlagen, Haufe Kundendienst, Rudolf Haufe Verlag, Freiburg i. Br., Juli 1978

Abkürzungen

ABG	Allgemeine Bedingungen für die Kaskoversicherung von Baugeräten
ABMG	Allgemeine Bedingungen für die Maschinen- und Kaskoversicherung von fahrbaren Geräten
ABN	Allgemeine Bedingungen für die Bauwesenversicherung von Gebäudeneubauten durch Auftraggeber
ABU	Allgemeine Bedingungen für die Bauwesenversicherung von Unternehmerleistungen
ABUB (E)	Allgemeine Bedingungen für die Versicherung gegen Schaden durch Betriebsunterbrechung infolge des Ausfalls der öffentlichen Elektrizitätsversorgung
AEB	Allgemeine Einbruchdiebstahl-Versicherungsbedingungen
AERB	Bedingungen für die Versicherung gegen Schäden durch Einbruchdiebstahl und Raub
AFB	Allgemeine Feuerversicherungs-Bedingungen
AHB	Allgemeine Versicherungs-Bedingungen für Haftpflichtversicherung
AMB	Allgemeine Maschinenversicherungsbedingungen
AMBUB	Allgemeine Maschinen-Betriebsunterbrechungs-Versicherungsbedingungen
AMKB	Allgemeine Mehrkosten-Versicherungs-Bedingungen
AMoB	Allgemeine Montageversicherungs-Bedingungen
AVB	Allgemeine Versicherungsbedingungen
AVFE	Allgemeine Versicherungsbedingungen für Fernmelde- und sonstige elektrotechnische Anlagen (AVFE 76)
AVFEBU	Allgemeine Betriebsunterbrechungsversicherungs-Bedingungen bei Fernmelde- und sonstigen elektrotechnischen Anlagen
AVFEM	Allgemeine Bedingungen für die Mehrkostenversicherung bei Fernmelde- und sonstigen elektrotechnischen Anlagen
AWB	Allgemeine Bedingungen für die Versicherung gegen Leitungswasserschäden
BAV	Bundesaufsichtsamt für das Versicherungswesen
BGB	Bürgerliches Gesetzbuch
BGH	Bundesgerichtshof
BGL	Baugeräteliste
BU	Betriebsunterbrechung
BWAKG	Berechnungsgrundlagen für die Wiederherstellungs- und Aufräumungskosten bei Baugeräten
FBU	Feuer-Betriebsunterbrechung
FBUB	Allgemeine Feuer-Betriebsunterbrechungs-Versicherungsbedingungen
HGB	Handelsgesetzbuch
MBU	Maschinen-Betriebsunterbrechung
RG	Reichsgericht
TV	Technische Versicherungen
VDEW	Vereinigung Deutscher Elektrizitätswerke
VerAfP	Veröffentlichungen des Reichsaufsichtsamtes für Privatversicherungen
VerBAV	Veröffentlichungen des Bundesaufsichtsamtes für das Versicherungswesen
VGB	Allgemeine Bedingungen für die Neuwertversicherung von Wohngebäuden gegen Feuer-, Leitungswasser- und Sturmschäden
VHB	Allgemeine Bedingungen für die Neuwertversicherung des Hausrats gegen Feuer-, Einbruchdiebstahl-, Beraubungs-, Leitungswasser-, Sturm- und Glasbruchschäden
VOB	Verdingungsordnung für Bauleistungen
VP	Versicherungspraxis
VVG	Gesetz über den Versicherungsvertrag
VW	Versicherungswirtschaft

Anhang

Allgemeine Versicherungsbedingungen und Klauseln zu den Technischen Versicherungen

Allgemeine Bedingungen für die Kaskoversicherung von Baugeräten (ABG)

§ 1 Versicherte Sachen

1. Versichert sind die Sachen, die in dem Versicherungsschein oder in einem ihm beigefügten Verzeichnis aufgeführt sind; sie sind auch versichert, wenn sie nicht oder nicht mehr dem Versicherungsnehmer gehören.

Zusatzgeräte sowie Zubehör und Ersatzteile (Nr. 2 b) sind nur versichert, soweit auch sie in dem Verzeichnis einzeln mit ihren Versicherungssummen aufgeführt sind.

2. Es können versichert werden

a) Baugeräte;

b) Zusatzgeräte, d. h. bewegliche Ausrüstungsteile, die mit dem Grundgerät nicht fest verbunden sind, sowie Zubehör und Ersatzteile versicherter Sachen;

c) Stahlrohr- und Spezialgerüste, Stahlschalungen, Schalwagen und Vorbaugeräte;

d) Vermessungs-, Werkstatt-, Prüf-, Labor- und Funkgeräte sowie Signal- und Sicherungsanlagen;

e) Baubüros, Baubuden, Baubaracken, Werkstätten, Magazine, Labors und Gerätewagen.

3. Nicht versichert sind

a) Fahrzeuge, die ausschließlich der Beförderung von Gütern im Rahmen eines darauf gerichteten Gewerbes oder von Personen dienen;

b) Wasser- und Luftfahrzeuge sowie schwimmende Geräte;

c) Einrichtungen von Baubüros, Baubuden, Baubaracken, Werkstätten, Magazinen, Labors und Gerätewagen;

d) Eigentum der Arbeitnehmer;

e) Betriebs- und Hilfsstoffe wie Brennstoffe, Chemikalien, Filtermassen, Kühlmittel, Reinigungs- und Schmiermittel.

4. Nur gegen Schäden, die sie infolge eines dem Grunde nach entschädigungspflichtigen Schadens an anderen Teilen der versicherten Sache erleiden, sind versichert

a) Werkzeuge aller Art, z. B. Bohrer, Brechwerkzeuge, Messer, Zähne, Schneiden, Sägeblätter und Schleifscheiben;

b) Transportbänder, Siebe, Schläuche, Seile, Gurte, Riemen, Bürsten, Bereifung, Ketten, Raupen, Kabel.

§ 2 Versicherte Gefahren

1. Entschädigung wird geleistet für Schäden durch ein unmittelbar von außen her plötzlich und unvorhergesehen einwirkendes Ereignis (Unfall). Insbesondere leistet der Versicherer Entschädigung für Unfallschäden

a) unmittelbar durch Naturgewalten, wie Erdbeben, Erdsenkungen, Erdrutsch, Felssturz, Hochwasser, Überschwemmung, Sturm, Eisgang (außer in den Fällen von Nr. 5 a);

b) durch Brand, Blitzschlag oder Explosion sowie durch Löschen bei diesen Ereignissen (außer in den Fällen von Nr. 3 d);

c) während einer Montage oder Demontage;

d) während eines Verladevorgangs;

e) als Folgeereignis von inneren Betriebsschäden.

2. Innere Betriebsschäden als solche, insbesondere Bruchschäden, sind keine Unfallschäden, und zwar ohne Rücksicht auf ihre Ursachen, wie

a) zwangsläufige Einflüsse des bestimmungsgemäßen Einsatzes;

b) Frost;

c) Wasser-, Öl- oder Schmiermittelmangel.

3. Entschädigung wird ohne Rücksicht auf mitwirkende Ursachen nicht geleistet für Schäden

a) durch Mängel, die bei Abschluß der Versicherung bereits vorhanden waren und dem Versicherungsnehmer oder einer Person bekannt sein mußten, die über den Einsatz der versicherten Sache verantwortlich zu entscheiden hat;

b) durch Einsatz einer erkennbar reparaturbedürftigen Sache; der Versicherer leistet jedoch Entschädigung, wenn der Schaden mit der Reparaturbedürftigkeit nachweislich nicht in Zusammenhang steht oder wenn die Sache zur Zeit des Schadens mit Zustimmung des Versicherers wenigstens behelfsmäßig repariert war;

c) durch Diebstahl; der Versicherer leistet jedoch Entschädigung für Schäden gemäß Nr. 1 an nicht gestohlenen Sachen, auch wenn diese Schäden Folge eines Diebstahls sind;

d) durch Brand, Blitzschlag oder Explosion oder durch Löschen bei diesen Ereignissen an Sachen gemäß § 1 Nr. 2 e;

e) durch Kriegsereignisse jeder Art, Bürgerkrieg, innere Unruhen, Streik, Aussperrung, Beschlagnahmen oder sonstige hoheitliche Eingriffe;

f) durch Kernenergie;

g) während der Dauer von Seetransporten.

4. Ist der Beweis für das Vorliegen einer der in Nr. 3 e und 3 f genannten Ursachen nicht zu erbringen, so genügt für den Ausschluß der Haftung des Versicherers die überwiegende Wahrscheinlichkeit, daß der Schaden auf eine dieser Ursachen zurückzuführen ist.

5. Nur soweit dies besonders vereinbart ist, wird Entschädigung geleistet für

a) Schäden durch die besonderen Gefahren des Einsatzes
   aa) auf Wasserbaustellen;
   bb) im Bereich von Gewässern;
   cc) auf schwimmenden Fahrzeugen;
   dd) bei Tunnelarbeiten oder bei Arbeiten unter Tage;

b) Schäden und Verluste durch Versaufen oder Verschlammen; solche Schäden und Verluste sind jedoch stets versichert, wenn sie während eines versicherten Transportes eintreten.

§ 3 Versicherungsort

1. Bei Verträgen von ein- oder mehrjähriger Dauer (Jahresversicherungen) ist Versicherungsort die Bundesrepublik Deutschland einschließlich des Landes Berlin und der Verbindungsstraßen.

Für versicherte Fahrzeuge, die ausschließlich der Beförderung dienen, sind öffentliche Straßen nicht Teil des Versicherungsortes.

2. Ist ein Baugerät nur für die Zeit seines Einsatzes auf einer in dem Versicherungsschein bezeichneten Baustelle versichert (Einzelversicherung), so ist nur diese Baustelle Versicherungsort.

3. Für Schäden, die außerhalb einer Baustelle eintreten, wird Entschädigung nicht geleistet, soweit der Schaden durch einen Anspruch aus einem anderen Sachversicherungsvertrag, aus einem Speditionsvertrag oder aus einem Reparaturauftrag gedeckt ist.

§ 4 Versicherungssummen

1. Die Versicherungssumme für jede versicherte Sache soll jeweils dem Versicherungswert entsprechen.

Form. 247 ABG (Sachverband) 12/74

a) Versicherungswert ist der jeweils gültige Listenpreis (Neuwert) einschließlich Bezugskosten (Kosten für Fracht, Verpackung, Erstmontage und Zölle), jedoch ohne Mehrwertsteuer. Wird die versicherte Sache später in Preislisten nicht mehr geführt, so ist der letzte Listenpreis maßgebend; dieser ist an Änderungen des Lohn- und Preisgefüges anzupassen.

b) Hatte die Sache keinen Listenpreis, so tritt an dessen Stelle der Kauf- oder Lieferpreis der Sache im Neuzustand; dieser ist ebenfalls an Änderungen des Lohn- und Preisgefüges anzupassen.

c) Kann weder ein Listen- noch der Kaufpreis ermittelt werden, so ist die Summe der Kosten maßgebend, die jeweils notwendig sind, um die Sache in der vorliegenden Konstruktion und Abmessung herzustellen.

d) Rabatte und Preiszugeständnisse bleiben für den Versicherungswert unberücksichtigt.

2. Für Bergungs- und Aufräumungskosten im Fall eines Totalschadens kann für jede versicherte Sache eine Versicherungssumme auf Erstes Risiko vereinbart werden.
Ist eine solche Versicherungssumme nicht vereinbart, so leistet der Versicherer Entschädigung für Bergungs- und Aufräumungskosten nur, soweit es sich um Wiederherstellungskosten (§ 8 Nr. 1 a ee) handelt.

3. Die Versicherungssummen vermindern sich nicht dadurch, daß eine Entschädigung geleistet wird.

§ 5 Prämie

1. Die Prämie wird im voraus erhoben, und zwar die erste Prämie bei Aushändigung des Versicherungsscheines, Folgeprämien bei Jahresversicherungen zu Beginn jeder Versicherungsperiode.

2. Die Prämie vermindert sich nicht dadurch, daß eine versicherte Sache zeitweilig nicht eingesetzt wird.

3. Endet das Versicherungsverhältnis vor Ablauf der Vertragszeit oder wird es nach Beginn der Versicherung rückwirkend aufgehoben oder ist es von Anfang an nichtig, so gebührt dem Versicherer Prämie oder Geschäftsgebühr nach Maßgabe der gesetzlichen Bestimmungen (z. B. §§ 40, 68 VVG).

4. Kündigt der Versicherungsnehmer gemäß § 7 Nr. 3, so gebührt dem Versicherer bei Jahresversicherungen die Prämie für die laufende Versicherungsperiode, bei Einzelversicherungen der Teil der Prämie, der dem getragenen Risiko entspricht.
Kündigt der Versicherer gemäß § 7 Nr. 3, so gebührt ihm der Teil der Prämie, der bei Jahresversicherungen der abgelaufenen Versicherungszeit, bei Einzelversicherungen dem getragenen Risiko entspricht.

5. Steht dem Versicherer wegen eines vorzeitigen Vertragsendes nicht die Prämie für die vereinbarte Vertragsdauer zu, so entfällt rückwirkend der Mehrjährigkeitsrabatt. Der Unterschiedsbetrag ist nachzuzahlen. Dies gilt nicht, wenn der Versicherer den Vertrag kündigt.

§ 6 Beginn der Haftung

Die Haftung des Versicherers beginnt mit dem vereinbarten Zeitpunkt.

§ 7 Ende der Haftung

1. Die Haftung des Versicherers endet mit dem vereinbarten Zeitpunkt oder mit dem Wegfall einer vereinbarten vorläufigen Deckung.

2. Jahresversicherungen verlängern sich um ein Jahr und weiter von Jahr zu Jahr, wenn sie nicht jeweils einen Monat vor Ablauf durch eine Partei schriftlich gekündigt werden.

3. Nach Eintritt eines entschädigungspflichtigen Versicherungsfalles können beide Parteien den Versicherungsvertrag kündigen, der Versicherungsnehmer jedoch nur dann, wenn er den Schaden gemäß § 14 Nr. 1 a angezeigt hat.

a) Die Kündigung ist spätestens einen Monat nach Zahlung der Entschädigung schriftlich zu erklären. Sie wird einen Monat nach ihrem Zugang wirksam.

b) Kündigt der Versicherungsnehmer, so kann er bei Jahresversicherungen für die Wirksamkeit der Kündigung einen späteren Zeitpunkt bestimmen, jedoch spätestens den Schluß der laufenden Versicherungsperiode.

§ 8 Umfang der Entschädigung

1. Teilschaden:
Im Fall eines Teilschadens ist für die Entschädigung die Höhe der notwendigen Wiederherstellungskosten abzüglich des Wertes des Altmaterials maßgebend. Ergänzend gelten, insbesondere für Eigenreparaturen, die dem Versicherungsschein beigefügten „Berechnungsgrundlagen für die Wiederherstellungs- und Aufräumungskosten bei Baugeräten (BWAKG)".

Ein Teilschaden liegt vor, wenn die versicherte Sache beschädigt oder teilweise zerstört ist. Eine versicherte Sache gilt als beschädigt oder teilweise zerstört, wenn die Kosten, die zur Wiederherstellung des früheren betriebsfähigen Zustandes notwendig sind (Wiederherstellungskosten), zuzüglich des Wertes des Altmaterials den Wert nicht übersteigen, den die unbeschädigte ganze Sache einschließlich der Bezugskosten (§ 4 Nr. 1 a) unmittelbar vor dem Eintritt des Versicherungsfalles hatte (Zeitwert). Der Zeitwert von Baugeräten wird nach den Richtlinien der durch den Hauptverband der Deutschen Bauindustrie herausgegebenen „Baugeräteliste BGL)" in ihrer jeweils neuesten Fassung bestimmt.

a) Zu den Wiederherstellungskosten gehören
  aa) Kosten für Ersatzteile und Reparaturstoffe;
  bb) Lohnkosten und lohnabhängige Kosten, auch übertarifliche Lohnanteile und Zulagen, ferner Mehrkosten durch tarifliche Zuschläge für Überstunden sowie für Sonntags-, Feiertags- und Nachtarbeiten;
  cc) Demontage- und Montagekosten;
  dd) Transportkosten, auch Mehrkosten für Eil- und Expreßfrachten;
  ee) Bergungs- und Aufräumungskosten für die versicherten Sachen;
  ff) sonstige für die Wiederherstellung notwendige Kosten, insbesondere Reisekosten.

b) Nur soweit dies besonders vereinbart ist, leistet der Versicherer Entschädigung für Mehrkosten durch Luftfracht.

c) Nicht zu den Wiederherstellungskosten gehören
  aa) Kosten einer Überholung oder sonstiger Maßnahmen, die auch unabhängig von dem Versicherungsfall notwendig gewesen wären;
  bb) Mehrkosten durch Änderungen oder Verbesserungen, die über die Wiederherstellung hinausgehen;
  cc) Mehrkosten durch behelfsmäßige oder vorläufige Wiederherstellung;
  dd) Mehrkosten, die dadurch entstehen, daß eine versicherte Sache nicht in der Bundesrepublik Deutschland einschließlich des Landes Berlin repariert wird.

d) Bei Schäden an Motoren, Getrieben, Lagern und Drehkränzen aller Art, Raupen, Bereifungen, Planierschildern, Greifern, Ladeschaufeln, Löffelkübeln, Eimern, Akkumulatorenbatterien und sonstigen Teilen, die wegen erhöhten Verschleißes während der Lebensdauer der versicherten Sache erfahrungsgemäß mehrfach ausgewechselt werden müssen, wird von den Wiederherstellungskosten ein Abzug vorgenommen. Die Höhe des Abzuges wird nach dem Wert dieser Teile unmittelbar vor dem Eintritt des Schadens berechnet.

e) Werden beschädigte Teile erneuert, obgleich eine Reparatur ohne Gefährdung der Betriebssicherheit möglich ist, so ersetzt der Versicherer die Kosten, die für eine Reparatur der beschädigten Teile notwendig gewesen wären, jedoch nicht mehr als die für die Erneuerung aufgewendeten Kosten.

f) Wird eine Konstruktionseinheit, z. B. ein Motor, ein Getriebe oder ein Baustein, ausgewechselt, obgleich sie neben beschädigten Teilen mit überwiegender Wahrscheinlichkeit auch unbeschädigte umfaßt, so wird die Entschädigung hierfür angemessen gekürzt.

2. Totalschaden:
Im Fall eines Totalschadens ist für die Entschädigung die Höhe des Zeitwertes (Nr. 1 Abs. 2) der versicherten Sache abzüglich des Wertes der Reste maßgebend.

Ein Totalschaden liegt vor, wenn die Wiederherstellungskosten (Nr. 1 Abs. 2) zuzüglich des Wertes der Reste den Zeitwert der versicherten Sache übersteigen würden.

Soweit Summen auf Erstes Risiko für Bergungs- und Aufräumungskosten vereinbart sind (§ 4 Nr. 2), leistet der Versicherer Entschädigung auch über den Zeitwert hinaus.

3. Der Versicherer leistet keine Entschädigung für Vermögensschäden, insbesondere nicht für Vertragsstrafen, Schadenersatzleistungen an Dritte, Kosten für Ersatzgeräte, Nutzungsausfall und Wertminderung versicherter Sachen.

§ 9 Unterversicherung

1. Ist zur Zeit des Eintritts des Versicherungsfalles die Versicherungssumme niedriger als der Versicherungswert (§ 4 Nr. 1 a bis 1 d), so wird nur der Teil des gemäß § 8 ermittelten Betrages ersetzt, der sich zu dem ganzen Betrag verhält wie die Versicherungssumme zu dem Versicherungswert.

2. Bei Jahresversicherungen werden Prämien und Versicherungssummen im Versicherungsschein nach dem Stand der Löhne und Preise in der Investitionsgüterindustrie von Januar/März 1971 angegeben.

Eine Änderung dieser Löhne und Preise hat eine entsprechende Angleichung der Prämien und Versicherungssummen zur Folge.

a) Für die Angleichung der Prämien wird zu 30 v. H. die Preisentwicklung und zu 70 v. H. die Lohnentwicklung berücksichtigt. Die Angleichung der Versicherungssummen erfolgt unter Berücksichtigung der Preisentwicklung. Wäre die Versicherungssumme höher, wenn sie entsprechend dem Anstieg des Versicherungswerts gemäß § 4 Nr. 1 a bis 1 d angeglichen würde, so ist Grenze der Entschädigung dieser höhere Betrag.

b) Maßgebend für diese Angleichung sind die vom Statistischen Bundesamt veröffentlichten Indizes, und zwar
  aa) für die Preisentwicklung der Index der Erzeugerpreise industrieller Produkte (Inlandabsatz), Gruppe Investitionsgüter, für den Monat September eines jeden Jahres im Verhältnis zu dem Index für März 1971; für Baugeräte tritt an die Stelle des Index für die Gruppe Investitionsgü-

ter der Index für den Warenzweig Maschinen für die Bauwirtschaft;

bb) für die Lohnentwicklung der Index der Bruttostundenverdienste der Arbeiter in der Investitionsgüterindustrie (alle Arbeiter) für den Monat April eines jeden Jahres im Verhältnis zu dem Index für Januar 1971.

c) Die Angleichung wird jeweils für die im folgenden Kalenderjahr fällige Jahresprämie wirksam.

3. Unterversicherung gemäß Nr. 1 besteht, soweit nach dem Stand März 1971 Unterversicherung vorgelegen hätte.

§ 10 Grenze der Entschädigung

Grenze der Entschädigung ist die Versicherungssumme einschließlich einer etwaigen Versicherungssumme gemäß § 4 Nr. 2.

§ 11 Selbstbehalt

1. Der nach §§ 8 bis 10 ermittelte Betrag wird um 10 v. H., wenigstens aber um einen Mindestselbstbehalt von 500 DM, gekürzt.

2. Entstehen mehrere Schäden, so wird der Selbstbehalt jeweils einzeln abgezogen.

§ 12 Sachverständigenverfahren

1. Versicherer und Versicherungsnehmer können verlangen, daß die Ursachen und der Umfang der Beschädigungen und Zerstörungen durch Sachverständige festgestellt werden.

2. Für das Sachverständigenverfahren gelten folgende Grundsätze:

a) Jede Partei kann schriftlich einen Sachverständigen benennen und dann die andere Partei schriftlich auffordern, den zweiten Sachverständigen zu benennen. Wird der zweite Sachverständige nicht innerhalb von zwei Wochen nach Empfang der Aufforderung benannt, so kann ihn die auffordernde Partei durch die für den Schadenort zuständige Industrie- und Handelskammer ernennen lassen. In der Aufforderung ist auf diese Folgen hinzuweisen.

b) Beide Sachverständige wählen vor Beginn des Feststellungsverfahrens einen Dritten als Obmann. Einigen sie sich nicht, so wird der Obmann auf Antrag einer Partei oder beider Parteien durch die für den Schadenort zuständige Industrie- und Handelskammer ernannt.

3. Die Feststellungen der Sachverständigen müssen mindestens enthalten:

a) die ermittelten oder vermuteten Ursachen sowie den Umfang der Beschädigungen und Zerstörungen;

b) die Wiederherstellungskosten (§ 8 Nr. 1);

c) den Zeitwert (§ 8 Nr. 1 Abs. 2);

d) den Wert von Resten (§ 8 Nr. 2 Abs. 2) und Altmaterial (§ 8 Nr. 1 Abs. 2);

e) Kosten und Mehrkosten gemäß § 8 Nr. 1 c, 1 e und 1 f;

f) den Versicherungswert (§ 4 Nr. 1 a bis 1 d).

4. Die Sachverständigen legen beiden Parteien gleichzeitig ihre Feststellungen vor. Weichen diese voneinander ab, so übergibt der Versicherer sie unverzüglich dem Obmann. Dieser entscheidet über die streitig gebliebenen Punkte innerhalb der durch die übereinstimmenden Feststellungen der Sachverständigen gezogenen Grenzen und legt seine Entscheidung beiden Parteien gleichzeitig vor.

5. Jede Partei trägt die Kosten ihres Sachverständigen. Die Kosten des Obmanns tragen beide Parteien je zur Hälfte.

6. Die Feststellungen der Sachverständigen oder des Obmanns sind verbindlich, wenn nicht nachgewiesen wird, daß sie offenbar von der wirklichen Sachlage erheblich abweichen. Aufgrund dieser verbindlichen Feststellungen berechnet der Versicherer die Entschädigung.

7. Durch das Sachverständigenverfahren werden die Obliegenheiten des Versicherungsnehmers nach § 14 Nr. 1 b bis 1 e nicht berührt.

§ 13 Zahlung der Entschädigung

1. Der Anspruch auf die Entschädigung ist fällig, sobald er nach Grund und Höhe vollständig festgestellt ist. Jedoch ist auf Verlangen schon vorher als Teilzahlung der Betrag zu zahlen, auf den nach Lage der Sache mindestens ein Anspruch besteht. Die Entschädigung ist nach Ablauf von zwei Wochen seit Fälligkeit zu verzinsen.

2. Der Anspruch kann vor Fälligkeit nur mit Zustimmung des Versicherers abgetreten werden; die Zustimmung muß erteilt werden, wenn der Versicherungsnehmer sie aus wichtigem Grund verlangt.

3. Wenn der Anspruch auf die Entschädigung nicht innerhalb einer Frist von sechs Monaten gerichtlich geltend gemacht wird, nachdem ihn der Versicherer unter Angabe der mit dem Ablauf der Frist verbundenen Rechtsfolge schriftlich abgelehnt hat, so ist der Versicherer von der Entschädigungspflicht frei. Wird ein Sachverständigenverfahren (§ 12) beantragt, so wird der Ablauf der Frist für dessen Dauer gehemmt.

§ 14 Obliegenheiten des Versicherungsnehmers

1. Bei Eintritt eines Versicherungsfalles hat der Versicherungsnehmer

a) den Schaden dem Versicherer unverzüglich schriftlich, nach Möglichkeit telegraphisch oder fernschriftlich, anzuzeigen;

b) den Schaden nach Möglichkeit abzuwenden oder zu mindern und dabei die Weisungen des Versicherers zu befolgen; er hat, wenn die Umstände es gestatten, solche Weisungen einzuholen;

c) das Schadenbild nach Möglichkeit durch Lichtbildaufnahmen festzuhalten;

d) das Schadenbild bis zu einer Besichtigung durch den Beauftragten des Versicherers nur zu verändern,

  aa) soweit Sicherheitsgründe Eingriffe erfordern oder

  bb) soweit die Eingriffe den Schaden mindern oder

  cc) nachdem der Versicherer zugestimmt hat oder

  dd) falls die Besichtigung nicht unverzüglich, spätestens jedoch innerhalb von fünf Arbeitstagen seit Eingang der Schadenanzeige, stattgefunden hat;

e) einem Beauftragten des Versicherers jederzeit die Untersuchung der beschädigten Sache zu gestatten und ihm auf Verlangen die für die Feststellung des Schadens erforderlichen Auskünfte zu erteilen.

2. Verletzt der Versicherungsnehmer eine der vorstehenden Obliegenheiten, so ist der Versicherer nach Maßgabe der gesetzlichen Bestimmungen (§§ 6, 62 Abs. 2 VVG) von der Entschädigungspflicht frei.

§ 15 Einschränkung der Agentenvollmacht

Die Agenten sind zur Entgegennahme von Anzeigen und Erklärungen des Versicherungsnehmers nicht bevollmächtigt.

Allgemeine Bedingungen für die Maschinen- und Kasko-Versicherung von fahrbaren Geräten (ABMG)

§ 1 Versicherte Sachen

1. Versichert sind die Sachen, die in dem Versicherungsschein oder in einem ihm beigefügten Verzeichnis aufgeführt sind; sie sind auch versichert, wenn sie nicht oder nicht mehr dem Versicherungsnehmer gehören.

Zusatzgeräte sowie Zubehör und Ersatzteile (Nr. 2 b) sind nur versichert, soweit auch sie in dem Verzeichnis einzeln mit ihren Versicherungssummen aufgeführt sind.

2. Es können versichert werden

a) Baugeräte;

b) Zusatzgeräte, d. h. bewegliche Ausrüstungsteile, die mit dem Grundgerät nicht fest verbunden sind sowie Zubehör und Ersatzteile versicherter Sachen;

c) sonstige fahrbare und transportable Sachen mit wechselndem Einsatzort.

3. Nicht versichert sind

a) Fahrzeuge, die ausschließlich der Beförderung von Gütern im Rahmen eines darauf gerichteten Gewerbes oder von Personen dienen;

b) Wasser- und Luftfahrzeuge sowie schwimmende Geräte;

c) Betriebs- und Hilfsstoffe wie Brennstoffe, Chemikalien, Filtermassen, Kühlmittel, Reinigungs- und Schmiermittel.

4. Nur gegen Schäden, die sie infolge eines dem Grunde nach entschädigungspflichtigen Schadens an anderen Teilen der versicherten Sache erleiden, sind versichert

a) Werkzeuge aller Art, z. B. Bohrer, Brechwerkzeuge, Messer, Zähne Schneiden, Sägeblätter und Schleifscheiben;

b) Transportbänder, Siebe, Schläuche, Seile, Gurte, Riemen, Bürsten, Bereifung, Ketten, Raupen, Kabel.

§ 2 Versicherte Gefahren

1. Der Versicherer leistet Entschädigung für unvorhergesehen und plötzlich eintretende Schäden an versicherten Sachen, und zwar ohne Rücksicht darauf, ob die Schadenursache mit dem Betrieb zusammenhängt.

2. Insbesondere leistet der Versicherer Entschädigung für Schäden

a) während der Dauer von Transporten mit Ausnahme von Seetransporten (Nr. 3 f);

b) während einer Montage oder Demontage;

c) während eines Verladevorganges;

d) unmittelbar durch Naturgewalten, wie Erdbeben, Erdsenkungen, Erdrutsch, Felssturz, Hochwasser, Überschwemmung, Sturm, Eisgang (außer in den Fällen von Nr. 5 a), ferner für Schäden durch Frost;

e) durch Brand, Blitzschlag oder Explosion sowie durch Löschen bei diesen Ereignissen;

f) durch Bedienungsfehler, Ungeschicklichkeit, Fahrlässigkeit, Böswilligkeit;

g) durch Konstruktions-, Material- oder Ausführungsfehler;

h) durch Kurzschluß, Überstrom oder Überspannung mit oder ohne Feuererscheinung an elektrischen Einrichtungen;

i) durch Versagen von Meß-, Regel- oder Sicherheitseinrichtungen;

k) durch Wasser-, Öl- oder Schmiermittelmangel;

3. Entschädigung wird ohne Rücksicht auf mitwirkende Ursachen nicht geleistet für Schäden

a) durch Mängel, die bei Abschluß der Versicherung bereits vorhanden waren und dem Versicherungsnehmer oder einer Person bekannt sein mußten, die über den Einsatz der versicherten Sache verantwortlich zu entscheiden hat;

b) durch Einsatz einer erkennbar reparaturbedürftigen Sache; der Versicherer leistet jedoch Entschädigung, wenn der Schaden mit der Reparaturbedürftigkeit nachweislich nicht in Zusammenhang steht oder wenn die Sache zur Zeit des Schadens mit Zustimmung des Versicherers wenigstens behelfsmäßig repariert war;

c) durch Diebstahl; der Versicherer leistet jedoch Entschädigung für Schäden gemäß Nr. 1 an nicht gestohlenen Sachen, auch wenn diese Schäden Folge eines Diebstahls sind;

d) durch Kriegsereignisse jeder Art, Bürgerkrieg, innere Unruhen, Streik, Aussperrung, Beschlagnahmen oder sonstige hoheitliche Eingriffe;

e) durch Kernenergie;

f) während der Dauer von Seetransporten;

g) die eine unmittelbare Folge der dauernden Einflüsse des Betriebes, der übermäßigen Bildung von Rost oder des übermäßigen Ansatzes von Kesselstein, Schlamm oder sonstigen Ablagerungen sind. Wird infolge eines solchen Schadens ein benachbartes Maschinenteil beschädigt, so leistet der Versicherer im Rahmen von Nr. 1 bis 3 Entschädigung.

h) für die ein Dritter als Lieferant, Werkunternehmer oder aus Reparaturauftrag einzutreten hat.

Bestreitet der Dritte seine Eintrittspflicht, so leistet der Versicherer zunächst Entschädigung, soweit er dazu bedingungsgemäß verpflichtet ist.

Ergibt sich nach Zahlung der Entschädigung, daß ein Dritter für den Schaden eintreten muß und bestreitet er dies, so behält der Versicherungsnehmer zunächst die bereits gezahlte Entschädigung.

§ 67 des Gesetzes über den Versicherungsvertrag (VVG) gilt für diese Fälle nicht. Der Versicherungsnehmer hat seinen Anspruch auf Kosten und nach den Weisungen des Versicherers außergerichtlich und erforderlichenfalls gerichtlich geltend zu machen.

Die Entschädigung ist zurückzuzahlen, wenn der Versicherungsnehmer einer Weisung des Versicherers nicht folgt oder soweit die Eintrittspflicht des Dritten unstreitig oder rechtskräftig festgestellt wird.

4. Ist der Beweis für das Vorliegen einer der in Nr. 3 d und 3 e genannten Ursachen nicht zu erbringen, so genügt für den Ausschluß der Haftung des Versicherers die überwiegende Wahrscheinlichkeit, daß der Schaden auf eine dieser Ursachen zurückzuführen ist.

5. Nur soweit dies besonders vereinbart ist, wird Entschädigung geleistet für

a) Schäden durch die besonderen Gefahren des Einsatzes

aa) auf Wasserbaustellen;

bb) im Bereich von Gewässern;

cc) auf schwimmenden Fahrzeugen;

dd) bei Tunnelarbeiten oder bei Arbeiten unter Tage.

b) Schäden und Verluste durch Versaufen oder Verschlammen; solche Schäden und Verluste sind jedoch stets versichert, wenn sie während eines versicherten Transportes (Nr. 2 a) eintreten.

§ 3 Versicherungsort

1. Versicherungsort ist die Bundesrepublik Deutschland einschließlich des Landes Berlin und der Verbindungsstraßen.

Für versicherte Fahrzeuge, die ausschließlich der Beförderung dienen, sind öffentliche Straßen nicht Teil des Versicherungsortes.

Form. 248 ABMG (Sachverband) 12/74

2. Der Versicherungsort kann durch besondere Vereinbarung auf das in dem Versicherungsschein bezeichnete Betriebsgrundstück beschränkt werden.

3. Für Schäden, die außerhalb einer Baustelle eintreten, wird Entschädigung nicht geleistet, soweit der Schaden durch einen Anspruch aus einem anderen Sachversicherungsvertrag, aus einem Speditionsvertrag oder aus einem Reparaturauftrag gedeckt ist.

§ 4 Versicherungssummen

1. Die Versicherungssumme für jede versicherte Sache soll jeweils dem Versicherungswert entsprechen.

a) Versicherungswert ist der jeweils gültige Listenpreis (Neuwert) einschließlich Bezugskosten (Kosten für Fracht, Verpackung, Erstmontage und Zölle), jedoch ohne Mehrwertsteuer. Wird die versicherte Sache später in Preislisten nicht mehr geführt, so ist der letzte Listenpreis maßgebend; dieser ist an Änderungen des Lohn- und Preisgefüges anzupassen.

b) Hatte die Sache keinen Listenpreis, so tritt an dessen Stelle der Kauf- oder Lieferpreis der Sache im Neuzustand; dieser ist ebenfalls an Änderungen des Lohn- und Preisgefüges anzupassen.

c) Kann weder ein Listen- noch der Kaufpreis ermittelt werden, so ist die Summe der Kosten maßgebend, die jeweils notwendig sind, um die Sache in der vorliegenden Konstruktion und Abmessung herzustellen.

d) Rabatte und Preiszugeständnisse bleiben für den Versicherungswert unberücksichtigt.

2. Für Bergungs- und Aufräumungskosten im Fall eines Totalschadens kann für jede versicherte Sache eine Versicherungssumme auf Erstes Risiko vereinbart werden.

Ist eine solche Versicherungssumme nicht vereinbart worden, so leistet der Versicherer Entschädigung für Bergungs- und Aufräumungskosten nur, soweit es sich um Wiederherstellungskosten (§ 8 Nr. 1 a ee) handelt.

3. Die Versicherungssummen vermindern sich nicht dadurch, daß eine Entschädigung geleistet wird.

§ 5 Prämie

1. Die Prämie wird im voraus erhoben, und zwar die erste Prämie bei Aushändigung des Versicherungsscheines, Folgeprämien zu Beginn jeder Versicherungsperiode.

2. Die Prämie vermindert sich nicht dadurch, daß eine versicherte Sache zeitweilig nicht eingesetzt wird.

3. Endet das Versicherungsverhältnis vor Ablauf der Vertragszeit oder wird es nach Beginn der Versicherung rückwirkend aufgehoben oder ist es von Anfang an nichtig, so gebührt dem Versicherer Prämie oder Geschäftsgebühr nach Maßgabe der gesetzlichen Bestimmungen (z. B. §§ 40, 68 VVG).

4. Kündigt der Versicherungsnehmer gemäß § 7 Nr. 3, so gebührt dem Versicherer die Prämie für die laufende Versicherungsperiode.

Kündigt der Versicherer gemäß § 7 Nr. 3, so gebührt ihm der Teil der Prämie, der der abgelaufenen Versicherungszeit entspricht.

5. Steht dem Versicherer wegen eines vorzeitigen Vertragsendes nicht die Prämie für die vereinbarte Vertragsdauer zu, so entfällt rückwirkend der Mehrjährigkeitsrabatt. Der Unterschiedsbetrag ist nachzuzahlen. Dies gilt nicht, wenn der Versicherer den Vertrag kündigt.

§ 6 Beginn der Haftung

Die Haftung des Versicherers beginnt mit dem vereinbarten Zeitpunkt.

§ 7 Ende der Haftung

1. Die Haftung des Versicherers endet mit dem vereinbarten Zeitpunkt oder mit dem Wegfall einer vereinbarten vorläufigen Deckung.

2. Versicherungsverträge verlängern sich um ein Jahr und weiter von Jahr zu Jahr, wenn sie nicht einen Monat vor dem jeweiligen Ablauf durch eine Partei schriftlich gekündigt werden.

3. Nach Eintritt eines entschädigungspflichtigen Versicherungsfalles können beide Parteien den Versicherungsvertrag kündigen, der Versicherungsnehmer jedoch nur dann, wenn er den Schaden gemäß § 14 Nr. 1 a angezeigt hat.

a) Die Kündigung ist spätestens einen Monat nach Zahlung der Entschädigung schriftlich zu erklären. Sie wird einen Monat nach ihrem Zugang wirksam.

b) Kündigt der Versicherungsnehmer, so kann er für die Wirksamkeit der Kündigung einen späteren Zeitpunkt bestimmen, jedoch spätestens den Schluß der laufenden Versicherungsperiode.

§ 8 Umfang der Entschädigung

1. Teilschaden:

Im Fall eines Teilschadens ist für die Entschädigung die Höhe der notwendigen Wiederherstellungskosten abzüglich des Wertes des Altmaterials maßgebend. Ergänzend gelten, insbesondere für Eigenreparaturen, die dem Versicherungsschein beigefügten „Berechnungsgrundlagen für die Wiederherstellungs- und Aufräumungskosten bei Baugeräten (BWAKG)".

Ein Teilschaden liegt vor, wenn die versicherte Sache beschädigt oder teilweise zerstört ist. Eine versicherte Sache gilt als beschädigt oder teilweise zerstört, wenn die Kosten, die zur Wiederherstellung des früheren betriebsfähigen Zustandes notwendig sind (Wiederherstellungskosten), zuzüglich des Wertes des Altmaterials den Wert nicht übersteigen, den die unbeschädigte ganze Sache einschließlich der Bezugskosten (§ 4 Nr. 1 a) unmittelbar vor dem Eintritt des Versicherungsfalles hatte (Zeitwert). Der Zeitwert von Baugeräten wird nach den Richtlinien der durch den Hauptverband der Deutschen Bauindustrie herausgegebenen „Baugeräteliste (BGL)" in ihrer jeweils neuesten Fassung bestimmt.

a) Zu den Wiederherstellungskosten gehören

aa) Kosten für Ersatzteile und Reparaturstoffe;

bb) Lohnkosten und lohnabhängige Kosten, auch übertarifliche Lohnanteile und Zulagen, ferner Mehrkosten durch tarifliche Zuschläge für Überstunden sowie für Sonntags-, Feiertags- und Nachtarbeiten;

cc) Demontage- und Montagekosten;

dd) Transportkosten, auch Mehrkosten für Eil- und Expreßfrachten;

ee) Bergungs- und Aufräumungskosten für die versicherten Sachen;

ff) sonstige für die Wiederherstellung notwendige Kosten, insbesondere Reisekosten.

b) Nur soweit dies besonders vereinbart ist, leistet der Versicherer Entschädigung für Mehrkosten durch Luftfracht.

c) Nicht zu den Wiederherstellungskosten gehören

aa) Kosten einer Überholung oder sonstiger Maßnahmen, die auch unabhängig von dem Versicherungsfall notwendig gewesen wären;

bb) Mehrkosten durch Änderungen oder Verbesserungen, die über die Wiederherstellung hinausgehen;

cc) Mehrkosten durch behelfsmäßige oder vorläufige Wiederherstellung;

dd) Mehrkosten, die dadurch entstehen, daß eine versicherte Sache nicht in der Bundesrepublik Deutschland einschließlich des Landes Berlin repariert wird.

d) Bei Schäden an Motoren, Getrieben, Lagern und Drehkränzen aller Art, Raupen, Bereifungen, Planierschildern, Greifern, Ladeschaufeln, Löffelkübeln, Eimern, Akkumulatorenbatterien und sonstigen Teilen, die wegen erhöhten Verschleißes während der Lebensdauer der versicherten Sache erfahrungsgemäß mehrfach ausgewechselt werden müssen, wird von den Wiederherstellungskosten ein Abzug vorgenommen. Die Höhe des Abzuges wird nach dem Wert dieser Teile unmittelbar vor dem Eintritt des Schadens berechnet.

e) Werden beschädigte Teile erneuert, obgleich eine Reparatur ohne Gefährdung der Betriebssicherheit möglich ist, so ersetzt der Versicherer die Kosten, die für eine Reparatur der beschädigten Teile notwendig gewesen wären, jedoch nicht mehr als die für die Erneuerung aufgewendeten Kosten.

f) Wird eine Konstruktionseinheit, z. B. ein Motor, ein Getriebe oder ein Baustein, ausgewechselt, obgleich sie neben beschädigten Teilen mit überwiegender Wahrscheinlichkeit auch unbeschädigte umfaßt, so wird die Entschädigung hierfür angemessen gekürzt.

2. Totalschaden:

Im Fall eines Totalschadens ist für die Entschädigung die Höhe des Zeitwertes (Nr. 1 Abs. 2) der versicherten Sache abzüglich des Wertes der Reste maßgebend.

Ein Totalschaden liegt vor, wenn die Wiederherstellungskosten (Nr. 1 Abs. 2) zuzüglich des Wertes der Reste den Zeitwert der versicherten Sache übersteigen würden.

Soweit Summen auf Erstes Risiko für Bergungs- und Aufräumungskosten vereinbart sind (§ 4 Nr. 2), leistet der Versicherer Entschädigung auch über den Zeitwert hinaus.

3. Der Versicherer leistet keine Entschädigung für Vermögensschäden, insbesondere nicht für Vertragsstrafen, Schadenersatzleistungen an Dritte, Kosten für Ersatzgeräte, Nutzungsausfall und Wertminderung versicherter Sachen.

§ 9 Unterversicherung

1. Prämien und Versicherungssummen werden im Versicherungsschein nach dem Stand der Löhne und Preise in der Investitionsgüterindustrie von Januar/März 1971 angegeben.

Eine Änderung dieser Löhne und Preise hat eine entsprechende Angleichung der Prämien und Versicherungssummen zur Folge.

a) Für die Angleichung der Prämien wird zu 30 v. H. die Preisentwicklung und zu 70 v. H. die Lohnentwicklung berücksichtigt. Die Angleichung der Versicherungssummen erfolgt unter Berücksichtigung der Preisentwicklung. Wäre die Versicherungssumme höher, wenn sie entsprechend dem Anstieg des Versicherungswerts gemäß § 4 Nr. 1 a bis 1 d angeglichen würde, so ist die Grenze der Entschädigung dieser höhere Betrag.

b) Maßgebend für diese Angleichung sind die vom Statistischen Bundesamt veröffentlichten Indizes, und zwar

aa) für die Preisentwicklung der Index der Erzeugerpreise industrieller

Produkte (Inlandabsatz), Gruppe Investitionsgüter, für den Monat September eines jeden Jahres im Verhältnis zu dem Index für März 1971; für Baugeräte tritt an die Stelle des Index für die Gruppe Investitionsgüter der Index für den Warenzweig Maschinen für die Bauwirtschaft;

bb) für die Lohnentwicklung der Index der Bruttostundenverdienste der Arbeiter in der Investitionsgüterindustrie (aller Arbeiter) für den Monat April eines jeden Jahres im Verhältnis zu dem Index für Januar 1971.

c) Die Angleichung wird jeweils für die im folgenden Kalenderjahr fällige Jahresprämie wirksam.

2. Ist die im Versicherungsschein nach dem Stand März 1971 angegebene Versicherungssumme niedriger als der bei Eintritt des Versicherungsfalles für jenen Zeitpunkt zu ermittelnde Versicherungswert (§ 4 Nr. 1 a bis 1 d), so wird nur der Teil des gemäß § 8 ermittelten Betrages ersetzt, der sich zu dem ganzen Betrag verhält wie die Versicherungssumme zu dem Versicherungswert.

§ 10 Grenze der Entschädigung

Grenze der Entschädigung ist die Versicherungssumme einschließlich einer etwaigen Versicherungssumme gemäß § 4 Nr. 2.

§ 11 Selbstbehalt

1. Der nach §§ 8 bis 10 ermittelte Betrag wird um 10 v. H., wenigstens aber um einen Mindestselbstbehalt von 500 DM, gekürzt.

2. Entstehen mehrere Schäden, so wird der Selbstbehalt jeweils einzeln abgezogen.

§ 12 Sachverständigenverfahren

1. Versicherer und Versicherungsnehmer können verlangen, daß die Ursachen und der Umfang der Beschädigungen und Zerstörungen durch Sachverständige festgestellt werden.

2. Für das Sachverständigenverfahren gelten folgende Grundsätze:

a) Jede Partei kann schriftlich einen Sachverständigen benennen und dann die andere Partei schriftlich auffordern, den zweiten Sachverständigen zu benennen. Wird der zweite Sachverständige nicht innerhalb von zwei Wochen nach Empfang der Aufforderung benannt, so kann ihn die auffordernde Partei durch die für den Schadenort zuständige Industrie- und Handelskammer ernennen lassen. In der Aufforderung ist auf diese Folgen hinzuweisen.

b) Beide Sachverständige wählen vor Beginn des Feststellungsverfahrens einen Dritten als Obmann. Einigen sie sich nicht, so wird der Obmann auf Antrag einer Partei oder beider Parteien durch die für den Schadenort zuständige Industrie- und Handelskammer ernannt.

3. Die Feststellungen der Sachverständigen müssen mindestens enthalten:

a) die ermittelten oder vermuteten Ursachen sowie den Umfang der Beschädigungen und Zerstörungen;

b) die Wiederherstellungskosten (§ 8 Nr. 1);

c) den Zeitwert (§ 8 Nr. 1 Abs. 2);

d) den Wert von Resten (§ 8 Nr. 2 Abs. 2) und Altmaterial (§ 8 Nr. 1 Abs. 2);

e) Kosten und Mehrkosten gemäß § 8 Nr. 1 c, 1 e und 1 f;

f) den Versicherungswert (§ 4 Nr. 1 a bis 1 d).

4. Die Sachverständigen legen beiden Parteien gleichzeitig ihre Feststellungen vor. Weichen diese voneinander ab, so übergibt der Versicherer sie unverzüglich dem Obmann. Dieser entscheidet über die streitig gebliebenen Punkte innerhalb der durch die übereinstimmenden Feststellungen der Sachverständigen gezogenen Grenzen und legt seine Entscheidung beiden Parteien gleichzeitig vor.

5. Jede Partei trägt die Kosten ihres Sachverständigen. Die Kosten des Obmanns tragen beide Parteien je zur Hälfte.

6. Die Feststellungen der Sachverständigen oder des Obmanns sind verbindlich, wenn nicht nachgewiesen wird, daß sie offenbar von der wirklichen Sachlage erheblich abweichen. Aufgrund dieser verbindlichen Feststellungen berechnet der Versicherer die Entschädigung.

7. Durch das Sachverständigenverfahren werden die Obliegenheiten des Versicherungsnehmers nach § 14 Nr. 1 b bis 1 e nicht berührt.

§ 13 Zahlung der Entschädigung

1. Der Anspruch auf die Entschädigung ist fällig, sobald er nach Grund und Höhe vollständig festgestellt ist. Jedoch ist auf Verlangen schon vorher als Teilzahlung der Betrag zu zahlen, auf den nach Lage der Sache mindestens ein Anspruch besteht. Die Entschädigung ist nach Ablauf von zwei Wochen seit Fälligkeit zu verzinsen.

2. Der Anspruch kann vor Fälligkeit nur mit Zustimmung des Versicherers abgetreten werden; die Zustimmung muß erteilt werden, wenn sie der Versicherungsnehmer aus wichtigem Grund verlangt.

3. Wenn der Anspruch auf die Entschädigung nicht innerhalb einer Frist von sechs Monaten gerichtlich geltend gemacht wird, nachdem ihn der Versicherer unter Angabe der mit dem Ablauf der Frist verbundenen Rechtsfolge schriftlich abgelehnt hat, so ist der Versicherer von der Entschädigungspflicht frei. Wird ein Sachverständigenverfahren (§ 12) beantragt, so wird der Ablauf der Frist für dessen Dauer gehemmt.

§ 14 Obliegenheiten des Versicherungsnehmers

1. Bei Eintritt eines Versicherungsfalles hat der Versicherungsnehmer

a) den Schaden dem Versicherer unverzüglich schriftlich, nach Möglichkeit telegraphisch oder fernschriftlich, anzuzeigen;

b) den Schaden nach Möglichkeit abzuwenden oder zu mindern und dabei die Weisungen des Versicherers zu befolgen; er hat, wenn die Umstände es gestatten, solche Weisungen einzuholen;

c) das Schadenbild nach Möglichkeit durch Lichtbildaufnahmen festzuhalten;

d) das Schadenbild bis zu einer Besichtigung durch den Beauftragten des Versicherers nur zu verändern,
   - aa) soweit Sicherheitsgründe Eingriffe erfordern oder
   - bb) soweit die Eingriffe den Schaden mindern oder
   - cc) nachdem der Versicherer zugestimmt hat oder
   - dd) falls die Besichtigung nicht unverzüglich, spätestens jedoch innerhalb von fünf Arbeitstagen seit Eingang der Schadenanzeige, stattgefunden hat;

e) einem Beauftragten des Versicherers jederzeit die Untersuchung der beschädigten Sache zu gestatten und ihm auf Verlangen die für die Feststellung des Schadens erforderlichen Auskünfte zu erteilen.

2. Verletzt der Versicherungsnehmer eine der vorstehenden Obliegenheiten, so ist der Versicherer nach Maßgabe der gesetzlichen Bestimmungen (§§ 6, 62 Abs. 2 VVG) von der Entschädigungspflicht frei.

§ 15 Einschränkung der Agentenvollmacht

Die Agenten sind zur Entgegennahme von Anzeigen und Erklärungen des Versicherungsnehmers nicht bevollmächtigt.

Allgemeine Bedingungen für die Bauwesenversicherung von Gebäudeneubauten durch Auftraggeber (ABN)

§ 1 Versicherte Sachen

1. Versichert sind alle Bauleistungen, Baustoffe und Bauteile für den Roh- und Ausbau oder für den Umbau des in dem Versicherungsschein bezeichneten Gebäudes einschließlich der

a) als wesentliche Bestandteile einzubauenden Einrichtungsgegenstände mit Ausnahme der Sachen gemäß § 1 Nr. 2 a bis 2 c und Nr. 3;

b) Außenanlagen mit Ausnahme von Gartenanlagen und Pflanzungen.

2. Nur soweit dies besonders vereinbart ist, sind versichert

a) Röntgen- und sonstige medizinisch-technische Einrichtungen, optische Geräte und Laboreinrichtungen;

b) Stromerzeugungsanlagen, Datenverarbeitungs- und sonstige selbständige elektronische Anlagen;

c) Bestandteile von unverhältnismäßig hohem Kunstwert;

d) Hilfsbauten und Bauhilfsstoffe;

e) Baugrund und Bodenmassen, soweit sie nicht Bestandteil der Bauleistungen sind.

3. Nicht versichert sind

a) maschinelle Einrichtungen für Produktionszwecke;

b) bewegliche und sonstige nicht als wesentliche Bestandteile einzubauende Einrichtungsgegenstände;

c) Baugeräte einschließlich Zusatzeinrichtungen, wie Ausrüstungen, Zubehör und Ersatzteile;

d) Kleingeräte und Handwerkzeuge;

e) Vermessungs-, Werkstatt-, Prüf-, Labor- und Funkgeräte sowie Signal- und Sicherungsanlagen;

f) sonstige Sachen, die nach den „Allgemeinen Bedingungen für die Kaskoversicherung von Baugeräten (ABG)" versichert werden können, nämlich Stahlrohr- und Spezialgerüste, Stahlschalungen, Schalwagen und Vorbaugeräte, ferner Baubüros, Baubuden, Baubaracken, Werkstätten, Magazine, Labors und Gerätewagen;

g) Fahrzeuge aller Art;

h) Akten, Zeichnungen und Pläne.

§ 2 Versicherte Gefahren

1. Entschädigung wird geleistet für unvorhergesehen eintretende Schäden (Beschädigungen oder Zerstörungen) an versicherten Bauleistungen oder an sonstigen versicherten Sachen.

Unvorhergesehen sind Schäden, die weder der Auftraggeber noch der beauftragte Unternehmer oder deren Repräsentanten rechtzeitig vorhergesehen haben oder mit dem jeweils erforderlichen Fachwissen hätten vorhersehen können.

2. Nur wenn dies besonders vereinbart ist, wird Entschädigung geleistet für Verluste durch Diebstahl mit dem Gebäude fest verbundener versicherter Bestandteile.

3. Entschädigung wird nicht geleistet für

a) Mängel der versicherten Bauleistungen und sonstiger versicherter Sachen;

b) Verluste mit dem Gebäude nicht fest verbundener Sachen, die gestohlen worden oder aus sonstiger Ursache abhanden gekommen sind;

c) Schäden an Glas-, Metall- oder Kunststoffoberflächen sowie an Oberflächen vorgehängter Fassaden durch eine Tätigkeit an diesen Sachen.

4. Soweit der betroffene Unternehmer gegen anerkannte Regeln der Technik verstoßen oder notwendige und zumutbare Schutzmaßnahmen nicht getroffen hat, wird Entschädigung ohne Rücksicht auf mitwirkende Ursachen nicht geleistet für Schäden durch

a) Frost, insbesondere wenn die „Hinweise für das Bauen im Winter" der Rationalisierungsgemeinschaft Bauwesen im Rationalisierungskuratorium der Deutschen Wirtschaft – RKW – in ihrer jeweiligen Fassung nicht beachtet worden sind;

b) Gründungsmaßnahmen oder Grundwasser oder durch Eigenschaften oder Veränderungen des Baugrundes („Schäden aus Grund und Boden");

c) Ausfall der Wasserhaltung, insbesondere wenn einsatzbereite Reserven ausreichender Leistung nicht zur Verfügung gehalten worden sind; einsatzbereit sind Reserven nur, wenn sie die Funktionen einer ausgefallenen Anlage ohne zeitliche Unterbrechung übernehmen können; die Kraftquelle muß unabhängig von derjenigen der zunächst eingesetzten Anlage sein;

d) gänzliche Unterbrechung der Arbeiten des betroffenen Unternehmers auf dem Baugrundstück oder einem Teil davon; auch ohne die Voraussetzungen gemäß Nr. 4 ausgeschlossen ist Entschädigung für Schäden während und infolge einer solchen Unterbrechung, wenn diese bei Eintritt des Versicherungsfalles bereits mehr als drei Monate gedauert hatte.

5. Entschädigung wird ohne Rücksicht auf mitwirkende Ursachen ferner nicht geleistet für Schäden

a) durch normale Witterungseinflüsse, mit denen wegen der Jahreszeit und der örtlichen Verhältnisse gerechnet werden muß; Entschädigung wird jedoch geleistet, wenn der Witterungsschaden infolge eines anderen entschädigungspflichtigen Schadens entstanden ist; für Schäden durch Frost gilt Nr. 4 a;

b) durch Baustoffe, die durch eine zuständige Prüfstelle beanstandet oder vorschriftswidrig noch nicht geprüft wurden;

c) durch Kriegsereignisse jeder Art, Bürgerkriege, innere Unruhen, Streik, Aussperrung, Beschlagnahmen oder sonstige hoheitliche Eingriffe;

d) durch Kernenergie.

6. Nur soweit dies besonders vereinbart ist, wird Entschädigung geleistet für Schäden durch Brand, Blitzschlag oder Explosion sowie durch Löschen oder Niederreißen bei diesen Ereignissen.

7. Für Schäden durch Gewässer oder durch Grundwasser, das durch Gewässer beeinflußt wird, wird Entschädigung ohne Rücksicht auf mitwirkende Ursachen nur nach Maßgabe der besonderen Bestimmungen für „Baustellen im Bereich von Gewässern oder in Bereichen, in denen das Grundwasser durch Gewässer beeinflußt wird" geleistet.

§ 3 Versicherte Interessen

1. Entschädigung wird geleistet für Schäden, die zu Lasten des Versicherungsnehmers (Bauherr oder sonstiger Auftraggeber) oder eines der beauftragten Unternehmer gehen.

Form. 246 ABN (Sachverband) 04/79

2. Schäden an Bauleistungen, die der Versicherungsnehmer selbst erstellt, sind so versichert, als wäre mit diesen Bauleistungen ein Unternehmer aufgrund der VOB (Verdingungsordnung für Bauleistungen in der Fassung von 1973) beauftragt worden.

Dies gilt, wenn der Bauherr nicht Versicherungsnehmer ist, auch für eigene Leistungen des Bauherrn, soweit sie in der Versicherungssumme berücksichtigt sind.

3. Ansprüche, die dem Versicherungsnehmer oder einem versicherten Unternehmer in Zusammenhang mit einem entschädigungspflichtigen Schaden zustehen, gehen auf den Versicherer, wenn nicht etwas anderes vereinbart ist, auch dann über, wenn sie sich gegen einen anderen Versicherten richten.

§ 4 Versicherungsort

1. Entschädigung wird nur geleistet für Schäden, die innerhalb des in dem Versicherungsschein als Baustelle bezeichneten räumlichen Bereiches eingetreten sind.

2. Sind mehrere voneinander getrennte Plätze als Baustelle bezeichnet, so gelten die Transportwege zwischen diesen Plätzen nur dann als Versicherungsort, wenn dies besonders vereinbart ist.

§ 5 Versicherungssummen

1. Der Versicherungsnehmer ist verpflichtet, die gesamten Bauleistungen gemäß § 1 Nr. 1 einschließlich aller Baustoffe und Bauteile zu versichern, und zwar auch dann, wenn das Bauvorhaben nachträglich erweitert wird.

2. Die Versicherungssummen sind zu bilden

a) für die gemäß § 1 Nr. 1 versicherten Bauleistungen und für mitversicherte Sachen gemäß § 1 Nr. 2 a bis 2 c aus deren gesamten Herstellungskosten einschließlich der Stundenlohnarbeiten und einschließlich des Neuwertes der durch die Bauunternehmer gelieferten Baustoffe und Bauteile; ist der Versicherungsnehmer zum Vorsteuerabzug nicht berechtigt, so ist die Mehrwertsteuer aus den Herstellungskosten in die Versicherungssumme einzubeziehen;

b) für Baustoffe und Bauteile, die der Auftraggeber zur Verfügung stellt, aus deren Neuwert einschließlich der Kosten für die Anlieferung und für das Abladen;

c) für versicherte Hilfsbauten und Bauhilfsstoffe (§ 1 Nr. 2 d) aus deren Neuwert.

3. In die Versicherungssummen sind nicht einzubeziehen

a) Kosten von Leistungen und Sachen gemäß § 1 Nr. 2 und 3, die nicht versichert sind;

b) Grundstücks- und Erschließungskosten;

c) Baunebenkosten, wie Makler-, Architekten- und Ingenieurgebühren, Finanzierungskosten und behördliche Gebühren.

4. Nach Ende der Haftung des Versicherers sind die Versicherungssummen (Nr. 2) aufgrund eingetretener Veränderungen endgültig festzusetzen. Für die Bauleistungen sind die Schlußrechnungen maßgebend; Berichtigungen, die Versicherungsnehmer und Unternehmer anerkannt haben, sind zu berücksichtigen. Die Schlußrechnungen und deren Berichtigungen sind dem Versicherer unverzüglich vorzulegen.

5. Versicherungssummen auf Erstes Risiko können vereinbart werden für

a) Baugrund und Bodenmassen (§ 1 Nr. 2 e);

b) Schadensuchkosten (§ 9 Nr. 2 b);

c) zusätzliche Aufräumungskosten (§ 9 Nr. 2 b) für den Fall, daß infolge von Aufräumungskosten die Versicherungssumme überschritten wird.

6. Die Versicherungssummen vermindern sich nicht dadurch, daß eine Entschädigung geleistet wird.

§ 6 Prämie

1. Die Prämie wird in voraus erhoben.

2. Die Prämie wird zunächst aus den vorläufigen und nach Ende der Haftung aus den endgültigen (§ 5 Nr. 4) Versicherungssummen berechnet.

3. Die Prämie für eine Verlängerung der Versicherung wird im voraus vereinbart; soweit dies nicht geschehen ist, wird sie nach dem noch zu tragenden Risiko bemessen.

4. Wird der Vertrag gemäß § 8 Nr. 5 gekündigt, so steht dem Versicherer der Teil der Prämie zu, der dem getragenen Risiko entspricht.

5. Werden die Bauarbeiten unterbrochen (§ 2 Nr. 4 d) oder endet die Haftung gemäß § 8 Nr. 3 oder 4, so besteht kein Anspruch auf Prämienerstattung.

§ 7 Beginn der Haftung

Die Haftung des Versicherers beginnt mit dem vereinbarten Zeitpunkt.

§ 8 Ende der Haftung

1. Die Haftung des Versicherers endet mit dem vereinbarten Zeitpunkt oder mit dem Wegfall einer vereinbarten vorläufigen Deckung.

2. Vor Ablauf der Haftung gemäß Nr. 1 kann der Versicherungsnehmer die Verlängerung der Versicherung beantragen. Der Versicherer hat den Versicherungsnehmer rechtzeitig auf den bevorstehenden Ablauf hinzuweisen (Ablaufanfrage).

3. Für Schäden an Bauleistungen, die zu Lasten des Versicherungsnehmers gehen, endet die Haftung des Versicherers spätestens

a) mit der Bezugsfertigkeit oder

b) nach Ablauf von sechs Werktagen seit Beginn der Benutzung oder

c) mit dem Tage der behördlichen Gebrauchsabnahme.

Maßgebend ist der früheste dieser Zeitpunkte.

Liegen vorstehende Voraussetzungen nur für eines von mehreren Bauwerken oder für einen Teil eines Bauwerkes vor, so endet die Haftung nur für Schäden an diesen Bauwerken oder Teilen.

Werden noch Restarbeiten ausgeführt, so gilt Abs. 1 a bis c für Schäden an diesen Restbauleistungen nicht.

4. Für Schäden an Bauleistungen, die zu Lasten eines versicherten Unternehmers gehen, endet die Haftung des Versicherers spätestens mit dem Zeitpunkt, in dem die Bauleistung oder Teile davon abgenommen werden oder nach dem Bauvertrag als abgenommen gelten oder in dem der Auftraggeber in Abnahmeverzug gerät. Der Unternehmer ist verpflichtet, den Auftraggeber zur Abnahme aufzufordern, sobald die Voraussetzungen hierfür vorliegen.

Für Baustoffe und Bauteile endet die Haftung des Versicherers spätestens einen Monat nach der Haftung für die zugehörige Bauleistung; das gleiche gilt für versicherte Hilfsbauten und Bauhilfsstoffe.

5. Nach Eintritt eines entschädigungspflichtigen Versicherungsfalles können beide Parteien den Versicherungsvertrag kündigen, der Versicherungsnehmer jedoch nur dann, wenn er den Schaden gemäß § 17 Nr. 3 a angezeigt hat. Die Kündigung ist spätestens einen Monat nach Zahlung der Entschädigung schriftlich zu erklären. Sie wird einen Monat nach ihrem Zugang wirksam.

§ 9 Umfang der Entschädigung

1. Der Versicherer leistet Entschädigung in Höhe der Kosten, die aufgewendet werden müssen, um die Schadenstätte aufzuräumen und einen Zustand wiederherzustellen, der dem Zustand unmittelbar vor Eintritt des Schadens technisch gleichwertig ist.

Bei Totalschäden an versicherten Hilfsbauten und Bauhilfsstoffen leistet der Versicherer Entschädigung für das Material nur in Höhe des Zeitwertes.

Der Zeitwert von Resten und Altteilen wird angerechnet.

2. Der Versicherer leistet keine Entschädigung für

a) Vermögensschäden, insbesondere für Vertragsstrafen, Nutzungsausfall, Gewährleistungsfälle und Schadenersatzleistungen an Dritte;

b) Schadensuchkosten und zusätzliche Aufräumungskosten, soweit nicht besondere Versicherungssummen vereinbart sind (§ 5 Nr. 5);

c) Mehrkosten durch Änderung der Bauweise, durch Verbesserungen gegenüber dem Zustand unmittelbar vor Eintritt des Schadens, durch behelfsmäßige Maßnahmen oder durch Luftfracht.

3. Führt ein Mangel (§ 2 Nr. 3 a) zu einem gemäß § 2 entschädigungspflichtigen Schaden an den mangelhaften oder an mangelfreien Teilen der Bauleistung oder an sonstigen versicherten Sachen, so leistet der Versicherer Entschädigung unter Abzug der Kosten, die zusätzlich aufgewendet werden müssen, damit der Mangel nicht erneut entsteht.

§ 10 Kosten der Wiederherstellung und Aufräumung in eigener Regie eines versicherten Unternehmers

1. Bei Schäden, die zu Lasten eines versicherten Unternehmers gehen, der die Bauleistung ausgeführt hat, leistet der Versicherer für die Kosten für Wiederherstellung und Aufräumung in eigener Regie des Unternehmers Entschädigung ohne Zuschläge für

a) Wagnis und Gewinn;

b) nicht schadenbedingte Baustellengemeinkosten;

c) allgemeine Geschäftskosten.

2. Wird nach dem Leistungsverzeichnis abgerechnet, so werden 90 v. H. der Preise ersetzt, die in dem Bauvertrag vereinbart oder auf gleicher Grundlage ermittelt worden sind.

Durch diesen Vomhundertsatz ist der Ausschluß von Zuschlägen gemäß Nr. 1 a bis 1 c berücksichtigt.

3. Unabhängig von den Preisen des Bauvertrages kann über die Wiederherstellungskosten nur mit Zustimmung des Versicherers abgerechnet werden, die jedoch erteilt werden muß, wenn der versicherte Unternehmer sie aus wichtigem Grund verlangt.

4. Soweit (Nr. 3) über Stundenlohnarbeiten unabhängig von den Preisen des Bauvertrages abgerechnet werden kann, sind zu ersetzen

a) die für die Baustelle geltenden tariflichen Stundenlöhne für Bau-, Montage- und Werkstattarbeiten zuzüglich tariflicher Zulagen für Erschwernis, Schmutzarbeit usw.;

b) tarifliche Zuschläge für Überstunden, Sonntags-, Feiertags- und Nachtarbeiten, soweit solche Zuschläge in den Herstellungskosten enthalten sind und soweit der Ersatz dieser Kosten außerdem besonders vereinbart ist;

c) Zuschläge auf die Beträge gemäß Nr. 4 a und 4 b, und zwar in Höhe von 100 v. H., wenn nicht ein anderer Satz vereinbart ist;

d) notwendige und schadenbedingte Lohnnebenkosten, soweit sie in der Versicherungssumme enthalten sind;

e) übertarifliche Lohnanteile und Zulagen, soweit solche Kosten als Teil der Herstellungskosten oder zusätzlich in der Versicherungssumme enthalten sind;

f) Zuschläge auf die Beträge gemäß Nr. 4 d und 4 e, auf Beträge gemäß Nr. 4 d jedoch nur, soweit sie lohnsteuerpflichtig sind; der Zuschlag beträgt 65 v. H., wenn nicht ein anderer Satz vereinbart ist.

5. Soweit (Nr. 3) ein versicherter Unternehmer über das Vorhalten eigener Baugeräte für die Zeit ihres Einsatzes zwecks Beseitigung des Schadens unabhängig von den Preisen des Bauvertrages abrechnen kann, sind zu ersetzen

a) 150 v. H. der mittleren Abschreibungs- und Verzinsungssätze gemäß der durch den Hauptverband der Deutschen Bauindustrie herausgegebenen „Baugeräteliste" in ihrer jeweils neuesten Fassung;

b) entstandene Kosten für Betriebs- und Schmierstoffe.

6. Soweit (Nr. 3) über Transporte unabhängig von den Preisen des Bauvertrages abgerechnet werden kann, sind die entstandenen Kosten zu ersetzen, höchstens jedoch

a) bei Transporten im Umkreis von 50 km um den Schadenort die Sätze des Güternahverkehrstarifes;

b) bei Transporten über größere Entfernungen die Sätze des Deutschen Eisenbahn-Gütertarifes;

c) Mehrkosten für Eil- und Expreßfrachten werden nur ersetzt, soweit dies besonders vereinbart ist.

7. Für Stundenlohnarbeiten sind prüfungsfähige Unterlagen vorzulegen. Aus diesen Unterlagen müssen sich ergeben:

a) Art, Zweck und Dauer jeder Arbeitsleistung;

b) die Höhe der tariflichen Stundenlohnsätze;

c) Art und Höhe etwaiger Lohnzulagen (Nr. 4 a) und Lohnnebenkosten (Nr. 4 d);

d) die Höhe der übertariflichen Löhne und Zulagen sowie der Zuschläge für Überstunden, Sonntags-, Feiertags- und Nachtarbeiten, soweit sie nach Nr. 4 b und 4 e entschädigungspflichtig sind.

8. Durch die Zuschläge gemäß Nr. 4 c sind abgegolten:

a) lohnabhängige Kosten, insbesondere für tarifliche und gesetzliche soziale Aufwendungen, sowie vermögenswirksame Arbeitgeberzulagen;

b) Kosten für Löhne und Gehälter aller Personen, die an der Wiederherstellung und Aufräumung nur mittelbar beteiligt sind; die Arbeiten von Meistern und Polieren werden wie Stundenlohnarbeiten gemäß Nr. 4 a berücksichtigt;

c) Kosten für die Beförderung von Personen zur Baustelle und zurück, soweit sie nicht Lohnnebenkosten gemäß Nr. 4 d sind;

d) alle sonstigen schadenbedingten Gemeinkosten, z. B. Bürokosten;

e) Kosten infolge betrieblicher Störungen und dergleichen;

f) Kosten für Bauplatzanlagen, ferner für Nebenfrachten und für Nebenstoffe in geringen Mengen;

g) Kosten für das Vorhalten von Handwerkzeugen, Kleingeräten und Gerüsten mit einer Arbeitsbühne bis zu 2 m Höhe;

h) Kosten für Einrichtung und Betrieb der Werkstatt (einschließlich Gehaltskosten) sowie für das Vorhalten der Werkstatteinrichtung;

i) Aufwendungen für Verbrauchsstoffe in der Werkstatt, wie Schmiedekohle, Elektroden, Schrauben, Öle, Fette, Treibstoffe, Reinigungs- und Anstrichmittel.

9. Durch die Entschädigung gemäß Nr. 5 a sind die Kosten für Abschreibung und Verzinsung sowie für Reparaturen der Baugeräte abgegolten.

§ 11 Wiederherstellungs- und Aufräumungskosten durch Lieferungen und Leistungen Dritter

1. Lieferungen und Leistungen Dritter kann der versicherte Unternehmer für Material und in Ausnahmefällen mit Zustimmung des Versicherers auch sonst in Anspruch nehmen.

2. Unter dieser Voraussetzung leistet der Versicherer Entschädigung für den Rechnungsbetrag in den Grenzen gemäß § 9 sowie außerdem pauschal für schadenbedingte Geschäftskosten des versicherten Unternehmers, und zwar bei einem Rechnungsbetrag

a) bis zu 5000 DM in Höhe von 5 v. H. dieses Betrages;

b) von mehr als 5000 DM in Höhe von 5 v. H. aus 5000 DM zuzüglich 3 v. H. des Mehrbetrages.

3. Bei Schäden, die nicht zu Lasten eines versicherten Unternehmers gehen, der die Bauleistung ausgeführt hat, gelten als entschädigungspflichtige Wiederherstellungs- und Aufräumungskosten nur Aufwendungen für Lieferungen und Leistungen Dritter, und zwar in dem Umfang, in dem die Rechnungsbeträge schadenbedingt und der Höhe nach angemessen sind. Angemessen sind in der Regel die Sätze des Leistungsverzeichnisses. Ist der Auftraggeber zum Vorsteuerabzug nicht berechtigt, so ist die Mehrwertsteuer in die Entschädigung einzubeziehen.

§ 12 Unterversicherung

1. Ist die Versicherung ohne Einverständnis des Versicherers nicht in vollem Umfang gemäß § 5 Nr. 1 genommen, so wird nur der Teil des gemäß §§ 9 bis 11 ermittelten Betrages ersetzt, der sich zu dem ganzen Betrag verhält wie die vereinbarte zu der gemäß § 5 Nr. 2 erforderlichen Versicherungssumme.

2. Im übrigen wird der Einwand der Unterversicherung nicht erhoben.

§ 13 Grenze der Entschädigung

Grenze der Entschädigung ist jede der Versicherungssummen gemäß § 5 Nr. 2 a bis 2 c sowie gemäß § 5 Nr. 5 a bis 5 c.

§ 14 Selbstbehalt

1. Der nach §§ 9 bis 13 ermittelte Betrag wird um 10 v. H., wenigstens aber um einen Mindestselbstbehalt von 500 DM, gekürzt.

2. Entstehen mehrere Schäden, so wird der Selbstbehalt jeweils einzeln abgezogen.

§ 15 Sachverständigenverfahren

1. Versicherer und Versicherungsnehmer können verlangen, daß die Ursachen und der Umfang der Beschädigungen und Zerstörungen durch Sachverständige festgestellt werden.

2. Für das Sachverständigenverfahren gelten folgende Grundsätze:

a) Jede Partei kann schriftlich einen Sachverständigen benennen und dann die andere Partei schriftlich auffordern, den zweiten Sachverständigen zu benennen. Wird der zweite Sachverständige nicht innerhalb von zwei Wochen nach Empfang der Aufforderung benannt, so kann ihn die auffordernde Partei durch die für den Schadenort zuständige Industrie- und Handelskammer ernennen lassen. In der Aufforderung ist auf diese Folgen hinzuweisen.

b) Beide Sachverständige wählen vor Beginn des Feststellungsverfahrens einen Dritten als Obmann. Einigen sie sich nicht, so wird der Obmann auf Antrag einer Partei oder beider Parteien durch die für den Schadenort zuständige Industrie- und Handelskammer ernannt.

3. Die Feststellungen der Sachverständigen müssen mindestens enthalten:

a) die ermittelten oder vermuteten Ursachen sowie den Umfang der Beschädigungen und Zerstörungen;

b) die Wiederherstellungs- und Aufräumungskosten (§§ 9 Nr. 1 Abs. 1, 10, 11);

c) den Zeitwert der betroffenen Hilfsbauten und Bauhilfsstoffe (§ 9 Nr. 1 Abs. 2);

d) den Zeitwert von Resten und Altteilen (§ 9 Nr. 1 Abs. 3);

e) Mehrkosten gemäß § 9 Nr. 2 c;

f) in den Fällen des § 9 Nr. 3 die abzuziehenden Kosten.

4. Die Sachverständigen legen beiden Parteien gleichzeitig ihre Feststellungen vor. Weichen diese voneinander ab, so übergibt der Versicherer sie unverzüglich dem Obmann. Dieser entscheidet über die streitig gebliebenen Punkte innerhalb der durch die übereinstimmenden Feststellungen der Sachverständigen gezogenen Grenzen und legt seine Entscheidung beiden Parteien gleichzeitig vor.

5. Jede Partei trägt die Kosten ihres Sachverständigen. Die Kosten des Obmanns tragen beide Parteien je zur Hälfte.

6. Die Feststellungen der Sachverständigen oder des Obmanns sind verbindlich, wenn nicht nachgewiesen wird, daß sie offenbar von der wirklichen Sachlage erheblich abweichen. Aufgrund dieser verbindlichen Feststellungen berechnet der Versicherer die Entschädigung.

7. Durch das Sachverständigenverfahren werden die Obliegenheiten des Versicherungsnehmers nach § 17 Nr. 3 b bis 3 g nicht berührt.

§ 16 Zahlung der Entschädigung

1. Abweichend von §§ 74 ff. VVG kann über die Rechte aus dem Versicherungsvertrag nur der Versicherungsnehmer verfügen.

2. Der Anspruch auf die Entschädigung ist fällig, sobald er nach Grund und Höhe vollständig festgestellt ist. Jedoch ist auf Verlangen schon vorher als Teilzahlung der Betrag zu zahlen, auf den nach Lage der Sache mindestens ein Anspruch besteht. Die Entschädigung ist nach Ablauf von zwei Wochen seit Fälligkeit zu verzinsen.

3. Der Anspruch kann vor Fälligkeit nur mit Zustimmung des Versicherers abgetreten werden; die Zustimmung muß erteilt werden, wenn der Versicherungsnehmer sie aus wichtigem Grund verlangt.

4. Wenn der Anspruch auf die Entschädigung nicht innerhalb einer Frist von sechs Monaten gerichtlich geltend gemacht wird, nachdem ihn der Versicherer unter Angabe der mit dem Ablauf der Frist verbundenen Rechtsfolge schriftlich abgelehnt hat, so ist der Versicherer von der Entschädigungspflicht frei. Wird ein Sachverständigenverfahren (§ 15) beantragt, so wird der Ablauf der Frist für dessen Dauer gehemmt.

§ 17 Obliegenheiten des Versicherur ısnehmers

1. Der Versicherungsnehmer hat dem Versicherer unverzüglich schriftlich anzuzeigen:

a) nachträgliche Erweiterungen des Bauvorhabens (§ 5 Nr. 1);

b) wesentliche Änderungen der Bauweise;

c) wesentliche Änderungen des Bauzeitplanes;

d) eine Unterbrechung der Bauarbeiten gemäß § 2 Nr. 4 d.

2. Die gesetzlichen Bestimmungen über Gefahrerhöhungen (§§ 23 ff. VVG) bleiben unberührt.

3. Bei Eintritt eines Versicherungsfalles hat der Versicherungsnehmer

a) den Schaden dem Versicherer unverzüglich schriftlich, nach Möglichkeit telegraphisch oder fernschriftlich, anzuzeigen;

b) versicherte Verluste durch Diebstahl unverzüglich der Polizeibehörde zu melden und sich dies bestätigen zu lassen;

c) den Schaden nach Möglichkeit abzuwenden oder zu mindern und dabei die Weisungen des Versicherers zu befolgen; er hat, wenn die Umstände es gestatten, solche Weisungen einzuholen;

d) das Schadenbild nach Möglichkeit durch Lichtbildaufnahmen festzuhalten;

e) das Schadenbild bis zu einer Besichtigung durch den Beauftragten des Versicherers nur zu verändern, soweit Sicherheitsgründe Eingriffe erfordern oder soweit die Eingriffe den Schaden mindern oder nachdem der Versicherer zugestimmt hat oder falls die Besichtigung nicht unverzüglich, spätestens jedoch innerhalb von fünf Arbeitstagen seit Eingang der Schadenanzeige, stattgefunden hat;

f) einem Beauftragten des Versicherers jederzeit die Nachprüfung der Ursache, des Verlaufs und der Höhe des Schadens zu gestatten und ihm auf Verlangen die für die Feststellung des Schadens erforderlichen Auskünfte zu erteilen;

g) seiner Kostenaufstellung unaufgefordert ordnungsgemäße und vollständige Belege beizufügen.

4. Verletzt der Versicherungsnehmer eine der Obliegenheiten gemäß § 17 Nr. 3, so ist der Versicherer nach Maßgabe der gesetzlichen Bestimmungen (§§ 6 Abs. 3, 62 Abs. 2 VVG) von der Entschädigungspflicht frei.

§ 18 Einschränkung der Agentenvollmacht

Die Agenten sind zur Entgegennahme von Anzeigen und Erklärungen des Versicherungsnehmers nicht bevollmächtigt.

Klauseln zu den ABN

51 Führung

Der führende Versicherer ist bevollmächtigt, Anzeigen und Willenserklärungen des Versicherungsnehmers für alle beteiligten Versicherer in Empfang zu nehmen.

52 Makler

Der in dem Versicherungsschein genannte Makler ist bevollmächtigt, Anzeigen und Willenserklärungen des Versicherungsnehmers entgegenzunehmen. Er ist verpflichtet, diese unverzüglich an den Versicherer weiterzuleiten.

53 Prozeßführung bei Mitversicherung

Soweit die vertraglichen Grundlagen für die beteiligten Versicherer übereinstimmen, wird folgendes vereinbart:

1. Der Versicherungsnehmer wird bei Streitfällen aus diesem Vertrag seine Ansprüche nur gegen den führenden Versicherer und nur wegen dessen Anteil gerichtlich geltend machen.

2. Die beteiligten Versicherer erkennen die gegen den führenden Versicherer rechtskräftig gewordene Entscheidung und die von diesem mit dem Versicherungsnehmer nach Rechtshängigkeit geschlossenen Vergleiche als auch für sich verbindlich an.

3. Falls der Anteil des führenden Versicherers die Berufungs- oder Revisionssumme nicht erreicht, ist der Versicherungsnehmer berechtigt und auf Verlangen eines Versicherers verpflichtet, die Klage auf einen zweiten und erforderlichenfalls auf einen dritten und weitere Versicherer auszudehnen, bis diese Summe erreicht ist. Wird diesem Verlangen nicht entsprochen, so ist Nr. 2 nicht anzuwenden.

54 Radioaktive Isotope — § 2 Nr. 5 d ABN

1. Der Versicherer leistet Entschädigung bis zu der in dem Versicherungsschein oder in der Anmeldung bezeichneten Summe auf Erstes Risiko auch für Schäden, die an versicherten Sachen durch bestimmungsgemäß vorhandene radioaktive Isotope als Folge eines gemäß den ABN dem Grunde nach entschädigungspflichtigen Schadens entstehen.

2. Die Summe gemäß Nr. 1 vermindert sich nicht dadurch, daß eine Entschädigung geleistet wird. Der Versicherungsnehmer hat jedoch für die Zeit ab Eintritt des Versicherungsfalles bis zum Ende der laufenden Versicherungsperiode Prämie aus dem Teil der Summe gemäß Nr. 1 zeitanteilig nachzuentrichten, der der geleisteten Entschädigung entspricht.

56 Aggressives Grundwasser — § 2 Nr. 1 Abs. 2 ABN

Sind Schäden durch aggressives Grundwasser möglich, so sind rechtzeitig eine Erst- und — falls erforderlich — eine Kontrollanalyse sowie alle nach dem Ergebnis der Analysen erforderlichen Schutzmaßnahmen durchzuführen.

Verletzt der Versicherungsnehmer eine dieser Obliegenheiten, so ist der Versicherer gemäß § 6 VVG von der Entschädigungspflicht frei.

57 Undichtigkeit und Wasserdurchlässigkeit — § 2 Nr. 3 a ABN

Undichtigkeit oder Wasserdurchlässigkeit sowie nicht dicht hergestellte oder aus sonstigen Gründen ungeeignete Isolierungen sind nicht entschädigungspflichtig, wenn sie einen Mangel der Bauleistung darstellen.

Risse im Beton sind gemäß § 2 Nr. 1 Abs. 1 ABN nur dann entschädigungspflichtig, wenn sie unvorhergesehen entstanden sind.

Solche Schäden können vorhersehbar insbesondere dann sein, wenn sie infolge von Kriech-, Schwind-, Temperatur- oder sonstigen statisch bedingten Spannungen entstehen.

58 Bergbaugebiete — § 2 Nr. 4 b ABN

In Bergbaugebieten sind die Baupläne vor Beginn der Bauleistungen dem Bergbau-Berechtigten und der zuständigen Bergbehörde vorzulegen. Auflagen dieser Behörde ist zu entsprechen.

Verletzt der Versicherungsnehmer eine dieser Obliegenheiten, so ist der Versicherer gemäß § 6 VVG von der Entschädigungspflicht frei.

59 Gefahr des Aufschwimmens — 2 Nr. 4 b, 4 c, 7 ABN

Solange die Gefahr des Aufschwimmens besteht, müssen die Bauleistungen durch ausreichende und funktionsfähige Flutungsmöglichkeiten oder Ballast gesichert sein.

Verletzt der Versicherungsnehmer diese Obliegenheit, so ist der Versicherer gemäß § 6 VVG von der Entschädigungspflicht frei.

60 Baustellen im Bereich von Gewässern oder in Bereichen, in denen das Grundwasser durch Gewässer beeinflußt wird — § 2 Nr. 7 ABN

1. An Bauleistungen im Bereich von Gewässern oder in Bereichen , in denen das Grundwasser durch Gewässer beeinflußt wird, sind Schäden durch normale Wasserführung oder normale Wasserstände ohne Rücksicht auf mitwirkende Ursachen nicht versichert.

Abweichend von Abs. 1 wird Entschädigung geleistet für Schäden durch Wassereinbrüche oder Ansteigen des Grundwassers, wenn diese Ereignisse infolge eines anderen entschädigungspflichtigen Schadens, insbesondere an Spundwänden oder Fangedämmen, eintreten.

2. Für Schäden an Spundwänden und Fangedämmen sowie an Jochen und sonstigen Hilfskonstruktionen besteht nach Maßgabe des § 6 VVG Versicherungsschutz nur,

a) wenn diese in einem standsicheren Zustand errichtet worden sind und

b) solange die Standsicherheit laufend durch die notwendigen Maßnahmen gewährleistet ist, insbesondere die Sohle des Flußlaufes durch Steinschüttungen in ihrem bisherigen Zustand erhalten wird.

3. Schäden durch Hochwasser oder durch Ansteigen des Grundwassers infolge Hochwasser gelten als **unvorhergesehen** und sind daher nur versichert, wenn zur Zeit des Schadeneintritts folgende Wasserstände überschritten sind:

Gewässer:

Pegel:

Fluß-km:

Pegelnull: m. ü. NN

Wasserstände/Wassermengen:

Nov.	Dez.	Jan.	Febr.	März	April

Mai	Juni	Juli	Aug.	Sept.	Okt.

4. Wurden Wasserstände oder Wassermengen gemäß Nr. 3 nicht vereinbart, so tritt an deren Stelle für jeden Monat der höchste Wasserstand oder die größte Wassermenge, die während der letzten 10 Jahre an dem der Baustelle am nächsten gelegenen und durch die Baumaßnahmen nicht beeinflußten amtlichen Pegel erreicht wurden. Spitzenwerte, die für einen Monat außergewöhnlich sind, bleiben hierbei unberücksichtigt.

Besteht ein für die Baustelle maßgebender amtlicher Pegel nicht, so tritt an die Stelle der Wasserstände oder Wassermengen gemäß Nr. 3 der Wasserstand oder die Wassermenge, mit der an der Baustelle zur Zeit des Schadeneintritts zu rechnen war. Spitzenwerte, die für einen Monat außergewöhnlich sind, bleiben hierbei unberücksichtigt.

5. Schäden durch außergewöhnliches Hochwasser sind nur versichert, wenn dies in einem Versicherungsvertrag mit einem Auftraggeber gemäß den ABN besonders vereinbart wurde. Dies gilt auch für Schäden, die das Hochwasser verursacht, bevor es den außergewöhnlichen Wert erreicht hat, die aber mit Sicherheit auch nach diesem Zeitpunkt eingetreten wären.

6. Hochwasser und Ansteigen des Grundwassers infolge von Hochwasser gelten als **außergewöhnlich** gemäß Nr. 5, wenn folgende Wasserstände oder Wassermengen überschritten sind:

Gewässer:

Pegel:

Fluß-km:

Pegelnull: m. ü. NN

Wasserstände/Wassermengen:

Nov.	Dez.	Jan.	Febr.	März	April

Mai	Juni	Juli	Aug.	Sept.	Okt.

7. Wurden Wasserstände oder Wassermengen gemäß Nr. 6 nicht vereinbart, so tritt an deren Stelle der Wasserstand oder die Wassermenge, von denen an Schäden durch Hochwasser oder durch Ansteigen des Grundwassers infolge von Hochwasser unabwendbare Umstände im Sinn der VOB (1973) Teil B § 7 darstellen.

8. Die Kosten eines Flutens der Baustelle trägt der Versicherer nur unter den Voraussetzungen, des § 63 VVG. Soweit diese Kosten – als Teil der Bausumme oder zusätzlich – zu Lasten des Auftraggebers gehen, trägt der Versicherer sie auch unter den Voraussetzungen des § 63 VVG nur dann, wenn gemäß § 3 Nr. 1 ABN das Auftraggeberrisiko unter Einschluß von Schäden durch außergewöhnliches Hochwasser versichert ist.

TV 435 (0/03V) N.1.79

61 Schäden infolge von Mängeln § 9 Nr. 3 ABN

Bei Berechnung der Entschädigung sind über § 9 Nr. 3 ABN hinaus alle Kosten abzuziehen, die der Versicherungsnehmer auch ohne Eintritt eines Versicherungsfalles hätte aufwenden müssen, um einen Mangel zu beseitigen.

68 Verzicht auf Rückgriff gegen versicherte Unternehmer § 3 Nr. 3 ABN

Der Versicherer verzichtet auf Rückgriffansprüche gemäß § 3 Nr. 3 ABN gegen versicherte Unternehmer und Nachunternehmer wegen Schäden an versicherten Bauleistungen, die der Schadenstifter nicht selbst erstellt hat; dies gilt jedoch nur, wenn oder soweit der Schadenstifter gegen Haftpflicht nicht versichert ist.

69 Fundamente und Keller von Fertighäusern § 5 Nr. 1 ABN

1. Abweichend von § 5 Nr. 1 ABN sind nur die Fundamente und der Keller als Bauleistungen versichert.

2. Für Schäden aus der Oberkonstruktion (Fertighausbauteile) wird Entschädigung ohne Rücksicht auf mitwirkende Ursachen nicht geleistet.

70 Schäden durch Sturm und Leitungswasser an fertiggestellten Teilen von Bauwerken § 8 Nr. 3 Abs. 3 ABN

Abweichend von § 8 Nr. 3 Abs. 3 ABN endet die Haftung des Versicherers für Schäden durch Leitungswasser und Sturm, die zu Lasten des Auftraggebers gehen, für jedes Bauwerk erst, wenn die Voraussetzungen gemäß § 8 Nr. 3 Abs. 1 a bis c ABN nicht nur für einen Teil, sondern für das ganze Bauwerk vorliegen.

74 Prozentualer Selbstbehalt § 14 Nr. 1 ABN

Für den Selbstbehalt gilt abweichend von § 14 Nr. 1 ABN der im Versicherungsschein genannte Prozentsatz.

75 Ausschluß des prozentualen Selbstbehalts § 14 Nr. 1 ABN

Der prozentuale Selbstbehalt gemäß § 14 Nr. 1 ABN ist ausgeschlossen.

76 Erhöhter Mindestselbstbehalt § 14 Nr. 1 ABN

Abweichend von § 14 Nr. 1 ABN ist der Mindestselbstbehalt auf den im Versicherungsschein genannten Betrag erhöht.

77 Glasbruchschäden

Glasbruchschäden sind bis zum fertigen Einsatz versichert.

Zusatzbedingung 67 zu den ABN

67 Zusatzbedingungen für Jahresverträge nach den „Allgemeinen Bedingungen für die Bauwesenversicherung von Gebäudeneubauten durch Auftraggeber (ABN)"

Bei Jahresverträgen gelten abweichend von den „Allgemeinen Bedingungen für die Bauwesenversicherung von Gebäudeneubauten durch Auftraggeber (ABN)" folgende Bestimmungen:

§ 1 Versicherte Sachen

1. Versichert sind alle Neubauten des allgemeinen Hochbaus, die der Versicherungsnehmer während der Dauer dieses Vertrages anmeldet.

2. Nicht nach diesem Vertrag versicherbar sind

a) Ingenieurbauten, die keine Gebäude darstellen, z. B. Brücken, Silos und Fernsehtürme;

b) Tiefbauten, die nicht Teil eines Hochbaus sind.

3. Neubauten, die der Versicherungsnehmer angemeldet hat, gelten als versicherbar, wenn nicht der Versicherer innerhalb von zwei Wochen nach Zugang der Anmeldung unter Hinweis auf Nr. 2 widerspricht.

§ 2 Anmeldepflicht

Der Versicherungsnehmer ist verpflichtet, alle Bauten gemäß § 1, die er innerhalb der Bundesrepublik Deutschland einschließlich des Landes Berlin in Auftrag gibt, vor Baubeginn auf einem Formblatt des Versicherers zu diesem Vertrag anzumelden.

§ 3 Versicherte Gefahren

1. Undichtigkeit oder Wasserdurchlässigkeit sowie nicht dicht hergestellte oder aus sonstigen Gründen ungeeignete Isolierungen sind nicht entschädigungspflichtig, wenn sie einen Mangel der Bauleistungen darstellen.

Risse im Beton sind gemäß § 2 Nr. 1 Abs. 1 ABN nur entschädigungspflichtig, wenn sie unvorhergesehen entstanden sind. Solche Schäden können vorhersehbar insbesondere dann sein, wenn sie infolge von Kriech-, Schwind-, Temperatur- oder sonstigen statisch bedingten Spannungen entstehen.

2. Solange die Gefahr des Aufschwimmens besteht, müssen die Bauleistungen durch ausreichende und funktionsfähige Flutungsmöglichkeiten oder Ballast gesichert sein.

Sind Schäden durch aggressives Grundwasser möglich, so sind rechtzeitig eine Erst- und — falls erforderlich — eine Kontroll-Analyse sowie alle nach dem Ergebnis der Analysen erforderlichen Schutzmaßnahmen durchzuführen.

Verletzt der Versicherungsnehmer eine dieser Obliegenheiten, so ist der Versicherer gemäß § 6 VVG von der Entschädigungspflicht frei.

3. Für Schäden durch Brand und andere Ursachen gemäß § 2 Nr. 6 ABN wird Entschädigung nur geleistet, wenn dies auf Antrag des Versicherungsnehmers allgemein oder für bestimmte Neubauten besonders vereinbart worden ist.

4. Für Schäden durch Gewässer oder durch Grundwasser, das durch Gewässer beeinflußt wird, wird Entschädigung ohne Rücksicht auf mitwirkende Ursachen nur nach Maßgabe der besonderen Bestimmungen für „Baustellen im Bereich von Gewässern oder in Bereichen, in denen das Grundwasser durch Gewässer beeinflußt wird" und nur dann geleistet, wenn dies aufgrund der Anmeldung des Versicherungsnehmers besonders vereinbart ist.

§ 4 Prämie

1. Es gelten die vereinbarten Prämiensätze.

2. Soweit Prämiensätze nicht im voraus vereinbart sind, ermittelt der Versicherer den angemessenen Prämiensatz sowie den Satz der Verlängerungsprämie von Fall zu Fall. Er gewährt auf die für Objekte gleicher Art und gleichen Umfangs bei Einzelverträgen angemessene Prämie den vereinbarten Nachlaß.

3. Prämiensätze werden insbesondere nicht im voraus vereinbart für Objekte, die besondere Baumaßnahmen erfordern, wie

a) Pfahl-, Brunnen-, Platten- oder sonstige Spezialgründungen;

b) Baugrubenumschließung durch Spundwände oder durch Berliner oder sonstigen Verbau;

c) Wasserhaltung oder wasserdruckhaltende Isolierungen.

§ 5 Einspruch gegen Prämiensätze

1. Der Versicherungsnehmer kann gegen einen gemäß § 4 Nr. 2 ermittelten Prämiensatz Einspruch erheben, jedoch nur schriftlich und nur innerhalb von vier Wochen nach Zugang der Mitteilung über den Prämiensatz. Die Frist beginnt nur zu laufen, wenn der Versicherer auf die Folge ihres Ablaufes hingewiesen hat.

2. Erhebt der Versicherungsnehmer keinen Einspruch gemäß Nr. 1, so gilt die Einigung gemäß § 7 Nr. 2 über den Prämiensatz mit Ablauf der Einspruchsfrist als zustande gekommen.

§ 6 Dauer des Vertrages

1. Der Vertrag besteht für die vereinbarte Zeit.

2. Der Vertrag verlängert sich um ein Jahr und weiter von Jahr zu Jahr, wenn er nicht drei Monate vor Ablauf durch eine Partei schriftlich gekündigt wird.

3. Wird der Vertrag gemäß Nr. 2 oder nach einem entschädigungspflichtigen Versicherungsfall gemäß § 8 Nr. 5 ABN oder wegen Obliegenheitsverletzung gekündigt, so können neue Objekte schon ab Zugang der Kündigung nicht mehr zur Versicherung angemeldet werden.

§ 7 Beginn der Haftung

1. Die Haftung des Versicherers für jedes Objekt beginnt am Tag des Zugangs der ordnungsgemäßen Anmeldung, mittags 12 Uhr.

2. Für Objekte, für die der Prämiensatz gemäß § 4 Nr. 2 von Fall zu Fall ermittelt wird, beginnt die Haftung frühestens mit der Einigung über den Prämiensatz.

§ 8 Ende der Haftung

1. Die Haftung des Versicherers endet für jedes Objekt gemäß § 8 ABN.

2. Zahlt der Versicherungsnehmer die Prämie für ein Objekt bei Fälligkeit nicht unverzüglich, so ist der Versicherer für dieses Objekt gemäß § 38 VVG berechtigt, von dem Vertrag zurückzutreten, und von der Verpflichtung zur Leistung frei.

3. Wird der Vertrag nach einem entschädigungspflichtigen Versicherungsfall gekündigt, so enden mit dem Zeitpunkt der Wirksamkeit der Kündigung der gesamte Vertrag und die Haftung für das von dem Schaden betroffene Objekt.

4. Im übrigen wird die Haftung für angemeldete Objekte nicht dadurch beendet, daß der Vertrag gekündigt wird.

Allgemeine Bedingungen für die Bauwesenversicherung von Unternehmerleistungen (ABU)

§ 1 Versicherte Sachen

1. Versichert sind die in dem Versicherungsschein bezeichneten Bauleistungen einschließlich aller zugehörigen

a) Baustoffe und Bauteile;

b) Hilfsbauten und Bauhilfsstoffe.

2. Baugrund und Bodenmassen sind nur versichert, soweit sie Bestandteil der Bauleistungen sind oder wenn dies besonders vereinbart ist.

3. Nicht versichert sind

a) Baugeräte einschließlich Zusatzeinrichtungen, wie Ausrüstungen, Zubehör und Ersatzteile;

b) Kleingeräte und Handwerkzeuge;

c) Vermessungs-, Werkstatt-, Prüf-, Labor- und Funkgeräte sowie Signal- und Sicherungsanlagen;

d) sonstige Sachen, die nach den „Allgemeinen Bedingungen für die Kaskoversicherung von Baugeräten (ABG)" versichert werden können, nämlich Stahlrohr- und Spezialgerüste, Stahlschalungen, Schalwagen und Vorbaugeräte, ferner Baubüros, Baubuden, Baubaracken, Werkstätten, Magazine, Labors und Gerätewagen;

e) Fahrzeuge aller Art;

f) Akten, Zeichnungen und Pläne.

§ 2 Versicherte Gefahren

1. Entschädigung wird geleistet für unvorhergesehen eintretende Schäden (Beschädigungen oder Zerstörungen) an versicherten Bauleistungen oder an sonstigen versicherten Sachen.

Unvorhergesehen sind Schäden, die der Versicherungsnehmer oder seine Repräsentanten rechtzeitig weder vorhergesehen haben noch mit dem für die im Betrieb ausgeübte Tätigkeit erforderlichen Fachwissen hätten vorhersehen können.

2. Entschädigung wird nicht geleistet für

a) Mängel der versicherten Bauleistungen und sonstiger versicherter Sachen;

b) Verluste versicherter Sachen, die gestohlen worden oder aus sonstiger Ursache abhanden gekommen sind;

c) Schäden an Glas-, Metall- oder Kunststoffoberflächen sowie an Oberflächen vorgehängter Fassaden durch eine Tätigkeit an diesen Sachen.

3. Soweit gegen anerkannte Regeln der Technik verstoßen oder notwendige und zumutbare Schutzmaßnahmen nicht getroffen wurden, wird Entschädigung ohne Rücksicht auf mitwirkende Ursachen nicht geleistet für Schäden durch

a) Frost, insbesondere wenn die „Hinweise für das Bauen im Winter" der Rationalisierungsgemeinschaft Bauwesen im Rationalisierungskuratorium der Deutschen Wirtschaft – RKW – in ihrer jeweiligen Fassung nicht beachtet worden sind;

b) Gründungsmaßnahmen oder Grundwasser oder durch Eigenschaften oder Veränderungen des Baugrundes (Schäden aus Grund und Boden);

c) Ausfall der Wasserhaltung, insbesondere wenn einsatzbereite Reserven ausreichender Leistung nicht zur Verfügung gehalten worden sind; einsatzbereit sind Reserven nur, wenn sie die Funktionen einer ausgefallenen Anlage ohne zeitliche Unterbrechung übernehmen können; die Kraftquelle der Reserven muß unabhängig von derjenigen der zunächst eingesetzten Anlage sein;

d) gänzliche Unterbrechung der Arbeiten des Versicherungsnehmers auf dem Baugrundstück oder einem Teil davon; auch ohne die Voraussetzungen gemäß Nr. 3 ausgeschlossen ist Entschädigung für Schäden während und infolge einer solchen Unterbrechung, wenn diese bei Eintritt des Versicherungsfalles bereits mehr als drei Monate gedauert hatte.

4. Entschädigung wird ohne Rücksicht auf mitwirkende Ursachen ferner nicht geleistet für Schäden durch

a) normale Witterungseinflüsse, mit denen wegen der Jahreszeit und der örtlichen Verhältnisse gerechnet werden muß; Entschädigung wird jedoch geleistet, wenn der Witterungsschaden infolge eines anderen versicherten Schadens entstanden ist; für Schäden durch Frost gilt Nr. 3 a;

b) Baustoffe, die durch eine zuständige Prüfstelle beanstandet oder vorschriftswidrig noch nicht geprüft worden sind;

c) Kriegsereignisse jeder Art, Bürgerkriege, innere Unruhen, Streik, Aussperrung, Beschlagnahmen oder sonstige hoheitliche Eingriffe;

d) Kernenergie.

5. Nur wenn dies besonders vereinbart ist, wird Entschädigung geleistet für Schäden durch Brand, Blitzschlag oder Explosion sowie durch Löschen oder Niederreißen bei diesen Ereignissen.

6. Für Schäden durch Gewässer oder durch Grundwasser, das durch Gewässer beeinflußt wird, wird Entschädigung ohne Rücksicht auf mitwirkende Ursachen nur nach Maßgabe der besonderen Bestimmungen für „Baustellen im Bereich von Gewässern oder in Bereichen, in denen das Grundwasser durch Gewässer beeinflußt wird" geleistet.

§ 3 Versicherte Interessen

1. Entschädigung wird nur geleistet für Schäden, die nach der VOB (Verdingungsordnung für Bauleistungen in der Fassung von 1973) Teil B zu Lasten des Unternehmers (Versicherungsnehmers) gehen.

2. Entschädigung wird ohne Rücksicht darauf geleistet, ob der Versicherungsnehmer die betroffene Bauleistung selbst ausführt oder durch einen Nachunternehmer (Subunternehmer) ausführen läßt.

Nachunternehmer sind Unternehmer, deren sich der Versicherungsnehmer aufgrund eines Bauvertrages bedient, um seine Verpflichtungen gegenüber seinem Auftraggeber zu erfüllen.

3. Ansprüche, die dem Versicherungsnehmer in Zusammenhang mit einem entschädigungspflichtigen Schaden gegen Nachunternehmer zustehen, gehen auf den Versicherer über,

a) soweit der Schaden für den Nachunternehmer nicht unvorhergesehen (§ 2 Nr. 1 Abs. 2) war oder

b) soweit der Schaden an anderen Bauleistungen als denen dieses Nachunternehmers eingetreten ist und eine abweichende Vereinbarung nicht getroffen wurde.

4. Im übrigen ist ein Rückgriff des Versicherers gegen Nachunternehmer ausgeschlossen.

Form. 245 ABU (Sachverband) 04/79

5. Soweit dies besonders vereinbart ist, wird Entschädigung auch geleistet für Schäden,

a) die abweichend von der VOB (1973) Teil B aufgrund zusätzlicher oder besonderer Vertragsbedingungen zu Lasten des Versicherungsnehmers gehen;

b) für die der Auftraggeber des Versicherungsnehmers, insbesondere der Bauherr, nach der VOB (1973) Teil B die Gefahr trägt.

§ 4 Versicherungsort

1. Entschädigung wird nur geleistet für Schäden, die innerhalb des in dem Versicherungsschein als Baustelle bezeichneten räumlichen Bereichs eingetreten sind.

2. Sind mehrere voneinander getrennte Plätze als Baustelle bezeichnet, so gelten die Transportwege zwischen diesen Plätzen nur dann als Versicherungsort, wenn dies besonders vereinbart ist.

§ 5 Versicherungssummen

1. Der Versicherungsnehmer ist verpflichtet, im Umfang seiner Beteiligung an dem Bauvertrag die gesamten Bauleistungen, auch soweit sie durch Nachunternehmer ausgeführt werden, alle durch ihn und den Auftraggeber gelieferten Baustoffe und Bauteile sowie alle Hilfsbauten und Bauhilfsstoffe zu versichern, und zwar auch dann, wenn der Auftrag nachträglich erweitert wird oder wenn zusätzliche Hilfsbauten oder Bauhilfsstoffe benötigt werden.

2. Die Versicherungssummen sind zu bilden

a) für die Bauleistungen aus der vertraglichen Bausumme ohne Mehrwertsteuer einschließlich der Stundenlohnarbeiten und einschließlich des Neuwertes der Baustoffe und Bauteile, die der Versicherungsnehmer liefert;

b) für Baustoffe und Bauteile, die der Auftraggeber zur Verfügung stellt, aus deren Neuwert einschließlich der Kosten für die Anlieferung und für das Abladen;

c) für die eigenen und für die durch den Auftraggeber gelieferten Hilfsbauten und Bauhilfsstoffe aus deren Neuwert.

3. Nach Ende der Haftung des Versicherers sind die Versicherungssummen (Nr. 2) aufgrund eingetretener Veränderungen endgültig festzusetzen. Für die Bauleistungen sind die Schlußrechnungen maßgebend; Berichtigungen, die Versicherungsnehmer und Auftraggeber anerkannt haben, sind zu berücksichtigen. Die Schlußrechnung und deren Berichtigungen sind dem Versicherer unverzüglich vorzulegen.

4. Versicherungssummen auf Erstes Risiko können vereinbart werden für

a) Baugrund und Bodenmassen (§ 1 Nr. 2);

b) Schadensuchkosten (§ 9 Nr. 2 b);

c) zusätzliche Aufräumungskosten (§ 9 Nr. 2 b) für den Fall, daß infolge von Aufräumungskosten die Versicherungssumme überschritten wird.

5. Die Versicherungssummen vermindern sich nicht dadurch, daß eine Entschädigung geleistet wird.

§ 6 Prämie

1. Die Prämie wird im voraus erhoben.

2. Die Prämie wird zunächst aus den vorläufigen und nach Ende der Haftung aus den endgültigen (§ 5 Nr. 3) Versicherungssummen berechnet.

3. Die Prämie für eine Verlängerung der Versicherung wird im voraus vereinbart; soweit dies nicht geschehen ist, wird sie nach dem noch zu tragenden Risiko bemessen.

4. Wird der Vertrag gemäß § 8 Nr. 4 gekündigt, so steht dem Versicherer der Teil der Prämie zu, der dem getragenen Risiko entspricht.

5. Werden die Arbeiten unterbrochen (§ 2 Nr. 3 d) oder endet die Haftung gemäß § 8 Nr. 3, so besteht kein Anspruch auf Prämienerstattung.

§ 7 Beginn der Haftung

Die Haftung des Versicherers beginnt mit dem vereinbarten Zeitpunkt.

§ 8 Ende der Haftung

1. Die Haftung des Versicherers endet mit dem vereinbarten Zeitpunkt oder mit dem Wegfall einer vereinbarten vorläufigen Deckung.

2. Vor Ablauf der Haftung gemäß Nr. 1 kann der Versicherungsnehmer die Verlängerung der Versicherung beantragen. Der Versicherer hat den Versicherungsnehmer rechtzeitig auf den bevorstehenden Ablauf hinzuweisen (Ablaufanfrage).

3. Die Haftung des Versicherers endet für Bauleistungen oder Teile davon spätestens mit dem Zeitpunkt, in dem sie abgenommen werden oder gemäß VOB (1973) Teil B § 12 Nr. 5 als abgenommen gelten. Der Versicherungsnehmer ist verpflichtet, dem Bauherrn oder dem sonstigen Auftraggeber unverzüglich schriftlich mitzuteilen, daß seine Leistungen fertiggestellt sind.

Für Baustoffe und Bauteile sowie für Hilfsbauten und Bauhilfsstoffe endet die Haftung des Versicherers spätestens einen Monat nach der Haftung für die zugehörige Bauleistung.

4. Nach Eintritt eines entschädigungspflichtigen Versicherungsfalles können beide Parteien den Versicherungsvertrag kündigen, der Versicherungsnehmer jedoch nur dann, wenn er den Schaden gemäß § 17 Nr. 3 a angezeigt hat. Die Kündigung ist spätestens einen Monat nach Zahlung der Entschädigung schriftlich zu erklären. Sie wird einen Monat nach ihrem Zugang wirksam.

§ 9 Umfang der Entschädigung

1. Der Versicherer leistet Entschädigung für die Kosten, die der Versicherungsnehmer aufwenden muß (Selbstkosten), um die Schadenstätte aufzuräumen und einen Zustand wiederherzustellen, der dem Zustand unmittelbar vor Eintritt des Schadens technisch gleichwertig ist.

Bei Totalschäden an Hilfsbauten und Bauhilfsstoffen leistet der Versicherer Entschädigung für das Material nur in Höhe des Zeitwertes.

Der Zeitwert von Resten und Altteilen wird angerechnet.

2. Der Versicherer leistet keine Entschädigung für

a) Vermögensschäden, insbesondere für Vertragsstrafen, Gewährleistungsfälle und Schadenersatzleistungen an Dritte;

b) Schadensuchkosten und zusätzliche Aufräumungskosten, soweit nicht besondere Versicherungssummen (§ 5 Nr. 4) vereinbart sind;

c) Mehrkosten durch Änderung der Bauweise, durch Verbesserungen gegenüber dem Zustand unmittelbar vor Eintritt des Schadens, durch behelfsmäßige Maßnahmen oder durch Luftfracht.

3. Führt ein Mangel (§ 2 Nr. 2 a) zu einem gemäß § 2 entschädigungspflichtigen Schaden an den mangelhaften oder an mangelfreien Teilen der Bauleistung oder an sonstigen versicherten Sachen, so leistet der Versicherer Entschädigung unter Abzug der Kosten, die zusätzlich aufgewendet werden müssen, damit der Mangel nicht erneut entsteht.

§ 10 Kosten der Wiederherstellung und Aufräumung in eigener Regie des Versicherungsnehmers

1. Für Kosten der Wiederherstellung und Aufräumung in eigener Regie des Versicherungsnehmers leistet der Versicherer Entschädigung ohne Zuschläge für

a) Wagnis und Gewinn;

b) nicht schadenbedingte Baustellengemeinkosten;

c) allgemeine Geschäftskosten.

2. Wird nach dem Leistungsverzeichnis abgerechnet, so werden 90 v.H. der Preise ersetzt, die in dem Bauvertrag vereinbart oder auf gleicher Grundlage ermittelt worden sind.

Durch diesen Vomhundertsatz ist der Ausschluß von Zuschlägen gemäß Nr. 1 a bis 1 c berücksichtigt.

3. Unabhängig von den Preisen des Bauvertrages kann über die Wiederherstellungskosten nur mit Zustimmung des Versicherers abgerechnet werden, die jedoch erteilt werden muß, wenn der Versicherungsnehmer sie aus wichtigem Grund verlangt.

4. Soweit (Nr. 3) über Stundenlohnarbeiten unabhängig von den Preisen des Bauvertrages abgerechnet werden kann, sind zu ersetzen

a) die für die Baustelle geltenden tariflichen Stundenlöhne für Bau-, Montage- und Werkstattarbeiten zuzüglich tariflicher Zulagen für Erschwernis, Schmutzarbeit usw.;

b) tarifliche Zuschläge für Überstunden, Sonntags-, Feiertags- und Nachtarbeiten, soweit solche Zuschläge in der vertraglichen Bausumme enthalten und soweit der Ersatz dieser Kosten außerdem besonders vereinbart ist;

c) Zuschläge auf die Beträge gemäß Nr. 4 a und 4 b, und zwar in Höhe von 100 v.H., wenn nicht ein anderer Satz vereinbart ist;

d) notwendige und schadenbedingte Lohnnebenkosten, soweit sie in der Versicherungssumme enthalten sind;

e) übertarifliche Lohnanteile und Zulagen, soweit solche Kosten als Teil der vertraglichen Bausumme oder zusätzlich in der Versicherungssumme enthalten sind;

f) Zuschläge auf die Beträge gemäß Nr. 4 d und 4 e, auf Beträge gemäß Nr. 4 d jedoch nur, soweit sie lohnsteuerpflichtig sind; der Zuschlag beträgt 65 v.H., wenn nicht ein anderer Satz vereinbart ist.

5. Soweit (Nr. 3) der Versicherungsnehmer über das Vorhalten eigener Baugeräte für die Zeit ihres Einsatzes zwecks Wiederherstellung und Aufräumung unabhängig von den Preisen des Bauvertrages abrechnen kann, sind zu ersetzen

a) 150 v.H. der mittleren Abschreibungs- und Verzinsungssätze gemäß der durch den Hauptverband der Deutschen Bauindustrie herausgegebenen „Baugeräteliste" in ihrer jeweils neuesten Fassung;

b) entstandene Kosten für Betriebs- und Schmierstoffe.

6. Soweit (Nr. 3) über Transporte unabhängig von den Preisen des Bauvertrages abgerechnet werden kann, sind die entstandenen Kosten zu ersetzen, höchstens jedoch

a) bei Transporten im Umkreis von 50 km um den Schadenort die Sätze des Güternahverkehrstarifes;
b) bei Transporten über größere Entfernungen die Sätze des Deutschen Eisenbahn-Gütertarifes;
c) Mehrkosten für Eil- und Expreßfrachten werden nur ersetzt, soweit dies besonders vereinbart ist.

7. Für Stundenlohnarbeiten sind prüfungsfähige Unterlagen vorzulegen. Aus diesen Unterlagen müssen sich ergeben:
a) Art, Zweck und Dauer jeder Arbeitsleistung;
b) die Höhe der tariflichen Stundenlohnsätze;
c) Art und Höhe etwaiger Lohnzulagen (Nr. 4 a) und Lohnnebenkosten (Nr. 4 d);
d) die Höhe der übertariflichen Löhne und Zulagen sowie der Zuschläge für Überstunden, Sonntags-, Feiertags- und Nachtarbeiten, soweit sie nach Nr. 4 b und 4 e entschädigungspflichtig sind.

8. Durch die Zuschläge gemäß Nr. 4 c sind abgegolten:
a) lohnabhängige Kosten, insbesondere für tarifliche und gesetzliche soziale Aufwendungen, sowie vermögenswirksame Arbeitgeberzulagen;
b) Kosten für Löhne und Gehälter aller Personen, die an der Wiederherstellung und Aufräumung nur mittelbar beteiligt sind; die Arbeiten von Meistern und Polieren werden wie Stundenlohnarbeiten gemäß Nr. 4 a berücksichtigt;
c) Kosten für die Beförderung von Personen zur Baustelle und zurück, soweit sie nicht Lohnnebenkosten gemäß Nr. 4 d sind;
d) alle sonstigen schadenbedingten Gemeinkosten, z.B. Bürokosten;
e) Kosten infolge betrieblicher Störungen und dergleichen;
f) Kosten für Bauplatzanlagen, ferner für Nebenfrachten und für Nebenstoffe in geringen Mengen;
g) Kosten für das Vorhalten von Handwerkzeugen, Kleingeräten und Gerüsten mit einer Arbeitsbühne bis zu 2 m Höhe;
h) Kosten für Einrichtung und Betrieb der Werkstatt (einschließlich Gehaltskosten) sowie für das Vorhalten der Werkstatteinrichtung;
i) Aufwendungen für Verbrauchsstoffe in der Werkstatt, wie Schmiedekohle, Elektroden, Schrauben, Öle, Fette, Treibstoffe, Reinigungs- und Anstrichmittel.

9. Durch die Entschädigung gemäß Nr. 5 a sind die Kosten für Abschreibung und Verzinsung sowie für Reparaturen der Baugeräte abgegolten.

§ 11 Wiederherstellungs- und Aufräumungskosten durch Lieferungen und Leistungen Dritter

1. Lieferungen und Leistungen Dritter kann der Versicherungsnehmer für Material und in Ausnahmefällen mit Zustimmung des Versicherers auch sonst in Anspruch nehmen.

2. Unter dieser Voraussetzung leistet der Versicherer Entschädigung für den Rechnungsbetrag in den Grenzen gemäß § 9 sowie außerdem pauschal für schadenbedingte Geschäftskosten des Versicherungsnehmers, und zwar bei einem Rechnungsbetrag
a) bis zu 5.000 DM in Höhe von 5 v.H. dieses Betrages;
b) von mehr als 5.000 DM in Höhe von 5 v.H. aus 5.000 DM zuzüglich 3 v.H. des Mehrbetrages.

3. Bei Schäden, die nicht zu Lasten eines versicherten Unternehmers gehen, der die Bauleistung ausgeführt hat, gelten als entschädigungspflichtige Wiederherstellungs- und Aufräumungskosten nur Aufwendungen für Lieferungen und Leistungen Dritter, und zwar in dem Umfang, in dem die Rechnungsbeträge schadenbedingt und der Höhe nach angemessen sind. Angemessen sind in der Regel die Sätze des Leistungsverzeichnisses. Ist der Auftraggeber zum Vorsteuerabzug nicht berechtigt, so ist die Mehrwertsteuer in die Entschädigung einzubeziehen.

§ 12 Unterversicherung

1. Ist die Versicherung ohne Einverständnis des Versicherers nicht in vollem Umfang gemäß § 5 Nr. 1 genommen, so wird nur der Teil des gemäß §§ 9 bis 11 ermittelten Betrages ersetzt, der sich zu dem ganzen Betrag verhält wie die vereinbarte zu der gemäß § 5 Nr. 2 erforderlichen Versicherungssumme.

2. Im übrigen wird der Einwand der Unterversicherung nicht erhoben.

§ 13 Grenze der Entschädigung

Grenze der Entschädigung ist jede der Versicherungssummen gemäß § 5 Nr. 2 a bis 2 c sowie gemäß § 5 Nr. 4 a bis 4 c.

§ 14 Selbstbehalt

1. Der nach §§ 9 bis 13 ermittelte Betrag wird um 20 v.H., wenigstens aber um einen Mindestselbstbehalt von 500 DM, gekürzt.

2. Entstehen mehrere Schäden, so wird der Selbstbehalt jeweils einzeln abgezogen.

§ 15 Sachverständigenverfahren

1. Versicherer und Versicherungsnehmer können verlangen, daß die Ursachen und der Umfang der Beschädigungen und Zerstörungen durch Sachverständige festgestellt werden.

2. Für das Sachverständigenverfahren gelten folgende Grundsätze:
a) Jede Partei kann schriftlich einen Sachverständigen benennen und dann die andere Partei schriftlich auffordern, den zweiten Sachverständigen zu benennen. Wird der zweite Sachverständige nicht innerhalb von zwei Wochen nach Empfang der Aufforderung benannt, so kann ihn die auffordernde Partei durch die für den Schadenort zuständige Industrie- und Handelskammer ernennen lassen. In der Aufforderung ist auf diese Folgen hinzuweisen.
b) Beide Sachverständigen wählen vor Beginn des Feststellungsverfahrens einen Dritten als Obmann. Einigen sie sich nicht, so wird der Obmann auf Antrag einer Partei oder beider Parteien durch die für den Schadenort zuständige Industrie- und Handelskammer ernannt.

3. Die Feststellungen der Sachverständigen müssen mindestens enthalten:
a) die ermittelten oder vermuteten Ursachen sowie den Umfang der Beschädigungen und Zerstörungen;
b) die Wiederherstellungs- und Aufräumungskosten (§§ 9 Nr. 1 Abs. 1, 10, 11);
c) den Zeitwert der betroffenen Hilfsbauten und Bauhilfsstoffe (§ 9 Nr. 1 Abs. 2);
d) den Zeitwert von Resten und Altteilen (§ 9 Nr. 1 Abs. 3);
e) Mehrkosten gemäß § 9 Nr. 2 c;
f) in den Fällen des § 9 Nr. 3 die abzuziehenden Kosten.

4. Die Sachverständigen legen beiden Parteien gleichzeitig ihre Feststellungen vor. Weichen diese voneinander ab, so übergibt der Versicherer sie unverzüglich dem Obmann. Dieser entscheidet über die streitig gebliebenen Punkte innerhalb der durch die übereinstimmenden Feststellungen der Sachverständigen gezogenen Grenzen und legt seine Entscheidung beiden Parteien gleichzeitig vor.

5. Jede Partei trägt die Kosten ihres Sachverständigen. Die Kosten des Obmanns tragen beide Parteien je zur Hälfte.

6. Die Feststellungen der Sachverständigen oder des Obmanns sind verbindlich, wenn nicht nachgewiesen wird, daß sie offenbar von der wirklichen Sachlage erheblich abweichen. Aufgrund dieser verbindlichen Feststellungen berechnet der Versicherer die Entschädigung.

7. Durch das Sachverständigenverfahren werden die Obliegenheiten des Versicherungsnehmers nach § 17 Nr. 3 b bis 3 f nicht berührt.

§ 16 Zahlung der Entschädigung

1. Abweichend von §§ 74 ff. VVG kann über die Rechte aus dem Versicherungsvertrag nur der Versicherungsnehmer verfügen.

2. Der Anspruch auf die Entschädigung ist fällig, sobald er nach Grund und Höhe vollständig festgestellt ist. Jedoch ist auf Verlangen schon vorher als Teilzahlung der Betrag zu zahlen, auf den nach Lage der Sache mindestens ein Anspruch besteht. Die Entschädigung ist nach Ablauf von zwei Wochen seit Fälligkeit zu verzinsen.

3. Der Anspruch kann vor Fälligkeit nur mit Zustimmung des Versicherers abgetreten werden; die Zustimmung muß erteilt werden, wenn der Versicherungsnehmer sie aus wichtigem Grund verlangt.

4. Wenn der Anspruch auf die Entschädigung nicht innerhalb einer Frist von sechs Monaten gerichtlich geltend gemacht wird, nachdem ihn der Versicherer unter Angabe der mit dem Ablauf der Frist verbundenen Rechtsfolge schriftlich abgelehnt hat, so ist der Versicherer von der Entschädigungspflicht frei. Wird ein Sachverständigenverfahren (§ 15) beantragt, so wird der Ablauf der Frist für dessen Dauer gehemmt.

§ 17 Obliegenheiten des Versicherungsnehmers

1. Der Versicherungsnehmer hat dem Versicherer unverzüglich schriftlich anzuzeigen:
a) nachträgliche Erweiterungen des Bauvorhabens (§ 5 Nr. 1);
b) wesentliche Änderungen der Bauweise;
c) wesentliche Änderungen des Bauzeitplanes;
d) wesentliche Änderungen des Bauvertrages;
e) eine Unterbrechung der Bauarbeiten gemäß § 2 Nr. 3 d.

2. Die gesetzlichen Bestimmungen über Gefahrenerhöhungen (§§ 23 ff. VVG) bleiben unberührt.

3. Bei Eintritt eines Versicherungsfalles hat der Versicherungsnehmer
a) den Schaden dem Versicherer unverzüglich schriftlich, nach Möglichkeit telegraphisch oder fernschriftlich, anzuzeigen;
b) den Schaden nach Möglichkeit abzuwenden oder zu mindern und dabei die Weisungen des Versicherers zu befolgen; er hat, wenn die Umstände es gestatten, solche Weisungen einzuholen;
c) das Schadenbild nach Möglichkeit durch Lichtbildaufnahmen festzuhalten;

d) das Schadenbild bis zu einer Besichtigung durch den Beauftragten des Versicherers nur zu verändern, soweit Sicherheitsgründe Eingriffe erfordern oder soweit die Eingriffe den Schaden mindern oder nachdem der Versicherer zugestimmt hat oder falls die Besichtigung nicht unverzüglich, spätestens jedoch innerhalb von fünf Arbeitstagen seit Eingang der Schadenanzeige, stattgefunden hat;

e) einem Beauftragten des Versicherers jederzeit die Nachprüfung der Ursache, des Verlaufs und der Höhe des Schadens zu gestatten und ihm auf Verlangen die für die Feststellung des Schadens erforderlichen Auskünfte zu erteilen;

f) seiner Kostenaufstellung unaufgefordert ordnungsgemäße und vollständige Belege beizufügen.

4. Verletzt der Versicherungsnehmer eine der Obliegenheiten gemäß Nr. 3, so ist der Versicherer nach Maßgabe der gesetzlichen Bestimmungen (§§ 6 Abs. 3, 62 Abs. 2 VVG) von der Entschädigungspflicht frei.

§ 18 Einschränkung der Agentenvollmacht

Die Agenten sind zur Entgegennahme von Anzeigen und Erklärungen des Versicherungsnehmers nicht bevollmächtigt.

Klauseln zu den ABU

51 Führung

Der führende Versicherer ist bevollmächtigt, Anzeigen und Willenserklärungen des Versicherungsnehmers für alle beteiligten Versicherer in Empfang zu nehmen.

52 Makler

Der in dem Versicherungsschein genannte Makler ist bevollmächtigt, Anzeigen und Willenserklärungen des Versicherungsnehmers entgegenzunehmen. Er ist verpflichtet, diese unverzüglich an den Versicherer weiterzuleiten.

53 Prozeßführung bei Mitversicherung

Soweit die vertraglichen Grundlagen für die beteiligten Versicherer übereinstimmen, wird folgendes vereinbart:

1. Der Versicherungsnehmer wird bei Streitfällen aus diesem Vertrag seine Ansprüche nur gegen den führenden Versicherer und nur wegen dessen Anteil gerichtlich geltend machen.

2. Die beteiligten Versicherer erkennen die gegen den führenden Versicherer rechtskräftig gewordene Entscheidung und die von diesem mit dem Versicherungsnehmer nach Rechtshängigkeit geschlossenen Vergleiche als auch für sich verbindlich an.

3. Falls der Anteil des führenden Versicherers die Berufungs- oder Revisionssumme nicht erreicht, ist der Versicherungsnehmer berechtigt und auf Verlangen eines Versicherers verpflichtet, die Klage auf einen zweiten und erforderlichenfalls auf einen dritten und weitere Versicherer auszudehnen, bis diese Summe erreicht ist. Wird diesem Verlangen nicht entsprochen, so ist Nr. 2 nicht anzuwenden.

54 Radioaktive Isotope

1. Der Versicherer leistet Entschädigung bis zu der in dem Versicherungsschein oder in der Anmeldung bezeichneten Summe auf Erstes Risiko auch für Schäden, die an versicherten Sachen durch bestimmungsgemäß vorhandene radioaktive Isotope als Folge eines gemäß den ABU, ABN, ABG oder ABMG dem Grunde nach entschädigungspflichtigen Schadens entstehen.

2. Die Summe gemäß Nr. 1 vermindert sich nicht dadurch, daß eine Entschädigung geleistet wird. Der Versicherungsnehmer hat jedoch für die Zeit ab Eintritt des Versicherungsfalles bis zum Ende der laufenden Versicherungsperiode Prämie aus dem Teil der Summe gemäß Nr. 1 zeitanteilig nachzuentrichten, der der geleisteten Entschädigung entspricht.

56 Aggressives Grundwasser § 2 Nr. 1 Abs. 2 ABU

Sind Schäden durch aggressives Grundwasser möglich, so sind rechtzeitig eine Erst- und — falls erforderlich — eine Kontrollanalyse sowie alle nach dem Ergebnis der Analysen erforderlichen Schutzmaßnahmen durchzuführen.

Verletzt der Versicherungsnehmer eine dieser Obliegenheiten, so ist der Versicherer gemäß § 6 VVG von der Entschädigungspflicht frei.

57 Undichtigkeit und Wasserdurchlässigkeit § 2 Nr. 2 a ABU

Undichtigkeit oder Wasserdurchlässigkeit sowie nicht dicht hergestellte oder aus sonstigen Gründen ungeeignete Isolierungen sind nicht entschädigungspflichtig, wenn sie einen Mangel der Bauleistung darstellen.

Risse im Beton sind gemäß § 2 Nr. 1 Abs. 1 ABU, ABN nur dann entschädigungspflichtig, wenn sie unvorhergesehen entstanden sind.

Solche Schäden können vorhersehbar insbesondere dann sein, wenn sie infolge von Kriech-, Schwind-, Temperatur- oder sonstigen statisch bedingten Spannungen entstehen.

58 Bergbaugebiete § 2 Nr. 3 b ABU

In Bergbaugebieten sind die Baupläne vor Beginn der Bauleistungen dem Bergbau-Berechtigten und der zuständigen Bergbehörde vorzulegen. Auflagen dieser Behörde ist zu entsprechen.

Verletzt der Versicherungsnehmer eine dieser Obliegenheiten, so ist der Versicherer gemäß § 6 VVG von der Entschädigungspflicht frei.

59 Gefahr des Aufschwimmens § 2 Nr. 3 b, 3 c, 6 ABU

Solange die Gefahr des Aufschwimmens besteht, müssen die Bauleistungen durch ausreichende und funktionsfähige Flutungsmöglichkeiten oder Ballast gesichert sein.

Verletzt der Versicherungsnehmer diese Obliegenheit, so ist der Versicherer gemäß § 6 VVG von der Entschädigungspflicht frei.

60 Baustellen im Bereich von Gewässern oder in Bereichen, in denen das Grundwasser durch Gewässer beeinflußt wird § 2 Nr. 6 ABU

1. An Bauleistungen im Bereich von Gewässern oder in Bereichen, in denen das Grundwasser durch Gewässer beeinflußt wird, sind Schäden durch normale Wasserführung oder normale Wasserstände ohne Rücksicht auf mitwirkende Ursachen nicht versichert.

Abweichend von Abs. 1 wird Entschädigung geleistet für Schäden durch Wassereinbrüche oder Ansteigen des Grundwassers, wenn diese Ereignisse infolge eines anderen entschädigungspflichtigen Schadens, insbesondere an Spundwänden oder Fangedämmen, eintreten.

2. Für Schäden an Spundwänden und Fangedämmen sowie an Jochen und sonstigen Hilfskonstruktionen besteht nach Maßgabe des § 6 VVG Versicherungsschutz nur,

a) wenn diese in einem standsicheren Zustand errichtet worden sind und

b) solange die Standsicherheit laufend durch die notwendigen Maßnahmen gewährleistet ist, insbesondere die Sohle des Flußlaufes durch Steinschüttungen in ihrem bisherigen Zustand erhalten wird.

3. Schäden durch Hochwasser oder durch Ansteigen des Grundwassers infolge Hochwasser gelten als **unvorhergesehen** und sind daher nur versichert, wenn zur Zeit des Schadeneintritts folgende Wasserstände überschritten sind:

Gewässer:

Pegel:

Fluß-km:

Pegelnull: m. ü. NN

Wasserstände/Wassermengen:

Nov.	Dez.	Jan.	Febr.	März	April

Mai	Juni	Juli	Aug.	Sept.	Okt.

4. Wurden Wasserstände oder Wassermengen gemäß Nr. 3 nicht vereinbart, so tritt an deren Stelle für jeden Monat der höchste Wasserstand oder die größte Wassermenge, die während der letzten 10 Jahre an dem der Baustelle am nächsten gelegenen und durch die Baumaßnahmen nicht beeinflußten amtlichen Pegel erreicht wurden. Spitzenwerte, die für einen Monat außergewöhnlich sind, bleiben hierbei unberücksichtigt.

Besteht ein für die Baustelle maßgebender amtlicher Pegel nicht, so tritt an die Stelle der Wasserstände oder Wassermengen gemäß Nr. 3 der Wasserstand oder die Wassermenge, mit der an der Baustelle zur Zeit des Schadeneintritts zu rechnen war. Spitzenwerte, die für einen Monat außergewöhnlich sind, bleiben hierbei unberücksichtigt.

5. Schäden durch außergewöhnliches Hochwasser sind nur versichert, wenn dies gemäß § 3 Nr. 5 ABU oder in einem Versicherungsvertrag mit einem Auftraggeber gemäß den ABN besonders vereinbart wurde. Dies gilt auch für Schäden, die das Hochwasser verursacht, bevor es den außergewöhnlichen Wert erreicht hat, die aber mit Sicherheit auch nach diesem Zeitpunkt eingetreten wären.

6. Hochwasser und Ansteigen des Grundwassers infolge von Hochwasser gelten als **außergewöhnlich** gemäß Nr. 5, wenn folgende Wasserstände oder Wassermengen überschritten sind:

Gewässer:

Pegel:

Fluß-km:

Pegelnull: m. ü. NN

Wasserstände/Wassermengen:

Nov.	Dez.	Jan.	Febr.	März	April

Mai	Juni	Juli	Aug.	Sept.	Okt.

7. Wurden Wasserstände oder Wassermengen gemäß Nr. 6 nicht vereinbart, so tritt an deren Stelle der Wasserstand oder die Wassermenge, von denen an Schäden durch Hochwasser oder durch Ansteigen des Grundwassers infolge von Hochwasser unabwendbare Umstände im Sinn der VOB (1973) Teil B § 7 darstellen.

8. Die Kosten eines Flutens der Baustelle trägt der Versicherer nur unter den Voraussetzungen des § 63 VVG. Soweit diese Kosten — als Teil der Bausumme oder zusätzlich — zu Lasten des Auftraggebers gehen, trägt der Versicherer sie auch unter den Voraussetzungen des § 63 VVG nur dann, wenn gemäß §§ 3 Nr. 5 b ABU, 3 Nr. 1 ABN das Auftraggeberrisiko unter Einschluß von Schäden durch außergewöhnliches Hochwasser versichert ist.

61 Schäden infolge von Mängeln § 9 Nr. 3 ABU

Bei Berechnung der Entschädigung sind über §§ 9 Nr. 3 ABU, ABN hinaus alle Kosten abzuziehen, die der Versicherungsnehmer auch ohne Eintritt eines Versicherungsfalles hätte aufwenden müssen, um einen Mangel zu beseitigen.

63 Tunnel-, Schacht-, Durchpreß- und Stollenarbeiten § 1 Nr. 2, 2 Nr. 1 ABU

Bei Tunnel-, Schacht-, Durchpreß- und Stollenarbeiten sind Abweichungen von der Soll-Linie oder von einer vorgesehenen Ausbruchlinie kein Schaden an den versicherten Bauleistungen oder an Baugrund und Bodenmassen.

64 Einschluß der Auftraggeberschäden § 3 Nr. 1 und 5 ABU

1. Entschädigung nach den ABU wird für alle Schäden geleistet, die — auch abweichend von der VOB (1973) Teil B — zu Lasten des Versicherungsnehmers gehen oder für die der Auftraggeber die Gefahr trägt.

2. Schäden an Bauleistungen, die der Auftraggeber erstellt, sind so versichert, als wäre mit diesen Bauleistungen ein Unternehmer aufgrund der VOB (1973) beauftragt worden. Dies gilt, wenn der Bauherr nicht Auftraggeber ist, auch für eigene Leistungen des Bauherrn, soweit sie in der Versicherungssumme berücksichtigt sind.

3. § 3 Nr. 3 ABU (Rückgriff) gilt für Ansprüche, die dem Versicherungsnehmer oder dem Auftraggeber zustehen.

4. Ist der Auftraggeber zum Vorsteuerabzug nicht berechtigt, so ist die Mehrwertsteuer aus der Bausumme in die Versicherungssumme einzubeziehen.

5. Abweichend von §§ 74 ff. VVG kann über die Rechte aus dem Versicherungsvertrag nur der Versicherungsnehmer verfügen.

65 Tiefbau-Auftraggeber als Versicherungsnehmer § 3 Nr. 1 und 5 ABU

1. Ist der Auftraggeber Versicherungsnehmer, so wird Entschädigung nach den ABU für alle Schäden geleistet, die zu Lasten des Versicherungsnehmers oder eines der beauftragten Unternehmer gehen, soweit nicht das Interesse einzelner Unternehmer ausdrücklich ausgeschlossen ist.

2. Schäden an Bauleistungen, die der Versicherungsnehmer selbst erstellt, sind so versichert, als wäre mit diesen Bauleistungen ein Unternehmer aufgrund der VOB (1973) beauftragt worden. Dies gilt, wenn der Bauherr nicht Versicherungsnehmer ist, auch für eigene Leistungen des Bauherrn, soweit sie in der Versicherungssumme berücksichtigt sind.

3. § 3 Nr. 3 ABU (Rückgriff) gilt für Ansprüche, die dem Versicherungsnehmer oder einem der versicherten Unternehmer zustehen.

4. Neben den Versicherungsnehmer treten für § 2 Nr. 1 Abs. 2 ABU (unvorhergesehener Schaden) sowie für alle Obliegenheiten des Versicherungsnehmers die beauftragten Unternehmer, und zwar jeder für seine Bauleistungen.

5. Für die Bildung der Versicherungssummen (§ 5 Nr. 1 bis 3 ABU) treten an die Stelle des Bauvertrages und der Bausumme die gesamten Bauleistungen und deren Herstellungskosten. Die Herstellungskosten schließen die Kosten von Stundenlohnarbeiten und den Neuwert der durch die Bauunternehmer gelieferten Baustoffe und Bauteile ein. Ist der Versicherungsnehmer zum Vorsteuerabzug nicht berechtigt, so ist die Mehrwertsteuer aus den Herstellungskosten in die Versicherungssumme einzubeziehen.

6. Abweichend von §§ 74 ff. VVG kann über die Rechte aus dem Versicherungsvertrag nur der Versicherungsnehmer verfügen.

66 Verzicht auf Rückgriff gegen Nachunternehmer § 3 Nr. 3 b ABU

Der Versicherer verzichtet auf Rückgriffansprüche gemäß § 3 Nr. 3 b ABU gegen Nachunternehmer wegen Schäden an anderen Bauleistungen als denen dieses Nachunternehmers.

74 Prozentualer Selbstbehalt § 14 Nr. 1 ABU

Für den Selbstbehalt gilt abweichend von § 14 Nr. 1 ABU der im Versicherungsschein genannte Prozentsatz.

75 Ausschluß des prozentualen Selbstbehalts § 14 Nr. 1 ABU

Der prozentuale Selbstbehalt gemäß § 14 Nr. 1 ABU ist ausgeschlossen.

76 Erhöhter Mindestselbstbehalt § 14 Nr. 1 ABU

Abweichend von § 14 Nr. 1 ABU ist der Mindestselbstbehalt auf den im Versicherungsschein genannten Betrag erhöht.

77 Glasbruchschäden

Glasbruchschäden sind bis zum fertigen Einsatz versichert.

Zusatzbedingung 62 zu den ABU

62 Zusatzbedingungen für Jahresverträge nach den „Allgemeinen Bedingungen für die Bauwesenversicherung von Unternehmerleistungen (ABU)"

Bei Jahresverträgen gelten abweichend von den „Allgemeinen Bedingungen für die Bauwesenversicherung von Unternehmerleistungen (ABU)" folgende Bestimmungen:

§ 1 Versicherte Sachen

1. Versichert sind alle Bauleistungen (§ 1 Nr. 1 ABU), die der Versicherungsnehmer während der Dauer dieses Vertrages innerhalb der Bundesrepublik Deutschland einschließlich des Landes Berlin ausführt oder durch Nachunternehmer ausführen läßt.

2. Baustoffe und Bauteile, die der Auftraggeber zur Verfügung stellt, sind jedoch nur versichert, soweit der Versicherungsnehmer diese Sachen und ihren Neuwert dem Versicherer schriftlich anmeldet.

3. Altbauten sind nur aufgrund besonderer Vereinbarung und nur gemäß den besonderen Bestimmungen für die „Mitversicherung von Altbauten gegen Einsturz" mitversichert.

§ 2 Versicherte Gefahren

1. Undichtigkeit oder Wasserdurchlässigkeit sowie nicht dicht hergestellte oder aus sonstigen Gründen ungeeignete Isolierungen sind nicht entschädigungspflichtig, wenn sie einen Mangel der Bauleistung darstellen.

Risse im Beton sind gemäß § 2 Nr. 1 Abs. 1 ABU nur dann entschädigungspflichtig, wenn sie unvorhergesehen entstanden sind. Solche Schäden können vorhersehbar insbesondere dann sein, wenn sie infolge von Kriech-, Schwind-, Temperatur- oder sonstigen statisch bedingten Spannungen entstehen.

2. Solange die Gefahr des Aufschwimmens besteht, müssen die Bauleistungen durch ausreichende und funktionsfähige Flutungsmöglichkeiten oder Ballast gesichert sein.

Sind Schäden durch aggressives Grundwasser möglich, so sind rechtzeitig eine Erst- und — falls erforderlich — eine Kontroll-Analyse sowie alle nach dem Ergebnis der Analysen erforderlichen Schutzmaßnahmen durchzuführen.

Verletzt der Versicherungsnehmer eine dieser Obliegenheiten, so ist der Versicherer gemäß § 6 VVG von der Entschädigungspflicht frei.

3. Für Schäden durch Brand und andere Ursachen gemäß § 2 Nr. 5 ABU wird Entschädigung nur geleistet, wenn dies auf Antrag des Versicherungsnehmers allgemein oder für bestimmte Bauleistungen besonders vereinbart worden ist.

4. Für Schäden durch Gewässer oder durch Grundwasser, das durch Gewässer beeinflußt wird, wird Entschädigung ohne Rücksicht auf mitwirkende Ursachen nur nach Maßgabe der besonderen Bestimmungen für „Baustellen im Bereich von Gewässern oder in Bereichen, in denen das Grundwasser durch Gewässer beeinflußt wird" und nur dann geleistet, wenn dies auf Antrag des Versicherungsnehmers besonders vereinbart worden ist.

§ 3 Versicherte Interessen

Ansprüche, die dem Versicherungsnehmer gegen Nachunternehmer in Zusammenhang mit einem versicherten Schaden an anderen Bauleistungen als denen dieses Nachunternehmers zustehen, gehen abweichend von § 3 Nr. 3 b ABU nicht auf den Versicherer über, wenn dies auf Antrag des Versicherungsnehmers für bestimmte Bauleistungen besonders vereinbart worden ist.

§ 4 Versicherungsort

1. Versicherungsort gemäß § 4 Nr. 1 ABU sind alle Baustellen der gemäß § 1 Nr. 1 versicherten Bauleistungen.

2. Zugehörige Lagerplätze sowie Transportwege zwischen zugehörigen Lagerplätzen und Baustellen oder zwischen mehreren Baustellen oder zugehörigen Lagerplätzen gelten als Versicherungsort nur, soweit dies auf Antrag des Versicherungsnehmers besonders vereinbart worden ist. Das gleiche gilt für provisorische Fabrikationsplätze von Fertigteilen („Feldfabriken").

§ 5 Versicherungssummen

1. Als Versicherungssummen gelten die vertraglichen Bausummen gemäß § 5 Nr. 2 a ABU.

2. Der Neuwert von Baustoffen und Bauteilen, die der Auftraggeber zur Verfügung stellt, ist gemäß § 1 Nr. 2 im voraus anzumelden.

3. Versicherungssummen auf Erstes Risiko (§ 5 Nr. 4 ABU) sind im voraus zu vereinbaren, soweit versichert werden sollen

a) Baugrund und Bodenmassen (§ 1 Nr. 2 ABU);
b) Schadensuchkosten (§ 9 Nr. 2 b ABU);
c) zusätzliche Aufräumungskosten (§ 9 Nr. 2 b ABU).

§ 6 Prämie

1. Prämiensätze

a) Es gelten die vereinbarten Prämiensätze.
b) Soweit Prämiensätze nicht im voraus vereinbart sind, ermittelt der Versicherer den angemessenen Prämiensatz von Fall zu Fall aufgrund der Angaben des Versicherungsnehmers (§ 10 Nr. 1 b). Er gewährt auf die für Bauleistungen gleicher Art und gleichen Umfangs bei Einzelverträgen angemessene Prämie den vereinbarten Nachlaß.
c) Auch für die Versicherungssummen auf Erstes Risiko gemäß § 5 Nr. 3 ermittelt der Versicherer den Prämiensatz von Fall zu Fall.

2. Einspruch gegen Prämiensätze:

a) Der Versicherungsnehmer kann gegen einen gemäß § 6 Nr. 1 b ermittelten Prämiensatz Einspruch erheben, jedoch nur schriftlich und nur innerhalb von vier Wochen nach Zugang der Mitteilung über den Prämiensatz. Die Frist beginnt nur zu laufen, wenn der Versicherer auf die Folge ihres Ablaufes hingewiesen hat.
b) Erhebt der Versicherungsnehmer keinen Einspruch gemäß Nr. 2 a, so gilt die Einigung gemäß § 7 Nr. 3 über den Prämiensatz mit Ablauf der Einspruchsfrist als zustande gekommen.

3. Prämienzuschläge

Folgende besondere Vereinbarungen treten erst in Kraft, wenn über einen Prämienzuschlag Einigung erzielt worden ist:

a) Mitversicherung von Baustoffen und Bauteilen, die der Auftraggeber zur Verfügung stellt (§ 1 Nr. 2);
b) Mitversicherung von Altbauten (§ 1 Nr. 3);
c) Versicherungsschutz gegen Brand gemäß § 2 Nr. 3;
d) Einschluß von Schäden durch Gewässer (§ 2 Nr. 4);
e) Ausschluß des Rückgriffs gegen Nachunternehmer in den Fällen von § 3;
f) Erweiterung des Versicherungsortes (§ 4 Nr. 2);
g) Versicherung nicht vollendeter Bauleistungen über das Ende dieses Vertrages hinaus (§ 8 Nr. 4);
h) Mitversicherung zusätzlich übernommenen Unternehmerrisikos (§ 3 Nr. 5 a ABU);
i) Mitversicherung des Auftraggeberrisikos (§ 3 Nr. 5 b ABU);
j) Entschädigung für zusätzliche Wiederherstellungskosten gemäß § 10 Nr. 4 b, 4 e und 6 c ABU.

4. Vorläufige Prämie

a) Eine vorläufige Prämie ist für den Rest des bei Beginn der Versicherung laufenden Kalenderjahres sowie für jedes folgende Versicherungsjahr im voraus zu zahlen gegebenenfalls in den vereinbarten Raten.
b) Die vorläufige Prämie wird aus dem zuletzt für ein vorausgegangenes Kalenderjahr im Antrag oder gemäß Nr. 5 b gemeldeten Umsatz berechnet.

5. Endgültige Prämie

a) Die endgültige Prämie wird für jedes Versicherungsjahr aus den Umsätzen dieses Versicherungsjahres berechnet. Ein Differenzbetrag gegenüber der vorläufigen Prämie ist nachzuentrichten oder zurückzugewähren.
b) Der Versicherungsnehmer ist verpflichtet, dem Versicherer spätestens drei Monate nach Ablauf jedes Versicherungsjahres seine Umsätze auf einem Formblatt bekanntzugeben und einem Beauftragten des Versicherers Einsicht in alle Unterlagen zu gewähren, mit deren Hilfe die Angaben über die Umsätze überprüft werden können.

6. Mehrjährigkeitsrabatt

a) Steht dem Versicherer wegen eines vorzeitigen Vertragsendes nicht die Prämie für fünf volle Versicherungsjahre zu, so entfällt ein vereinbarter Mehrjährigkeitsrabatt rückwirkend; die Unterschiedsbeträge sind nachzuzahlen.

b) Dies gilt nicht, wenn der Versicherer den Vertrag gekündigt hat.

§ 7 Beginn der Haftung

1. Die Haftung des Versicherers beginnt mit dem vereinbarten Zeitpunkt. Dies gilt auch für Bauleistungen, die zu diesem Zeitpunkt bereits begonnen worden sind.

2. Für Baustoffe und Bauteile, die der Auftraggeber zur Verfügung stellt, beginnt die Haftung erst am Tage des Zugangs der Anmeldung (§ 1 Nr. 2) bei dem Versicherer, mittags 12 Uhr.

3. Für Bauleistungen, für die der Prämiensatz gemäß § 6 Nr. 1 b von Fall zu Fall ermittelt wird, beginnt die Haftung des Versicherers erst am Tage des Zugangs der Anmeldung bei dem Versicherer, mittags 12 Uhr, und frühestens mit der Einigung über den Prämiensatz.

§ 8 Ende der Versicherung

1. Dieser Vertrag endet mit dem vereinbarten Zeitpunkt. Er verlängert sich um ein Jahr und weiter von Jahr zu Jahr, wenn er nicht drei Monate vor Ablauf durch eine Partei schriftlich gekündigt wird.

2. Die Haftung des Versicherers endet für jede versicherte Bauleistung gemäß § 8 Nr. 3 ABU, spätestens jedoch mit dem Ende dieses Vertrages.

3. Wird der Vertrag gemäß Nr. 1 oder nach einem entschädigungspflichtigen Versicherungsfall (§ 8 Nr. 4 ABU) oder wegen Obliegenheitsverletzung gekündigt, so endet der gesamte Versicherungsvertrag.

4. Wenn dies auf Antrag des Versicherungsnehmers besonders vereinbart ist, sind jedoch Bauleistungen, die bei Beendigung dieses Vertrages nicht vollendet waren, über den Zeitpunkt der Wirksamkeit der Kündigung hinaus versichert.

§ 9 Umfang der Entschädigung

Liegen bei Eintritt eines Schadens die Voraussetzungen nicht vor, unter denen gemäß § 1 Nr. 2 Baustoffe und Bauteile versichert sind, die der Auftraggeber stellt, so sind die Kosten der Wiederherstellung beschädigter versicherter Bauleistungen nicht entschädigungspflichtig, soweit in ihnen Mehrkosten für die erneute Beschaffung solcher Baustoffe und Bauteile enthalten sind.

§ 10 Obliegenheiten des Versicherungsnehmers

1. Der Versicherungsnehmer hat dem Versicherer unverzüglich schriftlich anzuzeigen

a) Unterbrechungen von Bauarbeiten gemäß § 2 Nr. 3 d ABU;

b) den Beginn von Bauleistungen, für die gemäß § 6 Nr. 1 b der Prämiensatz von Fall zu Fall ermittelt wird;

c) Bauleistungen, bei denen die vertragliche Bausumme (§ 5 Nr. 2 a ABU) 1 000 000 DM übersteigt.

2. Verletzt der Versicherungsnehmer die Obliegenheit gemäß § 10 Nr. 1 c, so ist der Versicherer nach Maßgabe des § 6 VVG von der Verpflichtung zur Leistung frei. Die gesetzlichen Bestimmungen über Gefahrerhöhungen (§§ 23 ff. VVG) bleiben unberührt.

3. § 17 Nr. 1 a bis 1 d ABU gelten nicht.

§ 11 Versicherung durch den Auftraggeber

1. Versicherungsschutz besteht nicht, soweit das Interesse des Versicherungsnehmers für einzelne Bauleistungen versichert ist

a) nach den „Allgemeinen Bedingungen für die Auftraggeberversicherung von Gebäudeneubauten (ABN)" durch einen Versicherungsvertrag des Auftraggebers;

b) nach den ABU durch den Versicherungsvertrag eines Unternehmers, der den Versicherungsnehmer des vorliegenden Jahresvertrages mit den Bauleistungen beauftragt hat.

2. Der Umsatz aus Bauleistungen, für die wegen Nr. 1 Versicherungsschutz durch diesen Vertrag nicht oder in vermindertem Umfang zu gewähren war, wird bei Berechnung der endgültigen Prämie nicht oder nur mit einem angemessen verminderten Prämiensatz berücksichtigt.

Vertragsgrundlagen

Klausel 55 zu den ABU und ABN

Mitversicherung von Altbauten gegen Einsturz
§§ 1 Nr. 1 ABU, ABN

1. Mitversichert sind die in dem Versicherungsschein bezeichneten Altbauten, soweit an ihnen unmittelbar eine nach § 1 Nr. 1 ABU oder § 1 Nr. 1 ABN versicherte Bauleistung ausgeführt wird, durch die in ihre tragende Konstruktion eingegriffen wird oder durch die sie unterfangen werden.

2. Entschädigung wird geleistet für Einsturz versicherter Altbauten, soweit diese Schäden unmittelbare Folgen der an den Altbauten ausgeführten Bauleistungen sind und soweit ein versicherter Unternehmer ersatzpflichtig ist.

Sonstige Schäden stehen einem Einsturz nur dann gleich, wenn der Altbau aus Gründen der Standsicherheit ganz oder teilweise abgebrochen werden muß.

3. Ist das Auftraggeberrisiko versichert (§§ 3 Nr. 5 b ABU, 3 Nr. 1 ABN), so wird Entschädigung auch für Schäden geleistet, die zu Lasten des Auftraggebers gehen.

4. Der Versicherer leistet keine Entschädigung für
a) Schäden durch Rammarbeiten;
b) Schäden durch Veränderung der Grundwasserverhältnisse;
c) Risse und Senkungsschäden, soweit nicht die Voraussetzungen von Nr. 2 gegeben sind;
d) Schäden an Sachen, die in den Altbauten eingebaut oder untergebracht sind;
e) Schäden an der künstlerischen Ausstattung (z. B. Stuckierung, Fassadenfiguren) und an Reklameeinrichtungen.

5. Ein Abzug neu für alt wird nicht vorgenommen.
Der Versicherer leistet Entschädigung höchstens bis zu der auf Erstes Risiko versicherten Summe.
Der als entschädigungspflichtig ermittelte Betrag wird um 20 v. H., wenigstens aber um den vereinbarten Mindestselbstbehalt, gekürzt.
Der Versicherer leistet keine Entschädigung, soweit der Schaden durch einen Anspruch aus einem Haftpflichtversicherungsvertrag gedeckt ist.

6. Die versicherte Summe vermindert sich jeweils um die geleistete Entschädigung (Nr. 5). Sie erhöht sich wieder auf den vereinbarten Betrag, sobald dem Versicherer eine entsprechende Erklärung des Versicherungsnehmers zugeht. Der Versicherungsnehmer hat in diesem Fall Prämie zeitanteilig nachzuentrichten.

7. Der Versicherungsnehmer ist verpflichtet, den Zustand der versicherten Altbauten vor Beginn der Bauarbeiten durch Zustandsberichte aktenkundig zu machen und während der Bauzeit zu überwachen. Risse sind zu markieren und zu überwachen. Verletzt der Versicherungsnehmer eine dieser Obliegenheiten, so ist der Versicherer nach Maßgabe des § 6 VVG von der Entschädigungspflicht frei.

8. Die Haftung des Versicherers für die mitversicherten Altbauten beginnt mit dem vereinbarten Zeitpunkt.
Sie endet einen Monat nach Abschluß der Bauleistungen gemäß Nr. 1.

9. Soweit nicht schriftlich für den Einzelfall oder durch die vorstehenden Bestimmungen etwas anderes vereinbart ist, gelten die ABU oder die ABN.

Verantwortlichkeit für den Antrag, Nebenabreden

Der Antragsteller ist allein für die Richtigkeit und Vollständigkeit der Angaben im Antrag verantwortlich.

Nebenabreden und Deckungszusagen sind nur mit Zustimmung der Gesellschaft wirksam.

Datenschutz

Ich ermächtige den Versicherer, die im Zusammenhang mit der beantragten Versicherung stehenden Daten zu speichern und an die Versicherer der Allianz Versicherungsgruppe sowie an den Verband der Sachversicherer zum gleichen Zweck zu übermitteln, soweit dies zur üblichen Betreuung des Ermächtigenden oder zur ordnungsgemäßen Durchführung der vertraglichen Beziehungen erforderlich ist. Die Vorschriften des Bundesdatenschutzgesetzes zur Datenübermittlung bleiben unberührt. Die Anschrift der jeweiligen Datenempfänger wird auf Wunsch mitgeteilt.

Allgemeine Bedingungen für die Versicherung gegen Schaden durch Betriebsunterbrechung infolge des Ausfalls der öffentlichen Elektrizitätsversorgung (ABUB [E])

§ 1

Gegenstand der Versicherung

1. Wird der im Versicherungsschein bezeichnete Betrieb des Versicherungsnehmers infolge des Ausfalls der öffentlichen Elektrizitätsversorgung unterbrochen, so ersetzt der Versicherer nach den folgenden Bestimmungen den dadurch entstehenden Unterbrechungsschaden.
2. Der Versicherer haftet nicht, soweit der Ausfall der öffentlichen Versorgung verursacht wurde durch:
   a) länger vorausgeplante Abschaltungen, es sei denn, diese seien hervorgerufen durch einen unvorhergesehenen Sachschaden im Kraftwerk und seinen Hilfseinrichtungen oder in dem öffentlichen Versorgungsnetz.
   b) Krieg, innere Unruhen, Aufruhr, Streik, Aussperrung, behördliche Verfügung und Atomenergie.
3. Die Grenzstelle zwischen dem öffentlichen Versorgungsnetz und dem Betrieb des Versicherungsnehmers ist im Versicherungsschein zu bezeichnen.
   Betriebsunterbrechungen infolge eines Sachschadens innerhalb des Betriebes des Versicherungsnehmers fallen nicht unter die Ersatzpflicht des Versicherers, auch dann nicht, wenn der Sachschaden durch den Ausfall der öffentlichen Elektrizitätsversorgung verursacht wurde.

§ 2

Unterbrechungsschaden Haftzeit

1. Unterbrechungsschaden ist der entgehende Geschäftsgewinn und der Aufwand an fortlaufenden Geschäftskosten in dem versicherten Betriebe.
2. Der Versicherer haftet nicht, soweit der Unterbrechungsschaden durch außergewöhnliche, während der Unterbrechung eintretende Ereignisse erheblich vergrößert wird.
3. Der Versicherer haftet nicht, wenn die Dauer des Ausfalls der öffentlichen Versorgung unter der vereinbarten Mindestzeit bleibt.
4. Der Versicherer haftet längstens für die Dauer der vereinbarten Zeit (Haftzeit).

§ 3

Geschäftsgewinn und Geschäftskosten

1. Geschäftsgewinn ist der Gewinn aus dem Absatz der im versicherten Betrieb hergestellten oder gehandelten Waren und der Gewinn aus Dienstleistungen.
2. Geschäftskosten sind alle in dem Betrieb entstehenden Kosten.
3. Als Geschäftsgewinn und Geschäftskosten im Sinne der Absätze 1 und 2 gelten nicht
   a) Verbrauchs- und Umsatzsteuern,
   b) Aufwendungen für den Erwerb von Waren, Roh-, Hilfs- und Betriebsstoffen, soweit sie nicht der Betriebserhaltung dienen,
   c) Gewinne und Kosten, die mit dem eigentlichen Fabrikations-, Handels- oder Gewerbebetrieb nicht zusammenhängen, beispielsweise aus Kapital-, Spekulations- und Grundstücksgeschäften.
4. Geschäftsgewinn und Geschäftskosten sind in einer Gruppe (Position) versichert, soweit für sie die gleiche Haftzeit gilt.

§ 4

Versicherungswert im Schadenfall, Bewertungszeitraum, Unterversicherung

1. Maßgebend für den Versicherungswert im Schadenfall sind der Geschäftsgewinn und die Geschäftskosten, die der Versicherungsnehmer ohne Unterbrechung des Betriebes in dem Bewertungszeitraum erwirtschaftet hätte. Der Bewertungszeitraum umfaßt 12 Monate. Er endet zu dem Zeitpunkt, von dem an ein Unterbrechungsschaden nicht mehr entsteht, spätestens jedoch mit dem Ablauf der Haftzeit.
2. Ist zum Zeitpunkt des Beginnes des Ausfalls der öffentlichen Versorgung die Versicherungssumme einer Gruppe niedriger als ihr Versicherungswert, so wird nur der Teil des Schadens ersetzt, der sich zum ganzen Schaden verhält wie die Versicherungssumme zum Versicherungswert.

§ 5

Umfang der Entschädigung

1. Zu ersetzen sind der Geschäftsgewinn und die Geschäftskosten, die der Versicherungsnehmer infolge der Betriebsunterbrechung im Bewertungszeitraum nicht erwirtschaften konnte.
2. Geschäftskosten werden nur ersetzt, soweit ihr Weiteraufwand rechtlich notwendig oder wirtschaftlich begründet ist und soweit sie ohne die Unterbrechung erwirtschaftet worden wären.
3. Bei der Feststellung des Unterbrechungsschadens sind alle Umstände zu berücksichtigen, die den Gang und das Ergebnis des Betriebes während des Bewertungszeitraumes günstig oder ungünstig beeinflußt haben würden, wenn die Unterbrechung nicht eingetreten wäre.
4. Die Versicherung darf nicht zu einer Bereicherung führen. Wirtschaftliche Vorteile, die sich nach Ablauf des Bewertungszeitraumes als Folge der Unterbrechung innerhalb der Haftzeit ergeben, sind in billiger Weise zu berücksichtigen.

§ 6

Buchführungspflicht

1. Der Versicherungsnehmer ist verpflichtet, Bücher zu führen, Inventuren und Bilanzen für die drei Vorjahre sind sicher oder zum Schutz gegen gleichzeitige Vernichtung voneinander getrennt aufzubewahren.
2. Bei Verletzung dieser Obliegenheit ist der Versicherer von der Entschädigungspflicht frei, wenn der Versicherungsnehmer nicht nachweist, daß die Verletzung weder auf Vorsatz noch auf grober Fahrlässigkeit beruht.

§ 7

Prämie, Beginn der Haftung

1. Der Versicherungsnehmer hat die erste Prämie gegen Aushändigung der Versicherungsurkunde, Folgeprämien bei Beginn jeder Versicherungsperiode zu zahlen. Mit der Prämie sind die aus der Versicherungsurkunde oder der Prämienrechnung ersichtlichen Kosten (öffentliche Abgaben, Ausfertigungs- und Hebegebühren, Auslagen) zu entrichten.

2. Die Haftung des Versicherers beginnt mit der Einlösung der Versicherungsurkunde, jedoch nicht vor dem darin bezeichneten Zeitpunkt
3. Für die Folgen nicht rechtzeitiger Prämienzahlung gelten die §§ 38 und 39 VVG. Rückständige Folgeprämien dürfen nur innerhalb eines Jahres seit Ablauf der nach § 39 VVG gesetzten Zahlungsfrist gerichtlich eingezogen werden.
4. Endigt das Versicherungsverhältnis vor Ablauf der Vertragszeit oder wird es nach Beginn der Versicherung rückwirkend aufgehoben oder ist es von Anfang an nichtig, so gebührt dem Versicherer Prämie oder Geschäftsgebühr nach Maßgabe der gesetzlichen Bestimmungen (z. B. §§ 40 und 68 VVG). Kündigt nach dem Eintritt des Schadens (§ 14,2) der Versicherungsnehmer, so gebührt dem Versicherer die Prämie für die laufende Versicherungsperiode; kündigt der Versicherer, so gilt das gleiche, jedoch hat er die Prämie, die auf die nach Abzug der Entschädigung verbleibende Versicherungssumme entfällt, nach Verhältnis der noch nicht abgelaufenen Versicherungszeit zurückzuzahlen.

   War die Prämie für mehrere Jahre vorausgezahlt, so wird der Betrag einbehalten, den der Versicherer bei Abschluß der Versicherung für die abgelaufene Zeit berechnet haben würde.

§ 8

Pflichten des Versicherungsnehmers im Schadenfall

1. Der Versicherungsnehmer hat jeden Ausfall der öffentlichen Versorgung, der die Mindestzeit überschreitet, dem Versicherer unverzüglich fernmündlich oder fernschriftlich anzuzeigen.
2. Bei Eintritt eines Unterbrechungsschadens hat er, soweit es ihm billigerweise zugemutet werden kann,
   a) für die Abwendung oder Minderung des Unterbrechungsschadens zu sorgen und dabei die Weisungen des Versicherers zu befolgen;
   b) dem Versicherer, dessen Beauftragten und Sachverständigen jede Untersuchung über Ursache und Höhe des Schadens und über den Umfang der Entschädigungspflicht zu gestatten und jede hierzu dienliche Auskunft auf Verlangen schriftlich zu erteilen. Er hat zu diesem Zweck insbesondere die Geschäftsbücher, Inventuren und Bilanzen, sowie Hilfsbücher, Rechnungen und Belege über den Geschäftsgang während des laufenden Geschäftsjahres und der drei Vorjahre zur Verfügung zu stellen.
3. Verletzt der Versicherungsnehmer eine der vorstehenden Obliegenheiten, so ist der Versicherer von der Verpflichtung zur Leistung frei, es sei denn, daß die Verletzung weder auf Vorsatz noch auf grober Fahrlässigkeit beruht. Bei grobfahrlässiger Verletzung der unter 1) und 2b) bestimmten Obliegenheiten bleibt der Versicherer zur Leistung insoweit verpflichtet, als die Verletzung keinen Einfluß auf die Feststellung oder den Umfang der Entschädigungsleistung gehabt hat. Bei grobfahrlässiger Verletzung einer der unter 2a) bestimmten Obliegenheiten bleibt der Versicherer insoweit verpflichtet, als der Umfang des Schadens auch bei gehöriger Erfüllung der Obliegenheit nicht geringer gewesen wäre.

§ 9

Ersatz der Aufwendungen zur Schadenminderung

1. Aufwendungen, die der Versicherungsnehmer zur Abwendung oder Minderung des Unterbrechungsschadens macht, fallen dem Versicherer zur Last,
   a) soweit sie den Umfang der Entschädigungspflicht des Versicherers verringern oder
   b) soweit der Versicherungsnehmer sie den Umständen nach für geboten halten durfte, aber wegen ihrer Dringlichkeit das Einverständnis des Versicherers vorher nicht einholen konnte. In diesem Falle ist der Versicherer über die eingeleiteten Maßnahmen unverzüglich zu verständigen.
2. Die Aufwendungen werden nicht ersetzt, soweit
   a) durch sie über die Haftzeit hinaus für den Versicherungsnehmer Nutzen entsteht,
   b) durch sie Geschäftskosten erwirtschaftet werden, die nicht versichert sind,
   c) sie mit der Entschädigung zusammen die Versicherungssumme übersteigen, es sei denn, daß sie auf einer Weisung des Versicherers beruhen.
3. Bei einer Unterversicherung – § 4 Abs. 2 – sind die Aufwendungen nur in demselben Verhältnis zu ersetzen wie der Unterbrechungsschaden.

§ 10

Sachverständigenverfahren

1. Jede Partei kann verlangen, daß die Höhe des Unterbrechungsschadens durch Sachverständige festgestellt wird. Die Ausdehnung des Sachverständigenverfahrens auf sonstige Feststellungen bedarf besonderer Vereinbarung.
2. Für das Sachverständigenverfahren gelten folgende Grundsätze:
   a) Jede Partei ernennt zu Protokoll oder sonst schriftlich einen Sachverständigen. Jede Partei kann die andere unter Angabe des von ihr gewählten Sachverständigen zur Ernennung des zweiten Sachverständigen auffordern. Die Aufforderung bedarf der Schriftform. Wird der zweite Sachverständige nicht binnen 2 Wochen nach Empfang der Aufforderung ernannt, so kann ihn die auffordernde Partei durch das für den Schadenort zuständige Amtsgericht ernennen lassen. In der Aufforderung ist auf diese Folge hinzuweisen.
   b) Beide Sachverständige ernennen zu Protokoll oder sonst schriftlich vor Beginn des Feststellungsverfahrens einen Dritten als Obmann. Einigen sie sich nicht, so wird der Obmann auf Antrag einer Partei oder beider Parteien durch das für den Schadenort zuständige Amtsgericht ernannt.
   c) Die Sachverständigen reichen ihre Feststellungen gleichzeitig dem Versicherer und dem Versicherungsnehmer ein. Weichen die Ergebnisse der Feststellungen voneinander ab, so übergibt der Versicherer sie unverzüglich dem Obmann. Dieser entscheidet über die strittig gebliebenen Punkte innerhalb der Grenzen beider Feststellungen und reicht seine Feststellung gleichzeitig dem Versicherer und dem Versicherungsnehmer ein.
   d) Die Feststellung, die die Sachverständigen und der Obmann im Rahmen ihrer Zuständigkeit treffen, ist verbindlich, wenn nicht nachgewiesen wird, daß sie offenbar von der wirklichen Sachlage erheblich abweicht.
   e) Jede Partei trägt die Kosten ihres Sachverständigen, die Kosten des Obmanns trägt jede Partei zur Hälfte.

§ 11

Umfang der Feststellung der Sachverständigen

1. Die Feststellung der Sachverständigen muß, wenn beide Parteien sich hierüber nach Eintritt eines Unterbrechungsschadens nicht anders einigen, insbesondere folgendes ergeben:
   a) Gewinn- und Verlustrechnungen für das laufende Geschäftsjahr bis zum Beginn der Betriebsunterbrechung und für das vorausgegangene Geschäftsjahr,
   b) eine Gewinn- und Verlustrechnung, aus der sich ergibt, wie sich das Geschäft während des Bewertungszeitraumes ohne Unterbrechung des Betriebes gestaltet hätte,
   c) eine Gewinn- und Verlustrechnung, aus der sich ergibt, wie sich das Geschäft während des Bewertungszeitraumes infolge der Unterbrechung gestaltet hat,
   d) ob und in welcher Weise Umstände, welche die Entschädigungspflicht des Versicherers beeinflussen, bei Feststellung des Unterbrechungsschadens berücksichtigt worden sind
2. Die Gewinn- und Verlustrechnungen sind im Sinne des § 3 aufzustellen. Dabei sind alle Geschäftskosten gesondert auszuweisen unter Kennzeichnung der im Bewertungszeitraum fortlaufenden Kosten.

§ 12

Besondere Verwirkungsgründe

Wenn der Versicherungsnehmer den Ausfall der öffentlichen Versorgung oder den Unterbrechungsschaden vorsätzlich oder grobfahrlässig herbeiführt oder sich bei den Verhandlungen über die Ermittlung der Entschädigung für die Unterbrechung einer arglistigen Täuschung schuldig macht, ist der Versicherer von jeder Entschädigungspflicht aus diesem Schadenfall frei.

§ 13

Zahlung der Entschädigung

1. Die Entschädigung ist zwei Wochen nach ihrer vollständigen Feststellung fällig.
2. Wenn es nach Ablauf eines Monats nach Beginn der Unterbrechung und nach Ablauf jedes weiteren Monats möglich ist, den Betrag festzustellen, den der Versicherer für die verflossene Zeit der Unterbrechung mindestens zu vergüten hat, kann der Versicherungsnehmer verlangen, daß ihm dieser Betrag in Anrechnung auf die Gesamtleistung gezahlt wird.

3. Der Versicherer ist berechtigt, die Zahlung aufzuschieben:

   a) wenn Zweifel über die Berechtigung des Versicherungsnehmers zum Zahlungsempfang bestehen, bis zur Vorlage der erforderlichen Nachweise;

   b) wenn eine polizeiliche oder strafgerichtliche Untersuchung aus Anlaß des Sachschadens oder des Unterbrechungsschadens gegen den Versicherungsnehmer eingeleitet ist, bis zum Abschluß dieser Untersuchung.

4. Andere Zinsen als Verzugszinsen hat der Versicherer nicht zu leisten.

5. Lehnt der Versicherer den Entschädigungsanspruch ab, so ist er von der Entschädigungspflicht frei, wenn der Entschädigungsanspruch nicht innerhalb von sechs Monaten gerichtlich geltend gemacht wird. Die Frist beginnt erst, nachdem der Versicherer dem Versicherungsnehmer gegenüber den erhobenen Anspruch unter Angabe der mit dem Ablaufe der Frist verbundenen Rechtsfolge schriftlich abgelehnt hat.

§ 14

Rechtsverhältnisse nach Eintritt des Unterbrechungsschadens

1. Vom Tage der Unterbrechung an vermindert sich die Versicherungssumme für den Rest der Versicherungsperiode um den Betrag der Entschädigung. Für spätere Versicherungsperioden gelten wieder die ursprüngliche Versicherungssumme und Prämie, wenn nichts anderes vereinbart wurde.
2. Nach Eintritt eines nach § 1 ersatzpflichtigen Unterbrechungsschadens können beide Parteien jeden zwischen ihnen bestehenden Vertrag über die Versicherung gegen Schaden durch Betriebsunterbrechung infolge des Ausfalls der öffentlichen Versorgung kündigen. Die Kündigung hat spätestens 2 Wochen nach Auszahlung oder Ablehnung schriftlich zu erfolgen. Der Vertrag endigt einen Monat nach der Kündigung.

§ 15

Form der Erklärungen des Versicherungsnehmers

Versicherungsanträge sowie sämtliche Anzeigen und Erklärungen des Versicherungsnehmers, mit Ausnahme der Schadenanzeige, bedürfen der Schriftform.

Soweit nicht in den Allgemeinen Bedingungen für die Versicherung gegen Schaden durch Betriebsunterbrechung infolge des Ausfalls der öffentlichen Elektrizitätsversorgung oder durch besondere Vereinbarung Abweichendes bestimmt ist, gelten die gesetzlichen Vorschriften.

Allgemeine Maschinenversicherungsbedingungen (AMB)

1. Versicherte Sachen

1. 1. 1. Versichert sind die Sachen, die in einem dem Versicherungsschein beigefügten Maschinenverzeichnis aufgeführt sind; sie sind auch versichert, wenn sie nicht oder nicht mehr dem Versicherungsnehmer gehören.
1. 1. 2. Die Sachen sind versichert, solange sie betriebsfertig sind. Als betriebsfertig gelten sie, wenn sie nach beendeter Erprobung und — soweit vorgesehen — nach beendetem Probebetrieb zur Arbeitsaufnahme bereit sind.
1. 1. 3. Waren diese Sachen einmal betriebsfertig, so bleiben sie auch dann versichert, wenn ihre Betriebsfertigkeit für die Dauer einer Reinigung, Lagerung, Revision, Überholung oder Instandsetzung unterbrochen ist. Das gleiche gilt, während die Sachen aus solchen Anlässen innerhalb des Versicherungsortes transportiert, de- und remontiert und probeweise betrieben werden.
1. 1. 4. Versicherungsort
Die in dem Maschinenverzeichnis aufgeführten Sachen sind nur innerhalb der in dem Versicherungsschein genannten Betriebsgrundstücke versichert.

1. 2. Es können versichert werden:
1. 2. 1. Maschinen und maschinelle Einrichtungen; bei versicherten elektrischen Einrichtungen wie Transformatoren und Schaltern ist die Ölfüllung mitversichert;
1. 2. 2. Fundamente versicherter Maschinen und maschineller Einrichtungen;
1. 2. 3. Reserveteile versicherter Maschinen und maschineller Einrichtungen;
1. 2. 4. Ölfüllungen versicherter Dampfturbinen, jedoch nur nach besonderer Vereinbarung.

1. 3. Nicht versichert sind:
1. 3. 1. Werkzeuge aller Art, z. B. Bohrer, Brechwerkzeuge, Formen, Matrizen, Messer, Sägeblätter, Steine, Stempel, sowie Kugeln, Schlaghämmer und Schlagplatten von Mühlen;
1. 3. 2. Transportbänder, Siebe, Musterwalzen, Panzerung von Mühlen, Ketten (außer Elevatoren- und Regler-Ketten), Schläuche, Filtertücher, Gummi-, Textil- und Kunststoffbeläge, Seile, Gurte, Riemen, Bürsten, Bereifung;
1. 3. 3. Ausmauerung von Öfen, Feuerungsanlagen und Behältern sowie Roststäbe und Brennerdüsen von Feuerungsanlagen;
1. 3. 4. Betriebsstoffe wie Brennstoffe, Chemikalien, Filtermassen, Kontaktmassen, Kühlmittel, Reinigungsmittel, Schmiermittel, auch Öl (außer im Falle von 1. 2. 4.);
1. 3. 5. Katalysatoren.

2. Versicherte Gefahren

2. 1. Der Versicherer leistet Entschädigung für unvorhergesehen und plötzlich eintretende Schäden an versicherten Sachen, und zwar ohne Rücksicht darauf, ob die Schadenursache mit dem Betrieb zusammenhängt.
Insbesondere leistet der Versicherer Entschädigung für Schäden, die entstehen durch:
2. 1. 1. Bedienungsfehler, Ungeschicklichkeit, Fahrlässigkeit, Böswilligkeit;
2. 1. 2. Konstruktions-, Material- oder Ausführungsfehler;
2. 1. 3. Wassermangel in Dampfkesseln oder Dampfgefäßen;
2. 1. 4. Zerreißen infolge Fliehkraft;
2. 1. 5. Überdruck (außer in den Fällen von 2. 2. 6.) oder Unterdruck;
2. 1. 6. Kurzschluß, Überstrom oder Überspannung mit oder ohne Feuererscheinung an elektrischen Einrichtungen (außer in den Fällen von 2. 2. 6. und 2. 2. 7.);
2. 1. 7. Versagen von Meß-, Regel- oder Sicherheitseinrichtungen;
2. 1. 8. Sturm, Frost, Eisgang.

2.2. Der Versicherer leistet ohne Rücksicht auf mitwirkende Ursachen keine Entschädigung für Schäden:
2. 2. 1. die während der Dauer von Erdbeben, Erdsenkungen, Erdrutsch, Felssturz, Hochwasser, Überschwemmungen oder sonstigen Ereignissen höherer Gewalt als deren Folge entstehen (außer im Falle von 2. 1. 8.);
2. 2. 2. durch Kriegsereignisse jeder Art, Bürgerkriege oder innere Unruhen;
2. 2. 3. die durch Streikende oder Ausgesperrte entstehen, die zusammengerottet in die Betriebsgrundstücke eindringen oder widerrechtlich dort verbleiben;
2. 2. 4. durch Kernenergie;
2. 2. 5. durch Anprall oder Absturz eines unbemannten Flugkörpers, seiner Teile oder seiner Ladung;
2. 2. 6. durch Brand, Explosion, Blitzschlag, Löschen oder Niederreißen bei diesen Ereignissen, durch Anprall oder Absturz eines bemannten Flugkörpers, seiner Teile oder seiner Ladung, soweit diese Gefahren durch eine Feuerversicherung gedeckt werden können;
2. 2. 7. die als Folge von Brand, Explosion oder Blitzschlag durch Kurzschluß, Überstrom oder Überspannung an elektrischen Einrichtungen entstehen und durch eine Feuerversicherung gedeckt werden können;
2. 2. 8. die der Versicherungsnehmer, die Leitung des Unternehmens oder ein verantwortlicher Betriebsleiter eines Werkes vorsätzlich oder grobfahrlässig verursachen;
2. 2. 9. durch Mängel, die bei Abschluß der Versicherung bereits vorhanden waren und dem Versicherungsnehmer, der Leitung des Unternehmens oder einem verantwortlichen Betriebsleiter bekannt sein mußten;
2. 2. 10. die eine unmittelbare Folge der dauernden Einflüsse des Betriebes, der übermäßigen Bildung von Rost oder des übermäßigen Ansatzes von Kesselstein, Schlamm oder sonstiger Ablagerungen sind; wird infolge eines solchen Schadens ein benachbartes Maschinenteil beschädigt, so leistet der Versicherer im Rahmen von 2. 1. und 2. 2. Entschädigung;
2. 2. 11. durch Diebstahl; der Versicherer leistet jedoch für Schäden gemäß 2. 1. an nicht gestohlenen Sachen Entschädigung, auch wenn sie als Folge des Diebstahls eintreten;
2. 2. 12. für die ein Dritter als Lieferant, Werkunternehmer oder aus Reparaturauftrag einzutreten hat.
Bestreitet der Dritte seine Eintrittspflicht, so leistet der Versicherer zunächst Entschädigung, soweit er dazu bedingungsgemäß verpflichtet ist. Ergibt sich nach Zahlung der Entschädigung, daß ein Dritter für den Schaden eintreten muß und bestreitet er dies, so behält der Versicherungsnehmer zunächst die bereits gezahlte Entschädigung.
§ 67 des Gesetzes über den Versicherungsvertrag (VVG) gilt für diese Fälle nicht. Der Versicherungsnehmer hat seinen Anspruch auf Kosten und nach den Weisungen des Versicherers außergerichtlich und erforderlichenfalls gerichtlich geltend zu machen.
Die Entschädigung ist zurückzuzahlen, wenn der Versicherungsnehmer einer Weisung des Versicherers nicht folgt oder soweit die Eintrittspflicht des Dritten unstreitig oder rechtskräftig festgestellt wird.

2. 3. Ist der Beweis für das Vorliegen einer der in 2. 2. 1. bis 2. 2. 4. genannten Ursachen nicht zu erbringen, so genügt für den Ausschluß der Haftung des Versicherers die überwiegende Wahrscheinlichkeit, daß der Schaden auf eine dieser Ursachen zurückzuführen ist.

3. Versicherungssumme; Unterversicherung

3. 1. Für die Versicherungssumme ist der jeweilige Versicherungswert maßgebend.

3. 2. Versicherungswert ist der jeweils gültige Listenpreis zuzüglich der jeweiligen Kosten für Fracht und Montage sowie für mitversicherte Fundamente. Wird die versicherte Sache später in Preislisten nicht mehr geführt, so ist der letzte Listenpreis maßgebend; dieser ist an Änderungen des Lohn- und Preisgefüges anzupassen.

3. 3. Hatte die Sache keinen Listenpreis, so tritt an dessen Stelle ihr Kauf- oder Lieferpreis; dieser ist ebenfalls an Änderungen des Lohn- und Preisgefüges anzupassen.

3.4. Kann weder ein Listen- noch ein Kaufpreis ermittelt werden, so ist die Summe der Kosten maßgebend, die jeweils notwendig sind, um die Sache in der vorliegenden Konstruktion und Abmessung herzustellen.

3.5. Rabatte und Preiszugeständnisse bleiben für den Versicherungswert unberücksichtigt.

3.6. Ist zur Zeit des Eintritts des Versicherungsfalls die Versicherungssumme niedriger als der Versicherungswert (3. 2. bis 3. 5.), so wird nur der Teil des Schadens ersetzt, der sich zu dem ganzen Schaden verhält wie die Versicherungssumme zu dem Versicherungswert.

4. Umfang der Entschädigungspflicht; Selbstbehalt

4.1. Teilschaden
4.1.1. Ein Teilschaden liegt vor, wenn die versicherte Sache beschädigt oder teilweise zerstört ist. Eine versicherte Sache gilt als beschädigt oder teilweise zerstört, wenn die Kosten, die zur Wiederherstellung des früheren betriebsfähigen Zustandes notwendig sind (Wiederherstellungskosten), den Wert nicht übersteigen, den die unbeschädigte ganze Sache einschließlich der mitversicherten Fundamente sowie der Fracht- und Montagekosten unmittelbar vor dem Eintritt des Versicherungsfalls hatte (Zeitwert).
4.1.2. Im Falle eines Teilschadens leistet der Versicherer Entschädigung in Höhe der tatsächlich entstandenen Wiederherstellungskosten nach Abzug des Wertes des Altmaterials.
4.1.3. Zu den Wiederherstellungskosten gehören:
4.1.3.1. die Kosten für Ersatzteile;
4.1.3.2. die Reparaturkosten einschließlich etwaiger notwendiger Mehrkosten für Überstunden sowie für Sonntags-, Feiertags- und Nachtarbeiten;
4.1.3.3. die Demontage- und Remontagekosten;
4.1.3.4. die Frachtkosten einschließlich etwaiger notwendiger Mehrkosten für Eil- und Expreßfrachten;
4.1.3.5. die sonstigen für die Wiederherstellung notwendigen Kosten, insbesondere Reisekosten.
4.1.4. Nicht zu den Wiederherstellungskosten gehören:
4.1.4.1. Mehrkosten für Luftfracht;
4.1.4.2. Bergungskosten.
Diese Kosten werden nur ersetzt, wenn dies besonders vereinbart ist und - im Falle der Bergungskosten - die versicherte Sache gleichzeitig von einem entschädigungspflichtigen Schaden betroffen ist.
4.1.5. Nicht zu den Wiederherstellungskosten gehören ferner:
4.1.5.1. Kosten einer Überholung oder sonstiger Maßnahmen, die unabhängig von dem Versicherungsfall durchgeführt werden;
4.1.5.2. Mehrkosten durch Änderungen oder Verbesserungen, die über die Wiederherstellung hinausgehen.
4.1.6. Werden beschädigte Teile erneuert, obgleich eine Reparatur ohne Gefährdung der Betriebssicherheit möglich ist, so ersetzt der Versicherer die Kosten, die für eine Reparatur der beschädigten Teile notwendig gewesen wären, jedoch nicht mehr als die für die Erneuerung aufgewendeten Kosten.
4.1.7. Wird eine Konstruktionseinheit, z. B. ein Motor, ein Getriebe oder ein Baustein, ausgewechselt, obgleich sie neben beschädigten Teilen mit überwiegender Wahrscheinlichkeit auch unbeschädigte umfaßt, so wird die Entschädigung hierfür angemessen gekürzt.
4.1.8. Wird die beschädigte Sache vorläufig wiederhergestellt, so ersetzt der Versicherer für die vorläufige und die endgültige Wiederherstellung zusammen nur so viel, wie ohne eine vorläufige Wiederherstellung aufzuwenden gewesen wäre.
4.1.9. Wird eine erkennbar reparaturbedürftige Sache weiterverwendet, bevor sie endgültig oder mit Zustimmung des Versicherers vorläufig wiederhergestellt ist, so leistet der Versicherer Entschädigung nur für Schäden, die mit der Reparaturbedürftigkeit nicht in Zusammenhang stehen.

4.2. Totalschaden
4.2.1. Ein Totalschaden liegt vor, wenn die Wiederherstellungskosten den Zeitwert der versicherten Sache (4. 1. 1. Satz 2) übersteigen würden.
4.2.2. Im Falle eines Totalschadens leistet der Versicherer Entschädigung in Höhe des Zeitwertes der versicherten Sache (4. 1. 1. Satz 2) nach Abzug des Wertes der Reste.

4.3. Grenze der Entschädigung
Der Versicherer leistet Entschädigung in jedem Fall nur bis zur Höhe der Versicherungssumme abzüglich des Selbstbehaltes.

4.4. Selbstbehalt
4.4.1. Der Versicherungsnehmer trägt von jedem entschädigungspflichtigen Schaden den vereinbarten Selbstbehalt.
4.4.2. Werden durch ein Schadenereignis mehrere versicherte Sachen betroffen, so wird der Selbstbehalt von der Entschädigung für jede versicherte Sache einzeln abgezogen.
4.4.3. Wird eine versicherte Sache von mehreren Schadenereignissen betroffen, so wird der Selbstbehalt von jeder Entschädigung einzeln abgezogen, wenn kein ursächlicher Zusammenhang dieser Schadenereignisse untereinander besteht.

5. Prämie; Beginn der Haftung

5.1.1. Der Versicherungsnehmer hat die erste Prämie gegen Aushändigung des Versicherungsscheins, Folgeprämien bei Beginn jeder Versicherungsperiode zu zahlen.
5.1.2. Für die Folgen nicht rechtzeitiger Prämienzahlung gelten die §§ 38 und 39 VVG. Rückständige Folgeprämien dürfen nur innerhalb eines Jahres seit Ablauf der nach § 39 VVG gesetzten Zahlungsfrist gerichtlich geltend gemacht werden. Die vorstehenden Bestimmungen gelten auch für Nebenkosten, die aus dem Versicherungsschein oder der Prämienrechnung ersichtlich sind.

5.2. Die Haftung des Versicherers beginnt mit der Einlösung des Versicherungsscheins, jedoch nicht vor dem darin festgesetzten Zeitpunkt.

5.3. Endet das Versicherungsverhältnis vor Ablauf der Vertragszeit oder wird es nach Beginn der Versicherung rückwirkend aufgehoben oder ist es von Anfang an nichtig, so gebührt dem Versicherer Prämie oder Geschäftsgebühr nach Maßgabe der gesetzlichen Bestimmungen (z. B. §§ 40, 68 VVG).

5.4. Kündigt der Versicherungsnehmer, so gebührt dem Versicherer die Prämie für die laufende Versicherungsperiode; kündigt der Versicherer, so gebührt ihm der Teil der Prämie, der der abgelaufenen Versicherungszeit entspricht.

6. Versicherung für fremde Rechnung

6.1. Bei der Versicherung für fremde Rechnung kann der Versicherungsnehmer über die Rechte des Versicherten im eigenen Namen verfügen. Der Versicherungsnehmer ist ohne Zustimmung des Versicherten zur Annahme der Entschädigungszahlung sowie zur Übertragung der Rechte des Versicherten befugt, auch wenn er nicht im Besitz des Versicherungsscheins ist. Der Versicherer kann vor Auszahlung der Entschädigung den Nachweis verlangen, daß der Versicherte seine Zustimmung zu der Versicherung und zur Empfangnahme der Entschädigung erteilt hat.

6.2. Der Versicherte kann über seine Rechte nicht verfügen, selbst wenn er im Besitz des Versicherungsscheins ist; er kann die Zahlung der Entschädigung nur mit Zustimmung des Versicherungsnehmers verlangen.

6.3. Soweit in diesen Bedingungen Kenntnis und Verhalten des Versicherungsnehmers von rechtlicher Bedeutung sind, kommen auch Kenntnis und Verhalten des Versicherten in Betracht. Im übrigen findet § 79 VVG Anwendung.

7. Obliegenheiten des Versicherungsnehmers im Versicherungsfall

7.1. Der Versicherungsnehmer hat bei Eintritt eines Versicherungsfalls
7.1.1. den Schaden dem Versicherer spätestens innerhalb von drei Tagen schriftlich, nach Möglichkeit telegrafisch oder fernschriftlich, anzuzeigen;
7.1.2. den Schaden nach Möglichkeit abzuwenden und zu mindern und dabei die Weisungen des Versicherers oder dessen Beauftragten zu befolgen;
7.1.3. das Schadenbild vor der Besichtigung durch den Beauftragten des Versicherers unverändert bestehen zu lassen, soweit nicht die Aufrechterhaltung des Betriebes oder die Sicherheit Eingriffe erfordern, es sei denn, daß die Besichtigung nicht innerhalb von fünf Tagen nach Eingang der Schadenmeldung erfolgt oder der Versicherer ausdrücklich auf eine Besichtigung verzichtet;
7.1.4. einem Beauftragten des Versicherers jederzeit die Untersuchung der beschädigten Sache zu gestatten und ihm auf Verlangen die für die Feststellung des Schadens erforderlichen Auskünfte zu erteilen.

7.2. Verletzt der Versicherungsnehmer eine der vorstehenden Obliegenheiten, so ist der Versicherer nach Maßgabe der gesetzlichen Bestimmungen (§§ 6 Abs. 3, 62 Abs. 2 VVG) von der Entschädigungspflicht frei.

8. Sachverständigenverfahren

8.1. Versicherer und Versicherungsnehmer können verlangen, daß Ursache und Höhe des Schadens durch Sachverständige festgestellt werden.

8.2. Für das Sachverständigenverfahren gelten folgende Grundsätze:
8.2.1. Jede Partei benennt schriftlich einen Sachverständigen. Jede Partei kann die andere unter Angabe des von ihr benannten Sachverständigen zur Benennung des zweiten Sachverständigen auffordern. Die Aufforderung bedarf der Schriftform. Wird der zweite Sachverständige nicht binnen zwei Wochen nach Empfang der Aufforderung benannt, so kann ihn die auffordernde Partei durch das für den Schadenort zuständige Amtsgericht ernennen lassen. In der Aufforderung ist auf diese Folge hinzuweisen.

8. 2. 2. Beide Sachverständige wählen vor Beginn des Feststellungsverfahrens einen Dritten als Obmann. Einigen sie sich nicht, so wird der Obmann auf Antrag einer Partei oder beider Parteien durch das für den Schadenort zuständige Amtsgericht ernannt.

8. 2. 3. Die Feststellungen der Sachverständigen müssen mindestens enthalten:

8. 2. 3. 1. die ermittelte oder vermutete Entstehungsursache des Schadens;
8. 2. 3. 2. die Wiederherstellungskosten (4. 1.);
8. 2. 3. 3. den Zeitwert (4. 1.);
8. 2. 3. 4. den Wert des Altmaterials (4. 1. 2.) oder der Reste (4. 2. 2.);
8. 2. 3. 5. die Kosten oder Mehrkosten gemäß 4. 1. 5. und 4. 1. 6.;
8. 2. 3. 6. die Erhöhung des Zeitwertes durch die Wiederherstellung;
8. 2. 3. 7. den Abzug wegen Auswechselung von Konstruktionseinheiten (4. 1. 7.);
8. 2. 3. 8. den Versicherungswert (3. 2. bis 3. 5.).

8. 2. 4. Die Sachverständigen legen beiden Parteien gleichzeitig ihre Feststellungen vor. Weichen diese voneinander ab, so übergibt der Versicherer sie unverzüglich dem Obmann. Dieser entscheidet über die streitig gebliebenen Punkte innerhalb der durch die Feststellungen der Sachverständigen gezogenen Grenzen und legt seine Entscheidung beiden Parteien gleichzeitig vor.

8. 2. 5. Jede Partei trägt die Kosten ihres Sachverständigen. Die Kosten des Obmanns tragen beide Parteien je zur Hälfte.

8. 3. Die Feststellungen der Sachverständigen oder des Obmanns sind verbindlich, wenn nicht nachgewiesen wird, daß sie offenbar von der wirklichen Sachlage erheblich abweichen. Auf Grund dieser verbindlichen Feststellungen berechnet der Versicherer gemäß 4. die Entschädigung.

8. 4. Durch das Sachverständigenverfahren werden die Obliegenheiten des Versicherungsnehmers nach 7.1.2., 7.1.3. und 7.1.4. nicht berührt.

9. Zahlung der Entschädigung

9. 1. Der Anspruch auf die Entschädigung ist zwei Wochen nach seiner endgültigen Feststellung fällig, jedoch kann drei Wochen nach Anzeige des Schadens als Teilzahlung der Betrag verlangt werden, der nach Lage der Sache mindestens zu zahlen ist. Die Entschädigung ist nach Ablauf von zwei Wochen seit Fälligkeit zu verzinsen.

9. 2. Der Anspruch auf die Entschädigung kann vor Fälligkeit nur mit Zustimmung des Versicherers abgetreten werden.

9. 3. Wenn der Anspruch auf die Entschädigung nicht innerhalb einer Frist von sechs Monaten gerichtlich geltend gemacht wird, nachdem ihn der Versicherer unter Angabe der mit dem Ablauf der Frist verbundenen Rechtsfolge schriftlich abgelehnt hat, ist der Versicherer von der Entschädigungspflicht frei. Wird ein Sachverständigenverfahren (8.) beantragt, so wird der Ablauf der Frist für dessen Dauer gehemmt.

10. Rechtsverhältnis nach dem Versicherungsfall

10. 1. Die Versicherungssumme vermindert sich nicht dadurch, daß eine Entschädigung geleistet wird.

10. 2. Nach Eintritt eines entschädigungspflichtigen Versicherungsfalls können beide Parteien den Versicherungsvertrag kündigen, der Versicherungsnehmer jedoch nur dann, wenn er den Schaden nach 7.1.1. angezeigt hat. Die Kündigung ist spätestens einen Monat nach Zahlung oder Ablehnung der Entschädigung schriftlich zu erklären. Der Vertrag endet einen Monat nach der Kündigung.

11. Schriftliche Form der Erklärungen des Versicherungsnehmers; Einschränkung der Agentenvollmacht

11. 1. Versicherungsanträge sowie sämtliche Anzeigen und Erklärungen des Versicherungsnehmers bedürfen der Schriftform.

11.2. Die Agenten sind zur Entgegennahme von Anzeigen und Erklärungen des Versicherungsnehmers nicht bevollmächtigt.

12. Verlängerung des Versicherungsvertrages

Versicherungsverträge von ein- oder mehrjähriger Dauer verlängern sich um ein Jahr und weiter von Jahr zu Jahr, wenn sie nicht einen Monat vor dem jeweiligen Ablauf von einer der beiden Parteien schriftlich gekündigt werden.

Klauseln zu den AMB

100 Allgemeine Klauseln

(Es gelten nur die im Versicherungsschein bezeichneten Klauseln)

Klausel 101

Zu 1. 2. 4. AMB

Ölfüllungen

Gemäß 1. 2. 4. AMB wird vereinbart:

Versichert sind auch die im Maschinenverzeichnis aufgeführten Ölfüllungen. Der Versicherer leistet jedoch Entschädigung für Ölfüllungen nur, wenn ein Verlust der Ölfüllung die Folge eines dem Grunde nach entschädigungspflichtigen Schadens gemäß 2. 1. AMB an der versicherten Dampfturbine ist. Der Entschädigung wird der Zeitwert zugrunde gelegt.

Klausel 102

Zu 2. 1. AMB

Akkumulatorenbatterien

Der Versicherungsnehmer hat die in dem Maschinenverzeichnis aufgeführten Akkumulatorenbatterien durch sachverständige Personen überwachen zu lassen.

Der Versicherungsnehmer hat alle durch Alterung erforderlich werdenden Reparaturen rechtzeitig vorzunehmen.

Verletzt der Versicherungsnehmer eine dieser Obliegenheiten, so ist der Versicherer nach Maßgabe des § 6 VVG von der Entschädigungspflicht frei. Besteht bei Eintritt des Versicherungsfalls ein Instandhaltungsvertrag, so gelten die Obliegenheiten als erfüllt.

Klausel 103

Zu 2. 2. AMB

Ausschluß von Schäden durch Versaufen oder Verschlammen

Der Versicherer leistet keine Entschädigung für Schäden an versicherten Sachen durch Versaufen oder Verschlammen infolge Bruches von Druckrohrleitungen.

Klausel 104

Zu 2. 2. AMB

Einschluß von Schäden durch Versaufen oder Verschlammen

Der Versicherer leistet auch Entschädigung für Schäden an versicherten Sachen durch Versaufen oder Verschlammen, wenn diese Vorgänge die Folge eines dem Grunde nach entschädigungspflichtigen Schadens gemäß 2. 1. AMB an mitversicherten Druckrohrleitungen sind.

Klausel 105

Zu 2. 2. AMB

Schäden unter Tage

Der Versicherer leistet keine Entschädigung für Schäden an versicherten Sachen unter Tage, die durch schlagende Wetter, Wasser- oder Schwemmsandeinbrüche sowie durch Schacht- und Stolleneinbrüche entstehen.

Klausel 106

Zu 2. 2. AMB

Kardenbeläge

Entschädigung für Schäden an Kardenbelägen leistet der Versicherer nur, wenn sie die Folge eines dem Grunde nach entschädigungspflichtigen Schadens gemäß 2. 1. AMB an der versicherten Sache sind.

Klausel 107

Zu 2. 2. 4. AMB

Radioaktive Isotope

Arbeitet eine versicherte Sache mit radioaktiven Isotopen, so leistet der Versicherer abweichend von 2. 2. 4. AMB Entschädigung auch für Schäden, die an versicherten Sachen durch diese radioaktiven Isotope als Folge eines dem Grunde nach entschädigungspflichtigen Schadens gemäß 2. 1. AMB entstehen. Auch die Entschädigung für Entseuchungskosten wird für jede versicherte Sache gemäß 4. AMB berechnet.

Zusatz:

Werden durch radioaktive Isotope infolge eines dem Grunde nach entschädigungspflichtigen Schadens gemäß 2. 1. AMB nicht versicherte Sachen verseucht, so sind die Kosten für deren Entseuchung bis zu dem Betrag auf erstes Risiko versichert, der im Maschinenverzeichnis besonders genannt ist.

Klausel 108 Zu 2. 2. 6. AMB

Erhitzungsanlagen

Der Versicherer leistet Entschädigung für unvorhergesehen und plötzlich eintretende Schäden, die an versicherten Sachen dadurch entstehen, daß diese einem Nutzfeuer oder der Wärme bestimmungsgemäß ausgesetzt werden. Entstehen im Zusammenhang damit Schäden an diesen Sachen durch Löschen oder Niederreißen, so leistet der Versicherer auch hierfür Entschädigung. Der Versicherer leistet keine Entschädigung für Schäden, für die der Versicherungsnehmer aufgrund eines Feuerversicherungsvertrages Entschädigung beanspruchen kann.

Klausel 109 Zu 2. 2. 6. AMB

Industrieöfen

Der Versicherer leistet keine Entschädigung für Schäden, die durch bestimmungswidriges Austreten glühendflüssiger Schmelzmassen entstehen, wenn Schäden dieser Art dem Grunde nach durch einen Feuerversicherungsvertrag (Klausel 1.04) gedeckt werden können.

Klausel 110 Zu 2. 2. 6. und 2. 2. 7. AMB

Betriebs- und Blitzschäden an elektrischen Einrichtungen

Abweichend von 2. 2. 6. und 2. 2. 7. AMB leistet der Versicherer Entschädigung auch für:

1. Blitzschäden an elektrischen Einrichtungen;
2. Brand- oder Explosionsschäden, die als Folge eines Blitzschlages oder als Folge von Kurzschluß, Überstrom oder Überspannung an der von einem dieser Ereignisse betroffenen elektrischen Einrichtung entstehen;
3. Kurzschluß-, Überstrom- oder Überspannungsschäden, die als Folge von Brand oder Explosion an elektrischen Einrichtungen entstehen.

Klausel 111 Zu 2. 2. 10. AMB

Betriebseinflüsse

Bei den im Versicherungsschein besonders bezeichneten Sachen leistet der Versicherer ohne Rücksicht auf mitwirkende Ursachen keine Entschädigung für Schäden durch korrosive Angriffe, Abzehrungen oder Ablagerungen jeder Art an den von Flüssigkeiten, Dämpfen oder Gasen berührten Teilen dieser Sachen.

Klausel 112 Zu 2. 2. 12. AMB

Versicherungsverträge mit Herstellern und Lieferanten

1. Der Versicherer leistet keine Entschädigung für Schäden, für die der Versicherungsnehmer gegenüber seinem Vertragspartner einzutreten hat oder ohne auf den Einzelfall bezogene Sonderabreden einzutreten hätte.
2. Werden eigene Erzeugnisse des Versicherungsnehmers versichert, die dieser in seinem Betrieb verwendet, so leistet der Versicherer keine Entschädigung für Schäden, für die bei Fremdbezug der Lieferant einzutreten hätte.

Klausel 113 Zu 3. 6. AMB

Vollwert

Sind bei Abschluß des Vertrags die Versicherungssummen entsprechend 3. 1. bis 3. 5. AMB gebildet worden, so wird 3. 6. AMB (Unterversicherung) nicht angewendet.

Erweist sich in einem Versicherungsfall die Versicherungssumme als zu niedrig, so ist der Versicherer berechtigt, die Versicherungssummen aller versicherten Maschinen zu prüfen und für die zu niedrigen Versicherungssummen die Prämiendifferenz von dem Beginn des zur Zeit des Schadeneintritts laufenden Versicherungsjahres an nachzufordern.

Der Versicherer kann jederzeit verlangen, daß alle zu niedrigen Versicherungssummen mit Wirkung von dem Beginn des folgenden Versicherungsjahres an neu gebildet werden. In diesem Fall gilt 3. 6. AMB (Unterversicherung) von dem Beginn des folgenden Versicherungsjahres an für alle Schäden, die eintreten bevor die neuen Versicherungssummen vereinbart worden sind.

Klausel 114 Zu 4. 1. AMB

Abzug „neu für alt“ bei Teilschäden

Wird durch die Wiederherstellung der Zeitwert der versicherten Sache oder eines ihrer Teile erhöht, so wird der Mehrwert von den Wiederherstellungskosten gemäß 4. 1. AMB abgezogen.

Klausel 115 Zu 4. 1. AMB

Abzug „neu für alt“ bei Verbrennungskraftmaschinen (Kolbenmaschinen)

Bei Schäden an Zylinderköpfen, Zylinderbuchsen, einteiligen Kolben und Kolbenböden von Kolbenmaschinen wird von den Wiederherstellungskosten gemäß 4. 1. AMB ein Abzug von 10% pro Jahr, höchstens jedoch von 50%, vorgenommen.

Klausel 116 Zu 4. 1. AMB

Abzug „neu für alt“ bei Verbrennungskraftmaschinen (Gasturbinen)

Bei Schäden an Schaufeln von Gasturbinen wird von den Wiederherstellungskosten gemäß 4. 1. AMB ein Abzug vorgenommen. Der jährliche Abschreibungsprozentsatz sowie der höchstmögliche Abzug sind im Versicherungsschein besonders genannt.

Klausel 118

Zu 4. 1. 4. AMB

Luftfrachtkosten

Abweichend von 4. 1. 4. AMB gehören zu den Wiederherstellungskosten auch notwendige Mehrkosten für Luftfracht. Sie sind bis zu dem Betrag auf erstes Risiko versichert, der im Maschinenverzeichnis besonders genannt ist.
Hat der Versicherer Entschädigung für Luftfrachtkosten zu leisten, so vermindert sich entsprechend die auf erstes Risiko versicherte Summe. Der Versicherungsnehmer hat diese Summe aufzufüllen und die Prämie bis zum Ende des laufenden Versicherungsjahres nachzuentrichten; diese Prämie wird zeitanteilig ermittelt und mit der geschuldeten Entschädigung verrechnet.

Klausel 119

Zu 4. 1. 4. AMB

Bergungskosten

Abweichend von 4. 1. 4. AMB gehören zu den Wiederherstellungskosten auch Bergungskosten. Sie sind bis zu dem Betrag auf erstes Risiko versichert, der im Maschinenverzeichnis besonders genannt ist.
Hat der Versicherer Entschädigung für Bergungskosten zu leisten, so vermindert sich entsprechend die auf erstes Risiko versicherte Summe. Der Versicherungsnehmer hat diese Summe aufzufüllen und die Prämie bis zum Ende des laufenden Versicherungsjahres nachzuentrichten; diese Prämie wird zeitanteilig ermittelt und mit der geschuldeten Entschädigung verrechnet.

Klausel 120

Zu 4. 4. AMB

Selbstbehalt

Der Versicherungsnehmer trägt von jedem entschädigungspflichtigen Schaden 20%, mindestens aber den gemäß 4. 4. 1. AMB vereinbarten Selbstbehalt.

Klausel 121

Zu 4. 4. 1. AMB

Spezielle Schutzeinrichtungen für Generatoren, Transformatoren und Motoren

Hat eine spezielle Schutzeinrichtung den entschädigungspflichtigen Schaden mit überwiegender Wahrscheinlichkeit so gemindert, daß dadurch eine Neuwicklung der beschädigten Maschine nicht erforderlich wurde, so ist nur die Hälfte des vereinbarten Selbstbehalts abzuziehen.

Spezielle Schutzeinrichtungen im Sinne dieser Klausel sind nur

1. bei Generatoren in Verbindung mit Schnellentregung:
   Differentialschutz,
   Ständererdschlußschutz,
   Schieflastschutz;
2. bei Generatoren über 60 MVA:
   zusätzlich Läufererdschlußschutz;
3. bei Transformatoren:
   Differentialschutz,
   Gasfangschutz;
4. bei Motoren bis 500 V Nennspannung:
   direkte Temperaturüberwachung;
5. bei Motoren über 500 V Nennspannung:
   Widerstandsnutenthermometer,
   Differentialschutz;
6. bei Motoren mit Anlaßschaltung:
   zusätzlich Spannungsrückgangsauslösung.

Klausel 122

Zu 5. AMB

Stillstandsrabatte

Für die Sachen, die im Versicherungsschein besonders bezeichnet sind, werden bei einem zusammenhängenden Stillstand Prämienrabatte gewährt. Der Rabatt beträgt

15% bei einem Stillstand von mindestens 3 vollen Monaten,
25% bei einem Stillstand von mehr als 6 Monaten,
35% bei einem Stillstand von mehr als 9 Monaten und
50% bei ganzjährigem Stillstand.

Mehrere Stillstandszeiträume innerhalb eines Jahres werden zusammengerechnet. Stillstandszeiträume von weniger als 30 Tagen bleiben unberücksichtigt.

Ein Rabatt wird nur gewährt, soweit der Stillstand nachweislich nicht durch einen Schaden (ohne Rücksicht auf die Entschädigungspflicht) oder durch Überholung oder durch Revisionsarbeiten bedingt war.
Ein Stillstandsrabatt wird nicht gewährt, wenn die in dem Versicherungsjahr auf den Vertrag angefallenen entschädigungspflichtigen Schäden seine ungekürzte Jahresprämie erreicht haben.
Ist die voraussichtliche Dauer des Stillstandes bekannt, so wird der Rabatt sofort abgezogen, andernfalls nach Ablauf des Versicherungsjahres. Die aufgrund des Abzuges nicht erhobene Prämie ist gestundet. Am Ende eines jeden Versicherungsjahres wird aufgrund der Betriebsaufzeichnungen des Versicherungsnehmers endgültig abgerechnet.
Ergibt die endgültige Abrechnung, daß die gestundete Prämie höher ist als der Stillstandsrabatt, so hat der Versicherungsnehmer den Unterschiedsbetrag nachzuzahlen. Dieser Betrag gilt als Folgeprämie und wird eine Woche nach Zugang der endgültigen Abrechnung fällig.

Klausel 123

Zu 5. AMB

Prämienregulierung

Unter der Voraussetzung eines $\frac{\text{fünf-}}{\text{drei-}}$ jährigen Bestehens dieses Vertrages mit einer vorläufigen Jahresprämie von mindestens $\frac{50\,000}{100\,000}$ DM wird vereinbart:

70% der während des Zeitraumes von jeweils $\frac{\text{fünf}}{\text{drei}}$ Jahren nach Beginn des Vertrages oder nach der letzten Prämienregulierung gezahlten vorläufigen Prämie werden den in derselben Zeit angefallenen Schäden gegenübergestellt. Wenn die Schadenzahlungen einschließlich der Rückstellungen für noch nicht erledigte Schadenfälle niedriger sind als 70% der erhobenen vorläufigen Prämien, wird die endgültige Prämie so festgesetzt, daß der Versicherungsnehmer von dem so ermittelten Unterschied den prozentualen Anteil zurückerhält, der im Versicherungsschein besonders bezeichnet ist.

Zusatz:

Von der vorläufigen Prämie wird bei Fälligkeit jeweils nur der prozentuale Anteil, der im Versicherungsschein besonders genannt ist, erhoben; die restlichen Teile der Prämie sind nachzuentrichten, sobald die angemeldeten Schäden erkennen lassen, daß eine Prämienrückgewähr nicht in Betracht kommt.

Klausel 124

Zu 5. 4. AMB

Mehrjährigkeitsrabatt

Steht dem Versicherer wegen eines vorzeitigen Vertragsendes nicht mindestens die Prämie für fünf volle Versicherungsjahre zu, so entfällt rückwirkend der vereinbarte Mehrjährigkeitsrabatt; der Unterschiedsbetrag ist nachzuzahlen. Dies gilt nicht, wenn der Versicherer den Vertrag kündigt.

Klausel 125

Zu 8. AMB

Schadenregulierung bei Zusammentreffen von Maschinen- und Feuerversicherung

Wenn gleichzeitig eine Maschinen- und eine Feuerversicherung bestehen und streitig ist, ob oder in welchem Umfang ein Schaden als Maschinenschaden oder als Brandschaden anzusehen ist, dann können der Versicherungsnehmer, der Maschinenversicherer und der Feuerversicherer verlangen, daß die Höhe des Maschinen- und des Brandschadens in einem Sachverständigenverfahren festgestellt wird. Die Feststellung ist verbindlich, wenn nicht nachgewiesen wird, daß sie von der wirklichen Sachlage offenbar erheblich abweicht.
Jede Partei benennt einen Sachverständigen; der Versicherungsnehmer kann zwei Sachverständige benennen. Die Parteien können sich auf zwei oder einen gemeinsamen Sachverständigen einigen.
Die Partei, die ihren Sachverständigen zuerst benennt, gibt den Namen ihres Sachverständigen den beiden anderen Parteien schriftlich bekannt und fordert diese auf, gleichfalls Sachverständige zu benennen. Geschieht dies nicht binnen zwei Wochen nach Empfang der Aufforderung, so wird der Sachverständige der säumigen Partei auf Antrag durch das für den Schadenort zuständige Amtsgericht ernannt. In der Aufforderung ist auf diese Folge hinzuweisen. Die Sachverständigen wählen vor Beginn des Feststellungsverfahrens einen Obmann. Einigen sie sich nicht über dessen Person, so wird der Obmann auf Antrag einer Partei durch das für den Schadenort zuständige Amtsgericht ernannt.
Die Sachverständigen legen ihre Feststellungen den drei Parteien gleichzeitig vor. Weichen diese voneinander ab, so werden sie unverzüglich dem Obmann übergeben. Dieser entscheidet über die streitig gebliebenen Punkte innerhalb der durch die Feststellungen der Sachverständigen gezogenen Grenzen und legt seine Entscheidung ebenfalls den drei Parteien gleichzeitig vor.
Jede Partei trägt die Kosten ihres Sachverständigen. Die Kosten des Obmannes tragen die Parteien je zu einem Drittel. Der Versicherungsnehmer kann drei Wochen nach Anzeige des Schadens als Teilzahlung den Betrag verlangen, der nach Lage der Sache mindestens zu zahlen ist. Steht zu diesem Zeitpunkt noch nicht fest, inwieweit der Schaden als Maschinenschaden oder als Brandschaden anzusehen ist, so beteiligt sich jeder Versicherer an der Teilzahlung vorläufig mit der Hälfte.

Klausel 126

Zu 9. AMB

Prozeßführung bei Mitversicherung

Soweit die vertraglichen Grundlagen für die beteiligten Versicherer übereinstimmen, wird folgendes vereinbart:
1. Der Versicherungsnehmer wird bei Streitfällen aus diesem Vertrag seine Ansprüche nur gegen den führenden Versicherer und nur wegen dessen Anteil gerichtlich geltend machen.
2. Die beteiligten Versicherer erkennen die gegen den führenden Versicherer rechtskräftig gewordene Entscheidung und die von diesem mit dem Versicherungsnehmer nach Rechtshängigkeit geschlossenen Vergleiche als auch für sich verbindlich an.
3. Falls der Anteil des führenden Versicherers die Berufungs- oder Revisionssumme nicht erreicht, ist der Versicherungsnehmer berechtigt und auf Verlangen eines Versicherers verpflichtet, die Klage auf einen zweiten und erforderlichenfalls auf einen dritten und weitere Versicherer auszudehnen, bis diese Summe erreicht ist. Wird diesem Verlangen nicht entsprochen, so ist Ziffer 2 nicht anzuwenden.

Klausel 127

Zu 11. 1. AMB

Führung

Der führende Versicherer ist bevollmächtigt, Anzeigen und Willenserklärungen des Versicherungsnehmers für alle beteiligten Versicherer in Empfang zu nehmen.

Klausel 128

Zu 11. 2. AMB

Makler

Die im Versicherungsschein genannte Maklerfirma ist bevollmächtigt, Anzeigen und Willenserklärungen des Versicherungsnehmers entgegenzunehmen. Sie ist verpflichtet, diese unverzüglich an den Versicherer weiterzuleiten.

Klausel 129

Zu 12. AMB

Ende des Versicherungsvertrages

Abweichend von 12. AMB endet der Versicherungsvertrag ohne Kündigung zu dem in dem Versicherungsschein festgelegten Zeitpunkt.

Klausel 130

Zu 3.1. und 5.1.1. AMB

Angleichung der Prämien und Versicherungssummen

1. Prämien und Versicherungssummen werden im Versicherungsschein nach dem Stand der Löhne und Preise in der Investitionsgüter-Industrie vom Januar/März 1971 angegeben.

   Eine Änderung dieser Löhne und Preise hat eine entsprechende Angleichung der Prämien und Versicherungssummen zur Folge.

2. Für die Angleichung der Prämien wird zu 30 v. H. die Preisentwicklung und zu 70 v. H. die Lohnentwicklung berücksichtigt. Die Angleichung der Versicherungssummen erfolgt unter Berücksichtigung der Preisentwicklung. Wäre die Versicherungssumme höher, wenn sie entsprechend dem Anstieg des Versicherungswertes gemäß 3.2. – 3.5. AMB angeglichen würde, dann ist Grenze der Entschädigung (4.3. AMB) dieser höhere Betrag.

   Maßgebend für diese Angleichung sind die vom Statistischen Bundesamt veröffentlichten Indizes, und zwar

   a) für die Preisentwicklung der Index der Erzeugerpreise industrieller Produkte (Inlandabsatz), Gruppe Investitionsgüter, für den Monat September eines jeden Jahres im Verhältnis zu dem Index für März 1971 und

   b) für die Lohnentwicklung der Index der Bruttostundenverdienste der Arbeiter in der Investitionsgüter-Industrie (alle Arbeiter) für den Monat April eines jeden Jahres im Verhältnis zu dem Index für Januar 1971.

3. Die Angleichung wird jeweils für die im folgenden Kalenderjahr fällige Jahresprämie wirksam.

4. Unterversicherung gemäß 3.6. AMB besteht nur, soweit nach dem Stand März 1971 Unterversicherung vorgelegen hätte.

Erläuterung zu Klausel 130

(Berechnung der Prämie und der Versicherungssumme)

Prämie

Die Prämie P des jeweiligen Versicherungsjahres berechnet sich zu

$$P = P_o \times \text{Prämienfaktor}$$

$$\text{Prämienfaktor} = 0{,}3 \times \frac{E}{E_o} + 0{,}7 \times \frac{L}{L_o}$$

Versicherungssumme

Die Versicherungssumme S des jeweiligen Versicherungsjahres berechnet sich zu

$$S = S_o \times \text{Summenfaktor}$$

$$\text{Summenfaktor} = \frac{E}{E_o}$$

Es bedeuten

P_o = Im Versicherungsschein genannte Prämie, Stand Januar/März 1971

S_o = Im Versicherungsschein genannte Versicherungssumme, Stand März 1971

E = Index der Erzeugerpreise industrieller Produkte, Gruppe Investitionsgüter, für den Monat September des Ermittlungsjahres

E_o = Stand März 1971

L = Index der durchschnittlichen Bruttostundenverdienste der Arbeiter, Gruppe Investitionsgüter-Industrie (alle Arbeiter), für den Monat April des Ermittlungsjahres

L_o = Stand Januar 1971

TV 255 (0/00) N.3.75

Klauseln zu den AMB

200 Revisionsklauseln

(Es gelten nur die im Versicherungsschein bezeichneten Klauseln)

Klausel 201

Zu 2. 1. AMB

Revisionen von Dampfturbinenanlagen

Im Interesse der Schadenverhütung hat der Versicherungsnehmer — ohne Rücksicht auf den Beginn des Versicherungsschutzes — jeweils nach 9.000 Betriebsstunden, gerechnet von der Inbetriebsetzung der Anlage an, spätestens jedoch zwei Jahre nach der letzten Revision, die gesamte Dampfturbinenanlage (Turbine, Generator, Kompressor usw.) in vollständig aufgedecktem Zustand auf seine Kosten gründlich zu überholen.
Bei fabrikneuen Dampfturbinenanlagen ist die erste Revision vor Ablauf der Garantie vorzunehmen.
Für Dampfturbinenanlagen mit höchstens 1 500 Betriebsstunden pro Jahr beträgt die in Absatz 1 genannte Frist drei Jahre, wenn die Turbinen durch wirksame Sperrstrecken und Entwässerungen in den zu- und abführenden Dampfleitungen gegen das Eindringen von Dampfschwaden und Wasser während des Stillstandes geschützt sind.
Der Versicherungsnehmer hat dem Versicherer die Revision rechtzeitig anzuzeigen. Der Versicherer kann zu der Revision auf seine Kosten einen Beauftragten entsenden.
Verletzt der Versicherungsnehmer eine dieser Obliegenheiten, so ist der Versicherer nach Maßgabe des § 6 VVG von der Entschädigungspflicht frei

Klausel 202

Zu 2. 1. AMB

Revisionen von Wasserturbinenanlagen
(Für Turbinen von 500 PS an)

Im Interesse der Schadenverhütung hat der Versicherungsnehmer — ohne Rücksicht auf den Beginn des Versicherungsschutzes — jeweils nach 9 000 Betriebsstunden, gerechnet von der Inbetriebsetzung der Anlage an, spätestens jedoch zwei Jahre nach der letzten Revision, die gesamte Wasserturbinenanlage (Turbine und Generator) in vollständig aufgedecktem Zustand auf seine Kosten gründlich zu überholen.
Bei fabrikneuen Wasserturbinenanlagen ist die erste Revision vor Ablauf der Garantie vorzunehmen.
Der Versicherungsnehmer hat dem Versicherer die Revision rechtzeitig anzuzeigen. Der Versicherer kann zu der Revision auf seine Kosten einen Beauftragten entsenden.
Verletzt der Versicherungsnehmer eine der vorstehenden Obliegenheiten, so ist der Versicherer nach Maßgabe des § 6 VVG von der Entschädigungspflicht frei.

Klausel 203

Zu 2. 1. AMB

Revisionen von Plattenpressen

Im Interesse der Schadenverhütung hat der Versicherungsnehmer die Plattenpressen regelmäßig auf seine Kosten durch einen Sachverständigen, den der Versicherungsnehmer im Einvernehmen mit dem Versicherer benennt, zerstörungsfrei untersuchen zu lassen.
Der Sachverständige berichtet nach der Untersuchung dem Versicherungsnehmer und dem Versicherer über den Zustand und die Betriebssicherheit der Plattenpressen. Der Sachverständige bestimmt auch den Zeitpunkt der nächsten Untersuchung, und zwar erstmals bei einer Untersuchung vor Beginn des Versicherungsschutzes.
Der Versicherungsnehmer hat dem Versicherer die Untersuchung rechtzeitig anzuzeigen. Der Versicherer kann zu der Untersuchung auf seine Kosten einen Beauftragten entsenden.
Verletzt der Versicherungsnehmer eine der vorstehenden Obliegenheiten, so ist der Versicherer nach Maßgabe des § 6 VVG von der Entschädigungspflicht frei.
Bohrungen oder Schweißungen, die an den Plattenpressen nachträglich vorgenommen werden, sind Gefahrerhöhungen gemäß § 23 VVG.

Klausel 204

Zu 2. 1. AMB

Revisionen von Drehstrommotoren mit Leistungen von mehr als 750 kW in zweipoliger Ausführung oder von mehr als 1000 kW in vier- oder mehrpoliger Ausführung

Im Interesse der Schadenverhütung hat der Versicherungsnehmer — ohne Rücksicht auf den Beginn des Versicherungsschutzes — jeweils nach 8 000 Betriebsstunden, gerechnet von der Inbetriebsetzung der Anlage an, spätestens jedoch zwei Jahre nach der letzten Revision, den Motor in vollständig aufgedecktem Zustand auf seine Kosten zu überholen.
Erreicht der Motor vorzeitig 500 Einschaltungen, so ist diese Schaltzahl für den Zeitpunkt der Revision zugrunde zu legen.
Bei fabrikneuen Elektromotoren ist die erste Revision nach 2 000 Betriebsstunden vorzunehmen. Werden in einem Jahr 2 000 Betriebsstunden nicht erreicht, so ist die Revision vor Ablauf des ersten Jahres nach Inbetriebsetzung durchzuführen.

Der Versicherungsnehmer hat dem Versicherer die Revision rechtzeitig anzuzeigen. Der Versicherer kann zu der Revision auf seine Kosten einen Beauftragten entsenden.
Verletzt der Versicherungsnehmer eine der vorstehenden Obliegenheiten, so ist der Versicherer nach Maßgabe des § 6 VVG von der Entschädigungspflicht frei

Klausel 205

Zu 2. 1. AMB

Revisionen von Gleichstrommaschinen mit einem Drehmoment von mehr als 1 Mpm sowie von Gleichstrom-Haupt- und Hilfsantrieben in Walzwerken

Im Interesse der Schadenverhütung hat der Versicherungsnehmer — ohne Rücksicht auf den Beginn des Versicherungsschutzes — die Haupt- und Hilfsantriebe in Walzwerken jeweils nach einem Jahr, andere Gleichstrommaschinen jeweils nach zwei Jahren, gerechnet von der Inbetriebsetzung der Anlage oder von dem Zeitpunkt der letzten Revision an, in vollständig aufgedecktem Zustand auf seine Kosten zu überholen.
Diese Vereinbarung entbindet nicht davon, bestimmte Einzelteile der Maschine entsprechend den Vorschriften der Hersteller auch in kürzeren Abständen zu revidieren.
Bei fabrikneuen Maschinen ist die erste Revision nach 2 000 Betriebsstunden vorzunehmen. Werden in einem Jahr 2 000 Betriebsstunden nicht erreicht, so ist die erste Revision vor Ablauf des ersten Jahres nach der Inbetriebsetzung vorzunehmen.
Der Versicherungsnehmer hat dem Versicherer die Revision rechtzeitig anzuzeigen. Der Versicherer kann zu der Revision auf seine Kosten einen Beauftragten entsenden.
Verletzt der Versicherungsnehmer eine der vorstehenden Obliegenheiten, so ist der Versicherer nach Maßgabe des § 6 VVG von der Entschädigungspflicht frei.

Klauseln zu den AMB

300 Klauseln für die Versicherung fahrbarer Geräte und transportabler Sachen mit wechselndem Einsatzort

Ersetzt durch die

Allgemeine Bedingungen für die Maschinen- und Kasko-Versicherung von fahrbaren Geräten (ABMG)

Klauseln zu den AMB

400 Klauseln für die Versicherung von Sachen auf Gewässern

(Es gelten nur die im Versicherungsschein bezeichneten Klauseln)

Klausel 401

Zu 1. 1. 4. AMB

Versicherungsort

Versicherungsort ist:
1. das in dem Versicherungsschein genannte Fahrt- oder Einsatzgebiet oder
2. der jeweilige Arbeits- oder Liegeplatz innerhalb der Bundesrepublik Deutschland einschließlich des Landes Berlin (West).

Klausel 402

Zu 1. 3. AMB

Nicht versicherte Teile

Nicht versichert sind:
1. schiffsbauliche Fundamente, Stevenrohr einschließlich Stopfbüchsen, Schiffsschrauben und Schwanzwellen;
2. Zwischenwellen, Wellen- und Drucklager sowie Kupplungen und Getriebe, wenn die Versicherung dieser Teile nicht besonders vereinbart ist;
3. Zuleitungskabel, Zähne und Schneiden.

Klausel 403

Zu 1. 3. 2. AMB

Transportbänder

Abweichend von 1. 3. 2. AMB sind auch Transportbänder versichert.
Der Versicherer leistet jedoch Entschädigung für Schäden an Transportbändern nur, wenn sie die Folge eines dem Grunde nach entschädigungspflichtigen Schadens gemäß 2. 1. AMB an der versicherten Sache sind.

Klausel 404

Zu 2. 1. AMB

Revisionen

1. **bei Binnenschiffen und Schiffen, die nicht von einer international anerkannten Revisionsgesellschaft regelmäßig untersucht werden:**
   Der Versicherungsnehmer hat ohne Rücksicht auf den Beginn des Versicherungsschutzes jeweils nach 6 000 Betriebsstunden, gerechnet von der Betriebsfertigkeit (1. 1. 2. AMB) an, spätestens jedoch jeweils vier Jahre nach der letzten Revision, die versicherten Sachen auf seine Kosten gründlich zu überholen.
   Der Versicherungsnehmer hat dem Versicherer die Revision rechtzeitig anzuzeigen. Der Versicherer kann zu der Revision auf seine Kosten einen Beauftragten entsenden. Der Versicherungsnehmer hat den Weisungen des Beauftragten Folge zu leisten, insbesondere die Sachen zu öffnen, Kolben zu ziehen und Lager aufzunehmen.
   Verletzt der Versicherungsnehmer eine dieser Obliegenheiten, so ist der Versicherer nach Maßgabe des § 6 VVG von der Entschädigungspflicht frei.

2. **bei Schiffen, die von einer international anerkannten Revisionsgesellschaft regelmäßig untersucht werden:**
   Der Versicherungsnehmer hat die Vorschrift der Klassifikationsgesellschaft (Germanischer Lloyd, Büro Veritas, British Lloyd und andere) termingemäß zu erfüllen, insbesondere die Klasse von Schiff und maschineller Einrichtung rechtzeitig bestätigen oder erneuern zu lassen.
   Der Versicherungsnehmer hat dem Versicherer die bevorstehende Klasseerneuerung rechtzeitig anzuzeigen. Der Versicherer kann zu der Klasseerneuerung auf seine Kosten einen Beauftragten entsenden.
   Verletzt der Versicherungsnehmer eine dieser Obliegenheiten, so ist der Versicherer nach Maßgabe des § 6 VVG von der Entschädigungspflicht frei.

Klausel 405

Zu 2. 2. AMB

Nicht versicherte Gefahren

Der Versicherer leistet ohne Rücksicht auf mitwirkende Ursachen keine Entschädigung für Schäden:
1. durch Schiffskaskounfälle, insbesondere durch Strandung, Kollision oder Eis;
2. durch Absinken;
3. durch Bedienungsfehler, Ungeschicklichkeit, Fahrlässigkeit oder Böswilligkeit.

Klausel 406

Zu 3. 6. AMB

Vollwert

Sind bei Abschluß des Vertrages die Versicherungssummen entsprechend 3. 1. bis 3. 5. AMB gebildet worden, so wird 3. 6. AMB (Unterversicherung) nicht angewendet.
Erweist sich in einem Versicherungsfall die Versicherungssumme als zu niedrig, so ist der Versicherer berechtigt, die Versicherungssummen aller versicherten Maschinen zu prüfen und für die zu niedrigen Versicherungssummen die Prämiendifferenz von dem Beginn des zur Zeit des Schadeneintritts laufenden Versicherungsjahres an nachzufordern.
Der Versicherer kann jederzeit verlangen, daß alle zu niedrigen Versicherungssummen mit Wirkung von dem Beginn des folgenden Versicherungsjahres an neu gebildet werden. In diesem Fall gilt 3. 6. AMB (Unterversicherung) von dem Beginn des folgenden Versicherungsjahres an für alle Schäden, die eintreten, bevor die neuen Versicherungssummen vereinbart worden sind.

Klausel 407

Zu 4. 1. AMB

Umfang der Entschädigungspflicht

Abweichend von 4. 1. AMB werden nicht ersetzt:
1. Mehrkosten, die dadurch entstehen, daß eine versicherte Sache nicht in der Bundesrepublik Deutschland einschließlich des Landes Berlin (West) repariert wird;
2. Kosten, die durch Arbeiten an dem Schiffskörper oder an Aufbauten sowie für das Eindocken und Aufslippen des Schiffes entstehen.

Klausel 408

Zu 4. 1. AMB

Abzug „neu für alt" bei Teilschäden

Wird durch die Wiederherstellung der Zeitwert der versicherten Sache oder eines ihrer Teile erhöht, so wird der Mehrwert von den Wiederherstellungskosten gemäß 4. 1. AMB abgezogen.

Klausel 409

Zu 4. 1. AMB

Abzug „neu für alt" bei Verbrennungskraftmaschinen (Kolbenmaschinen)

Bei Schäden an Zylinderköpfen, Zylinderbuchsen, einteiligen Kolbenböden von Kolbenmaschinen wird von den Wiederherstellungskosten gemäß 4. 1. AMB ein Abzug von 10% pro Jahr, höchstens jedoch von 50%, vorgenommen.

Klausel 410

Zu 4. 1. AMB

Abzug „neu für alt" bei Transportbändern

Bei Schäden an Transportbändern wird von den Wiederherstellungskosten gemäß 4. 1. AMB ein Abzug vorgenommen. Er beträgt 10% pro Jahr, vom 6. Jahr an jedoch nur noch 5% pro Jahr.

Klausel 411

Zu 4. 1. AMB

Abzug „neu für alt" bei Verschleißteilen

Bei Schäden an Greifern, Kübeln, Eimern, Akkumulatorenbatterien und sonstigen Teilen, die wegen erhöhten Verschleißes während der Lebensdauer der versicherten Sache mehrfach ausgewechselt werden müssen, ferner an Grund- und Pleuellagern von Schiffsdieselmotoren wird von den Wiederherstellungskosten gemäß 4. 1. AMB ein Abzug vorgenommen. Für die Höhe des Abzuges ist der Wert dieser Teile unmittelbar vor dem Eintritt des Schadens maßgebend.

Klausel 413

Zu 4. 1. 4. AMB

Bergungskosten, Abschleppkosten

Abweichend von 4. 1. 4. AMB gehören zu den Wiederherstellungskosten auch Bergungskosten einschließlich Abschleppkosten. Sie sind bis zu dem Betrag auf erstes Risiko versichert, der im Maschinenverzeichnis besonders genannt ist.
Hat der Versicherer Entschädigung für Bergungs- und Abschleppkosten zu leisten, so vermindert sich entsprechend die auf erstes Risiko versicherte Summe. Der Versicherungsnehmer hat diese Summe aufzufüllen und die Prämie bis zum Ende des laufenden Versicherungsjahres nachzuentrichten; diese Prämie wird zeitanteilig ermittelt und mit der geschuldeten Entschädigung verrechnet.

Klausel 414

Zu 4. 4. AMB

Selbstbehalt

Der Versicherungsnehmer trägt von jedem entschädigungspflichtigen Schaden 20%, mindestens aber den gemäß 4. 4. 1. AMB vereinbarten Selbstbehalt.

Allgemeine Montageversicherungs-Bedingungen (AMoB)

Form 242 (Sachverband) Fassung 1.0 (1/73)

§ 1
Versicherte Sachen

1. Versichert sind die Sachen, die einzeln oder unter einer Sammelbezeichnung in dem Versicherungsschein aufgeführt oder auf Grund eines bestehenden Versicherungsvertrages zu der Versicherung angemeldet sind.

2. Als Montageobjekt — neu oder gebraucht — können versichert werden
   a) Konstruktionen aller Art;
   b) Maschinen, maschinelle und elektrische Einrichtungen;
   c) zugehörige Reserveteile.

3. Nur zusammen mit einem Montageobjekt können versichert werden
   a) als Montageausrüstung
      aa) Geräte, Werkzeuge und Hilfsmaschinen
      bb) Gerüste, Maste und dergleichen;
      cc) Baubuden und Wohnbaracken;
   b) fremde Sachen auf Grund besonderer Vereinbarung.

4. Nur wenn dies besonders vereinbart ist, sind als Montageausrüstung versichert
   a) Autokrane und sonstige Fahrzeuge aller Art;
   b) schwimmende Sachen;
   c) Eigentum des Montagepersonals, jedoch auch dann nur, wenn der Versicherungsort außerhalb der Bundesrepublik Deutschland einschließlich des Landes Berlin liegt.

5. Nicht versichert sind
   a) Betriebs- und Hilfsstoffe, wie Brennstoffe, Chemikalien, Filtermassen, Kühlmittel, Schmiermittel, Flüssigkeiten, Katalysatoren, Granulate;
      Öl- und Gasfüllungen von Transformatoren, Schaltern und Kabeln sind jedoch versichert;
   b) Produktionsstoffe;
   c) Akten und Zeichnungen.

§ 2
Versicherte Gefahren

1. Der Versicherer leistet Entschädigung für Schäden an und Verluste von versicherten Sachen, die während der Versicherungsdauer unvorhergesehen und plötzlich eintreten.

2. Nur wenn dies besonders vereinbart ist, leistet der Versicherer Entschädigung für Schäden und Verluste durch
   a) innere Unruhen;
   b) Streik oder Aussperrung;
   c) radioaktive Isotope.

3. Für Schäden an Lieferungen und Leistungen, die der Versicherungsnehmer oder ein Versicherter der Art nach ganz oder teilweise erstmalig ausführt, leistet der Versicherer Entschädigung, soweit sie durch Einwirkung von außen entstanden sind. Darüber hinaus wird Entschädigung nur geleistet, soweit dies besonders vereinbart ist.

4. Für Schäden an der Montageausrüstung leistet der Versicherer Entschädigung, soweit sie durch Unfall entstanden sind; Betriebsschäden sind keine Unfallschäden. Darüber hinaus wird Entschädigung nur geleistet, soweit dies besonders vereinbart ist.

5. Der Versicherer leistet ohne Rücksicht auf mitwirkende Ursachen keine Entschädigung für
   a) Schäden oder Verluste durch erklärte oder nicht erklärte Kriege oder durch Bürgerkriege;
   b) Schäden oder Verluste durch Beschlagnahme oder sonstige hoheitliche Eingriffe;
   c) Schäden durch Kernenergie;
   d) Verluste, die erst bei einer Bestandskontrolle festgestellt werden;
   e) Schäden oder Verluste, die als unmittelbare Folge normaler Witterungseinflüsse eintreten, mit denen wegen der Jahreszeit und der örtlichen Verhältnisse gerechnet werden muß,
   f) Schäden, die eine unmittelbare Folge der dauernden Einflüsse des Betriebes während der Erprobung sind.

§ 3
Versicherte Interessen

1. Soweit nichts anderes vereinbart wird, ist das Interesse aller Unternehmer, die an dem Vertrag mit dem Besteller beteiligt sind, einschließlich der Subunternehmer, jeweils an ihren Lieferungen und Leistungen versichert.

2. Subunternehmer sind Unternehmer, die durch ihre Lieferungen und Leistungen hinsichtlich des Vertrages mit dem Besteller ganz oder teilweise an die Stelle des Unternehmers treten.

§ 4
Versicherungsort

Versicherungsort ist der in dem Versicherungsschein oder in der Anmeldung als Montageplatz bezeichnete räumliche Bereich.

§ 5
Versicherungssumme

1. a) Die Versicherungssumme für das Montageobjekt ist in Höhe des vollen Kontraktpreises, der in dem Vertrag mit dem Besteller festgelegt ist, mindestens aber in Höhe der Selbstkosten, zu vereinbaren oder zu dem bestehenden Versicherungsvertrag anzumelden.
   b) Soweit Fracht-, Montage- und Zollkosten sowie Gewinn in diesem Betrag nicht enthalten sind, können sie mit besonderer Versicherungssumme in die Versicherung einbezogen werden.
   c) Werden Lieferungen oder Leistungen versichert, die in diesen Versicherungssummen (Nr. 1 a und 1 b) nicht enthalten sind, so sind zusätzlich Versicherungssummen in Höhe des Wertes dieser Lieferungen oder Leistungen zu vereinbaren oder zu dem bestehenden Versicherungsvertrag anzumelden.
   d) Nach Ende der Haftung sind die Versicherungssummen (Nr. 1 a bis 1 c) auf Grund eingetretener Veränderungen endgültig festzusetzen.

2. Die Versicherungssumme für die Montageausrüstung ist auf Grund des Neuwertes aller versicherten Sachen, die im Laufe der Montagearbeiten eingesetzt werden, zu vereinbaren oder zu dem bestehenden Versicherungsvertrag anzumelden; sie soll Fracht- und Montagekosten einschließen.

3. Sollen Aufräumungs- und Bergungskosten von mehr als 2 v. H. der Versicherungssummen für das Montageobjekt versichert werden, so ist eine zusätzliche Versicherungssumme zu vereinbaren.

4. Die Versicherungssumme vermindert sich nicht dadurch, daß eine Entschädigung geleistet wird.

§ 6
Prämie

1. Die Prämie wird aus der Versicherungssumme für die jeweils vereinbarte Versicherungsdauer berechnet und im voraus erhoben.

2. Wird die Versicherung ausgesetzt, eingeschränkt oder verlängert, so wird die Höhe der Prämie besonders vereinbart.

3. Ist die Versicherungssumme gemäß § 5 Nr. 1 d festgesetzt, so wird danach die endgültige Prämie berechnet. Ein Differenzbetrag ist nachzuentrichten oder zurückzugewähren.

§ 7
Beginn der Haftung

1. Die Haftung des Versicherers beginnt, sobald versicherte Sachen innerhalb des Versicherungsortes abgeladen worden sind, jedoch nicht vor dem vereinbarten Zeitpunkt.

2. Sieht der Versicherungsvertrag vor, daß der Versicherungsnehmer die zu versichernden Sachen anmeldet, so beginnt die Haftung des Versicherers frühestens mit dem Zugang der Anmeldung.

§ 8
Ende der Haftung

1. Die Haftung des Versicherers endet mit dem vereinbarten Zeitpunkt oder mit dem Wegfall einer vereinbarten vorläufigen Deckung.

2. Vor Ablauf der Haftung gemäß Nr. 1 kann der Versicherungsnehmer die Verlängerung der Versicherung beantragen. Der Versicherer hat den Versicherungsnehmer rechtzeitig auf den bevorstehenden Ablauf hinzuweisen.

3. Die Haftung des Versicherers endet spätestens,
   a) wenn das Montageobjekt abgenommen ist;
   b) wenn die Montage beendet ist und der Versicherungsnehmer das versicherte Interesse dem Versicherer gegenüber als erloschen bezeichnet hat.

4. Sind mehrere Anlageteile als selbständige Montageobjekte versichert, so endet für jedes Anlageteil die Haftung des Versicherers, sobald für dieses Anlageteil die Voraussetzungen gemäß Nr. 3 vorliegen.

5. Für Schäden, die später als einen Monat nach Beginn der ersten Erprobung eintreten, leistet der Versicherer, soweit nichts anderes vereinbart ist, Entschädigung nur, wenn sie mit einer Erprobung nicht in Zusammenhang stehen.

6. Nach Eintritt eines entschädigungspflichtigen Versicherungsfalles können beide Parteien den Versicherungsvertrag kündigen, der Versicherungsnehmer jedoch nur dann, wenn er den Schaden nach § 19 Nr. 1 a angezeigt hat. Die Kündigung ist spätestens einen Monat nach Zahlung oder Ablehnung der Entschädigung schriftlich zu erklären. Sie wird einen Monat nach ihrem Zugang wirksam.

§ 9
Unterbrechung der Montage

1. Wird die Montage oder die Erprobung unterbrochen, so kann die Versicherung auf Antrag ausgesetzt oder eingeschränkt werden.

2. Wird die Versicherung eingeschränkt, so leistet der Versicherer Entschädigung nur, wenn der Schaden mit einer Montagetätigkeit oder Erprobung während der Dauer der Einschränkung nicht in Zusammenhang steht.

3. Aussetzung und Einschränkung der Versicherung enden mit dem hierfür vereinbarten Zeitpunkt oder wenn die Montagearbeiten oder die Erprobung ganz oder teilweise wieder aufgenommen werden und der Versicherungsnehmer dies dem Versicherer angezeigt hat.

§ 10
Umfang der Entschädigung

1. Entschädigung wird für beschädigte, zerstörte oder abhanden gekommene versicherte Sachen geleistet, Vermögensschäden, ausgenommen Aufräumungs- und Bergungskosten, werden nicht ersetzt, auch wenn sie infolge eines Sachschadens eintreten.

2. Ist eine Sache zerstört oder abhanden gekommen, so wird deren Zeitwert ersetzt; der Wert anfallenden Altmaterials wird angerechnet. Eine Sache gilt als zerstört, wenn die Wiederherstellungskosten den Zeitwert unmittelbar vor Eintritt des Versicherungsfalles übersteigen würden.

3. Ist eine Sache beschädigt, so ersetzt der Versicherer die Wiederherstellungskosten. Der Wert anfallenden Altmaterials wird angerechnet.

§ 11
Wiederherstellungskosten

1. Wiederherstellungskosten sind die Kosten, die aufgewendet werden müssen, um die Sache in den Zustand zu versetzen, in dem sie sich unmittelbar vor Eintritt des Versicherungsfalles befand.

2. Der Entschädigung sind nach Art und Höhe nur Kosten zugrunde zu legen, die in der Versicherungssumme berücksichtigt sind. Insbesondere leistet der Versicherer keine Entschädigung, soweit Fracht-, Montage- und Zollkosten sowie Gewinn nicht versichert sind.

3. Nur soweit dies besonders vereinbart ist, werden Mehrkosten ersetzt für
   a) Überstunden, Sonntags-, Feiertags- und Nachtarbeiten;
   b) Eil- und Expreßfrachten;
   c) Luftfrachten.

4. Nicht zu den Wiederherstellungskosten gehören
   a) Kosten, die auch unabhängig von dem Versicherungsfall aufzuwenden gewesen wären, insbesondere für die Beseitigung eines Mangels der versicherten Sache, soweit nichts anderes vereinbart ist;
   b) Mehrkosten, die dadurch entstehen, daß anläßlich eines Versicherungsfalles die versicherte Sache geändert wird.

5. Wird eine beschädigte Sache nur vorläufig wiederhergestellt, so ersetzt der Versicherer für diese und die spätere endgültige Reparatur zusammen nur den Betrag, den eine sofortige endgültige Reparatur erfordert hätte.

6. Wird eine erkennbar reparaturbedürftige Sache weiterverwendet, bevor sie endgültig oder mit Zustimmung des Versicherers vorläufig wiederhergestellt ist, so leistet der Versicherer Entschädigung nur für Schäden, die mit der Reparaturbedürftigkeit nicht in Zusammenhang stehen.

7. Wird durch die Reparatur der Zeitwert einer versicherten Sache oder eines ihrer Teile erhöht, so wird der Mehrwert von den zu ersetzenden Wiederherstellungskosten abgezogen.

§ 12
Aufräumungs- und Bergungskosten

1. Der Versicherer ersetzt Aufräumungs- und Bergungskosten bis zu einem Betrag von 2 v. H. der Versicherungssumme für das Montageobjekt; § 5 Nr. 3 bleibt unberührt. Auch als Aufwendungen für Schadenabwendung oder -minderung werden solche Kosten darüber hinaus nicht ersetzt; § 63 Abs. 1 Satz 2 VVG bleibt unberührt.

2. Aufräumungskosten sind die Kosten, die infolge eines dem Grunde nach entschädigungspflichtigen Versicherungsfalles aufgewendet werden müssen, um die Trümmer zu beseitigen oder den Versicherungsort in einen Zustand zu versetzen, der die Wiederherstellung ermöglicht.

3. Bergungskosten sind die Kosten, die infolge eines dem Grunde nach entschädigungspflichtigen Versicherungsfalles aufgewendet werden müssen, um die Reparatur der beschädigten versicherten Sache zu ermöglichen.

§ 13
Unterversicherung

1. Unterversicherung besteht, wenn die Versicherungssumme zu niedrig festgesetzt worden ist.

2. Im Falle einer Unterversicherung wird der gemäß §§ 10 und 11 ermittelte Betrag im Verhältnis der gemäß § 5 erforderlichen zu der vereinbarten Versicherungssumme gekürzt.

3. Die Voraussetzungen und die Folgen der Unterversicherung werden für jede Versicherungssumme gesondert festgestellt.

§ 14
Selbstbehalt

1. Der nach §§ 10 bis 13 ermittelte Betrag wird um einen Selbstbehalt von 500,— DM je Versicherungsfall gekürzt.

2. Bei Verlusten durch Diebstahl beträgt die Selbstbeteiligung 25 v. H., mindestens jedoch 500,— DM.

§ 15
Grenze der Entschädigung

Grenze der Entschädigung ist der auf die betroffene Sache entfallende Teil der Versicherungssumme abzüglich des Selbstbehaltes.

§ 16
Verhältnis zu anderen Versicherungsverträgen

Der Versicherer leistet keine Entschädigung, soweit für den Schaden eine Leistung aus einem anderen Versicherungsvertrag des Versicherungsnehmers oder eines Versicherten beansprucht werden kann.

§ 17
Sachverständigenverfahren

1. Versicherer und Versicherungsnehmer können verlangen, daß Ursache und Höhe des Schadens durch Sachverständige festgestellt werden.

2. Für das Sachverständigenverfahren gelten folgende Grundsätze:
   a) Jede Partei benennt schriftlich einen Sachverständigen und kann dann die andere Partei schriftlich auffordern, den zweiten Sachverständigen zu benennen. Wird der zweite

Sachverständige nicht innerhalb von zwei Wochen nach Empfang der Aufforderung benannt, so kann ihn die auffordernde Partei durch die für den Hauptsitz ihres Geschäftsbetriebes zuständige Industrie- und Handelskammer ernennen lassen. In der Aufforderung ist auf diese Folge hinzuweisen.

b) Beide Sachverständige wählen vor Beginn des Feststellungsverfahrens einen Dritten als Obmann. Einigen sie sich nicht, so wird der Obmann auf Antrag einer Partei oder beider Parteien durch die für den Sitz des Geschäftsbetriebes des Versicherers zuständige Industrie- und Handelskammer ernannt.

3. Die Feststellungen der Sachverständigen müssen mindestens enthalten:
   a) die ermittelten oder vermuteten Ursachen des Schadens;
   b) die Wiederherstellungskosten (§ 11 Nr. 1 und 2);
   c) den Zeitwert der betroffenen Sache (§ 10 Nr. 2) und eine Erhöhung dieses Zeitwerts durch die Wiederherstellung (§ 11 Nr. 7);
   d) den Wert des Altmaterials (§ 10 Nr. 2 und 3);
   e) Kosten und Mehrkosten gemäß § 11 Nr. 4;
   f) den Neuwert der betroffenen Montageausrüstungsgegenstände (§ 5 Nr. 2).

4. Die Sachverständigen legen beiden Parteien gleichzeitig ihre Feststellungen vor. Weichen diese voneinander ab, so übergibt der Versicherer sie unverzüglich dem Obmann. Dieser entscheidet über die streitig gebliebenen Punkte innerhalb der durch die übereinstimmenden Feststellungen der Sachverständigen gezogenen Grenzen und legt seine Entscheidung beiden Parteien gleichzeitig vor.

5. Jede Partei trägt die Kosten ihres Sachverständigen. Die Kosten des Obmanns tragen beide Parteien je zur Hälfte.

6. Die Feststellungen der Sachverständigen oder des Obmanns sind verbindlich, wenn nicht nachgewiesen wird, daß sie offenbar von der wirklichen Sachlage erheblich abweichen. Auf Grund dieser verbindlichen Feststellungen berechnet der Versicherer die Entschädigung.

7. Durch das Sachverständigenverfahren werden die Obliegenheiten des Versicherungsnehmers nach § 19 Nr. 1 b bis 1 f nicht berührt.

§ 18

Zahlung der Entschädigung

1. Der Anspruch auf die Entschädigung ist zwei Wochen nach seiner endgültigen Feststellung fällig. Einen Monat nach Anzeige des Schadens kann als Teilzahlung der Betrag verlangt werden, der nach Lage der Sache mindestens zu zahlen ist. Die Entschädigung ist nach Ablauf von zwei Wochen seit Fälligkeit zu verzinsen.

2. Es kann vereinbart werden, daß der Versicherungsnehmer über die Entschädigung nur mit Zustimmung eines Dritten, insbesondere des Bestellers, verfügen darf.

3. Wenn der Anspruch auf die Entschädigung nicht innerhalb einer Frist von sechs Monaten gerichtlich geltend gemacht wird, nachdem ihn der Versicherer unter Angabe der mit dem Ablauf der Frist verbundenen Rechtsfolge schriftlich abgelehnt hat, ist der Versicherer von der Entschädigungspflicht frei. Wird ein Sachverständigenverfahren beantragt, so wird der Ablauf der Frist für dessen Dauer gehemmt.

§ 19

Obliegenheiten des Versicherungsnehmers im Versicherungsfall

1. Der Versicherungsnehmer hat bei Eintritt eines Versicherungsfalles
   a) den Schaden dem Versicherer, bei außerdeutschen Risiken auch dem von diesem bezeichneten Vertreter, unverzüglich schriftlich, nach Möglichkeit telegraphisch oder fernschriftlich, anzuzeigen;
   b) bei Schäden durch Diebstahl unverzüglich Anzeige bei der zuständigen Polizeibehörde zu erstatten;
   c) den Schaden nach Möglichkeit abzuwenden oder zu mindern und dabei die Weisungen des Versicherers zu befolgen; er hat, wenn die Umstände es gestatten, solche Weisungen einzuholen;
   d) das Schadenbild bis zu einer Besichtigung durch einen Beauftragten des Versicherers unverändert bestehen zu lassen, es sei denn,
      aa) daß die Sicherheit oder der Fortgang der Montagearbeiten Eingriffe erfordern;
      bb) daß der Versicherer auf eine Besichtigung ausdrücklich verzichtet;
      cc) daß die Besichtigung innerhalb von fünf Arbeitstagen seit Eingang der Schadenanzeige nicht stattgefunden hat;
   e) einem Beauftragten des Versicherers die Besichtigung der beschädigten Sache zu gestatten und die anläßlich des Schadens ausgewechselten Teile für eine Besichtigung zur Verfügung zu halten;
   f) dem Versicherer auf Verlangen die für die Feststellung der Entschädigungspflicht erforderlichen Auskünfte zu erteilen, insbesondere die Wiederherstellungskosten durch Rechnungen und sonstige Belege nachzuweisen.

2. Verletzt der Versicherungsnehmer eine der vorstehenden Obliegenheiten, so ist der Versicherer nach Maßgabe der §§ 6 Abs. 3, 62 Abs. 2 des Gesetzes über den Versicherungsvertrag (VVG) von der Entschädigungspflicht frei.

§ 20

Einschränkung der Agentenvollmacht

Die Agenten sind zur Entgegennahme von Anzeigen und Erklärungen des Versicherungsnehmers nicht bevollmächtigt.

. . .

Soweit nicht in den Allgemeinen Montageversicherungs-Bedingungen (AMoB) oder durch besondere Vereinbarungen Abweichendes bestimmt ist, gelten die gesetzlichen Vorschriften.

Klauseln zu den AMoB

Klausel 1

zu § 1 Nr. 2 AMoB

Gebrauchte Sachen als Montageobjekt

1. Gebrauchte Sachen sind Montageobjekte oder Teile davon, die bereits in Betrieb waren.

2. War der technische Zustand einer gebrauchten Sache bei Beginn der Versicherung mangelhaft und entsteht dadurch ein Schaden, so leistet der Versicherer keine Entschädigung. Ist die Ursächlichkeit eines mangelhaften technischen Zustandes nicht beweisbar, so genügt die überwiegende Wahrscheinlichkeit.

3. Die Versicherungssumme ist aus dem Preis zu bilden, der für ein gleichwertiges neues Objekt zu zahlen wäre (Neuwert); soweit Fracht- und Montagekosten sowie Zollkosten in diesem Betrag nicht enthalten sind, können sie mit besonderer Versicherungssumme in die Versicherung einbezogen werden.

Klausel 2 a

zu § 1 Nr. 3 b AMoB

Fremde Sachen

1. Der Versicherer leistet Entschädigung für fremde Sachen, wenn sie innerhalb des Versicherungsortes durch eine Tätigkeit beschädigt oder zerstört werden, die anläßlich der Montage durch den Versicherungsnehmer oder in dessen Auftrag an oder mit ihnen ausgeübt wird.

   Ist der Besteller Mitversicherter, so besteht Versicherungsschutz auch für Schäden durch eine Montagetätigkeit, die durch den Besteller oder in dessen Auftrag ausgeübt wird.

2. Fremde Sachen sind bis zu der in dem Versicherungsschein oder in der Anmeldung bezeichneten Summe auf Erstes Risiko versichert.

3. Fremd sind Sachen, die nicht Teil des Montageobjekts oder der Montageausrüstung und nicht Eigentum des Versicherungsnehmers oder desjenigen Versicherten sind, der den Schaden verursacht hat.

   Ist der Besteller Versicherungsnehmer oder Mitversicherter, so gelten seine Sachen trotzdem als fremde Sachen.

4. Entschädigung wird nur geleistet, soweit der versicherte Schadenstifter von einem Dritten in Anspruch genommen wird.

   Diese Voraussetzung gilt nicht, soweit nach Nr. 1 bis 3 Schäden an Sachen des Bestellers durch dessen eigene Tätigkeit versichert sind.

5. Hat der Versicherer Entschädigung für fremde Sachen zu leisten, so vermindert sich entsprechend die auf Erstes Risiko versicherte Summe. Der Versicherungsnehmer hat diese Summe aufzufüllen und die Prämie nachzuentrichten; diese Prämie wird zeitanteilig ermittelt und mit der geschuldeten Entschädigung verrechnet.

Klausel 2 b

zu § 1 Nr. 3 b AMoB

Fremde Sachen (erweiterte Haftung)

1. Der Versicherer leistet Entschädigung für fremde Sachen, wenn sie innerhalb des Versicherungsortes durch eine Tätigkeit beschädigt oder zerstört werden, die anläßlich der Montage durch den Versicherungsnehmer oder in dessen Auftrag an oder mit ihnen ausgeübt wird.

   Ist der Besteller Mitversicherter, so besteht Versicherungsschutz auch für Schäden durch eine Montagetätigkeit, die durch den Besteller oder in dessen Auftrag ausgeübt wird.

2. Fremde Sachen sind bis zu der in dem Versicherungsschein oder in der Anmeldung bezeichneten Summe auf Erstes Risiko versichert.

3. Fremd sind Sachen, die nicht Teil des Montageobjekts oder der Montageausrüstung und nicht Eigentum des Versicherungsnehmers oder desjenigen Versicherten sind, der den Schaden verursacht hat.

   Ist der Besteller Versicherungsnehmer oder Mitversicherter, so gelten seine Sachen trotzdem als fremde Sachen.

4. Entschädigung wird nur geleistet, soweit der versicherte Schadenstifter von einem Dritten in Anspruch genommen wird.

   Diese Voraussetzung gilt nicht, soweit nach Nr. 1 bis 3 Schäden an Sachen des Bestellers durch dessen eigene Tätigkeit versichert sind.

5. Der Versicherer leistet Entschädigung auch dann, wenn an oder mit den beschädigten oder zerstörten Sachen eine Tätigkeit nicht ausgeübt wurde; dies gilt jedoch nur, soweit der Versicherungsnehmer vertraglich über die gesetzlichen Vorschriften hinaus für solche Schäden haftet.

6. Hat der Versicherer Entschädigung für fremde Sachen zu leisten, so vermindert sich entsprechend die auf Erstes Risiko versicherte Summe. Der Versicherungsnehmer hat diese Summe aufzufüllen und die Prämie nachzuentrichten; diese Prämie wird zeitanteilig ermittelt und mit der geschuldeten Entschädigung verrechnet.

Form 272 (Sachverband) 6.79

Klausel 3

zu § 1 Nr. 4 a AMoB

Autokrane und sonstige Fahrzeuge aller Art

1. Versichert sind auch die in dem Versicherungsschein oder in der Anmeldung aufgeführten Autokrane und sonstigen Fahrzeuge; sonstige Fahrzeuge sind jedoch nur versichert, wenn und solange für sie ein amtliches Kennzeichen nicht erteilt ist.
2. Der Versicherer leistet Entschädigung, soweit dies in § 2 AMoB für die Montageausrüstung vorgesehen ist. Für Schäden an Raupenketten und Gummibereifungen leistet der Versicherer Entschädigung jedoch nur, wenn sie als Folge eines dem Grunde nach entschädigungspflichtigen Schadens an anderen Teilen der versicherten Sache entstanden sind.

Klausel 4

zu § 1 Nr. 4 b AMoB

Schwimmende Sachen

1. Versichert sind auch die in dem Versicherungsschein oder in der Anmeldung aufgeführten schwimmenden Sachen.
2. Der Versicherer leistet ohne Rücksicht auf mitwirkende Ursachen keine Entschädigung für Schäden
   a) durch Brand, Blitzschlag oder Explosion;
   b) durch Schiffskaskounfälle, insbesondere durch Strandung, Kollision oder Eis;
   c) durch Absinken.

Klausel 5

zu § 1 Nr. 4 c AMoB

Eigentum des Montagepersonals

Versichert sind die Sachen im Eigentum des Montagepersonals, die sich innerhalb des im Ausland gelegenen Versicherungsortes befinden, nicht jedoch Schmuck-, Gold- und Silbersachen, Geld, Wertpapiere sowie Lebens- und Genußmittel.

Klausel 6

zu § 2 Nr. 2 a AMoB

Innere Unruhen

1. Der Versicherer leistet Entschädigung auch für Schäden durch innere Unruhen.
2. Die Versicherung dieser Gefahr kann jederzeit gekündigt werden. Die Kündigung wird zwei Wochen nach Zugang wirksam.

Klausel 7

zu § 2 Nr. 2 b AMoB

Streik, Aussperrung

1. Der Versicherer leistet Entschädigung auch für Schäden durch Streik oder Aussperrung.
2. Die Versicherung dieser Gefahren kann jederzeit gekündigt werden. Die Kündigung wird zwei Wochen nach Zugang wirksam.

Klausel 8 a

zu § 2 Nr. 2 c AMoB

Radioaktive Isotope

1. Der Versicherer leistet Entschädigung bis zu der in dem Versicherungsschein oder in der Anmeldung bezeichneten Summe auf Erstes Risiko auch für Schäden, die an versicherten Sachen durch bestimmungsgemäß vorhandene radioaktive Isotope als Folge eines gemäß § 2 Nr. 1 AMoB dem Grunde nach entschädigungspflichtigen Schadens entstehen.
2. Hat der Versicherer nach Nr. 1 Entschädigung zu leisten, so vermindert sich entsprechend die auf Erstes Risiko versicherte Summe. Der Versicherungsnehmer hat diese Summe aufzufüllen und die Prämie nachzuentrichten; diese Prämie wird zeitanteilig ermittelt und mit der geschuldeten Entschädigung verrechnet.

Klausel 8 b

zu § 2 Nr. 2 c AMoB

Radioaktive Isotope (einschließlich Schäden an nicht versicherten Sachen)

1. Der Versicherer leistet Entschädigung bis zu der in dem Versicherungsschein oder in der Anmeldung bezeichneten Summe auf Erstes Risiko auch für Schäden, die an versicherten Sachen durch bestimmungsgemäß vorhandene radioaktive Isotope als Folge eines gemäß § 2 Nr. 1 AMoB dem Grunde nach entschädigungspflichtigen Schadens entstehen.
2. Werden durch radioaktive Isotope infolge eines gemäß § 2 Nr. 1 AMoB dem Grunde nach entschädigungspflichtigen Schadens nicht versicherte Sachen verseucht, so leistet der Versicherer im Rahmen von Nr. 1 Entschädigung auch für die hierdurch entstehenden Entseuchungskosten.
3. Hat der Versicherer nach Nr. 1 oder 2 Entschädigung zu leisten, so vermindert sich entsprechend die auf Erstes Risiko versicherte Summe. Der Versicherungsnehmer hat diese Summe aufzufüllen und die Prämie nachzuentrichten; diese Prämie wird zeitanteilig ermittelt und mit der geschuldeten Entschädigung verrechnet.

Klausel 9 zu § 2 Nr. 4 AMoB

Betriebsschäden an der Montageausrüstung

1. Der Versicherer leistet Entschädigung für alle unvorhergesehen und plötzlich eintretenden Schäden an der Montageausrüstung, auch wenn sie nicht durch Unfall entstanden sind.

2. Der Versicherer leistet jedoch keine Entschädigung für Schäden

   a) durch Mängel, die bei Beginn der Versicherung bereits vorhanden waren;

   b) die eine unmittelbare Folge der dauernden Einflüsse des Betriebes sind. Wird infolge eines solchen Schadens ein anderes Maschinenteil beschädigt, so leistet der Versicherer im Rahmen von § 2 AMoB Entschädigung.

Klausel 10 zu § 2 Nr. 5 AMoB

Brand, Explosion, Blitzschlag

Der Versicherer leistet ohne Rücksicht auf mitwirkende Ursachen keine Entschädigung für Schäden oder Verluste durch Brand, Explosion, Blitzschlag, Löschen oder Niederreißen bei diesen Ereignissen, durch Anprall oder Absturz eines bemannten Flugkörpers, seiner Teile oder seiner Ladung, soweit diese Gefahren durch eine Feuerversicherung gedeckt werden können.

Klausel 11 zu § 2 Nr. 5 AMoB

Herstellerrisiko

Der Versicherer leistet ohne Rücksicht auf mitwirkende Ursachen keine Entschädigung für Schäden oder Verluste durch Konstruktionsfehler, durch Guß- oder Materialfehler oder durch Berechnungs- oder Werkstättenfehler, soweit für diese Schäden oder Verluste ein Dritter als Lieferant (Hersteller oder Händler), als Werkunternehmer oder aus Reparaturauftrag einzutreten hat oder ohne auf den Einzelfall bezogene Sonderabreden einzutreten hätte.

Klausel 12 zu § 2 Nr. 5 AMoB

Höhere Gewalt

Der Versicherer leistet ohne Rücksicht auf mitwirkende Ursachen keine Entschädigung für Schäden oder Verluste durch höhere Gewalt.

Klausel 13 zu § 2 Nr. 5 AMoB

Schäden unter Tage

Der Versicherer leistet ohne Rücksicht auf mitwirkende Ursachen keine Entschädigung für Schäden an oder Verluste von versicherten Sachen unter Tage, die durch schlagende Wetter, durch Wasser- oder Schwemmsandeinbrüche oder durch Schacht- oder Stolleneinbrüche entstehen.

Klausel 14 zu § 2 Nr. 5 AMoB

Schwimmende Sachen als Montageobjekt

Der Versicherer leistet ohne Rücksicht auf mitwirkende Ursachen keine Entschädigung für Schäden oder Verluste durch Absinken und für die dadurch bedingten Bergungskosten.

Klausel 15 zu § 3 Nr. 1 AMoB

Bestellerinteresse an Unternehmerleistungen

Der Versicherer leistet Entschädigung für Schäden an versicherten Lieferungen und Leistungen des Unternehmers auch, soweit der Besteller nach dem Vertrag mit dem Unternehmer den Schaden zu tragen hätte.

Klausel 16 zu § 3 Nr. 1 AMoB

Mitversicherung des Bestellerinteresses an seinen Leistungen

Versichert sind auch die in dem Versicherungsschein bezeichneten Lieferungen und Leistungen des Bestellers, und zwar ohne Rücksicht auf den Inhalt des Vertrages mit dem Unternehmer.

Klausel 17 a

zu § 3 Nr. 1 AMoB

Besteller als Versicherungsnehmer

1. Versichert sind die Lieferungen und Leistungen der durch den Besteller (Versicherungsnehmer) beauftragten Unternehmer, soweit diese nach dem Vertrag mit dem Besteller den Schaden zu tragen hätten.

2. Versichert sind auch die in dem Versicherungsschein bezeichneten eigenen Lieferungen und Leistungen des Bestellers (Versicherungsnehmers), und zwar ohne Rücksicht auf den Inhalt des Vertrages mit dem Unternehmer.

Klausel 17 b

zu § 3 Nr. 1 AMoB

Besteller als Versicherungsnehmer (Mitversicherung des Bestellerinteresses an Unternehmerleistungen)

1. Versichert sind die Lieferungen und Leistungen der durch den Besteller (Versicherungsnehmer) beauftragten Unternehmer, und zwar ohne Rücksicht auf den Inhalt des Vertrages zwischen Besteller und Unternehmer.

2. Versichert sind auch die in dem Versicherungsschein bezeichneten eigenen Lieferungen und Leistungen des Bestellers (Versicherungsnehmers), und zwar ohne Rücksicht auf den Inhalt des Vertrages mit dem Unternehmer.

Klausel 18

zu § 8 Nr. 5 AMoB

Verlängerte Erprobung

An die Stelle des in § 8 Nr. 5 AMoB genannten Zeitraums tritt ein Zeitraum von..

Klausel 19

zu § 8 Nr. 6 AMoB

Kündigung nach dem Versicherungsfall

Wird der Versicherungsvertrag nach einem entschädigungspflichtigen Versicherungsfall gemäß § 8 Nr. 6 AMoB gekündigt, so beendet diese Kündigung den Versicherungsvertrag und die Haftung des Versicherers für das von dem Versicherungsfall betroffene Objekt. Die Haftung des Versicherers für versicherte Sachen, die auf Grund des Versicherungsvertrages gemäß § 1 Nr. 1 AMoB bereits angemeldet sind, besteht jedoch fort, bis sie gemäß § 8 Nr. 1 bis 5 AMoB endet.

Klausel 20

zu § 11 Nr. 3 a und b AMoB

Arbeits- und Eilfrachtzuschläge

Zu den Wiederherstellungskosten gehören auch Mehrkosten für Überstunden, Sonntags-, Feiertags- und Nachtarbeiten sowie für Eil- und Expreßfrachten.

Klausel 21

zu § 11 Nr. 3 c AMoB

Luftfrachtkosten

1. Zu den Wiederherstellungskosten gehören auch Mehrkosten für Luftfracht. Sie sind bis zu dem Betrag auf Erstes Risiko versichert, der in dem Versicherungsschein oder in der Anmeldung bezeichnet ist.

2. Hat der Versicherer Entschädigung für Luftfrachtkosten zu leisten, so vermindert sich entsprechend die auf Erstes Risiko versicherte Summe. Der Versicherungsnehmer hat diese Summe aufzufüllen und die Prämie nachzuentrichten; diese Prämie wird zeitanteilig ermittelt und mit der geschuldeten Entschädigung verrechnet.

Klausel 22

zu § 11 Nr. 4 AMoB

Erd- und Bauarbeiten

1. Zu den Wiederherstellungskosten gehören auch Mehrkosten für Erd- oder Bauarbeiten zur Beseitigung eines entschädigungspflichtigen Schadens an dem versicherten Montageobjekt. Sie sind bis zu dem Betrag auf Erstes Risiko versichert, der in dem Versicherungsschein oder in der Anmeldung bezeichnet ist.

2. Hat der Versicherer Entschädigung von Mehrkosten für Erd- oder Bauarbeiten zu leisten, so vermindert sich entsprechend die auf Erstes Risiko versicherte Summe. Der Versicherungsnehmer hat diese Summe aufzufüllen und die Prämie nachzuentrichten; diese Prämie wird zeitanteilig ermittelt und mit der geschuldeten Entschädigung verrechnet.

3. Der Versicherer leistet jedoch keine Entschädigung für das Orten von Schadenstellen sowie für Folgeschäden (z. B. Flurschäden).

Klausel 23

zu § 11 Nr. 4 a AMoB

De- und Remontagekosten infolge eines Mangels

Führt ein Mangel zu einem entschädigungspflichtigen Versicherungsfall, so trägt der Versicherer abweichend von § 11 Nr. 4 a AMoB 80 % der für die Beseitigung dieses Mangels auch unabhängig von dem Versicherungsfall aufzuwendenden Kosten, soweit es sich um De- und Remontagekosten handelt.

Allgemeine Maschinen-Betriebsunterbrechungs-Versicherungsbedingungen (AMBUB)

§ 1 Gegenstand der Versicherung

1. Wird die technische Einsatzmöglichkeit einer in dem Maschinenverzeichnis aufgeführten betriebsfertigen Sache (Maschine oder maschinelle Einrichtung) durch einen Sachschaden (§ 2) unterbrochen oder beeinträchtigt, so ersetzt der Versicherer den dadurch entstehenden Unterbrechungsschaden (§§ 3 bis 6).

2. Betriebsfertig ist eine Sache, solange sie nach beendeter Erprobung und, soweit vorgesehen, nach beendetem Probebetrieb entweder

a) zur Arbeitsaufnahme bereit ist oder

b) sich in Betrieb befindet.

3. Der Versicherungsschutz besteht auch dann fort, wenn die Betriebsfertigkeit einer Sache für die Dauer einer Reinigung, Lagerung, Revision, Überholung oder Instandsetzung unterbrochen Ist.

Das gleiche gilt, während die Sache aus solchen Anlässen innerhalb der in dem Versicherungsschein als Betriebsstelle bezeichneten Grundstücke transportiert, de- oder remontiert oder probeweise betrieben wird.

4. Der Versicherer leistet Entschädigung, wenn der Zeitpunkt, von dem an der Sachschaden für den Versicherungsnehmer nach den anerkannten Regeln der Technik frühestens erkennbar war, innerhalb der vereinbarten Versicherungsdauer liegt.

5. Bei Gefahrerhöhungen, insbesondere durch Veränderung der technischen Eigenschaften oder der Betriebsweise der in dem Maschinenverzeichnis aufgeführten Sachen, gelten die Bestimmungen der §§ 23 ff. VVG.

§ 2 Sachschaden

1. Sachschaden ist die unvorhergesehen und plötzlich eintretende Zerstörung oder Beschädigung einer Sache, insbesondere durch

a) Bedienungsfehler, Ungeschicklichkeit, Fahrlässigkeit, Böswilligkeit;

b) Konstruktions-, Material- oder Ausführungsfehler;

c) Wassermangel in Dampfkesseln oder Dampfgefäßen;

d) Zerreißen infolge von Fliehkraft;

e) Überdruck (außer in den Fällen von Nr. 2 f) oder Unterdruck;

f) Kurzschluß, Überstrom oder Überspannung mit oder ohne Feuererscheinung an elektrischen Einrichtungen (außer in den Fällen von Nr. 2 f) und 2 g);

g) Versagen von Meß-, Regel- oder Sicherheitseinrichtungen;

h) Sturm, Frost, Eisgang.

2. Der Versicherer leistet ohne Rücksicht auf mitwirkende Ursachen keine Entschädigung für Unterbrechungsschäden infolge von Sachschäden,

a) die während der Dauer von Erdbeben, Erdsenkungen, Erdrutsch, Felssturz, Hochwasser, Überschwemmungen oder sonstigen Ereignissen höherer Gewalt als deren Folge entstehen (außer im Falle von Nr. 1 h);

b) durch Kriegsereignisse jeder Art, Bürgerkriege oder innere Unruhen;

c) durch Streikende oder Ausgesperrte, die zusammengerottet in die Betriebsstelle eindringen oder widerrechtlich dort verbeiben;

d) durch Kernenergie;

e) durch Anprall oder Absturz eines unbemannten Flugkörpers, seiner Teile oder seiner Ladung;

f) durch Brand, Explosion oder Blitzschlag, durch Löschen oder Niederreißen bei diesen Ereignissen, durch Anprall oder Absturz eines bemannten Flugkörpers, seiner Teile oder seiner Ladung, soweit diese Gefahren durch eine Feuer-Betriebsunterbrechungs-Versicherung gedeckt werden können;

g) die als Folge von Brand, Explosion oder Blitzschlag durch Kurzschluß, Überstrom oder Überspannung an elektrischen Einrichtungen entstehen, soweit diese Gefahren durch eine Feuer-Betriebsunterbrechungs-Versicherung gedeckt werden können;

h) durch Mängel, die bei Abschluß der Versicherung bereits vorhanden waren und dem Versicherungsnehmer, der Leitung des Unternehmens oder einem verantwortlichen Betriebsleiter eines Werkes bekannt sein mußten;

i) die eine unmittelbare Folge der dauernden Einflüsse des Betriebes, der übermäßigen Bildung von Rost oder des übermäßigen Ansatzes von Kesselstein, Schlamm oder sonstigen Ablagerungen sind; wird infolge eines solchen Sachschadens ein benachbartes Maschinenteil beschädigt, so leistet der Versicherer Entschädigung im Rahmen von § 3 und von § 2 Nr. 2 bis 5 einschließlich § 2 Nr. 2 i) Halbsatz 1;

k) durch Diebstahl; der Versicherer leistet jedoch Entschädigung für Unterbrechungsschäden infolge von Sachschäden an nicht gestohlenen Sachen, auch wenn diese Sachschäden als Folge des Diebstahls eintreten;

l) die außerhalb der in dem Versicherungsschein als Betriebsstelle bezeichneten Grundstücke eingetreten sind.

3. Ist der Beweis für eine der Ursachen gemäß Nr. 2 a) bis 2 d) nicht zu erbringen, so genügt für den Ausschluß der Haftung des Ver-

sicherers die überwiegende Wahrscheinlichkeit, daß der Sachschaden auf eine dieser Ursachen zurückzuführen ist.

4. Der Versicherer leistet ferner keine Entschädigung für Unterbrechungsschäden infolge von Sachschäden an

a) Maschinen, maschinellen Einrichtungen, Zusatzeinrichtungen oder sonstigen Sachen, die nicht in dem Maschinenverzeichnis aufgeführt sind, auch wenn es sich um die Folge eines Sachschadens an einer in dem Maschinenverzeichnis aufgeführten Sache handelt;

b) Werkzeugen aller Art, z. B. an Bohrern, Brechwerkzeugen, Formen, Matrizen, Messern, Sägeblättern, Steinen, Stempeln sowie an Kugeln, Schlaghämmern und Schlagplatten von Mühlen;

c) Transportbändern, Sieben, Musterwalzen, Panzerungen von Mühlen, Ketten (außer Elevatoren- und Reglerketten), Schläuchen, Filtertüchern, Gummi-, Textil- und Kunststoffbelägen, Seilen, Gurten, Riemen, Bürsten, Bereifungen;

d) Ausmauerungen von Öfen, Feuerungsanlagen und Behältern sowie Roststäben und Brennerdüsen von Feuerungsanlagen;

e) Hilfs- und Betriebsstoffen, wie Brennstoffen, Chemikalien, Filtermassen, Kontaktmassen, Kühlmitteln, Reinigungsmitteln, Schmiermitteln, Öl; die Ölfüllung gilt jedoch bei elektrischen Einrichtungen, wie Transformatoren und Schaltern sowie, wenn dies besonders vereinbart ist, bei Dampfturbinen als deren Bestandteil;

f) Katalysatoren.

5. Für Unterbrechungsschäden infolge von Sachschäden an Fundamenten leistet der Versicherer Entschädigung nur, wenn die Fundamente in dem Maschinenverzeichnis aufgeführt sind.

§ 3 Unterbrechungsschaden; Haftzeit

1. Der Versicherer leistet Entschädigung für den Betriebsgewinn und die fortlaufenden Kosten in dem versicherten Betrieb, die der Versicherungsnehmer nicht erwirtschaften kann, weil der frühere betriebsfähige Zustand einer beschädigten Sache wiederhergestellt oder eine zerstörte Sache durch eine gleichartige ersetzt werden muß (Unterbrechungsschaden).

2. Der Versicherer leistet keine Entschädigung, soweit der Unterbrechungsschaden beruht

a) auf Ursachen im Sinne von § 2 Nr. 2 a) bis 2 e) oder auf außergewöhnlichen, während der Unterbrechung oder Beeinträchtigung der technischen Einsatzmöglichkeit eintretenden Ereignissen;

b) auf Verderb, Zerstörung oder Beschädigung von Rohstoffen, Halb- oder Fertigfabrikaten oder Hilfs- oder Betriebsstoffen, und zwar – wenn nichts anderes vereinbart ist – auch dann, wenn diese Umstände einen weiteren Sachschaden an einer in dem Maschinenverzeichnis aufgeführten Sache darstellen oder verursachen;

c) auf behördlich angeordneten Wiederherstellungs- oder Betriebsbeschränkungen;

d) auf dem Umstand, daß dem Versicherungsnehmer zur Wiederherstellung oder Wiederbeschaffung zerstörter oder beschädigter Sachen nicht rechtzeitig genügend Kapital zur Verfügung steht;

e) auf dem Umstand, daß zerstörte oder beschädigte Sachen anläßlich der Wiederherstellung oder Wiederbeschaffung geändert, verbessert oder überholt werden.

3. Der Versicherer leistet Entschädigung nur, soweit der Unterbrechungsschaden innerhalb der vereinbarten Haftzeit entsteht und nicht auf den vereinbarten zeitlichen Selbstbehalt (§ 6 Nr. 5) entfällt.

Die Haftzeit beginnt mit dem Zeitpunkt, von dem an der Sachschaden für den Versicherungsnehmer nach den anerkannten Regeln der Technik frühestens erkennbar war, spätestens jedoch mit Beginn des Unterbrechungsschadens.

Ist die Haftzeit nach Monaten bemessen, so gelten jeweils 30 Kalendertage als ein Monat. Ist jedoch ein Zeitraum von 12 Monaten vereinbart, so beträgt die Haftzeit ein volles Kalenderjahr.

§ 4 Betriebsgewinn und Kosten

1. Betriebsgewinn ist der Gewinn aus dem Umsatz der hergestellten Erzeugnisse und gehandelten Waren und der Gewinn aus Dienstleistungen mit Ausnahme von Gewinnen, die mit dem eigentlichen Fabrikations-, Handels- oder Gewerbebetrieb nicht zusammenhängen, z. B. aus Kapital-, Spekulations- oder Grundstücksgeschäften.

2. Kosten sind alle in dem versicherten Betrieb entstehenden Kosten mit Ausnahme von

a) Aufwendungen für Roh-, Hilfs- und Betriebsstoffe sowie für bezogene Waren, soweit es sich nicht um Aufwendungen zur Betriebserhaltung oder um Mindest- und Vorhaltegebühren für Energiefremdbezug handelt;

b) Verbrauchssteuern und Ausfuhrzöllen;

c) Paketporti und sonstigen Ausgangsfrachten, soweit sie nicht aufgrund fortlaufender vertraglicher Verpflichtungen ohne Rücksicht auf den Umsatz von Waren zu entrichten sind;

d) umsatzabhängigen Versicherungsprämien;

e) umsatzabhängigen Lizenzgebühren und umsatzabhängigen Erfindervergütungen;

f) Umsatzsteuer;

g) Kosten, die mit dem eigentlichen Fabrikations-, Handels- oder Gewerbebetrieb nicht zusammenhängen, z. B. aus Kapital-, Spekulations- oder Grundstücksgeschäften.

3. Betriebsgewinn und Kosten sind in einer Gruppe versichert, soweit für sie die gleiche Haftzeit und der gleiche zeitliche Selbstbehalt vereinbart sind.

§ 5 Versicherungswert; Bewertungszeitraum; Unterversicherung

1. Versicherungswert sind der Betriebsgewinn und die fortlaufenden Kosten, die der Versicherungsnehmer in dem Bewertungszeitraum erwirtschaftet hat; hinzuzurechnen sind Entschädigungen aus Betriebsunterbrechungsversicherungen.

Der Bewertungszeitraum beträgt ein Jahr.

Er endet mit dem Zeitpunkt, von dem an ein Unterbrechungsschaden nicht mehr entsteht, spätestens jedoch mit dem Ablauf der Haftzeit.

2. Ist bei Beginn der Haftzeit die Versicherungssumme einer Gruppe niedriger als ihr Versicherungswert, so wird in dieser Gruppe nur der Teil des gemäß §§ 3, 4 und § 6 Nr. 1 bis 4 ermittelten Betrages ersetzt, der sich zu dem ganzen Betrag verhält wie die Versicherungssumme zu dem Versicherungswert.

3. Der für jede Gruppe ermittelte Versicherungswert ist auch zugrunde zu legen, wenn eine kürzere Haftzeit als ein Jahr vereinbart ist.

§ 6 Umfang der Entschädigung

1. Bei Feststellung des Unterbrechungsschadens sind alle Umstände zu berücksichtigen, die Gang und Ergebnis des Betriebes günstig oder ungünstig beeinflußt haben würden, wenn nicht die technische Einsatzmöglichkeit der Sache infolge des Sachschadens unterbrochen oder beeinträchtigt gewesen wäre.

Betriebsgewinn und fortlaufende Kosten sind insbesondere nicht zu ersetzen, soweit sie wegen geplanter oder notwendiger Revisionen, Überholungsarbeiten oder Änderungen ohnehin nicht erwirtschaftet worden wären.

2. Kosten werden nur ersetzt, soweit ihr Weiteraufwand rechtlich notwendig oder wirtschaftlich begründet ist.

3. Technische Abschreibungen auf Maschinen sind nicht zu entschädigen, soweit die Maschinen infolge des Sachschadens nicht eingesetzt werden können.

4. Die Entschädigung darf nicht zu einer Bereicherung führen. Wirtschaftliche Vorteile, die sich innerhalb von sechs Monaten nach Ablauf des Bewertungszeitraumes als Folge der Unterbrechung ergeben, sind in billiger Weise zu berücksichtigen. Werden Arbeiten der in Nr. 1 Abs. 2 bezeichneten Art während der Unterbrechung vorzeitig durchgeführt, so gilt diese Zeitgrenze nicht.

5. Der gemäß Nr. 1 bis 4 und gemäß § 5 Nr. 2 ermittelte Betrag wird gekürzt, soweit er auf den vereinbarten zeitlichen Selbstbehalt entfällt.

a) Der zeitliche Selbstbehalt wird je Sachschaden gesondert berücksichtigt. Er beginnt mit dem Unterbrechungsschaden; werden Maßnahmen gemäß § 11 Nr. 1 ergriffen, so beginnt er mit dem Zeitpunkt, von dem an ohne diese Maßnahmen erstmals ein versicherter Unterbrechungsschaden entstanden wäre.

b) Der Versicherungsnehmer hat mindestens den Teil des versicherten Unterbrechungsschadens selbst zu tragen, der entstanden wäre, wenn die durch den Sachschaden verursachte Unterbrechung oder Beeinträchtigung der technischen Einsatzmöglichkeit der Sache nur die als zeitlicher Selbstbehalt vereinbarte Zahl von Tagen gedauert hätte.

c) Ist der zeitliche Selbstbehalt nach Arbeitstagen bemessen, so zählen nur die Tage, an denen ein Unterbrechungsschaden eintritt. Arbeitstage werden voll mit je 24 Stunden berücksichtigt.

§ 7 Prämie; Beginn der Haftung

1. Der Versicherungsnehmer hat die erste Prämie nach Aushändigung des Versicherungsscheins, Folgeprämien bei Beginn jeder Versicherungsperiode zu zahlen.

Für die Folgen nicht rechtzeitiger Prämienzahlung gelten §§ 38 Abs. 1 Satz 1, 39 VVG.

Vorstehende Bestimmungen gelten auch für Nebenkosten, die aus dem Versicherungsschein oder der Prämienrechnung ersichtlich sind.

2. Die Haftung des Versicherers beginnt mit dem vereinbarten Zeitpunkt.

3. Erweist sich in einem Schadenfall, daß der Versicherungsnehmer für das abgelaufene Versicherungsjahr in einer Gruppe einen zu niedrigen Mengenfaktor gemeldet hat, so wird der gemäß §§ 3 bis 6 ermittelte Betrag gekürzt.

Für die Kürzung maßgebend ist das Verhältnis zwischen dem Mengenfaktor, der nach Nr. 2 mindestens hätte gemeldet werden müssen, und dem gemeldeten, höchstens jedoch zwischen dem versicherten und dem gemeldeten Mengenfaktor.

4. Ist ein versicherter Mengenfaktor während des Versicherungsjahres geändert worden, so gilt als versicherter Mengenfaktor gemäß Nr. 2 und 3 der Jahresdurchschnitt, der sich aus den jeweiligen Mengenfaktoren unter Berücksichtigung der Zeiträume ergibt, in denen sie gegolten haben.

5. Eine Kürzung gemäß Nr. 3 erfolgt nicht, wenn der Versicherungsnehmer glaubhaft macht, daß weder er selbst noch die jeweils damit betraute Hilfsperson die unrichtige Meldung verschuldet hat.

§ 9 Buchführung

1. Der Versicherungsnehmer ist verpflichtet, Aufzeichnungen zu führen, aus denen sich die versicherten Gruppen von Mehrkosten nach Preis und Menge ermitteln lassen.

2. Verletzt der Versicherungsnehmer diese Obliegenheit, so ist der Versicherer nach Maßgabe der gesetzlichen Bestimmungen (§ 6 Abs. 1 VVG) von der Entschädigungspflicht frei.

§ 10 Obliegenheiten des Versicherungsnehmers nach einem Sachschaden

1. Der Versicherungsnehmer hat

a) jeden Sachschaden gemäß §§ 1 und 2, der versicherte Mehrkosten verursachen könnte, dem Versicherer spätestens innerhalb von 24 Stunden fernschriftlich, telegraphisch oder fernmündlich anzuzeigen;

b) die versicherten Mehrkosten nach Möglichkeit abzuwenden oder zu mindern, dabei die Weisungen des Versicherers zu befolgen, und, wenn die Umstände es gestatten, solche Weisungen einzuholen;

c) einem Beauftragten des Versicherers alle erforderlichen Untersuchungen über die Ursachen des Sachschadens und die Höhe der Mehrkosten zu gestatten;

d) dem Versicherer auf Verlangen alle erforderlichen Auskünfte zu erteilen;

e) dem Versicherer in die Aufzeichnungen gemäß § 9 Nr. 1 für das laufende Geschäftsjahr und die drei Vorjahre Einsicht zu gewähren.

2. Verletzt der Versicherungsnehmer eine dieser Obliegenheiten, so ist der Versicherer nach Maßgabe der gesetzlichen Bestimmungen (§§ 6 Abs. 3, 62 Abs. 2 VVG) von der Entschädigungspflicht frei.

3. Der Versicherer ist auch dann von der Entschädigungspflicht frei, wenn der Versicherungsnehmer aus Anlaß des Versicherungsfalles in arglistiger Absicht versucht hat, den Versicherer zu täuschen.

§ 11 Schadenminderungskosten

1. Aufwendungen, die der Versicherungsnehmer macht, um die Mehrkosten abzuwenden oder zu mindern, hat der Versicherer zu ersetzen,

a) soweit sie den Umfang der Entschädigungspflicht des Versicherers verringern oder

b) soweit der Versicherungsnehmer sie den Umständen nach für geboten halten durfte.

2. Die Aufwendungen werden jedoch nicht ersetzt,

a) soweit der Versicherungsnehmer durch sie über die Ersparnis versicherter Mehrkosten hinaus Nutzen erzielt, insbesondere nach Ablauf der Haftzeit, oder

b) soweit sie zusammen mit der Entschädigung je Gruppe den Betrag übersteigen, der ohne die Schadenminderungsmaßnahmen zu zahlen gewesen wäre, es sei denn, daß die darüber hinausgehenden Aufwendungen auf einer Weisung des Versicherers beruhen.

3. Besteht Unterversicherung (§ 5 Nr. 2), so sind die Aufwendungen nur zu demselben Anteil zu ersetzen wie die versicherten Mehrkosten.

§ 12 Sachverständigenverfahren

1. Versicherungsnehmer und Versicherer können verlangen, daß die Ursachen des Sachschadens und die Höhe der Mehrkosten sowie eines Kostenaufwandes für Schadenminderung durch Sachverständige festgestellt werden.

2. Für das Sachverständigenverfahren gelten folgende Grundsätze:

a) Jede Partei benennt schriftlich einen Sachverständigen. Jede Partei kann die andere Partei schriftlich auffordern, den zweiten Sachverständigen zu benennen. Wird der zweite Sachverständige nicht innerhalb von zwei Wochen nach Empfang der Aufforderung benannt, so kann ihn die auffordernde Partei durch die für den Schadenort zuständige Industrie- und Handelskammer ernennen lassen. In der Aufforderung ist auf diese Folgen hinzuweisen.

b) Beide Sachverständigen wählen vor Beginn des Feststellungsverfahrens einen Dritten als Obmann. Einigen sie sich nicht, so wird der Obmann auf Antrag einer Partei oder beider Parteien durch die für den Schadenort zuständige Industrie- und Handelskammer ernannt.

c) Die Feststellungen der Sachverständigen müssen mindestens ergeben

aa) die ermittelten oder vermuteten Ursachen und den Zeitpunkt, von dem an der Sachschaden für den Versicherungsnehmer nach den anerkannten Regeln der Technik frühestens erkennbar war;

bb) die Mehrkosten je Gruppe, die der Versicherungsnehmer innerhalb des Bewertungszeitraumes hätte aufwenden müssen, wenn die in dem Maschinenverzeichnis aufgeführten, für die Versicherungssumme maßgebenden Sachen während des gesamten Bewertungszeitraumes infolge eines Sachschadens ausgefallen wären (§ 5 Nr. 1);

cc) die entstandenen Mehrkosten sowie Ursache und Zweck ihres Aufwandes;

dd) ob und in welcher Weise Umstände, die die Entschädigungspflicht des Versicherers beeinflussen, bei Feststellung der Mehrkosten berücksichtigt worden sind.

d) Die Sachverständigen haben alle Gruppen von Mehrkosten (§ 4 Nr. 2) mit Preis- und Mengenfaktor gesondert auszuweisen.

e) Die Sachverständigen legen beiden Parteien gleichzeitig ihre Feststellungen vor. Weichen diese voneinander ab, so übergibt der Versicherer sie unverzüglich dem Obmann. Dieser entscheidet über die streitig gebliebenen Punkte innerhalb der durch die Feststellungen der Sachverständigen gezogenen Grenzen und legt seine Entscheidung beiden Parteien gleichzeitig vor.

f) Jede Partei trägt die Kosten ihres Sachverständigen. Die Kosten des Obmanns tragen beide Parteien je zur Hälfte.

3. Die Feststellungen, die die Sachverständigen und der Obmann im Rahmen ihrer Zuständigkeit treffen, sind verbindlich, wenn nicht nachgewiesen wird, daß sie offenbar von der wirklichen Sachlage erheblich abweichen. Aufgrund dieser verbindlichen Feststellungen berechnet der Versicherer die Entschädigung.

4. Durch das Sachverständigenverfahren werden die Obliegenheiten des Versicherungsnehmers gemäß § 10 Nr. 1 b bis 1 e nicht berührt.

§ 13 Zahlung der Entschädigung

1. Der Anspruch auf die Entschädigung ist zwei Wochen nach seiner endgültigen Feststellung fällig.

Nach Ablauf eines Monats seit Beginn des Aufwandes von Mehrkosten und nach Ablauf je eines weiteren Monats kann der Versicherungsnehmer als Teilzahlung den Betrag verlangen, der nach Lage der Sache mindestens zu zahlen ist.

2. Bis zum rechtskräftigen Abschluß einer behördlichen oder strafgerichtlichen Untersuchung, die aus Anlaß des Sachschadens oder in Zusammenhang mit dem Anfall der Mehrkosten gegen den Versicherungsnehmer eingeleitet worden ist, kann der Versicherer die Zahlung aufschieben.

3. Andere Zinsen als Verzugszinsen hat der Versicherer nicht zu leisten.

4. Der Anspruch auf die Entschädigung kann vor Fälligkeit nur mit Zustimmung des Versicherers abgetreten werden. Die Zustimmung muß erteilt werden, wenn der Versicherer sie aus wichtigem Grund verlangt.

5. Wenn der Anspruch auf die Entschädigung nicht innerhalb einer Frist von sechs Monaten gerichtlich geltend gemacht wird, nachdem ihn der Versicherer unter Angabe der mit dem Ablauf der Frist verbundenen Rechtsfolge schriftlich abgelehnt hat, ist der Versicherer von der Entschädigungspflicht frei. Wird ein Sachverständigenverfahren (§ 12) beantragt, so wird der Ablauf der Frist für dessen Dauer gehemmt.

§ 14 Rechtsverhältnisse nach dem Versicherungsfall

1. Die Versicherungssumme vermindert sich nicht dadurch, daß eine Entschädigung geleistet wird. Der Versicherungsnehmer hat jedoch für die Zeit von Beginn des Aufwandes an Mehrkosten bis

Nach Ablauf eines Monats seit Beginn des Unterbrechungsschadens und nach Ablauf je eines weiteren Monats kann der Versicherungsnehmer als Teilzahlung den Betrag verlangen, der nach Lage der Sache mindestens zu zahlen ist.

2. Bis zum rechtskräftigen Abschluß einer behördlichen oder strafgerichtlichen Untersuchung, die aus Anlaß des Sachschadens oder des Unterbrechungsschadens gegen den Versicherungsnehmer eingeleitet worden ist, kann der Versicherer die Zahlung aufschieben.

3. Andere Zinsen als Verzugszinsen hat der Versicherer nicht zu leisten.

4. Der Anspruch auf die Entschädigung kann vor Fälligkeit nur mit Zustimmung des Versicherers abgetreten werden. Die Zustimmung muß erteilt werden, wenn der Versicherungsnehmer sie aus wichtigem Grund verlangt.

5. Wenn der Anspruch auf die Entschädigung nicht innerhalb einer Frist von sechs Monaten gerichtlich geltend gemacht wird, nachdem ihn der Versicherer unter Angabe der mit dem Ablauf der Frist verbundenen Rechtsfolge schriftlich abgelehnt hat, ist der Versicherer von der Entschädigungspflicht frei. Wird ein Sachverständigenverfahren (§ 12) beantragt, so wird der Ablauf der Frist für dessen Dauer gehemmt.

§ 14 Rechtsverhältnisse nach dem Versicherungsfall

1. Die Versicherungssumme vermindert sich nicht dadurch, daß eine Entschädigung geleistet wird. Der Versicherungsnehmer hat jedoch für die Zeit von dem Eintritt des Sachschadens bis zum Ende der laufenden Versicherungsperiode Prämie aus dem Teil der Versicherungssumme zeitanteilig nachzuentrichten, der der Entschädigung gemäß § 6 und § 11 entspricht.

Der Versicherungsnehmer kann die Versicherungssumme für den Rest der laufenden Versicherungsperiode um den Betrag der Entschädigung gemäß § 6 und § 11 herabsetzen. Diese Erklärung des Versicherungsnehmers ist unverzüglich nach dem Versicherungsfall abzugeben und wird wirksam, wenn sie dem Versicherer zugeht; der Versicherungsnehmer hat dann Prämie nur bis zu diesem Zeitpunkt nachzuentrichten.

Der zeitliche oder prozentuale Selbstbehalt ist zu der Entschädigung gemäß Abs. 1 und Abs. 2 hinzuzurechnen.

2. Nach Eintritt eines entschädigungspflichtigen Versicherungsfalles können beide Parteien den Versicherungsvertrag kündigen, der Versicherungsnehmer jedoch nur dann, wenn er den Schaden gemäß § 10 Nr. 1 a) angezeigt hat.

Die Kündigung ist spätestens einen Monat nach Zahlung der Entschädigung schriftlich zu erklären.

Die Kündigung wird einen Monat nach ihrem Zugang wirksam. Kündigt der Versicherungsnehmer, so kann er für die Wirksamkeit der Kündigung einen späteren Zeitpunkt bestimmen, spätestens jedoch den Schluß der laufenden Versicherungsperiode.

§ 15 Einschränkung der Agentenvollmacht

Die Agenten sind zur Entgegennahme von Anzeigen und Erklärungen des Versicherungsnehmers nicht bevollmächtigt.

L

Klauseln zu den AMBUB

Klausel 1 Führung

Der führende Versicherer ist bevollmächtigt, Anzeigen und Willenserklärungen des Versicherungsnehmers für alle beteiligten Versicherer in Empfang zu nehmen.

Klausel 2 Makler

Die im Versicherungsschein genannte Maklerfirma ist bevollmächtigt, Anzeigen (ausgenommen Schadenanzeigen) und Willenserklärungen des Versicherungsnehmers entgegenzunehmen.

Klausel 3 Fahrbare Geräte und transportable Sachen mit wechselndem Einsatzort (zu § 1 und § 2 AMBUB)

1. Der Versicherungsschutz besteht über § 1 Nr. 3 AMBUB hinaus auch fort, während die Sache aus sonstigen Anlässen transportiert, de- oder remontiert oder probeweise betrieben wird. § 1 Nr. 5 AMBUB bleibt unberührt.

2. § 2 Nr. 2 a, 2 f und 2 g AMBUB (Ausschluß von Naturgewalten und Brand) gilt nicht.

3. Der Ausschluß des § 2 Nr. 2 l AMBUB gilt nur, wenn der Sachschaden außerhalb der Bundesrepublik Deutschland einschließlich des Landes Berlin und der Verbindungswege eingetreten ist.

4. § 2 Nr. 4 b und 4 c AMBUB gilt nicht, wenn der Sachschaden an den dort genannten Sachteilen die Folge eines Schadens gemäß § 2 Nr. 1 AMBUB an anderen Teilen der Sache ist.

Klausel 4 Akkumulatorenbatterien (zu § 1 Nr. 1 AMBUB)

Der Versicherungsnehmer hat die in dem Maschinenverzeichnis aufgeführten Akkumulatorenbatterien durch sachverständige Personen überwachen zu lassen.

Der Versicherungsnehmer hat alle durch Alterung erforderlich werdenden Reparaturen rechtzeitig vorzunehmen.

Verletzt der Versicherungsnehmer eine dieser Obliegenheiten, so ist der Versicherer nach Maßgabe des § 6 VVG von der Entschädigungspflicht frei. Besteht bei Eintritt des Versicherungsfalls ein Instandhaltungsvertrag, so gelten die Obliegenheiten als erfüllt.

Klausel 5 a Versaufen und Verschlammen (zu § 1 Nr. 1 AMBUB)

Der Versicherer leistet keine Entschädigung für Unterbrechungsschäden durch Versaufen oder Verschlammen infolge Bruches von Druckrohrleitungen.

Klausel 5 b Versaufen und Verschlammen (zu § 1 Nr. 1 AMBUB)

Der Versicherer leistet Entschädigung für Unterbrechungsschäden durch Versaufen oder Verschlammen von Sachen, die in dem Maschinenverzeichnis aufgeführt sind, wenn diese Vorgänge als Folge eines Schadens gemäß § 2 Nr. 1 AMBUB an Druckrohrleitungen eintreten, die ebenfalls in dem Maschinenverzeichnis aufgeführt sind.

Klausel 6 Schäden unter Tage (zu § 1 Nr. 1 AMBUB)

Der Versicherer leistet keine Entschädigung für Unterbrechungsschäden infolge von Schäden an Sachen unter Tage, die durch schlagende Wetter, Wasser- oder Schwemmsandeinbrüche sowie durch Schacht- oder Stolleneinbrüche entstehen.

Klausel 7 Kardenbeläge (zu § 1 Nr. 1 AMBUB)

Entschädigung für Unterbrechungen infolge von Schäden an Kardenbelägen leistet der Versicherer nur, wenn diese Schäden die Folge eines Schadens gemäß § 2 Nr. 1 AMBUB an einer Sache sind, deren Bestandteil der Kardenbelag ist.

Klausel 8 Anzeigepflicht bei Wegfall der Maschinenversicherung (zu § 1 Nr. 1 AMBUB)

Endet für eine in dem Maschinenverzeichnis besonders gekennzeichnete Sache ein bei einem anderen Versicherer bestehender Maschinenversicherungsvertrag, so hat der Versicherungsnehmer dies dem Betriebsunterbrechungsversicherer unverzüglich anzuzeigen.

Beide Parteien können in diesem Fall den Betriebsunterbrechungsversicherungsvertrag kündigen. Die Kündigung ist spätestens einen Monat nach Zugang der Anzeige schriftlich zu erklären. Der Vertrag endet einen Monat nach Zugang der Kündigung. § 7 Nr. 3 Abs. 2 AMBUB gilt entsprechend.

Die Anzeigepflicht besteht auch, wenn der Deckungsumfang des Maschinenversicherungsvertrages eingeschränkt oder die Prämie erhöht wird, oder wenn der Maschinenversicherer erklärt, daß gewisse Arten von Schäden nicht mehr als unvorhergesehen anzusehen sind.

Verletzt der Versicherungsnehmer eine der in Abs. 1 und 3 bezeichneten Obliegenheiten, so ist der Versicherer nach Maßgabe des § 6 VVG von der Entschädigungspflicht frei, soweit die Unterbrechung auf einem Sachschaden beruht, der mehr als einen Monat nach dem Tage, an dem die Anzeige dem Versicherer spätestens hätte zugehen müssen, an einer der Sachen eingetreten ist, bei der die Voraussetzungen von Abs. 1 oder Abs. 3 vorgelegen hatten.

Klausel 9 Revisionen von Dampfturbinenanlagen (zu § 2 Nr. 1 AMBUB)

Im Interesse der Schadenverhütung hat der Versicherungsnehmer jeweils nach 9.000 Betriebsstunden, gerechnet von der Inbetriebsetzung der Anlage an, spätestens jedoch zwei Jahre nach der letzten Revision, die gesamte Dampfturbinenanlage (Turbine, Generator, Kompressor usw.) in vollständig aufgedecktem Zustand auf seine Kosten gründlich zu überholen. Dies gilt ohne Rücksicht auf den Beginn des Versicherungsschutzes.

Bei fabrikneuen Dampfturbinenanlagen ist die erste Revision vor Ablauf der Garantie vorzunehmen.

Für Dampfturbinenanlagen mit höchstens 1.500 Betriebsstunden pro Jahr beträgt die in Abs. 1 genannte Frist drei Jahre, wenn die Turbinen durch wirksame Sperrstrecken und Entwässerungen in den zu- und abführenden Dampfleitungen gegen das Eindringen von Dampfschwaden und Wasser während des Stillstandes geschützt sind.

Der Versicherungsnehmer hat dem Versicherer die Revision rechtzeitig anzuzeigen. Der Versicherer kann zu der Revision auf seine Kosten einen Beauftragten entsenden.

Verletzt der Versicherungsnehmer eine dieser Obliegenheiten, so ist der Versicherer nach Maßgabe des § 6 VVG von der Entschädigungspflicht frei.

Klausel 10 Revisionen von Wasserturbinenanlagen (zu § 2 Nr. 1 AMBUB)
(Für Turbinen von 500 PS an)

Im Interesse der Schadenverhütung hat der Versicherungsnehmer jeweils nach 9.000 Betriebsstunden, gerechnet von der Inbetriebsetzung der Anlage an, spätestens jedoch zwei Jahre nach der letzten Revision, die gesamte Wasserturbinenanlage (Turbine und Generator) in vollständig aufgedecktem Zustand auf seine Kosten gründlich zu überholen. Dies gilt ohne Rücksicht auf den Beginn des Versicherungsschutzes.

Bei fabrikneuen Wasserturbinenanlagen ist die erste Revision vor Ablauf der Garantie vorzunehmen.

Der Versicherungsnehmer hat dem Versicherer die Revision rechtzeitig anzuzeigen. Der Versicherer kann zu der Revision auf seine Kosten einen Beauftragten entsenden.

Verletzt der Versicherungsnehmer eine der vorstehenden Obliegenheiten, so ist der Versicherer nach Maßgabe des § 6 VVG von der Entschädigungspflicht frei.

Klausel 11 Revisionen von Plattenpressen (zu § 2 Nr. 1 AMBUB)

Im Interesse der Schadenverhütung hat der Versicherungsnehmer die Plattenpressen regelmäßig auf seine Kosten durch einen Sachverständigen, den der Versicherungsnehmer im Einvernehmen mit dem Versicherer benennt, zerstörungsfrei untersuchen zu lassen.

Form 271 N (Sachverband) 3/76

Der Sachverständige berichtet nach der Untersuchung dem Versicherungsnehmer und dem Versicherer über den Zustand und die Betriebssicherheit der Plattenpressen. Der Sachverständige bestimmt auch den Zeitpunkt der nächsten Untersuchung, und zwar erstmals bei einer Untersuchung vor Beginn des Versicherungsschutzes.

Der Versicherungsnehmer hat dem Versicherer die Untersuchung rechtzeitig anzuzeigen. Der Versicherer kann zu der Untersuchung auf seine Kosten einen Beauftragten entsenden.

Verletzt der Versicherungsnehmer eine der vorstehenden Obliegenheiten, so ist der Versicherer nach Maßgabe des § 6 VVG von der Entschädigungspflicht frei.

Bohrungen und Schweißungen, die an den Plattenpressen nachträglich vorgenommen werden, sind Gefahrenerhöhungen gemäß § 23 VVG.

Klausel 12 Revisionen von Drehstrommotoren mit Leistungen von mehr als 750 kW in zweipoliger Ausführung oder von mehr als 1000 kW in vier- oder mehrpoliger Ausführung (zu § 2 Nr. 1 AMBUB)

Im Interesse der Schadenverhütung hat der Versicherungsnehmer jeweils nach 8.000 Betriebsstunden, gerechnet von der Inbetriebsetzung der Anlage an, spätestens jedoch zwei Jahre nach der letzten Revision, den Motor in vollständig aufgedecktem Zustand auf seine Kosten zu überholen. Dies gilt ohne Rücksicht auf den Beginn des Versicherungsschutzes.

Erreicht der Motor vorzeitig 500 Einschaltungen, so ist diese Schaltzahl für den Zeitpunkt der Revision zugrunde zu legen.

Bei fabrikneuen Elektromotoren ist die erste Revision nach 2.000 Betriebsstunden vorzunehmen. Werden in einem Jahr 2.000 Betriebsstunden nicht erreicht, so ist die Revision vor Ablauf des ersten Jahres nach Inbetriebsetzung durchzuführen.

Der Versicherungsnehmer hat dem Versicherer die Revision rechtzeitig anzuzeigen. Der Versicherer kann zu der Revision auf seine Kosten einen Beauftragten entsenden.

Verletzt der Versicherungsnehmer eine der vorstehenden Obliegenheiten, so ist der Versicherer nach Maßgabe des § 6 VVG von der Entschädigungspflicht frei.

Klausel 13 Revisionen von Gleichstrommaschinen mit einem Drehmoment von mehr als 1 Mpm sowie von Gleichstrom-Haupt- und Hilfsantrieben in Walzwerken (zu § 2 Nr. 1 AMBUB)

Im Interesse der Schadenverhütung hat der Versicherungsnehmer die Haupt- und Hilfsantriebe in Walzwerken jeweils nach einem Jahr, andere Gleichstrommaschinen jeweils nach zwei Jahren, gerechnet von der Inbetriebnahme der Anlage oder von dem Zeitpunkt der letzten Revision an, in vollständig aufgedecktem Zustand auf seine Kosten zu überholen. Dies gilt ohne Rücksicht auf den Beginn des Versicherungsschutzes.

Diese Vereinbarung entbindet nicht davon, bestimmte Einzelteile der Maschine entsprechend den Vorschriften der Hersteller auch in kürzeren Abständen zu revidieren.

Bei fabrikneuen Maschinen ist die erste Revision nach 2.000 Betriebsstunden vorzunehmen. Werden in einem Jahr 2.000 Betriebsstunden nicht erreicht, so ist die erste Revision vor Ablauf des ersten Jahres nach der Inbetriebsetzung vorzunehmen.

Der Versicherungsnehmer hat dem Versicherer die Revision rechtzeitig anzuzeigen. Der Versicherer kann zu der Revision auf seine Kosten einen Beauftragten entsenden.

Verletzt der Versicherungsnehmer eine der vorstehenden Obliegenheiten, so ist der Versicherer nach Maßgabe des § 6 VVG von der Entschädigungspflicht frei.

Klausel 14 Radioaktive Isotope (zu § 2 Nr. 2 d und 4 a AMBUB)

Der Versicherer leistet Entschädigung auch für Unterbrechungsschäden infolge Verseuchung von Sachen, die in dem Maschinenverzeichnis aufgeführt sind, wenn diese Verseuchung durch einen Schaden gemäß § 2 Nr. 1 AMBUB an einem in dem Maschinenverzeichnis aufgeführten radioaktiven Isotop entstanden ist.

Klausel 15 a Schmelzbetriebe (zu § 2 Nr. 2 f AMBUB)

Der Versicherer leistet keine Entschädigung für Unterbrechungsschäden infolge von Schäden, die durch bestimmungswidriges Ausbrechen glühendflüssiger Schmelzmassen entstehen.

Klausel 15 b Schmelzbetriebe (zu § 2 Nr. 2 f AMBUB)

Der Versicherer leistet keine Entschädigung für Unterbrechungsschäden infolge von Schäden, die durch bestimmungswidriges Ausbrechen glühendflüssiger Schmelzmassen entstehen, wenn Unterbrechungsschäden dieser Art dem Grunde nach durch eine Feuerbetriebsunterbrechungsversicherung (Klausel 9.09) gedeckt werden können.

Klausel 16 Betriebs- und Blitzschäden an elektrischen Einrichtungen (zu § 2 Nr. 2 f und 2 g AMBUB)

Abweichend von § 2 Nr. 2 f und 2 g AMBUB leistet der Versicherer Entschädigung auch für Unterbrechungsschäden infolge von

1. Blitzschäden an elektrischen Einrichtungen;

2. Brand- oder Explosionsschäden, die als Folge eines Blitzschlages oder als Folge von Kurzschluß, Überstrom oder Überspannung an der von einem dieser Ereignisse betroffenen elektrischen Einrichtung entstehen;

3. Kurzschluß-, Überstrom- oder Überspannungsschäden, die als Folge von Brand oder Explosion an elektrischen Einrichtungen entstehen.

Klausel 17 Sachen, für die eine Sachversicherung nach den Versicherungs-Bedingungen für Mitglieder der Vereinigung Deutscher Elektrizitätswerke (VDEW) besteht (zu § 2 Nr. 2 h und 2 i AMBUB)

1. Sachschaden ist die unvorhergesehen eintretende Zerstörung oder Beschädigung einer Sache.

2. § 2 Nr. 2 h AMBUB gilt nur für Mängel, die den dort genannten Personen bei Abschluß der Versicherung bekannt waren.

3. § 2 Nr. 2 i AMBUB gilt nur, wenn die schädliche Wirkung des Rostes oder der sonstigen Ablagerungen von dem verantwortlichen Betriebsleiter erkannt war und hätte beseitigt werden können.

4. § 2 Nr. 2 i AMBUB gilt nicht für Schäden an Wicklungen und Blechpaketen.

Klausel 18 Betriebseinflüsse (zu § 2 Nr. 2 i AMBUB)

Der Versicherer leistet keine Entschädigung für Unterbrechungsschäden infolge von Sachschäden an den in dem Maschinenverzeichnis besonders bezeichneten Sachen, die – ohne Rücksicht auf mitwirkende Ursachen – durch korrosive Angriffe, Abzehrungen oder Ablagerungen jeder Art an den von Flüssigkeiten, Dämpfen oder Gasen berührten Teilen dieser Sache entstehen.

Klausel 19 a Werkstätten (zu § 2 Nr. 2 l AMBUB)

Abweichend von § 2 Nr. 2 l AMBUB leistet der Versicherer Entschädigung auch für Unterbrechungsschäden infolge von Sachschäden, die in Werkstätten eingetreten sind.

Klausel 19 b Werkstätten; Umbau (zu § 1 Nr. 3 AMBUB und § 2 Nr. 2 l AMBUB)

1. Abweichend von § 2 Nr. 2 l AMBUB leistet der Versicherer Entschädigung auch für Unterbrechungsschäden infolge von Sachschäden, die in Werkstätten eingetreten sind.

2. Abweichend von § 1 Nr. 3 AMBUB besteht der Versicherungsschutz auch während eines Umbaues fort.

Klausel 19 c Werkstätten; Umbau; Transporte (zu § 1 Nr. 3 AMBUB und § 2 Nr. 2 l AMBUB)

1. Abweichend von § 2 Nr. 2 l AMBUB leistet der Versicherer Entschädigung auch für Unterbrechungsschäden infolge von Sachschäden, die in Werkstätten eingetreten sind.

2. Abweichend von § 1 Nr. 3 AMBUB besteht der Versicherungsschutz auch während eines Umbaues fort.

3. Abweichend von § 2 Nr. 2 l AMBUB leistet der Versicherer Entschädigung auch für Unterbrechungsschäden infolge von Sachschäden, die innerhalb der Bundesrepublik Deutschland einschließlich des Landes Berlin und der Verbindungswege während eines Transportes zwischen der in dem Versicherungsschein bezeichneten Betriebsstelle und einer Werkstätte eingetreten sind.

Klausel 20 Ölfüllungen bei Dampfturbinen (zu § 2 Nr. 4 e AMBUB)

Der Versicherer leistet Entschädigung für Unterbrechungsschäden durch Verlust der Ölfüllung nur, wenn der Verlust die Folge eines Schadens gemäß § 2 Nr. 1 AMBUB ist.

Klausel 21 Verlängerung der Unterbrechung durch Verderb (zu § 3 Nr. 2 b AMBUB)

Abweichend von § 3 Nr. 2 b AMBUB haftet der Versicherer auch, soweit der Unterbrechungsschaden darauf beruht, daß Rohstoffe, Halb- oder Fertigfabrikate oder Hilfs- oder Betriebsstoffe durch Verderb beschädigt oder zerstört worden sind.

Dies gilt jedoch nur, wenn der Verderb durch eine gemäß §§ 1 und 2 AMBUB dem Grunde nach entschädigungspflichtige Unterbrechung oder Beeinträchtigung der technischen Einsatzmöglichkeit einer in dem Maschinenverzeichnis besonders gekennzeichneten Sache verursacht wurde.

Klausel 22 Verderbschäden (zu § 3 Nr. 2 b AMBUB)

1. Der Versicherer leistet Entschädigung auch, wenn Rohstoffe, Halb- oder Fertigfabrikate oder Hilfs- oder Betriebsstoffe durch Verderb

beschädigt oder zerstört werden, die in einem dem Versicherungsschein beigefügten Warenverzeichnis mit einer Versicherungssumme aufgeführt sind.

Dies gilt jedoch nur, wenn der Verderb durch eine gemäß §§ 1 und2 AMBUB dem Grunde nach entschädigungspflichtige Unterbrechung oder Beeinträchtigung der technischen Einsatzmöglichkeit einer in dem Maschinenverzeichnis besonders gekennzeichneten Sache verursacht wurde, und wenn diese Unterbrechung oder Beeinträchtigung mindestens die vereinbarte und im Warenverzeichnis genannte Mindestzeit gedauert hat.

2. Für die Berechnung der Entschädigung ist der Betrag maßgebend, den der Versicherungsnehmer aufwenden muß, um Sachen gleicher Art und Güte wieder zu beschaffen oder neu herzustellen. Der niedrigere Betrag ist maßgebend. Der Wert der Reste der verdorbenen Sachen wird angerechnet.

Der so ermittelte Betrag wird begrenzt

a) durch einen vereinbarten und im Warenverzeichnis genannten Prozentsatz des Gesamtwertes der Sachen der betroffenen Gruppe;

b) durch den erzielbaren Verkaufspreis, bei nicht fertiggestellten eigenen Erzeugnissen durch den erzielbaren Verkaufspreis der fertigen Erzeugnisse abzüglich der noch nicht aufgewendeten Kosten.

3. Für eigene Erzeugnisse, die lieferungsfertig hergestellt und aufgrund der jeweiligen Marktlage absetzbar sind, tritt an die Stelle des nach Nr. 2 Abs. 1 zu ermittelnden Betrages der zur Zeit des Beginns des Verderbes erzielbare Verkaufspreis. Abzuziehen sind die Kosten, die durch den Versicherungsfall erspart werden. Überpreise, die nur aufgrund besonderer Verbundenheit von Unternehmen erzielbar sind, bleiben außer Betracht.

4. Als Versicherungssumme ist für jede Gruppe versicherter Sachen der Betrag zu vereinbaren, der nach Nr. 2 Abs. 1 Satz 1 und 2 sowie nach Nr. 3 Satz 1 ermittelt würde, wenn alle vorhandenen Sachen dieser Gruppe durch Verderb zerstört worden wären.

Ist die Versicherungssumme zur Zeit des Eintritts des Versicherungsfalles zu niedrig, so wird der gemäß Nr. 2 und Nr. 3 ermittelte Betrag in dem Verhältnis der erforderlichen zu der vereinbarten Versicherungssumme gekürzt.

5. Der gemäß Nr. 2, 3 und 4 ermittelte Betrag wird um den vereinbarten Selbstbehalt gekürzt.

Ein zeitlicher Selbstbehalt gemäß § 6 Nr. 5 AMBUB gilt für Verderbschäden nicht.

Klausel 23 a Beginn des Bewertungszeitraumes (zu § 5 Nr. 1 AMBUB)

Abweichend von § 5 Nr. 1 AMBUB beginnt der Bewertungszeitraum frühestens mit dem Beginn der Haftung aus diesem Versicherungsvertrag, und zwar auch dann, wenn nach § 5 Nr. 1 Abs. 3 AMBUB ein früherer Zeitpunkt in Betracht käme.

Klausel 23 b Beginn des Bewertungszeitraumes (zu § 5 Nr. 1 AMBUB)

Abweichend von § 5 Nr. 1 AMBUB beginnt der Bewertungszeitraum frühestens mit dem Wirksamwerden dieses Vertragsnachtrages, und zwar auch dann, wenn nach § 5 Nr. 1 Abs. 3 AMBUB ein früherer Zeitpunkt in Betracht käme.

Klausel 23 c Beginn des Bewertungszeitraumes (zu § 5 Nr. 1 AMBUB)

Abweichend von § 5 Nr. 1 AMBUB beginnt der Bewertungszeitraum frühestens mit dem bestimmungsgemäßen Einsatz der in dem Maschinenverzeichnis besonders gekennzeichneten Sache, frühestens mit ihrer Betriebsfertigkeit. Dies gilt auch, wenn nach § 5 Nr. 1 Abs. 3 AMBUB ein früherer Zeitpunkt in Betracht käme.

Klausel 24 Verlängerter Bewertungszeitraum und Prämienrückgewähr; Folgen unrichtiger Meldung (zu § 5 Nr. 1 AMBUB und § 8 AMBUB)

Abweichend von § 5 Nr. 1 Abs. 1 AMBUB umfaßt der für den Versicherungswert maßgebende Bewertungszeitraum zwei Jahre.

War der Versicherungswert (§ 5 Nr. 1 Abs. 1 AMBUB) in den zuletzt abgelaufenen zwei Versicherungsjahren, die zwei Geschäftsjahren entsprechen, niedriger als die Versicherungssumme und meldet der Versicherungsnehmer dies dem Versicherer innerhalb von sechs Monaten nach Ablauf dieser zwei Versicherungsjahre, so wird, wenn nicht etwas anderes vereinbart ist, die auf den Mehrbetrag der Versicherungssumme für das zuletzt abgelaufene Versicherungsjahr gezahlte Prämie bis zu einem Drittel der entrichteten Jahresprämie rückvergütet. Die Rückvergütung ist für jede Gruppe gesondert zu ermitteln.

Erweist sich in einem Schadenfall, daß der Versicherungsnehmer für die abgelaufenen 2 Jahre in einer Gruppe einen zu niedrigen Betrag gemeldet hat, so wird der nach §§ 3 bis 6 AMBUB ermittelte Betrag gekürzt.

Für die Kürzung maßgebend ist das Verhältnis zwischen dem Betrag, der nach Abs. 2 mindestens hätte gemeldet werden müssen, zu dem gemeldeten Betrag, höchstens jedoch das Verhältnis zwischen der in dem zuletzt abgelaufenen Geschäftsjahr vereinbarten Versicherungssumme und dem gemeldeten Betrag.

Ist eine Versicherungssumme während des Versicherungsjahres geändert worden, so gilt als Versicherungssumme im Sinne von Abs. 2 und Abs. 4 die Durchschnittssumme, die sich aus den jeweiligen Versicherungssummen unter Berücksichtigung der Zeiträume ergibt, in denen sie gegolten haben.

Die Entschädigung wird nicht gekürzt, wenn der Versicherungsnehmer glaubhaft macht, daß weder er selbst noch die jeweils damit betraute Hilfsperson die unrichtige Meldung verschuldet hat.

Klausel 25 a Ausfallziffer (zu § 5 Nr. 2 AMBUB)

Die Ausfallziffer einer Sache bezeichnet den prozentualen Anteil des Betriebsgewinns und der fortlaufenden Kosten, der voraussichtlich nicht erwirtschaftet wird, falls diese Sache während des gesamten Bewertungszeitraums nicht betrieben werden kann.

Ist bei Beginn der Haftzeit die in dem Maschinenverzeichnis genannte Ausfallziffer für eine Sache niedriger als der Anteil des Betriebsgewinns und der Kosten, der nicht erwirtschaftet würde, falls diese Sache während des gesamten Bewertungszeitraums nicht betrieben werden könnte, so wird nur der Teil des gemäß §§ 3 bis 6 und § 11 AMBUB ermittelten Betrages ersetzt, der sich zu dem ganzen Betrag verhält wie die Ausfallziffer zu diesem Anteil.

Klausel 25 b Ausfallverhältnisse (zu § 5 Nr. 2 AMBUB)

Ändern sich die in dem Versicherungsschein bezeichneten Betriebsverhältnisse, so wird Entschädigung nicht über den Betrag hinaus geleistet, der sich bei unveränderten Betriebsverhältnissen ergeben hätte.

Klausel 26 Anlagen ausländischer Herkunft (zu § 6 Nr. 1 AMBUB)

Für Unterbrechungsschäden infolge von Schäden gemäß § 2 Nr. 1 AMBUB an den in dem Maschinenverzeichnis besonders gekennzeichneten Sachen leistet der Versicherer Entschädigung nicht, soweit der Unterbrechungsschaden darauf beruht, daß die Wiederherstellung länger dauert als die Wiederherstellung einer in der Bundesrepublik Deutschland einschließlich des Landes Berlin hergestellten Sache mit gleichwertigen technischen Eigenschaften.

Klausel 27 Gemeinsames Sachverständigenverfahren für Maschinen- und Feuerbetriebsunterbrechungsversicherung (zu § 12 AMBUB)

Wenn gleichzeitig eine Maschinen- und eine Feuerbetriebsunterbrechungsversicherung bestehen und streitig ist, ob oder in welchem Umfang ein Schaden als Maschinen- oder als Feuerbetriebsunterbrechungsschaden anzusehen ist, können der Versicherungsnehmer, der Maschinen- oder der Feuerbetriebsunterbrechungs-Versicherer verlangen, daß die Höhe des Maschinen- und des Feuerbetriebsunterbrechungsschadens in einem gemeinsamen Sachverständigenverfahren festgestellt wird. Die Feststellung ist verbindlich, wenn nicht nachgewiesen wird, daß sie von der wirklichen Sachlage offenbar erheblich abweicht.

Jede Partei benennt einen Sachverständigen; der Versicherungsnehmer kann zwei Sachverständige benennen. Die Parteien können sich auf zwei oder einen gemeinsamen Sachverständigen einigen.

Die Partei, die ihren Sachverständigen zuerst benennt, gibt dessen Namen den beiden anderen Parteien schriftlich bekannt und fordert sie auf, gleichfalls Sachverständige zu benennen. Geschieht dies nicht binnen zwei Wochen nach Empfang der Aufforderung, so wird der Sachverständige der säumigen Partei auf Antrag durch die für den Schadenort zuständige Industrie- und Handelskammer ernannt. In der Aufforderung ist auf diese Folge hinzuweisen.

Die Sachverständigen wählen vor Beginn des Feststellungsverfahrens einen Obmann; einigen sie sich nicht, so wird der Obmann auf Antrag durch die für den Schadenort zuständige Industrie- und Handelskammer ernannt.

Die Sachverständigen legen den drei Parteien gleichzeitig ihre Feststellungen vor. Weichen diese voneinander ab, so werden sie unverzüglich dem Obmann übergeben. Dieser entscheidet über die streitig gebliebenen Punkte innerhalb der durch die Feststellungen der Sachverständigen gezogenen Grenzen und legt seine Entscheidung ebenfalls den drei Parteien gleichzeitig vor.

Jede Partei trägt die Kosten ihres Sachverständigen. Die Kosten des Obmanns tragen die Parteien je zu einem Drittel.

Verlangt der Versicherungsnehmer eine Teilzahlung gemäß § 13 Nr. 1 Abs. 2 AMBUB und steht noch nicht fest, inwieweit es sich um einen Maschinen- oder um einen Feuerbetriebsunterbrechungsschaden handelt, so beteiligt sich jeder Versicherer an der Teilzahlung vorläufig mit der Hälfte.

Klausel 28 Prozeßführung bei Mitversicherung (zu § 13 AMBUB)

Soweit die vertraglichen Grundlagen für die beteiligten Versicherer übereinstimmen, wird folgendes vereinbart:

1. Der Versicherungsnehmer wird bei Streitfällen aus diesem Vertrag seine Ansprüche nur gegen den führenden Versicherer und nur wegen dessen Anteil gerichtlich geltend machen.

2. Die beteiligten Versicherer erkennen die gegen den führenden Versicherer rechtskräftig gewordene Entscheidung und die von diesem mit dem Versicherungsnehmer nach Rechtshängigkeit geschlossenen Vergleiche als auch für sich verbindlich an.

3. Falls der Anteil des führenden Versicherers die Berufungs- oder Revisionssumme nicht erreicht, ist der Versicherungsnehmer berechtigt und auf Verlangen eines Versicherers verpflichtet, die Klage auf einen zweiten und erforderlichenfalls auf einen dritten und weitere Versicherer auszudehnen, bis diese Summe erreicht ist. Wird diesem Verlangen nicht entsprochen, so ist Nr. 2 nicht anzuwenden.

Allgemeine Mehrkosten-Versicherungs-Bedingungen (AMKB)

§ 1 Gegenstand der Versicherung

1. Wird die technische Einsatzmöglichkeit einer in dem Maschinenverzeichnis aufgeführten betriebsfertigen Sache (Maschine oder maschinelle Einrichtung) durch einen Sachschaden (§ 2) unterbrochen oder beeinträchtigt, so ersetzt der Versicherer die dadurch entstehenden Mehrkosten gemäß §§ 3 bis 6.

2. Betriebsfertig ist eine Sache, solange sie nach beendeter Erprobung und, soweit vorgesehen, nach beendetem Probebetrieb entweder

a) zur Arbeitsaufnahme bereit ist oder

b) sich in Betrieb befindet.

3. Der Versicherungsschutz besteht auch dann fort, wenn die Betriebsfertigkeit einer Sache für die Dauer einer Reinigung, Lagerung, Revision, Überholung oder Instandsetzung unterbrochen ist. Das gleiche gilt, während die Sache aus solchen Anlässen innerhalb der in dem Versicherungsschein als Betriebsstelle bezeichneten Grundstücke transportiert, de- oder remontiert oder probeweise betrieben wird.

4. Der Versicherer leistet Entschädigung, wenn der Zeitpunkt, von dem an der Sachschaden für den Versicherungsnehmer nach den anerkannten Regeln der Technik frühestens erkennbar war, innerhalb der vereinbarten Versicherungsdauer liegt.

5. Bei Gefahrerhöhungen, insbesondere durch Veränderungen der technischen Eigenschaften oder der Betriebsweise der in dem Maschinenverzeichnis aufgeführten Sachen, gelten die Bestimmungen der §§ 23 ff. VVG.

§ 2 Sachschaden

1. Sachschaden ist die unvorhergesehene und plötzlich eintretende Zerstörung oder Beschädigung einer Sache, insbesondere durch

a) Bedienungsfehler, Ungeschicklichkeit, Fahrlässigkeit, Böswilligkeit;

b) Konstruktions-, Material- oder Ausführungsfehler;

c) Wassermangel in Dampfkesseln oder Dampfgefäßen;

d) Zerreißen infolge von Fliehkraft;

e) Überdruck (außer in den Fällen von Nr. 2 f) oder Unterdruck;

f) Kurzschluß, Überstrom oder Überspannung mit oder ohne Feuererscheinung an elektrischen Einrichtungen (außer in den Fällen von Nr. 2 f und 2 g);

g) Versagen von Meß-, Regel- oder Sicherheitseinrichtungen;

h) Sturm, Frost, Eisgang.

2. Der Versicherer leistet ohne Rücksicht auf mitwirkende Ursachen keine Entschädigung für Mehrkosten infolge von Sachschäden,

a) die während der Dauer von Erdbeben, Erdsenkungen, Erdrutsch, Felssturz, Hochwasser, Überschwemmungen oder sonstigen Ereignissen höherer Gewalt als deren Folge entstehen (außer im Falle von Nr. 1 h);

b) durch Kriegsereignisse jeder Art, Bürgerkriege oder innere Unruhen;

c) durch Streikende oder Ausgesperrte, die zusammengerottet in die Betriebsstelle eindringen oder widerrechtlich dort verbleiben;

d) durch Kernenergie;

e) durch Anprall oder Absturz eines unbemannten Flugkörpers, seiner Teile oder seiner Ladung;

f) durch Brand, Explosion oder Blitzschlag, durch Löschen oder Niederreißen bei diesen Ereignissen, durch Anprall oder Absturz eines bemannten Flugkörpers, seiner Teile oder seiner Ladung, soweit diese Mehrkosten durch eine Feuerbetriebsunterbrechungsversicherung gedeckt werden können;

g) die als Folge von Brand, Explosion oder Blitzschlag, durch Kurzschluß, Überstrom oder Überspannung an elektrischen Einrichtungen entstehen, soweit diese Mehrkosten durch eine Feuerbetriebsunterbrechungsversicherung gedeckt werden können;

h) durch Mängel, die bei Abschluß der Versicherung bereits vorhanden waren und dem Versicherungsnehmer, der Leitung des Unternehmens oder einem verantwortlichen Betriebsleiter eines Werkes bekannt sein mußten;

i) die eine unmittelbare Folge der dauernden Einflüsse des Betriebes, der übermäßigen Bildung von Rost oder des übermäßigen Ansatzes von Kesselstein, Schlamm oder sonstigen Ablagerungen sind; wird infolge eines solchen Sachschadens ein benachbartes Maschinenteil beschädigt, so leistet der Versicherer Entschädigung im Rahmen von § 3 und von § 2 Nr. 2 bis 5 einschließlich § 2 Nr. 2 i Halbsatz 1;

k) durch Diebstahl; der Versicherer leistet jedoch Entschädigung für Mehrkosten infolge von Sachschäden an nicht gestohlenen Sachen, auch wenn diese Sachschäden als Folge des Diebstahls eintreten;

l) die außerhalb der in dem Versicherungsschein als Betriebsstelle bezeichneten Grundstücke eingetreten sind.

3. Ist der Beweis für eine der Ursachen gemäß Nr. 2 a bis 2 d nicht zu erbringen, so genügt für den Ausschluß der Haftung des Versicherers die überwiegende Wahrscheinlichkeit, daß der Sachschaden auf eine dieser Ursachen zurückzuführen ist.

4. Der Versicherer leistet ferner keine Entschädigung für Mehrkosten infolge von Sachschäden an

a) Maschinen, maschinellen Einrichtungen, Zusatzeinrichtungen oder sonstigen Sachen, die nicht in dem Maschinenverzeichnis aufgeführt sind, auch wenn es sich um die Folge eines Sachschadens an einer in dem Maschinenverzeichnis aufgeführten Sache handelt;

b) Werkzeugen aller Art, z. B. an Bohrern, Brechwerkzeugen, Formen, Matrizen, Messern, Sägeblättern, Steinen, Stempeln sowie an Kugeln, Schlaghämmern und Schlagplatten von Mühlen;

c) Transportbändern, Sieben, Musterwalzen, Panzerungen von Mühlen, Ketten (außer Elevatoren- und Reglerketten), Schläuchen, Filtertüchern, Gummi-, Textil- und Kunststoffbelägen, Seilen, Gurten, Riemen, Bürsten, Bereifungen;

d) Ausmauerungen von Öfen, Feuerungsanlagen und Behältern sowie Roststäben und Brennerdüsen von Feuerungsanlagen;

e) Hilfs- und Betriebsstoffen, wie Brennstoffen, Chemikalien, Filtermassen, Kontaktmassen, Kühlmitteln, Reinigungsmitteln, Schmiermitteln, Öl; die Ölfüllung gilt jedoch bei elektrischen Einrichtungen, wie Transformatoren und Schaltern sowie, wenn dies besonders vereinbart ist, bei Dampfturbinen als deren Bestandteil;

f) Katalysatoren.

Form. 249 AMKB (Sachverband) 8/77

5. Für Mehrkosten infolge von Sachschäden an Fundamenten leistet der Versicherer Entschädigung nur, wenn die Fundamente in dem Maschinenverzeichnis aufgeführt sind.

§ 3 Mehrkosten; Haftzeit

1. Der Versicherer leistet Entschädigung für die Mehrkosten, die der Versicherungsnehmer aufwenden muß, weil der frühere betriebsfähige Zustand einer beschädigten Sache wiederhergestellt oder eine zerstörte Sache durch eine gleichartige ersetzt werden muß.

2. Der Versicherer leistet keine Entschädigung, soweit die Mehrkosten beruhen

a) auf Ursachen gemäß § 2 Nr. 2 a bis 2 e oder auf außergewöhnlichen, während der Unterbrechung oder Beeinträchtigung der technischen Einsatzmöglichkeit eintretenden Ereignissen;

b) auf Verderb, Zerstörung oder Beschädigung von Rohstoffen, Halb- oder Fertigfabrikaten oder Hilfs- oder Betriebsstoffen, und zwar – wenn nichts anderes vereinbart ist – auch dann, wenn diese Umstände einen weiteren Sachschaden an einer in dem Maschinenverzeichnis aufgeführten Sache darstellen oder verursachen;

c) auf behördlich angeordneten Wiederherstellungs- oder Betriebsbeschränkungen;

d) auf dem Umstand, daß dem Versicherungsnehmer zur Wiederherstellung oder Wiederbeschaffung zerstörter oder beschädigter Sachen nicht rechtzeitig genügend Kapital zur Verfügung steht;

e) auf dem Umstand, daß beschädigte oder zerstörte Sachen anläßlich der Wiederherstellung oder Wiederbeschaffung geändert, verbessert oder überholt werden.

3. Der Versicherer leistet Entschädigung nur, soweit die versicherten Mehrkosten innerhalb der vereinbarten Haftzeit entstehen und nicht auf den vereinbarten zeitlichen Selbstbehalt entfallen.

Die Haftzeit beginnt mit dem Zeitpunkt, von dem an der Sachschaden für den Versicherungsnehmer nach den anerkannten Regeln der Technik frühestens erkennbar war, spätestens jedoch mit dem Zeitpunkt, von dem an versicherte Mehrkosten entstehen.

Ist die Haftzeit nach Monaten bemessen, so gelten jeweils 30 Kalendertage als ein Monat. Ist jedoch ein Zeitraum von 12 Monaten vereinbart, so beträgt die Haftzeit ein volles Kalenderjahr.

§ 4 Versicherte Mehrkosten

1. Versichert sind die Mehrkosten, die in dem Versicherungsschein

a) im einzelnen bezeichnet sowie

b) in zeitabhängige und zeitunabhängige aufgeteilt sind.

2. Jede Art versicherter Mehrkosten, die zeitabhängigen und die zeitunabhängigen Mehrkosten jeweils gesondert, bildet eine Gruppe.

3. Insbesondere können versichert werden Mehrkosten

a) für Fremdstrombezug
   aa) in Form von Arbeitspreisen;
   bb) in Form von Leistungspreisen;

b) durch Einsatz anderer Maschinen oder maschineller Einrichtungen;

c) durch Anwendung anderer Fertigungsverfahren;

d) für gemietete Maschinen oder maschinelle Einrichtungen;

e) für Bezug von Halbfertigfabrikaten zur Weiterverarbeitung;

f) für Bezug von Fertigfabrikaten.

§ 5 Versicherungswert; Bewertungszeitraum, Unterversicherung

1. Versicherungswert sind die ihrer Art nach versicherten Mehrkosten je Gruppe, die der Versicherungsnehmer innerhalb des Bewertungszeitraums hätte aufwenden müssen, wenn die in dem Maschinenverzeichnis aufgeführten, für die Versicherungssumme maßgebenden Sachen während des gesamten Bewertungszeitraumes infolge eines Sachschadens ausgefallen wären.

Der Bewertungszeitraum beträgt ein Jahr.

Er endet mit dem Zeitpunkt, von dem an versicherte Mehrkosten nicht mehr entstehen, spätestens jedoch mit dem Ablauf der Haftzeit.

2. Ist bei Beginn der Haftzeit die Versicherungssumme der von dem Schaden betroffenen Gruppe niedriger als der Versicherungswert, so wird in dieser Gruppe nur der Teil der gemäß §§ 3, 4 und § 6 Nr. 1 bis 3 ermittelten Mehrkosten ersetzt, der sich zu dem ganzen Betrag verhält wie die Versicherungssumme zu dem Versicherungswert.

Ist als Versicherungssumme ein Produkt aus einem Preis (je Einheit) und einer Anzahl von Einheiten (Menge) vereinbart, so ist Abs. 1 nur auf den Mengenfaktor anzuwenden.

3. Der für jede Gruppe ermittelte Versicherungswert ist auch zugrunde zu legen, wenn eine kürzere Haftzeit als ein Jahr vereinbart ist.

§ 6 Umfang der Entschädigung

1. Die Mehrkosten werden nur ersetzt, soweit ohne ihren Aufwand eine Betriebsunterbrechung infolge des Sachschadens eingetreten wäre.

Ist als Versicherungssumme ein Produkt aus einem Preis (je Einheit) und einer Anzahl von Einheiten (Menge) vereinbart (§ 5 Nr. 2 Abs. 2), so ist die Entschädigung auf den Betrag begrenzt, der sich durch Multiplikation dieses Preises mit der Zahl der ausgefallenen Einheiten ergibt.

2. Die Mehrkosten werden nicht ersetzt, soweit sie auch dann entstanden wären, wenn die technische Einsatzmöglichkeit der Sache nicht infolge des Sachschadens an ihr unterbrochen oder beeinträchtigt gewesen wäre.

Dies gilt insbesondere, soweit die Mehrkosten wegen geplanter oder notwendiger Revisionen, Überholungsarbeiten oder Änderungen ohnehin entstanden wären.

3. Die Entschädigung darf nicht zu einer Bereicherung führen. Wirtschaftliche Vorteile, die sich innerhalb von sechs Monaten nach Ablauf des Bewertungszeitraumes als Folge des Aufwandes der Mehrkosten ergeben, sind in billiger Weise zu berücksichtigen. Werden Arbeiten der in Nr. 2 Abs. 2 bezeichneten Art in den Zeitraum vorverlegt, für den versicherte Mehrkosten aufgewendet werden, so gilt diese Zeitgrenze nicht.

4. Der Versicherungsnehmer trägt von dem nach gemäß Nr. 1 bis 3 und gemäß § 5 Nr. 2 ermittelten Betrag den vereinbarten Selbstbehalt. Der Selbstbehalt wird je Sachschaden gesondert berücksichtigt.

a) Ein zeitlicher Selbstbehalt beginnt mit dem Zeitpunkt, von dem an versicherte Mehrkosten entstehen. Werden Maßnahmen gemäß § 11 Nr. 1 ergriffen, so beginnt er mit dem Zeitpunkt, von dem an ohne diese Maßnahmen erstmals versicherte Mehrkosten entstanden wären.

b) Der Versicherungsnehmer hat mindestens den Teil der Mehrkosten selbst zu tragen, der entstanden wäre, wenn die durch den Sachschaden verursachte Unterbrechung oder Beeinträchtigung der technischen Einsatzmöglichkeit der Sache nur die als zeitlicher Selbstbehalt vereinbarte Zahl von Tagen gedauert hätte.

c) Ist der zeitliche Selbstbehalt nach Arbeitstagen bemessen, so zählen nur die Tage, an denen versicherte Mehrkosten entstehen. Arbeitstage werden voll mit je 24 Stunden berücksichtigt.

§ 7 Prämie; Beginn der Haftung

1. Der Versicherungsnehmer hat die erste Prämie nach Aushändigung des Versicherungsscheins, Folgeprämien bei Beginn jeder Versicherungsperiode zu zahlen.

Für Folgen nicht rechtzeitiger Prämienzahlung gelten §§ 38 Abs. 1 Satz 1, 39 VVG.

Vorstehende Bestimmungen gelten auch für Nebenkosten, die aus dem Versicherungsschein oder der Prämienrechnung ersichtlich sind.

2. Die Haftung des Versicherers beginnt mit dem vereinbarten Zeitpunkt.

3. Endet das Versicherungsverhältnis vor Ablauf der Vertragszeit oder wird es nach Beginn der Versicherung rückwirkend aufgehoben oder ist es von Anfang an nichtig, so gebührt dem Versicherer Prämie oder Geschäftsgebühr nach Maßgabe der gesetzlichen Bestimmungen (z. B. §§ 40, 68 VVG).

Kündigt der Versicherungsnehmer gemäß § 14 Nr. 2, so gebührt dem Versicherer die Prämie für die laufende Versicherungsperiode.

Kündigt der Versicherer gemäß § 14 Nr. 2, so hat er den Teil der Prämie zurückzuzahlen, der auf den noch nicht abgelaufenen Teil der Versicherungsperiode entfällt.

§ 8 Prämienrückgewähr; Folgen unrichtiger Meldung

1. Prämienrückgewähr kann nur bei zeitabhängigen Mehrkosten (§ 4 Nr. 1 b) und in den Fällen von § 5 Nr. 2 Abs. 2 nur für den Mengenfaktor beansprucht werden.

2. War der nach § 5 erforderliche Mengenfaktor für das abgelaufene Versicherungsjahr, das dem Geschäftsjahr entspricht, niedriger als der versicherte Mengenfaktor und meldet der Versicherungsnehmer dies dem Versicherer innerhalb von sechs Monaten nach Ablauf des Versicherungsjahres, so wird, wenn nicht etwas anderes vereinbart ist, die auf den Mehrbetrag gezahlte Prämie bis zu einem Drittel der Jahresprämie rückvergütet. Die Rückvergütung ist für jede Gruppe gesondert zu ermitteln.

3. Erweist sich in einem Schadenfall, daß der Versicherungsnehmer für das abgelaufene Versicherungsjahr in einer Gruppe einen zu niedrigen Mengenfaktor gemeldet hat, so wird der gemäß §§ 3 bis 6 ermittelte Betrag gekürzt.

Für die Kürzung maßgebend ist das Verhältnis zwischen dem Mengenfaktor, der nach Nr. 2 mindestens hätte gemeldet werden müssen, und dem gemeldeten, höchstens jedoch zwischen dem versicherten und dem gemeldeten Mengenfaktor.

4. Ist ein versicherter Mengenfaktor während des Versicherungsjahres geändert worden, so gilt als versicherter Mengenfaktor gemäß Nr. 2 und 3 der Jahresdurchschnitt, der sich aus den jeweiligen Mengenfaktoren unter Berücksichtigung der Zeiträume ergibt, in denen sie gegolten haben.

5. Eine Kürzung gemäß Nr. 3 erfolgt nicht, wenn der Versicherungsnehmer glaubhaft macht, daß weder er selbst noch die jeweils damit betraute Hilfsperson die unrichtige Meldung verschuldet hat.

§ 9 Buchführung

1. Der Versicherungsnehmer ist verpflichtet, Aufzeichnungen zu führen, aus denen sich die versicherten Gruppen von Mehrkosten nach Preis und Menge ermitteln lassen.

2. Verletzt der Versicherungsnehmer diese Obliegenheit, so ist der Versicherer nach Maßgabe der gesetzlichen Bestimmungen (§ 6 Abs. 1 VVG) von der Entschädigungspflicht frei.

§ 10 Obliegenheiten des Versicherungsnehmers nach einem Sachschaden

1. Der Versicherungsnehmer hat

a) jeden Sachschaden gemäß §§ 1 und 2, der versicherte Mehrkosten verursachen könnte, dem Versicherer spätestens innerhalb von 24 Stunden fernschriftlich, telegraphisch oder fernmündlich anzuzeigen;

b) die versicherten Mehrkosten nach Möglichkeit abzuwenden oder zu mindern, dabei die Weisungen des Versicherers zu befolgen, und, wenn die Umstände es gestatten, solche Weisungen einzuholen;

c) einem Beauftragten des Versicherers alle erforderlichen Untersuchungen über die Ursachen des Sachschadens und die Höhe der Mehrkosten zu gestatten;

d) dem Versicherer auf Verlangen alle erforderlichen Auskünfte zu erteilen;

e) dem Versicherer in die Aufzeichnungen gemäß § 9 Nr. 1 für das laufende Geschäftsjahr und die drei Vorjahre Einsicht zu gewähren.

2. Verletzt der Versicherungsnehmer eine dieser Obliegenheiten, so ist der Versicherer nach Maßgabe der gesetzlichen Bestimmungen (§§ 6 Abs. 3, 62 Abs. 2 VVG) von der Entschädigungspflicht frei.

3. Der Versicherer ist auch dann von der Entschädigungspflicht frei, wenn der Versicherungsnehmer aus Anlaß des Versicherungsfalles in arglistiger Absicht versucht hat, den Versicherer zu täuschen.

§ 11 Schadenminderungskosten

1. Aufwendungen, die der Versicherungsnehmer macht, um die Mehrkosten abzuwenden oder zu mindern, hat der Versicherer zu ersetzen,

a) soweit sie den Umfang der Entschädigungspflicht des Versicherers verringern oder

b) soweit der Versicherungsnehmer sie den Umständen nach für geboten halten dürfte.

2. Die Aufwendungen werden jedoch nicht ersetzt,

a) soweit der Versicherungsnehmer durch sie über die Ersparnis versicherter Mehrkosten hinaus Nutzen erzielt, insbesondere nach Ablauf der Haftzeit, oder

b) soweit sie zusammen mit der Entschädigung je Gruppe den Betrag übersteigen, der ohne die Schadenminderungsmaßnahmen zu zahlen gewesen wäre, es sei denn, daß die darüber hinausgehenden Aufwendungen auf einer Weisung des Versicherers beruhen.

3. Besteht Unterversicherung (§ 5 Nr. 2), so sind die Aufwendungen nur zu demselben Anteil zu ersetzen wie die versicherten Mehrkosten.

§ 12 Sachverständigenverfahren

1. Versicherungsnehmer und Versicherer können verlangen, daß die Ursachen des Sachschadens und die Höhe der Mehrkosten sowie eines Kostenaufwandes für Schadenminderung durch Sachverständige festgestellt werden.

2. Für das Sachverständigenverfahren gelten folgende Grundsätze:

a) Jede Partei benennt schriftlich einen Sachverständigen. Jede Partei kann die andere Partei schriftlich auffordern, den zweiten Sachverständigen zu benennen. Wird der zweite Sachverständige nicht innerhalb von zwei Wochen nach Empfang der Aufforderung benannt, so kann ihn die auffordernde Partei durch die für den Schadenort zuständige Industrie- und Handelskammer ernennen lassen. In der Aufforderung ist auf diese Folgen hinzuweisen.

b) Beide Sachverständigen wählen vor Beginn des Feststellungsverfahrens einen Dritten als Obmann. Einigen sie sich nicht, so wird der Obmann auf Antrag einer Partei oder beider Parteien durch die für den Schadenort zuständige Industrie- und Handelskammer ernannt.

c) Die Feststellungen der Sachverständigen müssen mindestens ergeben

   aa) die ermittelten oder vermuteten Ursachen und den Zeitpunkt, von dem an der Sachschaden für den Versicherungsnehmer nach den anerkannten Regeln der Technik frühestens erkennbar war;

   bb) die Mehrkosten je Gruppe, die der Versicherungsnehmer innerhalb des Bewertungszeitraumes hätte aufwenden müssen, wenn die in dem Maschinenverzeichnis aufgeführten, für die Versicherungssumme maßgebenden Sachen während des gesamten Bewertungszeitraumes infolge eines Sachschadens ausgefallen wären (§ 5 Nr. 1);

   cc) die entstandenen Mehrkosten sowie Ursache und Zweck ihres Aufwandes;

   dd) ob und in welcher Weise Umstände, die die Entschädigungspflicht des Versicherers beeinflussen, bei Feststellung der Mehrkosten berücksichtigt worden sind.

d) Die Sachverständigen haben alle Gruppen von Mehrkosten (§ 4 Nr. 2) mit Preis- und Mengenfaktor gesondert auszuweisen.

e) Die Sachverständigen legen beiden Parteien gleichzeitig ihre Feststellungen vor. Weichen diese voneinander ab, so übergibt der Versicherer sie unverzüglich dem Obmann. Dieser entscheidet über die streitig gebliebenen Punkte innerhalb der durch die Feststellungen der Sachverständigen gezogenen Grenzen und legt seine Entscheidung beiden Parteien gleichzeitig vor.

f) Jede Partei trägt die Kosten ihres Sachverständigen. Die Kosten des Obmanns tragen beide Parteien je zur Hälfte.

3. Die Feststellungen, die die Sachverständigen und der Obmann im Rahmen ihrer Zuständigkeit treffen, sind verbindlich, wenn nicht nachgewiesen wird, daß sie offenbar von der wirklichen Sachlage erheblich abweichen. Aufgrund dieser verbindlichen Feststellungen berechnet der Versicherer die Entschädigung.

4. Durch das Sachverständigenverfahren werden die Obliegenheiten des Versicherungsnehmers gemäß § 10 Nr. 1 b bis 1 e nicht berührt.

§ 13 Zahlung der Entschädigung

1. Der Anspruch auf die Entschädigung ist zwei Wochen nach seiner endgültigen Feststellung fällig.

Nach Ablauf eines Monats seit Beginn des Aufwandes von Mehrkosten und nach Ablauf je eines weiteren Monats kann der Versicherungsnehmer als Teilzahlung den Betrag verlangen, der nach Lage der Sache mindestens zu zahlen ist.

2. Bis zum rechtskräftigen Abschluß einer behördlichen oder strafgerichtlichen Untersuchung, die aus Anlaß des Sachschadens oder in Zusammenhang mit dem Anfall der Mehrkosten gegen den Versicherungsnehmer eingeleitet worden ist, kann der Versicherer die Zahlung aufschieben.

3. Andere Zinsen als Verzugszinsen hat der Versicherer nicht zu leisten.

4. Der Anspruch auf die Entschädigung kann vor Fälligkeit nur mit Zustimmung des Versicherers abgetreten werden. Die Zustimmung muß erteilt werden, wenn der Versicherer sie aus wichtigem Grund verlangt.

5. Wenn der Anspruch auf die Entschädigung nicht innerhalb einer Frist von sechs Monaten gerichtlich geltend gemacht wird, nachdem ihn der Versicherer unter Angabe der mit dem Ablauf der Frist verbundenen Rechtsfolge schriftlich abgelehnt hat, ist der Versicherer von der Entschädigungspflicht frei. Wird ein Sachverständigenverfahren (§ 12) beantragt, so wird der Ablauf der Frist für dessen Dauer gehemmt.

§ 14 Rechtsverhältnisse nach dem Versicherungsfall

1. Die Versicherungssumme vermindert sich nicht dadurch, daß eine Entschädigung geleistet wird. Der Versicherungsnehmer hat jedoch für die Zeit von Beginn des Aufwandes an Mehrkosten bis

zum Ende der laufenden Versicherungsperiode Prämie aus dem Teil der Versicherungssumme zeitanteilig nachzuentrichten, der der Entschädigung gemäß § 6 und § 11 entspricht.

Ein prozentualer Selbstbehalt ist zu der Entschädigung gemäß Abs. 1 hinzuzurechnen.

2. Nach Eintritt eines entschädigungspflichtigen Versicherungsfalles können beide Parteien den Versicherungsvertrag kündigen, der Versicherungsnehmer jedoch nur dann, wenn er den Schaden gemäß § 10 Nr. 1 a angezeigt hat.

Die Kündigung ist spätestens einen Monat nach Zahlung der Entschädigung schriftlich zu erklären.

Die Kündigung wird einen Monat nach ihrem Zugang wirksam. Kündigt der Versicherungsnehmer, so kann er für die Wirksamkeit der Kündigung einen späteren Zeitpunkt bestimmen, spätestens jedoch den Schluß der laufenden Versicherungsperiode.

§ 15 Einschränkung der Agentenvollmacht

Die Agenten sind zur Entgegennahme von Anzeigen und Erklärungen des Versicherungsnehmers nicht bevollmächtigt.

Klauseln zu den AMKB

Klausel 1 Führung

Der führende Versicherer ist bevollmächtigt, Anzeigen und Willenserklärungen des Versicherungsnehmers für alle beteiligten Versicherer in Empfang zu nehmen.

Klausel 2 Makler

Die im Versicherungsschein genannte Maklerfirma ist bevollmächtigt, Anzeigen (ausgenommen Schadenanzeigen) und Willenserklärungen des Versicherungsnehmers entgegenzunehmen.

Klausel 3 Fahrbare Geräte und transportable Sachen mit wechselndem Einsatzort

1. Der Versicherungsschutz besteht über § 1 Nr. 3 AMKB hinaus auch fort, während die Sache aus sonstigen Anlässen transportiert, de- oder remontiert oder probeweise betrieben wird. § 1 Nr. 5 AMKB bleibt unberührt.

2. § 2 Nr. 2 a, 2 f und 2 g AMKB (Ausschluß von Naturgewalten und Brand) gilt nicht.

3. Der Ausschluß des § 2 Nr. 2 l AMKB gilt nur, wenn der Sachschaden außerhalb der Bundesrepublik Deutschland einschließlich des Landes Berlin und der Verbindungswege eingetreten ist.

4. § 2 Nr. 4 b und 4 c AMKB ist nicht anzuwenden, wenn der Sachschaden an den dort genannten Sachteilen die Folge eines Schadens gemäß § 2 Nr. 1 AMKB an anderen Teilen der Sache ist.

Klausel 4 Akkumulatorenbatterien zu § 1 Nr. 1 AMKB

Der Versicherungsnehmer hat die in dem Maschinenverzeichnis aufgeführten Akkumulatorenbatterien durch sachverständige Personen überwachen zu lassen.

Der Versicherungsnehmer hat alle durch Alterung erforderlich werdenden Reparaturen rechtzeitig vorzunehmen.

Verletzt der Versicherungsnehmer eine dieser Obliegenheiten, so ist der Versicherer nach Maßgabe des § 6 VVG von der Entschädigungspflicht frei. Besteht bei Eintritt des Versicherungsfalles ein Instandhaltungsvertrag, so gelten die Obliegenheiten als erfüllt.

Klausel 5 a Versaufen und Verschlammen zu § 1 Nr. 1 AMKB

Der Versicherer leistet keine Entschädigung für Mehrkosten durch Versaufen oder Verschlammen infolge Bruches von Druckrohrleitungen.

Klausel 5 b Versaufen und Verschlammen zu § 1 Nr. 1 AMKB

Der Versicherer leistet Entschädigung für Mehrkosten durch Versaufen oder Verschlammen von Sachen, die in dem Maschinenverzeichnis aufgeführt sind, wenn diese Vorgänge als Folge eines Schadens gemäß § 2 Nr. 1 AMKB an Druckrohrleitungen eintreten, die ebenfalls in dem Maschinenverzeichnis aufgeführt sind.

Klausel 6 Schäden unter Tage zu § 1 Nr. 1 AMKB

Der Versicherer leistet keine Entschädigung für Mehrkosten infolge von Schäden an Sachen unter Tage, die durch schlagende Wetter, Wasser- oder Schwemmsandeinbrüche sowie durch Schacht- oder Stolleneinbrüche entstehen.

Klausel 7 Kardenbeläge zu § 1 Nr. 1 AMKB

Entschädigung für Mehrkosten infolge von Schäden an Kardenbelägen leistet der Versicherer nur, wenn diese Schäden die Folge eines Schadens gemäß § 2 Nr. 1 AMKB an einer Sache sind, deren Bestandteil der Kardenbelag ist.

Klausel 8 Anzeigepflicht bei Wegfall der Maschinenversicherung zu § 1 Nr. 1 AMKB

Endet für eine in dem Maschinenverzeichnis besonders gekennzeichnete Sache ein bei einem anderen Versicherer bestehender Maschinenversicherungsvertrag, so hat der Versicherungsnehmer dies dem Mehrkostenversicherer unverzüglich anzuzeigen.

Beide Parteien können in diesem Fall den Mehrkostenversicherungsvertrag kündigen. Die Kündigung ist spätestens einen Monat nach Zugang der Anzeige schriftlich zu erklären. Der Vertrag endet einen Monat nach Zugang der Kündigung. § 7 Nr. 3 Abs. 2 AMKB gilt entsprechend.

Die Anzeigepflicht besteht auch, wenn der Deckungsumfang des Maschinenversicherungsvertrages eingeschränkt oder die Prämie erhöht wird oder wenn der Maschinenversicherer erklärt, daß gewisse Arten von Schäden nicht mehr als unvorhergesehen anzusehen sind.

Verletzt der Versicherungsnehmer eine der in Abs. 1 und 3 bezeichneten Obliegenheiten, so ist der Versicherer nach Maßgabe des § 6 VVG von der Entschädigungspflicht frei, soweit die Mehrkosten auf einem Sachschaden beruhen, der mehr als einen Monat nach dem Tage, an dem die Anzeige dem Versicherer spätestens hätte zugehen müssen, an einer der Sachen eingetreten ist, bei der die Voraussetzungen von Abs. 1 oder Abs. 3 vorgelegen hatten.

Klausel 9 Revisionen von Dampfturbinenanlagen zu § 2 Nr. 1 AMKB

Im Interesse der Schadenverhütung hat der Versicherungsnehmer jeweils nach 9.000 Betriebsstunden, gerechnet von der Inbetriebsetzung der Anlage an, spätestens jedoch zwei Jahre nach der letzten Revision, die gesamte Dampfturbinenanlage (Turbine, Generator, Kompressor usw.) in vollständig aufgedecktem Zustand auf seine Kosten gründlich zu überholen. Dies gilt ohne Rücksicht auf den Beginn des Versicherungsschutzes.

Bei fabrikneuen Dampfturbinenanlagen ist die erste Revision vor Ablauf der Garantie vorzunehmen.

Für Dampfturbinenanlagen mit höchstens 1.500 Betriebsstunden pro Jahr beträgt die in Abs. 1 genannte Frist drei Jahre, wenn die Turbinen durch wirksame Sperrstrecken und Entwässerungen in den zu- und abführenden Dampfleitungen gegen das Eindringen von Dampfschwaden und Wasser während des Stillstandes geschützt sind.

Der Versicherungsnehmer hat dem Versicherer die Revision rechtzeitig anzuzeigen. Der Versicherer kann zu der Revision auf seine Kosten einen Beauftragten entsenden.

Verletzt der Versicherungsnehmer eine dieser Obliegenheiten, so ist der Versicherer nach Maßgabe des § 6 VVG von der Entschädigungspflicht frei.

Klausel 10 Revisionen von Wasserturbinenanlagen zu § 2 Nr. 1 AMKB

Im Interesse der Schadenverhütung hat der Versicherungsnehmer jeweils nach 9.000 Betriebsstunden, gerechnet von der Inbetriebsetzung der Anlage an, spätestens jedoch zwei Jahre nach der letzten Revision, die gesamte Wasserturbinenanlage (Turbine und Generator) in vollständig aufgedecktem Zustand auf seine Kosten gründlich zu überholen. Dies gilt ohne Rücksicht auf den Beginn des Versicherungsschutzes.

Bei fabrikneuen Wasserturbinenanlagen ist die erste Revision vor Ablauf der Garantie vorzunehmen.

Der Versicherungsnehmer hat dem Versicherer die Revision rechtzeitig anzuzeigen. Der Versicherer kann zu der Revision auf seine Kosten einen Beauftragten entsenden.

Verletzt der Versicherungsnehmer eine der vorstehenden Obliegenheiten, so ist der Versicherer nach Maßgabe des § 6 VVG von der Entschädigungspflicht frei.

Klausel 11 Revisionen von Plattenpressen zu § 2 Nr. 1 AMKB

Im Interesse der Schadenverhütung hat der Versicherungsnehmer die Plattenpressen regelmäßig auf seine Kosten durch einen Sachverständigen, den der Versicherungsnehmer im Einvernehmen mit dem Versicherer benennt, zerstörungsfrei untersuchen zu lassen.

Der Sachverständige berichtet nach der Untersuchung dem Versicherungsnehmer und dem Versicherer über den Zustand und die Betriebssicherheit der Plattenpressen. Der Sachverständige bestimmt auch den Zeitpunkt der nächsten Untersuchung, und zwar erstmals bei einer Untersuchung vor Beginn des Versicherungsschutzes.

Form. 278 Klauseln (Sachverband) 8/77

Der Versicherungsnehmer hat dem Versicherer die Untersuchung rechtzeitig anzuzeigen. Der Versicherer kann zu der Untersuchung auf seine Kosten einen Beauftragten entsenden.

Verletzt der Versicherungsnehmer eine der vorstehenden Obliegenheiten, so ist der Versicherer nach Maßgabe des § 6 VVG von der Entschädigungspflicht frei.

Bohrungen und Schweißungen, die an den Plattenpressen nachträglich vorgenommen werden, sind Gefahrenerhöhungen gemäß § 23 VVG.

Klausel 12 Revisionen von Drehstrommotoren mit Leistungen von mehr als 750 kW in zweipoliger Ausführung oder von mehr als 1000 kW in vier- oder mehrpoliger Ausführung zu § 2 Nr. 1 AMKB

Im Interesse der Schadenverhütung hat der Versicherungsnehmer jeweils nach 8.000 Betriebsstunden, gerechnet von der Inbetriebsetzung der Anlage an, spätestens jedoch zwei Jahre nach der letzten Revision, den Motor in vollständig aufgedecktem Zustand auf seine Kosten zu überholen. Dies gilt ohne Rücksicht auf den Beginn des Versicherungsschutzes.

Erreicht der Motor vorzeitig 500 Einschaltungen, so ist diese Schaltzahl für den Zeitpunkt der Revision zugrunde zu legen.

Bei fabrikneuen Elektromotoren ist die erste Revision nach 2.000 Betriebsstunden vorzunehmen. Werden in einem Jahr 2.000 Betriebsstunden nicht erreicht, so ist die Revision vor Ablauf des ersten Jahres nach Inbetriebsetzung durchzuführen.

Der Versicherungsnehmer hat dem Versicherer die Revision rechtzeitig anzuzeigen. Der Versicherer kann zu der Revision auf seine Kosten einen Beauftragten entsenden.

Verletzt der Versicherungsnehmer eine der vorstehenden Obliegenheiten, so ist der Versicherer nach Maßgabe des § 6 VVG von der Entschädigungspflicht frei.

Klausel 13 Revisionen von Gleichstrommaschinen mit einem Drehmoment von mehr als 1 Mpm sowie von Gleichstrom-Haupt- und Hilfsantrieben in Walzwerken zu § 2 Nr. 1 AMKB

Im Interesse der Schadenverhütung hat der Versicherungsnehmer die Haupt- und Hilfsantriebe in Walzwerken jeweils nach einem Jahr, andere Gleichstrommaschinen jeweils nach zwei Jahren, gerechnet von der Inbetriebsetzung der Anlage oder von dem Zeitpunkt der letzten Revision an, in vollständig aufgedecktem Zustand auf seine Kosten zu überholen. Dies gilt ohne Rücksicht auf den Beginn des Versicherungsschutzes.

Diese Vereinbarung entbindet nicht davon, bestimmte Einzelteile der Maschine entsprechend den Vorschriften der Hersteller auch in kürzeren Abständen zu revidieren.

Bei fabrikneuen Maschinen ist die erste Revision nach 2.000 Betriebsstunden vorzunehmen. Werden in einem Jahr 2.000 Betriebsstunden nicht erreicht, so ist die erste Revision vor Ablauf des ersten Jahres nach der Inbetriebsetzung vorzunehmen.

Der Versicherungsnehmer hat dem Versicherer die Revision rechtzeitig anzuzeigen. Der Versicherer kann zu der Revision auf seine Kosten einen Beauftragten entsenden.

Verletzt der Versicherungsnehmer eine der vorstehenden Obliegenheiten, so ist der Versicherer nach Maßgabe des § 6 VVG von der Entschädigungspflicht frei.

Klausel 14 Radioaktive Isotope zu § 2 Nr. 2 d und 4 a AMKB

Der Versicherer leistet Entschädigung auch für Mehrkosten infolge Verseuchung von Sachen, die in dem Maschinenverzeichnis aufgeführt sind, wenn diese Verseuchung durch einen Schaden gemäß § 2 Nr. 1 AMKB an einem in dem Maschinenverzeichnis aufgeführten radioaktiven Isotop entstanden ist.

Klausel 15 a Schmelzbetriebe zu § 2 Nr. 2 f AMKB

Der Versicherer leistet keine Entschädigung für Mehrkosten infolge von Schäden, die durch bestimmungswidriges Ausbrechen glühendflüssiger Schmelzmassen entstehen.

Klausel 15 b Schmelzbetriebe zu § 2 Nr. 2 f AMKB

Der Versicherer leistet keine Entschädigung für Mehrkosten infolge von Schäden, die durch bestimmungswidriges Ausbrechen glühendflüssiger Schmelzmassen entstehen, wenn Mehrkosten dieser Art dem Grunde nach durch eine Feuerbetriebsunterbrechungsversicherung gedeckt werden können.

Klausel 16 Betriebs- und Blitzschäden an elektrischen Einrichtungen zu § 2 Nr. 2 f und 2 g AMKB

Abweichend von § 2 Nr. 2 f und 2 g AMKB leistet der Versicherer Entschädigung auch für Mehrkosten infolge von

1. Blitzschlägen an elektrischen Einrichtungen;

2. Brand- oder Explosionsschäden, die als Folge eines Blitzschlages oder als Folge von Kurzschluß, Überstrom oder Überspannung an der von einem dieser Ereignisse betroffenen elektrischen Einrichtung entstehen;

3. Kurzschluß-, Überstrom- oder Überspannungsschäden, die als Folge von Brand oder Explosion an elektrischen Einrichtungen entstehen.

Klausel 17 Sachen, für die eine Sachversicherung nach den Versicherungs-Bedingungen für Mitglieder der Vereinigung Deutscher Elektrizitätswerke (VDEW) besteht zu § 2 Nr. 2 h und 2 i AMKB

1. Sachschaden ist die unvorhergesehen eintretende Zerstörung oder Beschädigung einer Sache.

2. § 2 Nr. 2 h AMKB gilt nur für Mängel, die den dort genannten Personen bei Abschluß der Versicherung bekannt waren.

3. § 2 Nr. 2 i AMKB gilt nur, wenn die schädliche Wirkung des Rostes und der sonstigen Ablagerungen von dem verantwortlichen Betriebsleiter erkannt war und hätte beseitigt werden können.

4. § 2 Nr. 2 i AMKB gilt nicht für Schäden an Wicklungen und Blechpaketen.

Klausel 18 Betriebseinflüsse zu § 2 Nr. 2 i AMKB

Der Versicherer leistet keine Entschädigung für Mehrkosten infolge von Sachschäden an den in dem Maschinenverzeichnis besonders gekennzeichneten Sachen, die – ohne Rücksicht auf mitwirkende Ursachen – durch korrosive Angriffe, Abzehrungen oder Ablagerungen jeder Art an den von Flüssigkeiten, Dämpfen oder Gasen berührten Teilen dieser Sache entstehen.

Klausel 19 a Werkstätten zu § 2 Nr. 2 l AMKB

Abweichend von § 2 Nr. 2 l AMKB leistet der Versicherer Entschädigung auch für Mehrkosten infolge von Sachschäden, die in Werkstätten eingetreten sind.

Klausel 19 b Werkstätten; Umbau zu § 1 Nr. 3 AMKB und § 2 Nr. 2 l AMKB

1. Abweichend von § 2 Nr. 2 l AMKB leistet der Versicherer Entschädigung auch für Mehrkosten infolge von Sachschäden, die in Werkstätten eingetreten sind.

2. Abweichend von § 1 Nr. 3 AMKB besteht der Versicherungsschutz auch während eines Umbaues fort.

Klausel 19 c Werkstätten; Umbau; Transporte zu § 1 Nr. 3 AMKB und § 2 Nr. 2 l AMKB

1. Abweichend von § 2 Nr. 2 l AMKB leistet der Versicherer Entschädigung auch für Mehrkosten infolge von Sachschäden, die in Werkstätten eingetreten sind.

2. Abweichend von § 1 Nr. 3 AMKB besteht der Versicherungsschutz auch während eines Umbaues fort.

3. Abweichend von § 2 Nr. 2 l AMKB leistet der Versicherer Entschädigung auch für Mehrkosten infolge von Sachschäden, die innerhalb der Bundesrepublik Deutschland einschließlich des Landes Berlin und der Verbindungswege während eines Transportes zwischen der in dem Versicherungsschein bezeichneten Betriebsstelle und einer Werkstätte eingetreten sind.

Klausel 20 Ölfüllungen bei Dampfturbinen zu § 2 Nr. 4 e AMKB

Der Versicherer leistet Entschädigung für Mehrkosten durch Verlust der Ölfüllung nur, wenn der Verlust die Folge eines Schadens gemäß § 2 Nr. 1 AMKB ist.

Klausel 21 Zusätzliche Mehrkosten infolge von Verderb zu § 3 Nr. 2 b AMKB

Abweichend von § 3 Nr. 2 b AMKB haftet der Versicherer auch, soweit die Mehrkosten darauf beruhen, daß Rohstoffe, Halb- oder Fertigfabrikate oder Hilfs- oder Betriebsstoffe durch Verderb beschädigt oder zerstört worden sind.

Dies gilt jedoch nur, wenn der Verderb durch eine gemäß §§ 1 und 2 AMKB dem Grunde nach entschädigungspflichtige Unterbrechung oder Beeinträchtigung der technischen Einsatzmöglichkeit einer in dem Maschinenverzeichnis besonders gekennzeichneten Sache verursacht wurde.

Klausel 22 Leistungspreise bei Fremdstrombezug zu § 4 Nr. 3 a bb AMKB

1. **Unterversicherung**
Abweichend von § 5 Nr. 2 AMKB wird der Einwand der Unterversicherung nicht erhoben, soweit die Versicherungssumme deshalb niedriger als der Versicherungswert ist, weil der Bewertungszeitraum in zwei Stromabrechnungsjahre fällt.

2. **Prämienrückgewähr aus besonderem Anlaß**
Ist für die Höhe der versicherten Leistungspreise die Jahresspitze oder der Durchschnitt der Spitzen zweier oder dreier Monate eines Stromabrechnungsjahres maßgebend, so kann der Versicherungsnehmer Rückgewähr eines Teils der Jahresprämie verlangen, wenn er Leistungspreise aufwenden mußte, ohne daß ein Versicherungsfall eingetreten war, und wenn er dies dem Versicherer meldet. Die Meldung wirkt von dem Ablauf des Tages an, an dem die Leistungspreise angefallen sind, frühestens jedoch drei Monate vor ihrem Zugang bei dem Versicherer.

Zurückgewährt wird zeitanteilig für den Rest der laufenden Versicherungsperiode ein prozentualer Teil der Prämie aus dem Betrag der aufgewendeten Leistungspreise, höchstens jedoch aus der vereinbarten Versicherungssumme, und zwar

a) 80%, wenn die Jahresspitze,
b) 75%, wenn der Durchschnitt aus den Spitzen zweier,
c) 70%, wenn der Durchschnitt aus den Spitzen dreier
Monate eines Stromabrechnungsjahres

für die Höhe der Leistungspreise maßgebend ist.

Beansprucht der Versicherungsnehmer die Prämienrückgewähr, so kann er für das laufende Stromabrechnungsjahr Entschädigung in Höhe der als aufgewendet gemeldeten Leistungspreise nicht mehr verlangen.

3. **Vorteilsausgleich**
Hätte der Versicherungsnehmer auch infolge eines anderen, durch ihn nicht herbeigeführten Ereignisses, das nach dem Sachschaden eingetreten ist und keinen Versicherungsfall darstellt, Fremdstrom beziehen müssen, so wird die Entschädigung für Leistungspreise abweichend von § 3 Nr. 1 und § 6 Nr. 2 Abs. 1 AMKB für die bei Eintritt dieses späteren Ereignisses laufende Stromabrechnungsperiode so berechnet, wie wenn dieses Ereignis nicht eingetreten wäre. § 6 Nr. 2 Abs. 1 und § 6 Nr. 3 Satz 3 AMKB bleiben unberührt.

Für die folgenden Stromabrechnungsperioden, in denen sowohl der Versicherungsfall wie das andere Ereignis jeweils für sich allein den Bezug von Fremdstrom erfordert hätten, leistet der Versicherer Entschädigung in Höhe von 50% des Betrages, den er in diesen Perioden nach den Grundsätzen des Abs. 1 zu zahlen hätte.

4. **Leistungsfreie Mindestzeit des Fremdstrombezuges**
Der Versicherer leistet Entschädigung nur, wenn der Bezug von Fremdstrom länger als die in dem Versicherungsvertrag vereinbarte Mindestzeit dauert.

Klausel 23 a Beginn des Bewertungszeitraumes zu § 5 Nr. 1 AMKB

Abweichend von § 5 Nr. 1 AMKB beginnt der Bewertungszeitraum frühestens mit dem Beginn der Haftung aus diesem Versicherungsvertrag, und zwar auch dann, wenn nach § 5 Nr. 1 Abs. 3 AMKB ein früherer Zeitpunkt in Betracht käme.

Klausel 23 b Beginn des Bewertungszeitraumes zu § 5 Nr. 1 AMKB

Abweichend von § 5 Nr. 1 AMKB beginnt der Bewertungszeitraum frühestens mit dem Wirksamwerden dieses Vertragsnachtrages, und zwar auch dann, wenn nach § 5 Nr. 1 Abs. 3 AMKB ein früherer Zeitpunkt in Betracht käme.

Klausel 23 c Beginn des Bewertungszeitraumes zu § 5 Nr. 1 AMKB

Abweichend von § 5 Nr. 1 AMKB beginnt der Bewertungszeitraum frühestens mit dem bestimmungsgemäßen Einsatz der in dem Maschinenverzeichnis besonders bezeichneten Sache, frühestens mit ihrer Betriebsfertigkeit. Dies gilt auch, wenn nach § 5 Nr. 1 Abs. 3 AMKB ein früherer Zeitpunkt in Betracht käme.

Klausel 24 Verlängerter Bewertungszeitraum und Prämienrückgewähr; Folgen unrichtiger Meldung zu § 5 Nr. 1 AMKB und § 8 AMKB

Abweichend von § 5 Nr. 1 Abs. 1 AMKB umfaßt der für den Versicherungswert maßgebende Bewertungszeitraum zwei Jahre.

War der nach § 5 AMKB erforderliche Mengenfaktor für die zuletzt abgelaufenen zwei Versicherungsjahre, die zwei Geschäftsjahren entsprechen, niedriger als der versicherte Mengenfaktor und meldet der Versicherungsnehmer dies dem Versicherer innerhalb von sechs Monaten nach Ablauf dieser zwei Versicherungsjahre, so wird, wenn nicht etwas anderes vereinbart ist, die auf den Mehrbetrag für das zuletzt abgelaufene Geschäftsjahr gezahlte Prämie bis zu einem Drittel der Jahresprämie rückvergütet. Die Rückvergütung ist für jede Gruppe gesondert zu ermitteln.

Erweist sich in einem Schadenfall, daß der Versicherungsnehmer für die abgelaufenen 2 Jahre in einer Gruppe nach § 8 Nr. 1 AMKB einen zu niedrigen Mengenfaktor gemeldet hat, so wird der nach §§ 3 bis 6 AMKB ermittelte Betrag gekürzt.

Für die Kürzung maßgebend ist das Verhältnis zwischen dem Mengenfaktor, der nach Abs. 2 mindestens hätte gemeldet werden müssen, und dem gemeldeten Mengenfaktor, höchstens jedoch das Verhältnis zwischen dem in dem zuletzt abgelaufenen Geschäftsjahr versicherten und dem gemeldeten Mengenfaktor.

Ist ein versicherter Mengenfaktor während des Versicherungsjahres geändert worden, so gilt als versicherter Mengenfaktor der Jahresdurchschnitt, der sich aus den jeweiligen Mengenfaktoren unter Berücksichtigung der Zeiträume ergibt, in denen sie gegolten haben.

Die Entschädigung wird nicht gekürzt, wenn der Versicherungsnehmer glaubhaft macht, daß weder er selbst noch die jeweils damit betraute Hilfsperson die unrichtige Meldung verschuldet hat.

Klausel 25 a Ausfallziffer zu § 5 Nr. 2 AMKB

Die Ausfallziffer einer Sache bezeichnet den prozentualen Anteil der versicherten Mehrkosten, der voraussichtlich aufgewendet werden muß, falls diese Sache während des gesamten Bewertungszeitraumes nicht betrieben werden kann.

Ist bei Beginn der Haftzeit die in dem Maschinenverzeichnis genannte Ausfallziffer für eine Sache niedriger als der Anteil der versicherten Mehrkosten, der aufgewendet werden müßte, falls diese Sache während des gesamten Bewertungszeitraumes nicht betrieben werden könnte, so wird nur der Teil des gemäß §§ 3 bis 6 und § 11 AMKB ermittelten Betrages ersetzt, der sich zu dem ganzen Betrag verhält wie die Ausfallziffer zu diesem Anteil.

Klausel 25 b Ausfallverhältnisse zu § 5 Nr. 2 AMKB

Ändern sich die in dem Versicherungsschein bezeichneten Betriebsverhältnisse, so wird Entschädigung nicht über den Betrag hinaus geleistet, den die Mehrkosten bei unveränderten Betriebsverhältnissen erreicht hätten.

Klausel 26 Anlagen ausländischer Herkunft zu § 6 Nr. 1 AMKB

Für Mehrkosten infolge von Schäden gemäß § 2 Nr. 1 AMKB an den in dem Maschinenverzeichnis besonders gekennzeichneten Sachen leistet der Versicherer Entschädigung nicht, soweit die Mehrkosten darauf beruhen, daß die Wiederherstellung länger dauert als die Wiederherstellung einer in der Bundesrepublik Deutschland einschließlich des Landes Berlin hergestellten Sache mit gleichwertigen technischen Eigenschaften.

Klausel 27 Gemeinsames Sachverständigenverfahren für Mehrkosten- und Feuerbetriebsunterbrechungsversicherung zu § 12 AMKB

Wenn gleichzeitig eine Mehrkosten- und eine Feuerbetriebsunterbrechungsversicherung bestehen und streitig ist, ob oder in welchem Umfang ein Schaden als Mehrkosten- oder als Feuerbetriebsunterbrechungsschaden anzusehen ist, so können der Versicherungsnehmer, der Mehrkosten- oder der Feuerbetriebsunterbrechungs-Versicherer verlangen, daß die Höhe des Mehrkosten- und des Feuerbetriebsunterbrechungsschadens in einem gemeinsamen Sachverständigenverfahren festgestellt wird. Die Feststellung ist verbindlich, wenn nicht nachgewiesen wird, daß sie von der wirklichen Sachlage offenbar erheblich abweicht.

Jede Partei benennt einen Sachverständigen; der Versicherungsnehmer kann zwei Sachverständige benennen. Die Parteien können sich auf zwei oder einen gemeinsamen Sachverständigen einigen.

Die Partei, die ihren Sachverständigen zuerst benennt, gibt dessen Namen den beiden anderen Parteien schriftlich bekannt und fordert sie auf, gleichfalls Sachverständige zu benennen. Geschieht dies nicht binnen zwei Wochen nach Empfang der Aufforderung, so wird der Sachverständige der säumigen Partei auf Antrag durch die für den Schadenort zuständige Industrie- und Handelskammer ernannt. In der Aufforderung ist auf diese Folge hinzuweisen.

Die Sachverständigen wählen vor Beginn des Feststellungsverfahrens einen Obmann; einigen sie sich nicht, so wird der Obmann auf Antrag durch die für den Schadenort zuständige Industrie- und Handelskammer ernannt.

Die Sachverständigen legen den drei Parteien gleichzeitig ihre Feststellungen vor. Weichen diese voneinander ab, so werden sie unverzüglich dem Obmann übergeben. Dieser entscheidet über die streitig gebliebenen Punkte innerhalb der durch die Feststellungen der Sachverständigen gezogenen Grenzen und legt seine Entscheidung ebenfalls den drei Parteien gleichzeitig vor.

Jede Partei trägt die Kosten ihres Sachverständigen. Die Kosten des Obmanns tragen die Parteien je zu einem Drittel.

Verlangt der Versicherungsnehmer eine Teilzahlung gemäß § 13 Nr. 1 Abs. 2 AMKB und steht noch nicht fest, inwieweit es sich um einen Mehrkosten- oder um einen Feuerbetriebsunterbrechungsschaden handelt, so beteiligt sich jeder Versicherer an der Teilzahlung vorläufig mit der Hälfte.

Klausel 28 Prozeßführung bei Mitversicherung zu § 13 AMKB

Soweit die vertraglichen Grundlagen für die beteiligten Versicherer übereinstimmen, wird folgendes vereinbart:

1. Der Versicherungsnehmer wird bei Streitfällen aus diesem Vertrag seine Ansprüche nur gegen den führenden Versicherer und nur wegen dessen Anteil gerichtlich geltend machen.

2. Die beteiligten Versicherer erkennen die gegen den führenden Versicherer rechtskräftig gewordene Entscheidung und die von diesem mit dem Versicherungsnehmer nach Rechtshängigkeit geschlossenen Vergleiche als auch für sich verbindlich an.

3. Falls der Anteil des führenden Versicherers die Berufungs- oder Revisionssumme nicht erreicht, ist der Versicherungsnehmer berechtigt und auf Verlangen eines Versicherers verpflichtet, die Klage auf einen zweiten und erforderlichenfalls auf einen dritten und weitere Versicherer auszudehnen, bis diese Summe erreicht ist. Wird diesem Verlangen nicht entsprochen, so ist Nr. 2 nicht anzuwenden.

Allgemeine Versicherungsbedingungen für Fernmelde- und sonstige elektrotechnische Anlagen (AVFE 76)

§ 1 Versicherte Gefahren

1. Der Versicherer leistet Entschädigung für versicherte Sachen bei Zerstörung oder Beschädigung durch ein unvorhergesehenes Ereignis und bei Entwendung.

Insbesondere erstreckt sich der Versicherungsschutz auf Schäden durch

a) Fahrlässigkeit, unsachgemäße Handhabung, Vorsatz Dritter;

b) Kurzschluß, Überspannung, Induktion;

c) Brand, Blitzschlag, Explosion oder Implosion oder durch Löschen, Niederreißen, Ausräumen oder Abhandenkommen bei diesen Ereignissen;

d) Wasser, Feuchtigkeit, Überschwemmung;

e) Einbruchdiebstahl, Diebstahl, Beraubung, Plünderung, Sabotage;

f) höhere Gewalt;

g) Konstruktions-, Material- oder Ausführungsfehler.

2. Der Versicherer leistet ohne Rücksicht auf mitwirkende Ursachen keine Entschädigung für Schäden durch

a) Vorsatz des Versicherungsnehmers;

b) Abnutzung; wird infolge eines solchen Schadens ein benachbartes Anlageteil beschädigt oder entsteht ein solcher Schaden durch Gefahren, die nach den Allgemeinen Feuerversicherungsbedingungen (AFB) oder den Allgemeinen Bedingungen für die Versicherung gegen Leitungswasserschäden (AWB) gedeckt werden können, so leistet der Versicherer im Rahmen von § 1 (Nr. 1 bis 3) Entschädigung;

c) Wasser- oder Säuredämpfe, die durch die Eigenart des Betriebes des Versicherungsnehmers verursacht werden;

d) Erdbeben;

e) Kernenergie;

f) Kriegsereignisse jeder Art, Bürgerkriege oder innere Unruhen.

3. Ist der Beweis für das Vorliegen einer der Ursachen gemäß Nr. 2 d bis 2 f nicht zu erbringen, so genügt für den Ausschluß der Haftung des Versicherers die überwiegende Wahrscheinlichkeit, daß der Schaden auf eine dieser Ursachen zurückzuführen ist.

§ 2 Versicherte Sachen

1. Versichert sind die im Versicherungsschein aufgeführten Sachen, sobald und solange sie betriebsfertig sind.

Als betriebsfertig gelten sie, wenn sie nach beendeter Erprobung und – soweit vorgesehen – nach beendetem Probebetrieb zur Arbeitsaufnahme bereit sind oder sich in Betrieb befinden.

Waren diese Sachen einmal betriebsfertig, so bleiben sie auch für die Dauer einer Wartung, Lagerung, Überholung oder Wiederinstandsetzung versichert. Das gleiche gilt, während die Sachen aus solchen Anlässen de- oder remontiert oder probeweise betrieben werden.

2. Röhren sind nur versichert gegen Schäden durch

a) Brand, Blitzschlag, Explosion oder Implosion oder durch Löschen, Niederreißen, Ausräumen oder Abhandenkommen bei diesen Ereignissen;

b) Wasser, Feuchtigkeit, Überschwemmung.

§ 1 Nr. 2 und 3 bleiben unberührt.

3. Nur wenn dies besonders vereinbart ist, sind versichert

a) beweglich eingesetzte Sachen;

b) Außenleitungen, Masten und sonstige bei Außenleitungen der Leitungsführung dienende Vorrichtungen;

c) Erdkabel.

4. Nicht versichert sind

a) Lichtquellen, wenn nicht in zeitlichem Zusammenhang mit dem Schaden an der Lichtquelle ein entschädigungspflichtiger Schaden auch an anderen Teilen derselben versicherten Sache entstanden ist;

b) Betriebstoffe, Verbrauchsmaterialien und Arbeitsmittel, z. B. Entwicklerflüssigkeiten, Farbbänder, präparierte Papiere, Filme, Tonträger wie Magnetbänder und Schallplatten, Tonabnehmersysteme einschließlich Abtastnadeln bei Schallplattenabspielgeräten, Rasterscheiben und Schriftträger.

§ 3 Versicherungssumme; Unterversicherung; Versicherungswert

1. Die Versicherungssumme für jede versicherte Sache soll jeweils dem Versicherungswert entsprechen. Ist die Versicherungssumme niedriger als der Versicherungswert (Unterversicherung), so gilt § 7 Nr. 8.

2. Als Versicherungswert kann vereinbart werden

a) der jeweils gültige Listenpreis zuzüglich der jeweiligen Kosten für Fracht und Montage; wird die versicherte Sache später in Preislisten nicht mehr geführt, so ist der letzte Listenpreis maßgebend; dieser ist an Änderungen des Lohn- und Preisgefüges anzupassen;

hatte die Sache keinen Listenpreis, so tritt an dessen Stelle ihr Kauf- oder Lieferpreis im Neuzustand; dieser ist ebenfalls an Änderungen des Lohn- und Preisgefüges anzupassen;

kann weder ein Listenpreis noch ein Kauf- oder Lieferpreis ermittelt werden, so ist die Summe der Kosten maßgebend, die jeweils notwendig sind, um die Sache in der vorliegenden Konstruktion und Leistung herzustellen;

Rabatte und Preiszugeständnisse bleiben für den Versicherungswert unberücksichtigt;

Form. 243 N (Sachverband) 12/76

b) der jeweils gültige Listenbetrag für einen Miet- oder Wartungsvertrag.

§ 4 Angleichung der Versicherungssummen

1. Ändern sich die Versicherungswerte gegenüber der letzten Festsetzung der Versicherungssummen um mehr als 5 v.H., so kann der Versicherer die Versicherungssummen entsprechend erhöhen oder vermindern. Die Änderung wird zu Beginn des nächsten Versicherungsjahres wirksam. § 3 Nr. 1 Satz 2 (Unterversicherung) und § 51 Abs. 1 VVG (Überversicherung) bleiben unberührt.

2. Ändern sich Versicherungswerte durch Erweiterungen oder Umbauten versicherter Sachen, so kann der Versicherer die Versicherungssummen entsprechend erhöhen oder vermindern. § 3 Nr. 1 Satz 2 (Unterversicherung) und § 51 Abs. 1 VVG (Überversicherung) bleiben unberührt.

§ 5 Versicherungsort; Gefahrerhöhungen; Auskunftspflicht

1. Die Versicherung gilt für die versicherte Sache in der jeweiligen Betriebsstätte des Versicherungsnehmers.

2. Gefahrerhöhungen, einen Wechsel der Betriebsstätte, eine Verlegung innerhalb der Betriebsstätte, Erweiterungen oder Umbauten hat der Versicherungsnehmer dem Versicherer unverzüglich schriftlich anzuzeigen. Der Versicherungsnehmer ist verpflichtet, eine durch Gefahrerhöhungen erforderlich werdende Mehrprämie zu zahlen.

3. Der Versicherungsnehmer hat dem Versicherer auf dessen Kosten jederzeit die Prüfung der versicherten Sachen und die Einholung von Auskünften bei der Liefer- oder Herstellerfirma zu gestatten. Der Versicherungsnehmer hat dem Versicherer jede gewünschte Auskunft zu erteilen und Unterlagen zur Einsicht zu überlassen.

§ 6 Beginn der Haftung; Prämienzahlung

1. Die Haftung des Versicherers beginnt mit der Einlösung des Versicherungsscheines, jedoch nicht vor dem vereinbarten Zeitpunkt. Wird die erste Prämie erst nach diesem Zeitpunkt eingefordert, alsdann aber ohne Verzug gezahlt, so beginnt die Haftung des Versicherers schon in dem vereinbarten Zeitpunkt. Unter dieser Voraussetzung haftet der Versicherer auch für Versicherungsfälle, die nach dem vereinbarten Zeitpunkt, aber vor Annahme des Antrags eintreten. Ist jedoch dem Versicherungsnehmer bei Stellung des Antrags bekannt, daß der Versicherungsfall schon eingetreten ist, so entfällt die Haftung.

2. Für die Folgen nicht rechtzeitiger Prämienzahlung gelten die §§ 38, 39 VVG.

§ 7 Entschädigungsleistung

1. Der Versicherer leistet Entschädigung nach seiner Wahl

a) entweder durch Wiederinstandsetzung oder Wiederbeschaffung der zerstörten, beschädigten oder entwendeten Sachen (Naturalersatz); ausgewechselte Sachen (Altmaterial) gehen in das Eigentum des Versicherers über;

b) oder durch Zahlung der für die Wiederinstandsetzung oder Wiederbeschaffung am Schadentage erforderlichen Kosten (Geldersatz).

2. Leistet der Versicherer Geldersatz, so ersetzt er

a) bei Teilschäden die Wiederinstandsetzungskosten abzüglich des Wertes des Altmaterials; erfolgt keine Wiederinstandsetzung, so ersetzt der Versicherer die einer Wiederinstandsetzung entsprechenden Kosten, jedoch nicht mehr als den Zeitwert;

b) bei Totalschäden den Betrag gemäß § 3 Nr. 2 a abzüglich des Wertes des Altmaterials; erfolgt keine Wiederbeschaffung, so ersetzt der Versicherer den Zeitwert; das gleiche gilt in den Fällen von Nr. 3 b.

3. Ein Teilschaden liegt vor, wenn die Kosten zur Wiederherstellung des früheren betriebsfähigen Zustandes der versicherten Sache (Wiederinstandsetzung) zuzüglich des Wertes des Altmaterials

a) niedriger sind als der Betrag gemäß § 3 Nr. 2 a;

b) bei Sachen, für die serienmäßig hergestellte Ersatzteile nicht mehr zu beziehen sind, niedriger sind als der Zeitwert.

Andernfalls liegt ein Totalschaden vor.

4. Ersetzt werden auch notwendige zusätzliche Kosten für

a) Eil- und Expreßfrachten;

b) Überstunden sowie Sonntags-, Feiertags- und Nachtarbeiten.

5. Nur soweit dies besonders vereinbart ist, werden ersetzt

a) zusätzliche Kosten für Luftfracht;

b) Kosten für Erd-, Pflaster-, Maurer- und Stemmarbeiten.

6. Der Versicherer leistet keine Entschädigung für

a) Kosten, die auch dann entstanden wären, wenn der Schaden nicht eingetreten wäre (z. B. für Wartung);

b) zusätzliche Kosten, die dadurch entstehen, daß anläßlich eines Versicherungsfalles die versicherte Sache geändert oder verbessert wird;

c) Kosten, die nach Art oder Höhe in der Versicherungssumme nicht enthalten sind.

7. Wird die beschädigte Sache vorläufig wiederinstandgesetzt, so ersetzt der Versicherer für die vorläufige und die endgültige Wiederinstandsetzung zusammen nur so viel, wie ohne eine vorläufige Wiederinstandsetzung aufzuwenden gewesen wäre.

8. Besteht Unterversicherung (§ 3 Nr. 1 Satz 2), so wird nur der Teil des gemäß Nr. 1 bis 7 ermittelten Betrages ersetzt, der sich zu dem ganzen Betrag verhält wie die Versicherungssumme zu dem vereinbarten Versicherungswert.

9. Ist ein Versicherungswert gemäß § 3 Nr. 2 a vereinbart, so ist Grenze der Entschädigung die Versicherungssumme.

Ist ein Versicherungswert gemäß § 3 Nr. 2 b vereinbart, so ist Grenze der Entschädigung der Betrag, der sich zu dem Betrag gemäß § 3 Nr. 2 a verhält wie die Versicherungssumme zum Versicherungswert (§ 3 Nr. 2 b).

§ 8 Obliegenheiten des Versicherungsnehmers im Versicherungsfall

1. Der Versicherungsnehmer hat den Eintritt eines Versicherungsfalles dem Versicherer unverzüglich schriftlich anzuzeigen. Brand-, Explosions-, Einbruchdiebstahl-, Diebstahl- und Beraubungs-Schäden hat er gleichzeitig der Polizeibehörde zu melden.

2. Der Versicherungsnehmer ist zur Abwendung und Minderung des Schadens gemäß § 62 VVG verpflichtet. Hierbei entstehende Kosten ersetzt der Versicherer nach § 63 VVG.

§ 9 Obliegenheitsverletzung

Verletzt der Versicherungsnehmer eine der Obliegenheiten gemäß § 5 Nr. 2 Satz 1, § 5 Nr. 3 und § 8, so ist der Versicherer nach Maßgabe der gesetzlichen Bestimmungen (§§ 6 und 62 Abs. 2 VVG) von der Entschädigungspflicht frei. Ist die Anzeige eines in § 8 Nr. 1 Satz 2 genannten Schadens bei der Polizeibehörde unterblieben, so kann die Entschädigung nur bis zur Nachholung dieser Anzeige verweigert werden.

§ 10 Rechtsverhältnisse nach dem Versicherungsfall

1. Bei Teilschäden vermindert sich die Versicherungssumme nicht um die geleistete Entschädigung.

2. Nach Eintritt eines Versicherungsfalles kann der Versicherungsvertrag gekündigt werden, und zwar vom Versicherungsnehmer, wenn der Versicherer seine Ersatzpflicht nicht anerkennt, vom Versicherer, wenn seine Aufwendungen für Schäden in dem zur Zeit des Versicherungsfalles laufenden Versicherungsjahr den zweifachen Betrag der Jahresprämie übersteigen.

Die Kündigung hat schriftlich zu erfolgen und ist bis zum Ablauf eines Monats nach Zugang der Ablehnung oder nach dem Tag der Ersatzleistung zulässig.

Die Kündigung wird einen Monat nach ihrem Zugang wirksam. Kündigt der Versicherungsnehmer, so kann er für die Wirksamkeit der Kündigung einen späteren Zeitpunkt bestimmen, jedoch spätestens den Schluß des laufenden Versicherungsjahres.

Kündigt der Versicherer, so hat er die Prämie zeitanteilig zurückzuzahlen.

§ 11 Wechsel der versicherten Sachen

Wird die versicherte Sache nicht installiert oder aufgegeben und erhält der Versicherungsnehmer dafür eine andere Sache, so besteht nach entsprechender Anzeige des Versicherungsnehmers vorläufige Deckung bis zum Abschluß des neuen Versicherungsvertrages und, wenn ein Vertrag nicht zustande kommt, bis zum Abbruch der Verhandlungen. Die vorläufige Deckung entfällt rückwirkend, wenn die Prämie nicht vom Versicherungsnehmer innerhalb einer vom Versicherer festgesetzten Frist gezahlt wird.

§ 12 Schriftliche Form der Erklärungen

Alle Anzeigen und Erklärungen des Versicherungsnehmers sind schriftlich abzugeben.

§ 13 Verlängerung des Versicherungsvertrages

Der Versicherungsvertrag verlängert sich um ein Jahr und weiter von Jahr zu Jahr, wenn er nicht drei Monate vor dem jeweiligen Ablauf durch eine Partei schriftlich gekündigt wird.

Soweit nicht in den Allgemeinen Versicherungsbedingungen für Fernmelde- und sonstige elektrotechnische Anlagen (AVFE 76) oder durch besondere Vereinbarungen Abweichendes bestimmt ist, gelten die gesetzlichen Vorschriften.

Klauseln zu den AVFE 76

603 zu § 1 Nr. 2 e AVFE 76
Radioaktive Isotope

Arbeitet eine versicherte Sache mit radioaktiven Isotopen, so leistet der Versicherer abweichend von § 1 Nr. 2 e AVFE Entschädigung auch für Schäden, die an der versicherten Sache durch diese radioaktiven Isotope als Folge eines dem Grunde nach entschädigungspflichtigen Schadens gemäß § 1 (Nr. 1 bis 3) AVFE entstehen. Auch die Entschädigung für Entseuchungskosten wird für die versicherte Sache gemäß § 7 AVFE berechnet.

604 zu § 1 Nr. 2 e AVFE 76
Radioaktive Isotope; Kosten für die Entseuchung nicht versicherter Sachen

1. Arbeitet eine versicherte Sache mit radioaktiven Isotopen, so leistet der Versicherer abweichend von § 1 Nr. 2 e AVFE Entschädigung auch für Schäden, die an der versicherten Sache durch diese radioaktiven Isotope als Folge eines dem Grunde nach entschädigungspflichtigen Schadens gemäß § 1 (Nr. 1 bis 3) AVFE entstehen. Auch die Entschädigung für Entseuchungskosten wird für die versicherte Sache gemäß § 7 AVFE berechnet.

2. Werden durch radioaktive Isotope infolge eines dem Grunde nach entschädigungspflichtigen Schadens gemäß § 1 (Nr. 1 bis 3) AVFE andere versicherte und nicht versicherte Sachen verseucht, so sind die Kosten für deren Entseuchung bis zu dem Betrag auf erstes Risiko versichert, der im Versicherungsschein genannt ist.

Abweichend von § 56 VVG verzichtet der Versicherer auf den Einwand der Unterversicherung.

Der Versicherungsnehmer hat im Versicherungsfall für die Zeit vom Eintritt des Schadens an bis zum Ende der laufenden Versicherungsperiode Prämie aus dem Teil der Versicherungssumme zeitanteilig nachzuentrichten, der der Entschädigung entspricht; die Versicherungssumme behält die vereinbarte Höhe.

605 zu § 1 Nr. 2 AVFE 76
Gefahren nach AFB

Der Versicherer haftet ohne Rücksicht auf mitwirkende Ursachen nicht für Gefahren, die nach den Allgemeinen Feuerversicherungsbedingungen (AFB) versichert werden können.

606 zu § 1 Nr. 2 AVFE 76
Zwangs- oder Monopolversicherungsanstalt

Der Versicherer haftet ohne Rücksicht auf mitwirkende Ursachen nicht für Gefahren, die durch die zuständige Zwangs- oder Monopolversicherungsanstalt versichert werden können.

607 zu § 1 Nr. 2 AVFE 76
Gefahren nach AWB

Der Versicherer haftet ohne Rücksicht auf mitwirkende Ursachen nicht für Gefahren, die nach den Allgemeinen Bedingungen für die Versicherung gegen Leitungswasserschäden (AWB) versichert werden können.

608 zu § 1 Nr. 2 AVFE 76
Gefahren nach den AEB und den Sonderbedingungen für die Beraubungsversicherung

Der Versicherer haftet ohne Rücksicht auf mitwirkende Ursachen nicht für Gefahren, die nach den Allgemeinen Einbruchdiebstahl-Versicherungsbedingungen (AEB) und den Sonderbedingungen für die Beraubungsversicherung versichert werden können.

609 zu § 1 Nr. 2 AVFE 76
Klimatisierung

Der Versicherer leistet ohne Rücksicht auf mitwirkende Ursachen keine Entschädigung für Schäden, die an versicherten Sachen durch fehlerhafte oder unzureichende Klimatisierung entstehen, wenn Vorrichtungen fehlen, die die Klimawerte ständig kontrollieren, unabhängig von den Regeleinrichtungen der Klimaanlage arbeiten und bei Abweichungen von den zulässigen Grenzwerten die Klimaanlage selbsttätig abschalten oder Alarm geben, auf den hin auch außerhalb der Betriebszeit Rettungsmaßnahmen eingeleitet werden können.

610 zu § 1 Nr. 2 AVFE 76
Vermietete, verliehene und unter Eigentumsvorbehalt verkaufte Sachen

Der Versicherer leistet ohne Rücksicht auf mitwirkende Ursachen keine Entschädigung für Schäden durch Vorsatz oder grobe Fahrlässigkeit des Benutzers oder dessen Personals.

611 zu § 1 Nr. 2 AVFE 76
Versicherungsverträge mit Herstellern und Lieferanten

1. Der Versicherer leistet keine Entschädigung für Schäden, für die der Versicherungsnehmer gegenüber seinem Vertragspartner einzutreten hat oder ohne auf den Einzelfall bezogene Sonderabreden einzutreten hätte.

2. Werden eigene Erzeugnisse des Versicherungsnehmers versichert, die dieser in seinem Betrieb verwendet, so leistet der Versicherer keine Entschädigung für Schäden, für die bei Fremdbezug der Lieferant einzutreten hätte.

612 zu § 2 Nr. 2 AVFE 76
Bildaufnahme- und Bildwiedergaberöhren

1. Der Versicherer leistet Entschädigung gemäß § 1 (Nr. 1 bis 3) AVFE auch bei Schäden an Bildaufnahme- und Bildwiedergaberöhren; § 2 Nr. 2 AVFE gilt nicht.

2. Bei Schäden an Bildaufnahme- und Bildwiedergaberöhren leistet der Versicherer Entschädigung in vollem Umfang (§ 7 AVFE)

a) bei Schäden durch Brand, Blitzschlag, Explosion, Einbruchdiebstahl, Raub, Leitungswasser, soweit diese Gefahren nach den Allgemeinen Feuerversicherungsbedingungen (AFB), den Allgemeinen Einbruchdiebstahl-Versicherungsbedingungen (AEB), den Sonderbedingungen für die Beraubungsversicherung, den Allgemeinen Bedingungen für die Versicherung gegen Leitungswasserschäden (AWB) gedeckt werden können;

b) bei sonstigen Schäden für Montage- und Fahrtkosten, soweit sie dem Versicherungsnehmer gesondert in Rechnung gestellt werden.

Im übrigen verringert sich die Entschädigung abweichend von § 7 AVFE nach 12 Monaten Benutzungsdauer monatlich um 3 v.H. des Wiederbeschaffungspreises. Die Benutzungsdauer wird vom Zeitpunkt der ersten Inbetriebnahme an gerechnet, und zwar einschließlich einer Benutzung durch Vorbesitzer.

613 zu § 2 Nr. 3 a AVFE 76

Am Versicherungsort beweglich eingesetzte Sachen

Versichert sind auch am Versicherungsort beweglich eingesetzte Sachen, die im Versicherungsschein als solche ausdrücklich bezeichnet sind.

614 zu § 2 Nr. 3 a AVFE 76

Beweglich eingesetzte Sachen (nicht Sachen in Luftfahrzeugen und auf Wasserfahrzeugen)

1. Versichert sind auch beweglich eingesetzte Sachen, die im Versicherungsschein als solche ausdrücklich bezeichnet sind. Nicht versichert sind Sachen in Luftfahrzeugen und auf Wasserfahrzeugen.

2. Versicherungsort ist die Bundesrepublik Deutschland einschließlich des Landes Berlin und der Verbindungswege, wenn nicht etwas anderes vereinbart ist.

3. Der Versicherer leistet keine Entschädigung für Schäden durch Beschlagnahme oder sonstige hoheitliche Eingriffe.

615 zu § 2 Nr. 3 a AVFE 76

Beweglich eingesetzte Sachen; Sachen in Kraftfahrzeugen

1. Versichert sind Sachen auch in Kraftfahrzeugen, die im Versicherungsschein als solche ausdrücklich bezeichnet sind.

2. Der Versicherer leistet Entschädigung für Schäden durch Diebstahl nur, wenn das Kraftfahrzeug verschlossen und wenn außerdem entweder der Diebstahl zwischen 6 Uhr und 22 Uhr verübt wurde oder das Kraftfahrzeug in einer verschlossenen Einzel- oder bewachten Sammelgarage oder auf einem verschlossenen Hofraum oder bewachten Parkplatz abgestellt war.

Das Kraftfahrzeug, in dem die versicherten Sachen mitgeführt werden oder eingebaut sind, muß ein festes Verdeck haben.

3. Versicherungsort ist die Bundesrepublik Deutschland einschließlich des Landes Berlin und der Verbindungswege, wenn nicht etwas anderes vereinbart ist.

4. Der Versicherer leistet keine Entschädigung für Schäden durch Beschlagnahme oder sonstige hoheitliche Eingriffe.

616 zu § 2 Nr. 3 a AVFE 76

Beweglich eingesetzte Sachen; Sachen in Luftfahrzeugen

1. Versichert sind auch Sachen in Luftfahrzeugen, die im Versicherungsschein als solche ausdrücklich bezeichnet sind.

2. Der Versicherer haftet ohne Rücksicht auf mitwirkende Ursachen nicht für Gefahren, die nach den Allgemeinen Versicherungsbedingungen für die Kaskoversicherung von Luftfahrzeugen (AKB-Lu) versichert werden können.

3. Versicherungsort ist das im Versicherungsschein bezeichnete Gebiet.

Der Versicherungsnehmer ist verpflichtet, den Wechsel der versicherten Sachen in ein anderes Luftfahrzeug anzuzeigen. Verletzt der Versicherungsnehmer diese Obliegenheit, so ist der Versicherer nach Maßgabe des § 6 VVG von der Entschädigungspflicht frei.

4. Der Versicherer leistet keine Entschädigung für Schäden durch Beschlagnahme oder sonstige hoheitliche Eingriffe.

617 zu § 2 Nr. 3 a AVFE 76

Beweglich eingesetzte Sachen; Sachen auf Wasserfahrzeugen

1. Versichert sind Sachen auch auf Wasserfahrzeugen, die im Versicherungsschein als solche ausdrücklich bezeichnet sind.

2. Versicherungsort ist das im Versicherungsschein bezeichnete Gebiet.

Der Versicherungsnehmer ist verpflichtet, den Wechsel der versicherten Sachen in ein anderes Wasserfahrzeug anzuzeigen. Verletzt der Versicherungsnehmer diese Obliegenheit, so ist der Versicherer nach Maßgabe des § 6 VVG von der Entschädigungspflicht frei.

3. Der Versicherer leistet keine Entschädigung für Schäden durch Beschlagnahme oder sonstige hoheitliche Eingriffe sowie für Schäden, die durch Minen, Torpedos, Bomben oder andere Kriegswerkzeuge im Krieg oder Frieden verursacht werden.

619 zu § 2 Nr. 3 und 4 AVFE 76

Kegelstellautomaten

Bei der Versicherung von Kegelstellautomaten sind Zählgeräte, Zeitkassierschalter, Spielvorwähler und sonstige Zubehörgeräte nur gegen besondere Vereinbarung versichert; Seile, Kegel, Manschetten und Lichtquellen sind nicht versichert.

620 zu § 6 AVFE 76

Ratenzahlung

1. Ist für die Jahresprämie Ratenzahlung vereinbart, so gelten die ausstehenden Raten bis zu den vereinbarten Zahlungsterminen als gestundet.

2. Die gestundeten Raten des laufenden Versicherungsjahres werden sofort fällig, wenn der Versicherungsnehmer mit einer Rate ganz oder teilweise in Verzug gerät oder wenn eine Entschädigung fällig wird.

621 zu § 4 Nr. 1 AVFE 76

Angleichung der Prämien und Versicherungssummen

1. Prämien und Versicherungssummen werden im Versicherungsschein nach dem Stand der Löhne und Preise von Januar/März 1971 angegeben.

Eine Änderung dieser Löhne und Preise hat eine entsprechende Angleichung der Prämien und Versicherungssummen zur Folge.

2. Für die Angleichung der Prämien wird zu 30 v.H. die Preisentwicklung und zu 70 v.H. die Lohnentwicklung berücksichtigt. Die Angleichung der Versicherungssummen erfolgt unter Berücksichtigung der Preisentwicklung. Wäre die Versicherungssumme höher, wenn sie entsprechend dem Anstieg des Versicherungswertes gemäß § 3 Nr. 2 AVFE angeglichen würde, dann ist Grenze der Entschädigung (§ 7 Nr. 9 AVFE) dieser höhere Betrag, höchstens jedoch 120% der gemäß Satz 2 angeglichenen Versicherungssumme.

Maßgebend für diese Angleichung sind die vom Statistischen Bundesamt veröffentlichten Indizes, und zwar

a) für die Preisentwicklung der Index der Erzeugerpreise industrieller Produkte (Inlandabsatz), Gruppe Investitionsgüter, für den Monat September eines jeden Jahres im Verhältnis zu dem Index für März 1971 und

b) für die Lohnentwicklung der Index der durchschnittlichen Bruttostundenverdienste der Arbeiter in der Investitionsgüter-Industrie (alle Arbeiter) für den Monat April eines jeden Jahres im Verhältnis zu dem Index für Januar 1971.

3. Die Angleichung wird jeweils für die im folgenden Kalenderjahr fällige Jahresprämie wirksam.

4. Unterversicherung gemäß § 3 Nr. 1 Satz 2 AVFE besteht nur, soweit nach dem Stand März 1971 Unterversicherung vorgelegen hätte.

5. § 4 Nr. 1 AVFE gilt nicht.

Erläuterung zu Klausel 621 (Berechnung der Prämie und der Versicherungssumme)

Prämie

Die Prämie P des jeweiligen Versicherungsjahres berechnet sich zu

$$P = P_o \times \text{Prämienfaktor}$$
$$\text{Prämienfaktor} = 0{,}3 \times \frac{E}{E_o} + 0{,}7 \times \frac{L}{L_o}$$

Versicherungssumme

Die Versicherungssumme S des jeweiligen Versicherungsjahres berechnet sich zu

$$S = S_o \times \text{Summenfaktor}$$
$$\text{Summenfaktor} = \frac{E}{E_o}$$

Es bedeuten

P_o = Im Versicherungsschein genannte Prämie, Stand Januar/März 1971

S_o = Im Versicherungsschein genannte Versicherungssumme, Stand März 1971

E = Index der Erzeugerpreise industrieller Produkte (Inlandabsatz), Gruppe Investitionsgüter, für den Monat September des Ermittlungsjahres

E_o = Stand März 1971

L = Index der durchschnittlichen Bruttostundenverdienste der Arbeiter, Gruppe Investitionsgüter-Industrie (alle Arbeiter), für den Monat April des Ermittlungsjahres

L_o = Stand Januar 1971

622 zu § 4 Nr. 1 AVFE 76

Angleichung der Versicherungssummen

1. Sind bei Abschluß des Vertrages die Versicherungssummen gemäß § 3 Nr. 1 Satz 1 AVFE gebildet und von dem Versicherungsnehmer zu Beginn eines jeden Versicherungsjahres an den Versicherungswert angepaßt worden, so wird § 3 Nr. 1 Satz 2 AVFE (Unterversicherung) nicht angewendet.

2. Erweist sich in einem Versicherungsfall die Versicherungssumme als zu niedrig, ist der Versicherer berechtigt, die Versicherungssummen aller versicherten Sachen zu prüfen und für die zu niedrigen Versicherungssummen die Prämiendifferenz von dem Beginn des zur Zeit des Schadeneintritts laufenden Versicherungsjahres an nachzufordern. Der Versicherer kann jederzeit alle zu niedrigen Versicherungssummen an den Versicherungswert anpassen und neu bilden. Die Neubildung und die dadurch bedingte Prämienänderung werden zum nächsten Monatsersten nach der Mitteilung des Versicherers – mittags 12 Uhr – wirksam. § 4 Nr. 1 AVFE gilt nicht.

3. Die Bestimmungen in Nr. 1 und 2 gelten als besonderer Vertragsbestandteil für ein Versicherungsjahr, jedoch auch für das jeweils folgende, wenn sie nicht drei Monate vor Ablauf schriftlich gekündigt sind. Bereits vorgenommene Anpassungen an den Versicherungswert werden durch die Kündigung nicht berührt.

623 zu § 5 AVFE 76
Akkumulatorenbatterien

Der Versicherungsnehmer hat die Akkumulatorenbatterien durch sachverständige Personen überwachen zu lassen. Der Versicherungsnehmer hat alle durch Alterung erforderlich werdenden Reparaturen rechtzeitig vorzunehmen.

Verletzt der Versicherungsnehmer eine dieser Obliegenheiten, so ist der Versicherer nach Maßgabe des § 6 VVG von der Entschädigungspflicht frei. Besteht bei Eintritt des Versicherungsfalles ein Instandhaltungsvertrag, so gelten die Obliegenheiten als erfüllt.

624 zu § 7 AVFE 76
Reparatur durch den Versicherungsnehmer

Entschädigungspflichtige Schäden an den versicherten Sachen kann der Versicherungsnehmer auch durch eigenes Fachpersonal beheben lassen. Für die aufgewendete Arbeitsstunde vergütet der Versicherer die tatsächlich angefallenen Kosten, höchstens jedoch den dafür vereinbarten Betrag.

625 zu § 7 Nr. 5 AVFE 76
Luftfracht, Bergungsarbeiten, Maurer- und Stemmarbeiten, Erd- und Pflasterarbeiten, Gerüstgestellung, Bereitstellung eines Provisoriums

Kosten für

a) Luftfracht
b) Bergungsarbeiten
c) Maurer- und Stemmarbeiten
d) Erd- und Pflasterarbeiten
e) Gerüstgestellung
f) Bereitstellung eines Provisoriums

sind bei einem entschädigungspflichtigen Schaden bis zu dem Betrag auf erstes Risiko versichert, der im Versicherungsschein für die einzelne Kostenart genannt ist.

Abweichend von § 56 VVG verzichtet der Versicherer auf den Einwand der Unterversicherung.

Der Versicherungsnehmer hat im Versicherungsfall für die Zeit vom Eintritt des Schadens an bis zum Ende der laufenden Versicherungsperiode Prämie aus dem Teil der Versicherungssumme zeitanteilig nachzuentrichten, der der Entschädigung entspricht; die Versicherungssumme behält die vereinbarte Höhe.

626 zu § 7 AVFE 76
Selbstbehalt bei Schäden durch Entwendung

Bei Schäden durch Entwendung wird der gemäß § 7 Nr. 1 bis 9 AVFE ermittelte Betrag um einen Selbstbehalt von 25% gekürzt.

627 zu § 7 AVFE 76
Selbstbehalt

Der gemäß § 7 Nr. 1 bis 9 AVFE ermittelte Betrag wird je Versicherungsfall um den vereinbarten Selbstbehalt gekürzt.

628 zu § 7 Nr. 9 AVFE 76
Entschädigungsgrenze

Die Entschädigung ist abweichend von § 7 Nr. 9 AVFE auf den vereinbarten Betrag begrenzt.

629 zu § 7 AVFE 76
Sachverständigenverfahren

1. Versicherer und Versicherungsnehmer können verlangen, daß Ursache und Höhe des Schadens durch Sachverständige festgestellt werden.

2. Für das Sachverständigenverfahren gelten folgende Grundsätze:

a) Jede Partei benennt schriftlich einen Sachverständigen. Jede Partei kann die andere unter Angabe des von ihr benannten Sachverständigen zur Benennung des zweiten Sachverständigen auffordern. Die Aufforderung bedarf der Schriftform. Wird der zweite Sachverständige nicht binnen zwei Wochen nach Empfang der Aufforderung benannt, so kann ihn die auffordernde Partei durch die für den Schadenort zuständige Industrie- und Handelskammer ernennen lassen. In der Aufforderung ist auf diese Folge hinzuweisen.

b) Beide Sachverständige wählen vor Beginn des Feststellungsverfahrens einen Dritten als Obmann. Einigen sie sich nicht, so wird der Obmann auf Antrag einer Partei oder beider Parteien durch die für den Schadenort zuständige Industrie- und Handelskammer ernannt.

c) Die Feststellungen der Sachverständigen müssen außer der ermittelten oder vermuteten Schadenursache mindestens enthalten

aa) den Versicherungswert (§ 3 Nr. 2 AVFE),
bb) den Zeitwert (§ 7 Nr. 2 und Nr. 3 b AVFE),
cc) die Wiederinstandsetzungskosten (§ 7 Nr. 1 bis 7 AVFE),
dd) den Wert des Altmaterials (§ 7 Nr. 1 bis 3 AVFE).

d) Die Sachverständigen legen beiden Parteien gleichzeitig ihre Feststellungen vor. Weichen diese voneinander ab, so übergibt der Versicherer sie unverzüglich dem Obmann. Dieser entscheidet über die streitig gebliebenen Punkte innerhalb der durch die Feststellungen der Sachverständigen gezogenen Grenzen und legt seine Entscheidung beiden Parteien gleichzeitig vor.

e) Jede Partei trägt die Kosten ihres Sachverständigen. Die Kosten des Obmanns tragen beide Parteien je zur Hälfte.

3. Die Feststellungen der Sachverständigen oder des Obmanns sind verbindlich, wenn nicht nachgewiesen wird, daß sie offenbar von der wirklichen Sachlage erheblich abweichen. Aufgrund dieser verbindlichen Feststellungen berechnet der Versicherer gemäß § 7 AVFE die Entschädigung.

4. Durch das Sachverständigenverfahren werden die Obliegenheiten des Versicherungsnehmers im Schadenfall nicht berührt.

5. Wird ein Sachverständigenverfahren beantragt, so wird der Ablauf der Frist gemäß § 12 Abs. 3 VVG für dessen Dauer gehemmt.

630 zu § 7 AVFE 76
Prozeßführung bei Mitversicherung

Soweit die vertraglichen Grundlagen für die beteiligten Versicherer übereinstimmen, wird folgendes vereinbart:

a) Der Versicherungsnehmer wird bei Streitfällen aus diesem Vertrag seine Ansprüche nur gegen den führenden Versicherer und nur wegen dessen Anteil gerichtlich geltend machen.

b) Die beteiligten Versicherer erkennen die gegen den führenden Versicherer rechtskräftig gewordene Entscheidung und die von diesem mit dem Versicherungsnehmer nach Rechtshängigkeit geschlossenen Vergleiche als auch für sich verbindlich an.

c) Falls der Anteil des führenden Versicherers die Berufungs- oder Revisionssumme nicht erreicht, ist der Versicherungsnehmer berechtigt und auf Verlangen eines Versicherers verpflichtet, die Klage auf einen zweiten und erforderlichenfalls auf einen dritten und weitere Versicherer auszudehnen, bis diese Summe erreicht ist. Wird diesem Verlangen nicht entsprochen, so ist Abschnitt b) nicht anzuwenden.

631 zu § 7 AVFE 76
Regreßverzicht

Regreß gegen Mitbenutzer der versicherten Sache oder deren Personal wird nur geltend gemacht, wenn diese Personen den Schaden vorsätzlich oder grob fahrlässig herbeigeführt haben.

632 zu § 12 AVFE 76
Führung

Der führende Versicherer ist bevollmächtigt, Anzeigen und Willenserklärungen des Versicherungsnehmers für alle beteiligten Versicherer in Empfang zu nehmen.

633 zu § 12 AVFE 76
Makler

Die im Versicherungsschein genannte Maklerfirma ist bevollmächtigt, Anzeigen (ausgenommen Schadenanzeigen) und Willenserklärungen des Versicherungsnehmers entgegenzunehmen. Sie ist verpflichtet, diese unverzüglich an den Versicherer weiterzuleiten.

634 zu § 3 Nr. 2b, § 4 Nr. 1
§ 5 Nr. 1, § 5 Nr. 2 Satz 2
§ 6 Nr. 1, § 8, § 9, § 11 AVFE 76
Großanlagen

1. Abweichend von § 5 Nr. 1 AVFE sind die im Versicherungsschein genannten Sachen nur in den dort im einzelnen bezeichneten Räumen ihrer Aufstellung (Versicherungsort) versichert.

2. Die Haftung des Versicherers beginnt mit der Einlösung des Versicherungsscheines, jedoch nicht vor dem vereinbarten Zeitpunkt. § 6 Nr. 1 AVFE gilt nicht.

3. Der Versicherungsnehmer hat bei Eintritt eines Versicherungsfalles

a) abweichend von § 8 Nr. 1 AVFE dem Versicherer unverzüglich schriftlich Anzeige zu machen; übersteigt der Schaden voraussichtlich DM 50.000,–, so sollte die Anzeige fernschriftlich oder telegrafisch erfolgen;

b) das Schadenbild bis zu einer Besichtigung durch den Beauftragten des Versicherers nur zu verändern,

aa) soweit Sicherheitsgründe Eingriffe erfordern oder

bb) soweit die Eingriffe den Schaden mindern oder

cc) nachdem der Versicherer zugestimmt hat oder

dd) falls die Besichtigung nicht unverzüglich, spätestens jedoch innerhalb von 5 Arbeitstagen seit Eingang der Schadenanzeige, stattgefunden hat.

§ 9 AVFE gilt für die vorstehenden Obliegenheiten entsprechend.

4. § 3 Nr. 2b, § 4 Nr. 1, § 5 Nr. 2 Satz 2 und § 11 AVFE gelten nicht.

635 zu § 2 Nr. 2, § 2 Nr. 4b, § 7 AVFE 76

Röhren und Arbeitsmittel in Anlagen und Geräten der Medizinischen Technik bei Krankenhäusern und Fachärzten für Röntgenologie und Strahlenheilkunde

1. Der Versicherer leistet Entschädigung gemäß § 1 (Nr. 1 bis 3) AVFE auch bei Schäden an Röhren; § 2 Nr. 2 AVFE gilt nicht.

2. Bei Schäden an Röhren leistet der Versicherer Entschädigung in vollem Umfang (§ 7 AVFE), sofern keine Entschädigungsstaffel vorgesehen ist.

3. Sofern eine Entschädigungsstaffel (Nr. 4) vorgesehen ist, leistet der Versicherer Entschädigung in vollem Umfang (§ 7 AVFE)

a) bei Schäden durch Brand, Blitzschlag, Explosion, Einbruchdiebstahl, Raub, Leitungswasser, soweit diese Gefahren nach den Allgemeinen Feuerversicherungsbedingungen (AFB), den Allgemeinen Einbruchdiebstahl-Versicherungsbedingungen (AEB), den Sonderbedingungen für die Beraubungsversicherung, den Allgemeinen Bedingungen für die Versicherung gegen Leitungswasserschäden (AWB) gedeckt werden können;

b) bei sonstigen Schäden für Montage- und Fahrtkosten, soweit sie dem Versicherungsnehmer gesondert in Rechnung gestellt werden.

Im übrigen verringert sich die Entschädigung abweichend von § 7 AVFE nach den Entschädigungsstaffeln (Nr. 4).

4. Entschädigungsstaffeln

a) Drehanodenröhren

Mit Aufnahmezähler **Aufnahmen bis**	Ohne Aufnahmezähler **Benutzungsdauer bis**	**Entschädigung**
12.000	13 Monate	100 v. H.
13.700	15 „	90 „
15.700	17 „	80 „
17.900	20 „	70 „
20.500	23 „	60 „
23.400	26 „	50 „
26.800	30 „	40 „
30.600	34 „	30 „
35.000	39 „	20 „
40.000	44 „	10 „

b) Stehanodenröhren (ohne Therapieröhren)

Benutzungsdauer bis	**Entschädigung**
24 Monate	100 v. H.
29 „	90 „
35 „	80 „
40 „	70 „
45 „	60 „
51 „	50 „
56 „	40 „
61 „	30 „
67 „	20 „
72 „	10 „

c) Therapieröhren

Betriebsstunden bis	**Benutzungsdauer** längstens jedoch bis	**Entschädigung**
400	18 Monate	100 v. H.
500	23 „	90 „
600	27 „	80 „
700	32 „	70 „
800	36 „	60 „
900	41 „	50 „
1000	45 „	40 „
1100	50 „	30 „
1200	54 „	20 „
1300	59 „	10 „

d) Bildverstärkerröhren

Benutzungsdauer bis	**Entschädigung**
20 Monate	100 v. H.
23 „	90 „
26 „	80 „
30 „	70 „
34 „	60 „
39 „	50 „
45 „	40 „
51 „	30 „
58 „	20 „
67 „	10 „

e) Ventilröhren

Benutzungsdauer bis	**Entschädigung**
36 Monate	100 v. H.
39 „	90 „
41 „	80 „
44 „	70 „
47 „	60 „
49 „	50 „
52 „	40 „
55 „	30 „
57 „	20 „
60 „	10 „

f) Bildaufnahme- und Bildwiedergaberöhren

Nach 12 Monaten Benutzungsdauer verringert sich die Entschädigung monatlich um 3 v. H. des Wiederbeschaffungspreises.

5. Die in Nr. 4 genannten Aufnahmezahlen, Betriebsstunden und Benutzungsdauern werden vom Zeitpunkt der ersten Inbetriebnahme an gerechnet, und zwar einschließlich einer Benutzung durch Vorbesitzer.

6. Als Betriebsstoffe und Arbeitsmittel im Sinne von § 2 Nr. 4b AVFE gelten z. B. auch Reagenzien, Datenträger, Folienkombinationen, Bohrer, Fräser, Wechselküvetten, Pipetten und Reagenzgefäße.

636 zu § 2 Nr. 2, § 2 Nr. 4b, § 7 AVFE 76

Röhren und Arbeitsmittel in Anlagen und Geräten der Medizinischen Technik bei Sanatorien und Teilröntgenologen

1. Der Versicherer leistet Entschädigung gemäß § 1 (Nr. 1 bis 3) AVFE auch bei Schäden an Röhren; § 2 Nr. 2 AVFE gilt nicht.

2. Bei Schäden an Röhren leistet der Versicherer Entschädigung in vollem Umfang (§ 7 AVFE), sofern keine Entschädigungsstaffel vorgesehen ist.

3. Sofern eine Entschädigungsstaffel (Nr. 4) vorgesehen ist, leistet der Versicherer Entschädigung in vollem Umfang (§ 7 AVFE)

a) bei Schäden durch Brand, Blitzschlag, Explosion, Einbruchdiebstahl, Raub, Leitungswasser, soweit diese Gefahren nach den Allgemeinen Feuerversicherungsbedingungen (AFB), den Allgemeinen Einbruchdiebstahl-Versicherungsbedingungen (AEB), den Sonderbedingungen für die Beraubungsversicherung, den Allgemeinen Bedingungen für die Versicherung gegen Leitungswasserschäden (AWB) gedeckt werden können;

b) bei sonstigen Schäden für Montage- und Fahrtkosten, soweit sie dem Versicherungsnehmer gesondert in Rechnung gestellt werden.

Im übrigen verringert sich die Entschädigung abweichend von § 7 AVFE nach den Entschädigungsstaffeln (Nr. 4).

4. Entschädigungsstaffeln

a) Drehanodenröhren

Mit Aufnahmezähler **Aufnahmen bis**	Ohne Aufnahmezähler **Benutzungsdauer bis**	**Entschädigung**
12.000	20 Monate	100 v. H.
13.700	23 „	90 „
15.700	26 „	80 „
17.900	30 „	70 „
20.500	34 „	60 „
23.400	39 „	50 „
26.800	45 „	40 „
30.600	51 „	30 „
35.000	58 „	20 „
40.000	67 „	10 „

b) Stehanodenröhren (ohne Therapieröhren)

Benutzungsdauer bis	**Entschädigung**
24 Monate	100 v. H.
29 „	90 „
35 „	80 „
40 „	70 „
45 „	60 „
51 „	50 „
56 „	40 „
61 „	30 „
67 „	20 „
72 „	10 „

c) Therapieröhren

Betriebsstunden bis	Benutzungsdauer längstens jedoch bis	Entschädigung
400	18 Monate	100 v. H.
500	23 „	90 „
600	27 „	80 „
700	32 „	70 „
800	36 „	60 „
900	41 „	50 „
1000	45 „	40 „
1100	50 „	30 „
1200	54 „	20 „
1300	59 „	10 „

d) Bildverstärkerröhren

Benutzungsdauer bis	Entschädigung
20 Monate	100 v. H.
23 „	90 „
26 „	80 „
30 „	70 „
34 „	60 „
39 „	50 „
45 „	40 „
51 „	30 „
58 „	20 „
67 „	10 „

e) Ventilröhren

Benutzungsdauer bis	Entschädigung
36 Monate	100 v. H.
39 „	90 „
41 „	80 „
44 „	70 „
47 „	60 „
49 „	50 „
52 „	40 „
55 „	30 „
57 „	20 „
60 „	10 „

f) Bildaufnahme- und Bildwiedergaberöhren

Nach 12 Monaten Benutzungsdauer verringert sich die Entschädigung monatlich um 3 v. H. des Wiederbeschaffungspreises.

5. Die in Nr. 4 genannten Aufnahmezahlen, Betriebsstunden und Benutzungsdauern werden vom Zeitpunkt der ersten Inbetriebnahme an gerechnet, und zwar einschließlich einer Benutzung durch Vorbesitzer.

6. Als Betriebsstoffe und Arbeitsmittel im Sinne von § 2 Nr. 4b AVFE gelten z. B. auch Reagenzien, Datenträger, Folienkombinationen, Bohrer, Fräser, Wechselküvetten, Pipetten und Reagenzgefäße.

637 zu § 2 Nr. 2, § 2 Nr. 4b, § 7 AVFE 76

Röntgen- und Ventilröhren in Anlagen und Geräten der Materialuntersuchung

1. Der Versicherer leistet Entschädigung gemäß § 1 (Nr. 1 bis 3) AVFE auch bei Schäden an Röntgen- und Ventilröhren; § 2 Nr. 2 AVFE gilt nicht.

2. Bei Schäden an Röntgen- und Ventilröhren leistet der Versicherer Entschädigung in vollem Umfang (§ 7 AVFE), sofern keine Entschädigungsstaffel vorgesehen ist.

3. Sofern eine Entschädigungsstaffel (Nr. 4) vorgesehen ist, leistet der Versicherer Entschädigung in vollem Umfang (§ 7 AVFE)

a) bei Schäden durch Brand, Blitzschlag, Explosion, Einbruchdiebstahl, Raub, Leitungswasser, soweit diese Gefahren nach den Allgemeinen Feuerversicherungsbedingungen (AFB), den Allgemeinen Einbruchdiebstahl-Versicherungsbedingungen (AEB), den Sonderbedingungen für die Beraubungsversicherung, den Allgemeinen Bedingungen für die Versicherung gegen Leitungswasserschäden (AWB) gedeckt werden können;

b) bei sonstigen Schäden für Montage- und Fahrtkosten, soweit sie dem Versicherungsnehmer gesondert in Rechnung gestellt werden.

Im übrigen verringert sich die Entschädigung abweichend von § 7 AVFE nach den Entschädigungsstaffeln (Nr. 4).

4. Entschädigungsstaffeln

a) Röntgen- und Ventilröhren für Grobstrukturuntersuchung

Betriebsstunden bis	Benutzungsdauer längstens jedoch bis	Entschädigung
300	6 Monate	100 v. H.
380	8 „	90 „
460	10 „	80 „
540	12 „	70 „
620	14 „	60 „
700	16 „	50 „
780	18 „	40 „
860	20 „	30 „
940	22 „	20 „
1020	24 „	10 „

b) Röntgen- und Ventilröhren für Feinstrukturuntersuchung

Betriebsstunden bis	Benutzungsdauer längstens jedoch bis	Entschädigung
1200	6 Monate	100 v. H.
1600	8 „	90 „
2000	10 „	80 „
2400	12 „	70 „
2800	14 „	60 „
3200	16 „	50 „
3600	18 „	40 „
4000	20 „	30 „
4400	22 „	20 „
4800	24 „	10 „

5. Die in Nr. 4 genannten Betriebsstunden und Benutzungsdauern werden vom Zeitpunkt der ersten Inbetriebnahme an gerechnet, und zwar einschließlich einer Benutzung durch Vorbesitzer.

638 zu § 2, § 3, § 4 § 5 Nr. 1, § 5 Nr. 2 Satz 2

Datenträger § 6 Nr. 1, § 7, § 8, § 9, § 11 AVFE 76

1. Datenträger sind im folgenden Umfang versichert:

a) Versichert sind die im Versicherungsschein aufgeführten Datenträger (b).

b) Datenträger sind das Datenträgermaterial (wiederkehrend zu verwendendes Speichermedium für maschinenlesbare externe Informationen) sowie die darauf befindlichen maschinenlesbaren externen Informationen. Externe Informationen sind Daten, die außerhalb der Zentraleinheit (Rechen-, Steuerwerk und Arbeitsspeicher), z.B. auf Magnetplatten, Magnetbändern, Lochkarten, Magnetkontokarten oder Klarschriftbelegen gespeichert sind.

c) Soweit die Zerstörung oder Beschädigung der Datenträger in einem Verlust oder der Veränderung der maschinenlesbaren Informationen besteht, leistet der Versicherer Entschädigung nur, wenn in zeitlichem Zusammenhang mit dem Verlust oder der Veränderung der Informationen auch ein ersatzpflichtiger Schaden an dem betroffenen Datenträgermaterial entstanden ist.

Ist der Verlust oder die Veränderung der Informationen nachweislich die Folge einer Blitzeinwirkung, so leistet der Versicherer abweichend von Absatz 1 auch dann Entschädigung, wenn in zeitlichem Zusammenhang mit dem Verlust oder der Veränderung der Informationen kein ersatzpflichtiger Schaden am Datenträgermaterial entstanden ist.

d) Der Versicherer leistet ohne Rücksicht auf mitwirkende Ursachen keine Entschädigung für Schäden durch fehlerhafte Datenerfassung (z.B. Schäden durch falsches Lochen) oder versehentliches Wegwerfen.

e) Versicherungssumme ist der Betrag, der zur Wiederbeschaffung des gesamten Datenträgermaterials sowie im Höchstfall zur Wiederherstellung der darauf befindlichen maschinenlesbaren Informationen aufzuwenden wäre; die §§ 3, 4 AVFE gelten nicht.

Abweichend von § 56 VVG verzichtet der Versicherer auf den Einwand der Unterversicherung.

f) Abweichend von § 7 AVFE leistet der Versicherer Entschädigung für die erforderlichen und angefallenen Kosten zur Wiederbeschaffung des Datenträgermaterials sowie zur Wiederherstellung der darauf befindlichen maschinenlesbaren externen Informationen. Ist die Wiederherstellung nicht notwendig oder erfolgt sie nicht binnen 2 Jahren nach Eintritt des Schadens, so ersetzt der Versicherer den Zeitwert des Datenträgermaterials.

Grenze der Entschädigung ist der als Versicherungssumme vereinbarte und im Versicherungsschein bezeichnete Betrag.

Der gemäß Absatz 1 und 2 ermittelte Betrag wird je Versicherungsfall um den vereinbarten Selbstbehalt, mindestens jedoch um 5 v.H. und mindestens DM 1.000,– gekürzt.

2. Abweichend von § 5 Nr. 1 AVFE sind die im Versicherungsschein aufgeführten Datenträger nur in den dort im einzelnen bezeichneten Räumen (Versicherungsort) versichert.

3. Die Haftung des Versicherers beginnt mit der Einlösung des Versicherungsscheines, jedoch nicht vor dem vereinbarten Zeitpunkt. § 6 Nr. 1 AVFE gilt nicht.

4. Der Versicherungsnehmer hat bei Eintritt eines Versicherungsfalles

a) abweichend von § 8 Nr. 1 AVFE dem Versicherer unverzüglich schriftlich Anzeige zu machen; übersteigt der Schaden voraussichtlich DM 50.000,–, so sollte die Anzeige fernschriftlich oder telegrafisch erfolgen;

b) das Schadenbild bis zu einer Besichtigung durch den Beauftragten des Versicherers nur zu verändern,

aa) soweit Sicherheitsgründe Eingriffe erfordern oder

bb) soweit die Eingriffe den Schaden mindern oder

cc) nachdem der Versicherer zugestimmt hat oder

dd) falls die Besichtigung nicht unverzüglich, spätestens jedoch innerhalb von 5 Arbeitstagen seit Eingang der Schadenanzeige, stattgefunden hat.

§ 9 AVFE gilt für die vorstehenden Obliegenheiten entsprechend.

5. § 2, § 5 Nr. 2 Satz 2 und § 11 AVFE gelten nicht.

639 zu Klausel 638
Beförderung von Datenträgern

1. Die im Versicherungsschein aufgeführten Datenträger (Klausel 638 Nr. 1b) sind auch gegen Schäden während der Beförderung mit den vereinbarten Beförderungsmitteln versichert.
2. Dies gilt für die vereinbarte Anzahl von Beförderungen pro Jahr und für die vereinbarten Entfernungen innerhalb der Bundesrepublik Deutschland einschließlich des Landes Berlin und der Verbindungswege.
3. Die Entschädigung ist je Beförderung und Beförderungsmittel auf den vereinbarten Betrag begrenzt.
4. Eine Erweiterung des Versicherungsschutzes auf andere Beförderungsmittel und Beförderungswege sowie auf eine Erhöhung der Anzahl der jährlichen Beförderungen bedarf besonderer Vereinbarung.
5. Der Versicherer leistet bei den in Kraftfahrzeugen mitgeführten Datenträgern Entschädigung für Schäden durch Diebstahl nur, wenn das Kraftfahrzeug verschlossen war und wenn außerdem entweder der Diebstahl zwischen 6 Uhr und 22 Uhr verübt wurde oder das Kraftfahrzeug in einer verschlossenen Einzel- oder bewachten Sammelgarage oder auf einem verschlossenen Hofraum oder bewachten Parkplatz abgestellt war.

   Das Kraftfahrzeug, in dem die versicherten Datenträger mitgeführt werden, muß ein festes Verdeck haben.
6. Der Versicherer leistet keine Entschädigung für Schäden durch Beschlagnahme oder sonstige hoheitliche Eingriffe.

Allgemeine Betriebsunterbrechungsversicherungs-Bedingungen bei Fernmelde- und sonstigen elektrotechnischen Anlagen (AVFEBU)

§ 1 Gegenstand der Versicherung

1. Wird die technische Einsatzmöglichkeit einer in dem Anlagenverzeichnis aufgeführten Sache, sobald und solange sie betriebsfertig ist, infolge eines Sachschadens (§ 2) unterbrochen oder beeinträchtigt, so ersetzt der Versicherer den dadurch entstehenden Unterbrechungsschaden gemäß den §§ 3 bis 6.

2. Betriebsfertig ist eine Sache, wenn sie nach beendeter Erprobung und - soweit vorgesehen - nach beendetem Probebetrieb zur Arbeitsaufnahme bereit ist oder sich in Betrieb befindet.

3. Der Versicherungsschutz besteht auch dann fort, wenn die Betriebsfertigkeit einer Sache für die Dauer einer Wartung, Lagerung, Überholung oder Instandsetzung unterbrochen ist. Das gleiche gilt, während die Sache aus solchen Anlässen innerhalb des in dem Versicherungsschein bezeichneten räumlichen Bereichs bewegt, de- oder remontiert oder probeweise betrieben wird.

4. Der Versicherer leistet Entschädigung, wenn der Zeitpunkt, von dem an der Sachschaden für den Versicherungsnehmer nach den anerkannten Regeln der Technik frühestens erkennbar war, innerhalb der vereinbarten Versicherungsdauer liegt.

5. Bei Gefahrerhöhungen, insbesondere durch Veränderung der technischen Eigenschaften oder der Betriebsweise der in dem Anlagenverzeichnis aufgeführten Sachen, gelten die Bestimmungen der §§ 23 ff VVG.

§ 2 Sachschaden

1. Sachschaden ist die Zerstörung oder Beschädigung durch ein unvorhergesehenes Ereignis. Entwendung steht dem Sachschaden gleich.

Insbesondere erstreckt sich der Versicherungsschutz auf Unterbrechungsschäden infolge von Sachschäden durch

a) Fahrlässigkeit, unsachgemäße Handhabung, Vorsatz Dritter;

b) Kurzschluß, Überspannung, Induktion;

c) Wasser, Feuchtigkeit, Überschwemmung;

d) Einbruchdiebstahl, Diebstahl, Beraubung, Plünderung, Sabotage;

e) höhere Gewalt;

f) Konstruktions-, Material- oder Ausführungsfehler.

2. Für Unterbrechungsschäden infolge von Sachschäden an Röhren leistet der Versicherer Entschädigung nur, wenn der Sachschaden auf Wasser, Feuchtigkeit oder Überschwemmung beruht.

3. Der Versicherer leistet ohne Rücksicht auf mitwirkende Ursachen keine Entschädigung für Unterbrechungsschäden infolge von Sachschäden

a) durch Vorsatz oder grobe Fahrlässigkeit des Versicherungsnehmers;

b) durch Abnutzung; wird infolge eines solchen Sachschadens ein benachbartes Anlageteil beschädigt, so leistet der Versicherer im Rahmen von § 1 und § 2 (Nr. 1 bis 4) Entschädigung;

c) durch Wasser- oder Säuredämpfe, die durch die Eigenart des Betriebes des Versicherungsnehmers verursacht werden;

d) durch Erdbeben;

e) durch Kernenergie;

f) durch Kriegsereignisse jeder Art, Bürgerkriege oder innere Unruhen;

g) durch Streik oder Aussperrung;

h) durch Brand, Blitzschlag oder Explosion, durch Löschen, Niederreißen oder Entwendung bei diesen Ereignissen, durch Anprall oder Absturz eines bemannten Flugkörpers, seiner Teile oder seiner Ladung, soweit diese Gefahren durch eine Feuer-Betriebsunterbrechungs-Versicherung gedeckt werden können;

i) die als Folge von Brand, Blitzschlag oder Explosion durch Kurzschluß, Überstrom oder Überspannung an elektrischen Einrichtungen entstehen, soweit diese Gefahren durch eine Feuer-Betriebsunterbrechungs-Versicherung gedeckt werden können;

k) durch Mängel, die bei Abschluß der Versicherung bereits vorhanden waren und dem Versicherungsnehmer, der Leitung des Unternehmens oder einem verantwortlichen Betriebsleiter bekannt sein mußten;

l) die außerhalb des in dem Versicherungsschein bezeichneten räumlichen Bereichs eingetreten sind.

4. Ist der Beweis für eine der Ursachen gemäß Nr. 3d bis 3g nicht zu erbringen, so genügt für den Ausschluß der Haftung des Versicherers die überwiegende Wahrscheinlichkeit, daß der Sachschaden auf eine dieser Ursachen zurückzuführen ist.

5. Für Unterbrechungsschäden infolge von Sachschäden an

a) Zusatzeinrichtungen der in dem Anlagenverzeichnis aufgeführten Sache,

b) Außenleitungen, Masten und sonstigen bei Außenleitungen der Leitungsführung dienenden Vorrichtungen,

c) Erdkabeln,

d) Fundamenten

besteht Versicherungsschutz nur, wenn diese Sachen in dem Anlagenverzeichnis genannt sind.

6. Der Versicherer leistet keine Entschädigung für Unterbrechungsschäden infolge von Sachschäden an

a) Hilfs- oder Betriebsstoffen oder an Verbrauchsmaterialien oder Arbeitsmitteln, wie z.B. Chemikalien, Kühlmitteln oder Reinigungsmitteln;

b) auswechselbaren Teilen, die der Anpassung der Sache an verschiedenartige Arbeitsvorgänge dienen, wie z.B. Werkzeugen, Meßfühlern, Rasterscheiben oder Schriftträgern;

c) Datenträgern, auch wenn sie Teil einer in dem Anlagenverzeichnis aufgeführten Sache sind. Datenträger sind das Datenträgermaterial (wiederkehrend zu verwendendes Speichermedium für maschinenlesbare externe Informationen) sowie die darauf befindlichen maschinenlesbaren externen Informationen. Externe Informationen sind Daten, die außerhalb der Zentraleinheit (Rechen-, Steuerwerk und Arbeitsspeicher), z.B. auf Magnetplatten, Magnetbändern, Lochkarten, Magnetkontokarten oder Klarschriftbelegen gespeichert sind.

7. Nr. 5 und Nr. 6 gelten auch, wenn es sich um Folgen eines Sachschadens an einer in dem Anlagenverzeichnis aufgeführten Sache handelt.

§ 3 Unterbrechungsschaden; Haftzeit

1. Der Versicherer leistet Entschädigung für den Betriebsgewinn und die fortlaufenden Kosten in dem versicherten Betrieb, die der Versicherungsnehmer nicht erwirtschaften kann, weil der frühere betriebsfähige Zustand einer beschädigten Sache wiederhergestellt oder eine zerstörte oder entwendete Sache durch eine gleichartige ersetzt werden muß (Unterbrechungsschaden).

2. Der Versicherer leistet ohne Rücksicht auf mitwirkende Ursachen keine Entschädigung, soweit der Unterbrechungsschaden verursacht oder vergrößert wird

a) durch Ursachen gemäß § 2 Nr. 3a oder Nr. 3c bis g;

b) durch außergewöhnliche Ereignisse, die während der Unterbrechung oder Beeinträchtigung der technischen Einsatzmöglichkeit eintreten;

c) durch behördlich angeordnete Wiederaufbau- oder Betriebsbeschränkungen;

d) durch den Umstand, daß dem Versicherungsnehmer zur Wiederherstellung oder Wiederbeschaffung zerstörter, beschädigter oder entwendeter Sachen nicht rechtzeitig genügend Kapital zur Verfügung steht;

e) durch den Umstand, daß zerstörte, beschädigte oder entwendete Sachen anläßlich der Wiederherstellung oder Wiederbeschaffung geändert, verbessert oder überholt werden;

f) durch einen Sachschaden an Datenträgern (§ 2 Nr.6c Satz 2 und 3), auch wenn sie Teil einer in dem Anlagenverzeichnis aufgeführten Sache sind;

g) durch Verderb, Zerstörung oder Beschädigung von Rohstoffen, Halb- oder Fertigfabrikaten oder Hilfs- oder Betriebsstoffen, und zwar - wenn nichts anderes vereinbart ist - auch dann, wenn diese Umstände einen weiteren Sachschaden an einer in dem Anlagenverzeichnis aufgeführten Sache darstellen oder verursachen.

3. Der Versicherer leistet Entschädigung nur, soweit der Unterbrechungsschaden innerhalb der vereinbarten Haftzeit entsteht.

Die Haftzeit beginnt mit dem Zeitpunkt, von dem an der Sachschaden für den Versicherungsnehmer nach den anerkannten Regeln der Technik frühestens erkennbar war, spätestens jedoch mit Beginn des Unterbrechungsschadens.

Ist die Haftzeit nach Monaten bemessen, so gelten jeweils 30 Kalendertage als ein Monat. Ist jedoch ein Zeitraum von 12 Monaten vereinbart, so beträgt die Haftzeit ein volles Kalenderjahr.

§ 4 Betriebsgewinn und Kosten

1. Betriebsgewinn ist der Gewinn aus dem Umsatz der hergestellten Erzeugnisse und gehandelten Waren und der Gewinn aus Dienstleistungen mit Ausnahme von Gewinnen, die mit dem eigentlichen Fabrikations-, Handels-, Gewerbe- oder Dienstleistungsbetrieb nicht zusammenhängen, z.B. aus Kapital-, Spekulations- oder Grundstücksgeschäften.

2. Kosten sind alle in dem versicherten Betrieb entstehenden Kosten mit Ausnahme von

a) Aufwendungen für Roh-, Hilfs- oder Betriebsstoffe sowie für bezogene Waren, soweit es sich nicht um Aufwendungen zur Betriebserhaltung oder um Mindest- und Vorhaltegebühren für Energiefremdbezug handelt;

b) Verbrauchsteuern und Ausfuhrzöllen;

c) Paketporti und sonstigen Ausgangsfrachten, soweit sie nicht aufgrund fortlaufender vertraglicher Verpflichtungen ohne Rücksicht auf den Umsatz von Waren zu entrichten sind;

d) umsatzabhängigen Versicherungsprämien;

e) umsatzabhängigen Lizenzgebühren und umsatzabhängigen Erfindervergütungen;

f) Umsatzsteuer;

g) Kosten, die mit dem eigentlichen Fabrikations-, Handels-, Gewerbe- oder Dienstleistungsbetrieb nicht zusammenhängen, z.B. aus Kapital-, Spekulations- oder Grundstücksgeschäften.

3. Betriebsgewinn und Kosten sind in einer Gruppe versichert, soweit für sie die gleiche Haftzeit und der gleiche Selbstbehalt vereinbart sind.

§ 5 Versicherungswert; Bewertungszeitraum; Unterversicherung

1. Versicherungswert sind der Betriebsgewinn und die fortlaufenden Kosten, die der Versicherungsnehmer in dem Bewertungszeitraum erwirtschaftet hat; hinzuzurechnen sind Entschädigungen aus Betriebsunterbrechungsversicherungen.

Der Bewertungszeitraum beträgt ein Jahr.

Er endet mit dem Zeitpunkt, von dem an ein Unterbrechungsschaden nicht mehr entsteht, spätestens jedoch mit dem Ablauf der Haftzeit.

2. Ist bei Beginn der Haftzeit die Versicherungssumme einer Gruppe niedriger als der Versicherungswert, so wird in dieser Gruppe nur der Teil des gemäß §§ 3,4 und § 6 Nr. 1 bis 4 ermittelten Betrages ersetzt, der sich zu dem ganzen Betrag verhält wie die Versicherungssumme zu dem Versicherungswert.

3. Der für jede Gruppe ermittelte Versicherungswert ist auch zugrunde zu legen, wenn eine kürzere Haftzeit als ein Jahr vereinbart ist.

§ 6 Entschädigungsleistung

1. Bei der Feststellung des Unterbrechungsschadens sind alle Umstände zu berücksichtigen, die Gang und Ergebnis des Betriebes günstig oder ungünstig beeinflußt haben würden, wenn nicht die technische Einsatzmöglichkeit der Sache infolge des Sachschadens unterbrochen oder beeinträchtigt gewesen wäre.

Betriebsgewinn und fortlaufende Kosten sind insbesondere nicht zu ersetzen, soweit sie wegen geplanter oder notwendiger Revisionen, Überholungsarbeiten oder Änderungen ohnehin nicht erwirtschaftet worden wären.

2. Kosten werden nur ersetzt, soweit ihr Weiteraufwand rechtlich notwendig oder wirtschaftlich begründet ist.

3. Technische Abschreibungen auf Maschinen und Anlagen sind nicht zu entschädigen, soweit sie infolge des Sachschadens nicht eingesetzt werden können.

4. Die Entschädigung darf nicht zu einer Bereicherung führen. Wirtschaftliche Vorteile, die sich innerhalb von sechs Monaten nach Ablauf des Bewertungszeitraumes als Folge der Unterbrechung ergeben, sind in billiger Weise zu berücksichtigen. Werden Arbeiten der in Nr. 1 Abs. 2 bezeichneten Art während der Unterbrechung vorzeitig durchgeführt, so gilt diese Zeitgrenze nicht.

5. Der gemäß Nr. 1 bis 4 und gemäß § 5 Nr. 2 ermittelte Betrag wird je Versicherungsfall (Sachschaden) um den vereinbarten Selbstbehalt gekürzt.

Bei einem zeitlichen Selbstbehalt, der in Arbeitstagen bemessen ist, hat der Versicherungsnehmer denjenigen Teil des genannten Betrages selbst zu tragen, der sich zu dem Gesamtbetrag verhält, wie der zeitliche Selbstbehalt zu dem Gesamtzeitraum der Unterbrechung oder Beeinträchtigung der technischen Einsatzmöglichkeit. In der Berechnung werden für den Gesamtzeitraum der Unterbrechung oder Beeinträchtigung nur Zeiten berücksichtigt, in denen im versicherten Betrieb gearbeitet wird oder ohne Eintritt des Versicherungsfalles gearbeitet worden wäre. Der Gesamtzeitraum endet spätestens mit Ablauf der Haftzeit.
Ist als zeitlicher Selbstbehalt ein Zeitraum nach Kalendertagen, -wochen oder -monaten vereinbart, so werden, beginnend mit der Unterbrechung oder Beeinträchtigung der technischen Einsatzmöglichkeit, nur die innerhalb des vereinbarten Zeitraums liegenden Arbeitszeiten berücksichtigt und dem Gesamtzeitraum gemäß Abs. 1 gegenübergestellt.

§ 7 Prämienzahlung; Beginn der Haftung

1. Der Versicherungsnehmer hat die erste Prämie nach Aushändigung des Versicherungsscheins, Folgeprämien bei Beginn jeder Versicherungsperiode zu zahlen.

Für die Folgen nicht rechtzeitiger Prämienzahlung gelten §§ 38 Abs. 1 Satz 1, 39 VVG.

Vorstehende Bestimmungen gelten auch für die vereinbarten Nebenkosten, die aus dem Versicherungsschein oder der Prämienrechnung ersichtlich sind.

2. Die Haftung des Versicherers beginnt mit dem vereinbarten Zeitpunkt.

3. Endet das Versicherungsverhältnis vor Ablauf der Vertragszeit oder wird es nach Beginn der Versicherung rückwirkend aufgehoben oder ist es von Anfang an nichtig, so gebührt dem Versicherer Prämie oder Geschäftsgebühr nach Maßgabe der gesetzlichen Bestimmungen (z.B. §§ 40, 68 VVG).

Kündigt der Versicherungsnehmer gemäß § 14 Nr. 2, so gebührt dem Versicherer die Prämie für die laufende Versicherungsperiode.

Kündigt der Versicherer gemäß § 14 Nr.2, so hat er den Teil der Prämie zurückzuzahlen, der für den noch nicht abgelaufenen Teil der Versicherungsperiode auf den Teil der Versicherungssumme entfällt, auf den der Versicherungsnehmer diese gemäß § 14 Nr. 1 Abs. 2 herabsetzen konnte.

§ 8 Prämienrückgewähr; Folgen unrichtiger Meldung

1. War der Versicherungswert (§ 5 Nr. 1 Abs. 1) für das abgelaufene Versicherungsjahr, das dem Geschäftsjahr entspricht, niedriger als die Versicherungssumme und meldet der Versicherungsnehmer dies dem Versicherer innerhalb von sechs Monaten nach Ablauf des Versicherungsjahres, so wird, wenn nicht etwas anderes vereinbart ist, die auf den Mehrbetrag der Versicherungssumme gezahlte Prämie bis zu einem Drittel der Jahresprämie rückvergütet. Die Rückvergütung ist für jede Gruppe gesondert zu ermitteln.

2. Erweist sich in einem Schadenfall, daß der Versicherungsnehmer für das abgelaufene Versicherungsjahr in einer Gruppe einen zu niedrigen Betrag gemeldet hat, so wird der gemäß §§ 3 bis 6 ermittelte Betrag gekürzt.

Für die Kürzung maßgebend ist das Verhältnis zwischen dem Betrag, der nach Nr. 1 mindestens hätte gemeldet werden müssen, und dem gemeldeten Betrag, höchstens jedoch das Verhältnis zwischen der vereinbarten Versicherungssumme und dem gemeldeten Betrag.

3. Ist eine Versicherungssumme während des Versicherungsjahres geändert worden, so gilt als Versicherungssumme gemäß Nr. 1 und 2 die Jahresdurchschnittssumme, die sich aus den jeweiligen Versicherungssummen unter Berücksichtigung der Zeiträume ergibt, in denen sie gegolten haben.

4. Eine Kürzung gemäß Nr. 2 erfolgt nicht, wenn der Versicherungsnehmer glaubhaft macht, daß weder er selbst noch die jeweils damit betraute Hilfsperson die unrichtige Meldung verschuldet hat.

§ 9 Buchführung

1. Der Versicherungsnehmer ist verpflichet, Bücher zu führen. Inventuren und Bilanzen für die drei Vorjahre sind sicher und zum Schutz gegen gleichzeitige Vernichtung voneinander getrennt aufzubewahren.

2. Verletzt der Versicherungsnehmer eine dieser Obliegenheiten, so ist der Versicherer nach Maßgabe der gesetzlichen Bestimmungen (§ 6 Abs. 1 VVG) von der Entschädigungspflicht frei.

§ 10 Obliegenheiten des Versicherungsnehmers nach einem Sachschaden; Obliegenheitsverletzung; besonderer Verwirkungsgrund

1. Der Versicherungsnehmer hat

a) jeden Sachschaden gemäß §§ 1 und 2, der einen Unterbrechungsschaden verursachen könnte, dem Versicherer spätestens innerhalb von 24 Stunden anzuzeigen. In dringenden Fällen sollte die Anzeige dem Versicherer gegenüber fernmündlich, fernschriftlich oder telegrafisch erfolgen; einer zusätzlichen schriftlichen oder mündlichen Anzeige bedarf es dann nicht;

b) den versicherten Unterbrechungsschaden nach Möglichkeit abzuwenden oder zu mindern, dabei die Weisungen des Versicherers zu befolgen und, wenn die Umstände es gestatten, solche Weisungen einzuholen;

c) einem Beauftragten des Versicherers alle erforderlichen Untersuchungen über Ursachen und Höhe des Unterbrechungsschadens zu gestatten;

d) dem Versicherer auf Verlangen alle erforderlichen Auskünfte zu erteilen;

e) dem Versicherer Einsicht in die Geschäftsbücher, Inventare und Bilanzen sowie die Hilfsbücher, Rechnungen und Belege über den Geschäftsgang während des laufenden Geschäftsjahres und der drei Vorjahre zu gewähren.

2. Verletzt der Versicherungsnehmer eine dieser Obliegenheiten, so ist der Versicherer nach Maßgabe der gesetzlichen Bestimmungen (§§ 6 Abs. 3, 62 Abs. 2 VVG) von der Entschädigungspflicht frei.

3. Der Versicherer ist auch dann von der Entschädigungspflicht frei, wenn der Versicherungsnehmer aus Anlaß des Versicherungsfalles in arglistiger Absicht versucht hat, den Versicherer zu täuschen.

§ 11 Schadenminderungskosten

1. Aufwendungen, die der Versicherungsnehmer macht, um den Schaden abzuwenden oder zu mindern, hat der Versicherer zu ersetzen,

a) soweit sie den Umfang der Entschädigungspflicht des Versicherers verringern oder

b) soweit der Versicherungsnehmer sie den Umständen nach für geboten halten durfte.

2. Die Aufwendungen werden jedoch nicht ersetzt,

a) soweit der Versicherungsnehmer durch sie über den versicherten Betriebsgewinn und die versicherten Kosten hinaus Nutzen erzielt, insbesondere bezüglich des Selbstbehaltes oder nach Ablauf der Haftzeit, oder

b) soweit sie zusammen mit der Entschädigung je Gruppe den Betrag übersteigen, der ohne die Schadenminderungsmaßnahmen höchstens zu entschädigen gewesen wäre, es sei denn, daß die darüber hinausgehenden Aufwendungen auf einer Weisung des Versicherers beruhen.

3. Besteht Unterversicherung (§ 5 Nr. 2), so sind die Aufwendungen nur zu demselben Anteil zu ersetzen wie der Unterbrechungsschaden.

§ 12 Sachverständigenverfahren

1. Versicherer und Versicherungsnehmer können verlangen, daß die Ursachen des Sachschadens sowie Ursache und Höhe des Unterbrechungsschadens und eines Kostenaufwandes für Schadenminderung durch Sachverständige festgestellt werden.

2. Für das Sachverständigenverfahren gelten folgende Grundsätze:

a) Jede Partei benennt schriftlich einen Sachverständigen. Jede Partei kann die andere unter Angabe des von ihr benannten Sachverständigen zur Benennung des zweiten Sachverständigen auffordern. Die Aufforderung bedarf der Schriftform. Wird der zweite Sachverständige nicht innerhalb von zwei Wochen nach Empfang der Aufforderung benannt, so kann ihn die auffordernde Partei durch die für den Schadenort zuständige Industrie- und Handelskammer ernennen lassen. In der Aufforderung ist auf diese Folge hinzuweisen.

b) Beide Sachverständige wählen vor Beginn des Feststellungsverfahrens einen Dritten als Obmann. Einigen sie sich nicht, so wird der Obmann auf Antrag einer Partei oder beider Parteien durch die für den Schadenort zuständige Industrie- und Handelskammer ernannt.

c) Die Feststellungen der Sachverständigen müssen mindestens ergeben:

   aa) die ermittelten oder vermuteten Ursachen und den Zeitpunkt, von dem an der Sachschaden für den Versicherungsnehmer nach den anerkannten Regeln der Technik frühestens erkennbar war;

   bb) Gewinn- und Verlustrechnungen für das laufende Geschäftsjahr bis zum Beginn der Betriebsunterbrechung sowie für das vorausgegangene Geschäftsjahr;

   cc) eine Gewinn- und Verlustrechnung, aus der zu entnehmen ist, wie sich Betriebsgewinn und Kosten während des Bewertungszeitraums ohne dem Grunde nach entschädigungspflichtige Unterbrechungen des Betriebes entwickelt hätten;

   dd) eine Gewinn- und Verlustrechnung, aus der zu entnehmen ist, wie sich Betriebsgewinn und Kosten während des Bewertungszeitraums infolge der Unterbrechung gestaltet haben;

   ee) ob und in welcher Weise Umstände, die die Entschädigungspflicht des Versicherers beeinflussen, bei Feststellung des Unterbrechungsschadens berücksichtigt worden sind.

d) Die Sachverständigen haben in den Gewinn- und Verlustrechnungen § 4 Nr. 1 und 2 zu berücksichtigen. Alle Arten von Kosten sind gesondert auszuweisen; die fortlaufenden Kosten sind zu kennzeichnen.

e) Die Sachverständigen legen beiden Parteien gleichzeitig ihre Feststellungen vor. Weichen diese voneinander ab, so übergibt der Versicherer sie unverzüglich dem Obmann. Dieser entscheidet über die streitig gebliebenen Punkte innerhalb der durch die übereinstimmenden Feststellungen der Sachverständigen gezogenen Grenzen und legt seine Entscheidungen beiden Parteien gleichzeitig vor.

f) Jede Partei trägt die Kosten ihres Sachverständigen. Die Kosten des Obmanns tragen beide Parteien je zur Hälfte.

3. Die Feststellungen, die die Sachverständigen und der Obmann im Rahmen ihrer Zuständigkeit treffen, sind verbindlich, wenn nicht nachgewiesen wird, daß sie offenbar von der wirklichen Sachlage erheblich abweichen. Aufgrund dieser verbindlichen Feststellungen berechnet der Versicherer die Entschädigung.

4. Durch das Sachverständigenverfahren werden die Obliegenheiten des Versicherungsnehmers gemäß § 10 Nr. 1b bis 1e nicht berührt.

§ 13 Zahlung der Entschädigung

1. Ist die Leistungspflicht des Versicherers dem Grunde und der Höhe nach festgestellt, so hat die Auszahlung der Entschädigung binnen zwei Wochen zu erfolgen.

Nach Ablauf eines Monats seit Beginn des Unterbrechungsschadens und nach Ablauf je eines weiteren Monats kann der Versicherungsnehmer als Teilzahlung den Betrag verlangen, der nach Lage der Sache mindestens zu zahlen ist.

2. Bis zum rechtskräftigen Abschluß einer behördlichen oder strafgerichtlichen Untersuchung, die aus Anlaß des Sachschadens oder des Unterbrechungsschadens gegen den Versicherungsnehmer eingeleitet worden ist, kann der Versicherer die Zahlung aufschieben.

3. Andere Zinsen als Verzugszinsen hat der Versicherer nicht zu leisten.

4. Der Anspruch auf die Entschädigung kann vor Fälligkeit nur mit Zustimmung des Versicherers abgetreten werden. Die Zustimmung muß erteilt werden, wenn der Versicherungsnehmer sie aus wichtigem Grund verlangt.

5. Wenn der Anspruch auf die Entschädigung nicht innerhalb einer Frist von sechs Monaten gerichtlich geltend gemacht wird, nachdem ihn der Versicherer unter Angabe der mit dem Ablauf der Frist verbundenen Rechtsfolge schriftlich abgelehnt hat, ist der Versicherer von der Entschädigungspflicht frei. Wird ein Sachverständigenverfahren (§ 12) beantragt, so wird der Ablauf der Frist für dessen Dauer gehemmt.

§ 14 Rechtsverhältnisse nach dem Versicherungsfall

1. Die Versicherungssumme vermindert sich nicht dadurch, daß eine Entschädigung geleistet wird. Der Versicherungsnehmer hat jedoch für die Zeit von dem Eintritt des Sachschadens bis zum Ende der laufenden Versicherungsperiode Prämie aus dem Teil der Versicherungssumme zeitanteilig nachzuentrichten, der der Entschädigung gemäß § 6 und § 11 entspricht.

Der Versicherungsnehmer kann die Versicherungssumme für den Rest der laufenden Versicherungsperiode um den Betrag der Entschädigung gemäß § 6 und § 11 herabsetzen. Diese Erklärung des Versicherungsnehmers ist unverzüglich nach dem Versicherungsfall abzugeben und wird wirksam, wenn sie dem Versicherer zugeht; der Versicherungsnehmer hat dann Prämie nur bis zu diesem Zeitpunkt nachzuentrichten.

Der Selbstbehalt ist zu der Entschädigung gemäß Abs. 1 und Abs. 2 hinzuzurechnen.

2. Nach Eintritt eines Versicherungsfalles können beide Parteien den Versicherungsvertrag kündigen.

Die Kündigung ist spätestens einen Monat nach Zahlung der Entschädigung schriftlich zu erklären.

Der Versicherungsnehmer kann sofort oder zu einem späteren Zeitpunkt, jedoch nur bis zum Schluß des laufenden Versicherungsjahres, kündigen.

Die Kündigung wird einen Monat nach ihrem Zugang wirksam. Kündigt der Versicherungsnehmer, so kann er für die Wirksamkeit der Kündigung einen früheren oder einen späteren Zeitpunkt bestimmen, spätestens jedoch den Schluß der laufenden Versicherungsperiode.

§ 15 Einschränkung der Agentenvollmacht

Die Agenten sind zur Entgegennahme von Anzeigen und Erklärungen des Versicherungsnehmers nicht bevollmächtigt.

Klauseln zu den AVFEBU

801 (zu § 2 Nr. 2, § 2 Nr. 3b, h und i AVFEBU)

Brand, Blitzschlag oder Explosion

1. Abweichend von § 2 Nr. 3 h und i AVFEBU leistet der Versicherer Entschädigung auch für Unterbrechungsschäden infolge von Sachschäden
   a) durch Brand, Blitzschlag oder Explosion, durch Löschen, Niederreißen oder Abhandenkommen bei diesen Ereignissen, durch Anprall oder Absturz eines bemannten Flugkörpers, seiner Teile oder seiner Ladung;
   b) die als Folge von Brand, Blitzschlag oder Explosion durch Kurzschluß, Überstrom oder Überspannung an elektrischen Einrichtungen entstehen.
2. Abweichend von § 2 Nr. 2 AVFEBU leistet der Versicherer Entschädigung für Unterbrechungsschäden infolge von Sachschäden an Röhren, auch wenn der Sachschaden auf Brand, Blitzschlag, Explosion oder Implosion, auf Löschen, Niederreißen, Ausräumen oder Abhandenkommen bei diesen Ereignissen, auf Aufprall oder Absturz eines bemannten Flugkörpers, seiner Teile oder seiner Ladung beruht.
3. Entsteht durch Gefahren, die nach den Allgemeinen Feuerversicherungsbedingungen (AFB) gedeckt werden können, unter Mitwirkung von Abnutzung ein Sachschaden, so leistet der Versicherer abweichend von § 2 Nr. 3 b AVFEBU Entschädigung.

803 (zu § 2 Nr. 3 e und Nr. 5 a AVFEBU)

Radioaktive Isotope

Der Versicherer leistet Entschädigung auch für Unterbrechungsschäden infolge Verseuchung von Sachen, die in dem Anlagenverzeichnis aufgeführt sind, wenn diese Verseuchung durch einen im Anlagenverzeichnis aufgeführten radioaktiven Isotop als Folge eines Sachschadens gemäß § 2 (Nr. 1 bis 7) AVFEBU entsteht.

809 (zu § 2 Nr. 3 AVFEBU)

Klimatisierung

Der Versicherer leistet ohne Rücksicht auf mitwirkende Ursachen keine Entschädigung für Unterbrechungsschäden infolge von Sachschäden, die an den im Anlagenverzeichnis aufgeführten Sachen durch fehlerhafte oder unzureichende Klimatisierung entstehen, wenn Vorrichtungen fehlen, die die Klimawerte ständig kontrollieren, unabhängig von den Regeleinrichtungen der Klimaanlage arbeiten und bei Abweichungen von den zulässigen Grenzwerten die Klimaanlage selbsttätig abschalten oder Alarm geben, auf den hin auch außerhalb der Betriebszeit Rettungsmaßnahmen eingeleitet werden können.

814 (zu § 2 Nr. 3 l AVFEBU)

Beweglich eingesetzte Sachen (nicht Sachen in Luftfahrzeugen und auf Wasserfahrzeugen)

Abweichend von § 2 Nr. 3 l AVFEBU wird folgendes vereinbart:

1. Der Versicherer leistet Entschädigung für Unterbrechungsschäden infolge von Sachschäden an im Anlagenverzeichnis aufgeführten beweglich eingesetzten Sachen, wenn diese im Versicherungsschein als solche ausdrücklich bezeichnet sind. Der Versicherer

leistet keine Entschädigung für Unterbrechungsschäden infolge von Sachschäden an Sachen in Luftfahrzeugen und auf Wasserfahrzeugen.

2. Versicherungsort ist die Bundesrepublik Deutschland einschließlich des Landes Berlin und der Verbindungswege, wenn nicht etwas anderes vereinbart ist.

3. Der Versicherer leistet keine Entschädigung für Unterbrechungsschäden infolge von Sachschäden durch Beschlagnahme oder sonstige hoheitliche Eingriffe.

815 (zu § 2 Nr. 3 l AVFEBU)

Beweglich eingesetzte Sachen; Sachen in Kraftfahrzeugen

Abweichend von § 2 Nr. 3 l AVFEBU wird folgendes vereinbart:

1. Der Versicherer leistet Entschädigung für Unterbrechungsschäden infolge von Sachschäden an im Anlagenverzeichnis aufgeführten Sachen auch in Kraftfahrzeugen, wenn diese im Versicherungsschein als solche ausdrücklich bezeichnet sind.

2. Der Versicherer leistet Entschädigung für Unterbrechungsschäden infolge von Sachschäden durch Diebstahl nur, wenn das Kraftfahrzeug verschlossen und wenn außerdem entweder der Diebstahl zwischen 6 Uhr und 22 Uhr verübt wurde oder das Kraftfahrzeug in einer verschlossenen Einzel- oder bewachten Sammelgarage oder auf einem verschlossenen Hofraum oder bewachten Parkplatz abgestellt war.

   Das Kraftfahrzeug, in dem die versicherten Sachen mitgeführt werden oder eingebaut sind, muß ein festes Verdeck haben.

3. Versicherungsort ist die Bundesrepublik Deutschland einschließlich des Landes Berlin und der Verbindungswege, wenn nicht etwas anderes vereinbart ist.

4. Der Versicherer leistet keine Entschädigung für Unterbrechungsschäden infolge von Sachschäden durch Beschlagnahme oder sonstige hoheitliche Eingriffe.

820 (zu § 7 AVFEBU)

Ratenzahlung

1. Ist für die Jahresprämie Ratenzahlung vereinbart, so gelten die ausstehenden Raten bis zu den vereinbarten Zahlungsterminen als gestundet.

2. Die gestundeten Raten des laufenden Versicherungsjahres werden sofort fällig, wenn der Versicherungsnehmer mit einer Rate ganz oder teilweise in Verzug gerät oder wenn eine Entschädigung fällig wird.

823

Akkumulatorenbatterien

Der Versicherungsnehmer hat die in dem Anlagenverzeichnis aufgeführten Akkumulatorenbatterien durch sachverständige Personen überwachen zu lassen. Der Versicherungsnehmer hat alle durch Alterung erforderlich werdenden Reparaturen rechtzeitig vorzunehmen.

Verletzt der Versicherungsnehmer eine dieser Obliegenheiten, so ist der Versicherer nach Maßgabe des § 6 VVG von der Entschädigungspflicht frei. Besteht bei Eintritt des Versicherungsfalles ein Instandhaltungsvertrag, so gelten die Obliegenheiten als erfüllt.

830 (zu § 13 AVFEBU)

Prozeßführung bei Mitversicherung

Soweit die vertraglichen Grundlagen für die beteiligten Versicherer übereinstimmen, wird folgendes vereinbart:

a) Der Versicherungsnehmer wird bei Streitfällen aus diesem Vertrag seine Ansprüche nur gegen den führenden Versicherer und wegen dessen Anteil gerichtlich geltend machen.

b) Die beteiligten Versicherer erkennen die gegen den führenden Versicherer rechtskräftig gewordene Entscheidung und die von diesem mit dem Versicherungsnehmer nach Rechtshängigkeit geschlossenen Vergleiche als auch für sich verbindlich an.

c) Falls der Anteil des führenden Versicherers die Berufungs- oder Revisionssumme nicht erreicht, ist der Versicherungsnehmer berechtigt und auf Verlangen eines Versicherers verpflichtet, die Klage auf einen zweiten und erforderlichenfalls auf einen dritten und weiteren Versicherer auszudehnen, bis diese Summe erreicht ist. Wird diesem Verlangen nicht entsprochen, so ist Abschnitt b nicht anzuwenden.

831 (zu § 6 AVFEBU)

Regreßverzicht

Regreß gegen Mitbenutzer der versicherten Sache oder deren Personal wird nur geltend gemacht, wenn diese Personen den Schaden vorsätzlich oder grob fahrlässig herbeigeführt haben.

832 (zu § 13 AVFEBU)

Führung

Der führende Versicherer ist bevollmächtigt, Anzeigen und Willenserklärungen des Versicherungsnehmers für alle beteiligten Versicherer in Empfang zu nehmen.

833 (zu § 15 AVFEBU)

Makler

Die im Versicherungsschein genannte Maklerfirma ist bevollmächtigt, Anzeigen (ausgenommen Schadenanzeigen) und Willenserklärungen des Versicherungsnehmers entgegenzunehmen. Sie ist verpflichtet, diese unverzüglich an den Versicherer weiterzuleiten.

840 (zu § 5 AVFEBU)

Versicherung nach Festbeträgen je Produktionseinheit

1. Versicherungswert ist für jede Art von Erzeugnissen das Produkt aus einem vereinbarten Festbetrag (Preisfaktor) mit der Zahl der Produktionseinheiten (Mengenfaktor), die der Versicherungsnehmer in dem Bewertungszeitraum erzeugt hat oder erzeugt hätte, wenn eine dem Grunde nach aus einem Betriebsunterbrechungsversicherungsvertrag entschädigungspflichtige Unterbrechung nicht eingetreten wäre.

2. Unterversicherung (§ 5 Nr. 2 AVFEBU) besteht nur, soweit bei Beginn der Haftzeit die für die Versicherungssumme zugrunde gelegte Zahl von Produktionseinheiten (Mengenfaktor) niedriger ist als die gemäß Nr. 1 für den Bewertungszeitraum ermittelte Zahl von Produktionseinheiten.

3. Die Entschädigung wird durch Multiplikation des vereinbarten Festbetrages mit der Zahl der Produktionseinheiten berechnet, die hergestellt worden wären, wenn nicht die technische Einsatzmöglichkeit der Sache infolge des Sachschadens unterbrochen oder beeinträchtigt gewesen wäre. Dieser Betrag vermindert sich jedoch, soweit andernfalls die Entschädigung zu einer Bereicherung führen würde.
4. Prämienrückgewähr gemäß § 8 AVFEBU kann nur für den Mengenfaktor beansprucht werden.
5. Vorstehende Bestimmungen gelten entsprechend, wenn Dienstleistungseinheiten als Gegenstand des Mengenfaktors vereinbart sind.

841 (zu § 2 Nr. 3 l AVFEBU)

Werkstätten

Abweichend von § 2 Nr. 3 l AVFEBU leistet der Versicherer Entschädigung auch für Unterbrechungsschäden infolge von Sachschäden, die in Werkstätten eingetreten sind.

842 (zu § 1 Nr. 3 und § 2 Nr. 3 l AVFEBU)

Werkstätten; Umbau

1. Abweichend von § 2 Nr. 3 l AVFEBU leistet der Versicherer Entschädigung auch für Unterbrechungsschäden infolge von Sachschäden, die in Werkstätten eingetreten sind.
2. Abweichend von § 1 Nr. 3 AVFEBU besteht der Versicherungsschutz auch während eines Umbaues fort.

843 (zu § 1 Nr. 3 und § 2 Nr. 3 l AVFEBU)

Werkstätten; Umbau; Transporte

1. Abweichend von § 2 Nr. 3 l AVFEBU leistet der Versicherer Entschädigung auch für Unterbrechungsschäden infolge von Sachschäden, die in Werkstätten eingetreten sind.
2. Abweichend von § 1 Nr. 3 AVFEBU besteht der Versicherungsschutz auch während eines Umbaues fort.
3. Abweichend von § 2 Nr. 3 l AVFEBU besteht Versicherungsschutz auch bei Sachschäden, die innerhalb der Bundesrepublik Deutschland einschließlich des Landes Berlin und der Verbindungswege während eines Transportes zwischen dem in dem Versicherungsschein bezeichneten räumlichen Bereich und einer Werkstätte eingetreten sind.

844 (zu § 5 Nr. 1 AVFEBU)

Beginn des Bewertungszeitraumes

Abweichend von § 5 Nr. 1 AVFEBU beginnt der Bewertungszeitraum frühestens mit dem Beginn der Haftung aus diesem Versicherungsvertrag, und zwar auch dann, wenn nach § 5 Nr. 1 Abs. 3 AVFEBU ein früherer Zeitpunkt in Betracht käme.

845 (zu § 5 Nr. 1 AVFEBU)

Beginn des Bewertungszeitraumes

Abweichend von § 5 Nr. 1 AVFEBU beginnt der Bewertungszeitraum frühestens mit dem

Wirksamwerden dieses Vertragsnachtrages, und zwar auch dann, wenn nach § 5 Nr. 1 Abs. 3 AVFEBU ein früherer Zeitpunkt in Betracht käme.

846 (zu § 5 Nr. 1 AVFEBU)

Beginn des Bewertungszeitraumes

Abweichend von § 5 Nr. 1 AVFEBU beginnt der Bewertungszeitraum frühestens mit dem bestimmungsgemäßen Einsatz der in dem Anlagenverzeichnis besonders gekennzeichneten Sache, frühestens mit ihrer Betriebsfertigkeit. Dies gilt auch, wenn nach § 5 Nr. 1 Abs. 3 AVFEBU ein früherer Zeitpunkt in Betracht käme.

847 (zu § 5 Nr. 1 und § 8 AVFEBU)

Verlängerter Bewertungszeitraum und Prämienrückgewähr; Folgen unrichtiger Meldung

Abweichend von § 5 Nr. 1 Abs. 1 AVFEBU umfaßt der für den Versicherungswert maßgebende Bewertungszeitraum zwei Jahre.

War der Versicherungswert (§ 5 Nr. 1 AVFEBU) in den zuletzt abgelaufenen zwei Versicherungsjahren, die zwei Geschäftsjahren entsprechen, niedriger als die Versicherungssumme und meldet der Versicherungsnehmer dies dem Versicherer innerhalb von sechs Monaten nach Ablauf dieser zwei Versicherungsjahre, so wird, wenn nicht etwas anderes vereinbart ist, die auf den Mehrbetrag der Versicherungssumme für das zuletzt abgelaufene Versicherungsjahr gezahlte Prämie bis zu einem Drittel der entrichteten Jahresprämie rückvergütet. Die Rückvergütung ist für jede Gruppe gesondert zu ermitteln.

Erweist sich in einem Schadenfall, daß der Versicherungsnehmer für die abgelaufenen zwei Jahre in einer Gruppe einen zu niedrigen Betrag gemeldet hat, so wird der nach §§ 3 bis 6 AVFEBU ermittelte Betrag gekürzt.

Für die Kürzung maßgebend ist das Verhältnis zwischen dem Betrag, der nach Abs. 2 mindestens hätte gemeldet werden müssen, zu dem gemeldeten Betrag, höchstens jedoch das Verhältnis zwischen der in dem zuletzt abgelaufenen Geschäftsjahr vereinbarten Versicherungssumme und dem gemeldeten Betrag.

Ist eine Versicherungssumme während des Versicherungsjahres geändert worden, so gilt als Versicherungssumme im Sinn von Abs. 2 und Abs. 4 die Durchschnittssumme, die sich aus den jeweiligen Versicherungssummen unter Berücksichtigung der Zeiträume ergibt, in denen sie gegolten haben.

Die Entschädigung wird nicht gekürzt, wenn der Versicherungsnehmer glaubhaft macht, daß weder er selbst noch die jeweils damit betraute Hilfsperson die unrichtige Meldung verschuldet hat.

848 (zu § 5 Nr. 2 AVFEBU)

Ausfallziffer

Die Ausfallziffer einer Sache bezeichnet den prozentualen Anteil des Betriebsgewinns und der fortlaufenden Kosten, der voraussichtlich nicht erwirtschaftet wird, falls diese Sache während des gesamten Bewertungszeitraums nicht betrieben werden kann.

Ist bei Beginn der Haftzeit die in dem Anlagenverzeichnis genannte Ausfallziffer für eine Sache niedriger als der Anteil des Betriebsgewinns und der fortlaufenden Kosten, der nicht erwirtschaftet würde, falls diese Sache während des gesamten Bewertungszeitraums nicht betrieben werden könnte, so wird nur der Teil des gemäß §§ 3 bis 6 und 11 AVFEBU ermittelten Betrages ersetzt, der sich zu dem ganzen Schaden verhält wie die Ausfallziffer zu diesem Anteil.

849 (zu § 5 Nr. 2 AVFEBU)

Ausfallverhältnisse

Ändern sich die in dem Versicherungsschein bezeichneten Betriebsverhältnisse, so wird Entschädigung nicht über den Betrag hinaus geleistet, der sich bei unveränderten Betriebsverhältnissen ergeben hätte.

850

Anzeigepflicht bei Wegfall der Sachversicherung

Endet für eine in dem Anlagenverzeichnis besonders gekennzeichnete Sache ein bei einem anderen Versicherer bestehender Sachversicherungsvertrag, so hat der Versicherungsnehmer dies dem Betriebsunterbrechungsversicherer unverzüglich anzuzeigen.

Beide Parteien können in diesem Fall den Betriebsunterbrechungsversicherungsvertrag kündigen. Die Kündigung ist spätestens einen Monat nach Zugang der Anzeige schriftlich zu erklären. Der Vertrag endet einen Monat nach Zugang der Kündigung. § 7 Nr. 3 Abs. 2 AVFEBU gilt entsprechend.

Die Anzeigepflicht besteht auch, wenn der Deckungsumfang des Sachversicherungsvertrages eingeschränkt oder die Prämie erhöht wird, oder wenn der Sachversicherer erklärt, daß gewisse Arten von Schäden nicht mehr als unvorhergesehen anzusehen sind.

Verletzt der Versicherungsnehmer eine der in Abs. 1 und 3 bezeichneten Obliegenheiten, so ist der Versicherer nach Maßgabe des § 6 VVG von der Entschädigungspflicht frei, soweit die Unterbrechung auf einem Sachschaden beruht, der mehr als einen Monat nach dem Tage, an dem die Anzeige dem Versicherer spätestens hätte zugehen müssen, an einer der Sachen eingetreten ist, bei der die Voraussetzungen von Abs. 1 oder Abs. 3 vorgelegen hatten.

851 (zu § 3 Nr. 2 g AVFEBU)

Vergrößerung des Unterbrechungsschadens durch Verderb

Abweichend von § 3 Nr. 2 g AVFEBU leistet der Versicherer Entschädigung auch, soweit der Unterbrechungsschaden dadurch verursacht oder vergrößert wird, daß Rohstoffe, Halb- oder Fertigfabrikate oder Hilfs- oder Betriebsstoffe durch Verderb beschädigt oder zerstört werden.

Dies gilt jedoch nur, wenn der Verderb durch eine gemäß §§ 1 und 2 AVFEBU dem Grunde nach entschädigungspflichtige Unterbrechung oder Beeinträchtigung der technischen Einsatzmöglichkeit einer in dem Anlagenverzeichnis besonders gekennzeichneten Sache verursacht wird.

Vergrößerung des Unterbrechungsschadens bei Anlagen ausländischer Herkunft

Für Unterbrechungsschäden infolge von Sachschäden gemäß § 2 Nr. 1 AVFEBU an den in dem Versicherungsschein besonders gekennzeichneten Sachen leistet der Versicherer Entschädigung nicht, soweit der Unterbrechungsschaden dadurch verursacht oder vergrößert wird, daß die Wiederherstellung länger dauert als die Wiederherstellung einer in der Bundesrepublik Deutschland einschließlich des Landes Berlin hergestellten Sache mit gleichwertigen technischen Eigenschaften.

Allgemeine Bedingungen für die Mehrkostenversicherung bei Fernmelde- und sonstigen elektrotechnischen Anlagen (AVFEM)

§ 1 Gegenstand der Versicherung

1. Wird die technische Einsatzmöglichkeit einer in dem Anlagenverzeichnis aufgeführten Sache, sobald und solange sie betriebsfertig ist, infolge eines Sachschadens (§ 2) unterbrochen oder beeinträchtigt, so ersetzt der Versicherer die dadurch entstehenden Mehrkosten gemäß den §§ 3 bis 6.

2. Betriebsfertig ist eine Sache, wenn sie nach beendeter Erprobung und - soweit vorgesehen - nach beendetem Probebetrieb zur Arbeitsaufnahme bereit ist oder sich in Betrieb befindet.

3. Der Versicherungsschutz besteht auch dann fort, wenn die Betriebsfertigkeit einer Sache für die Dauer einer Wartung, Lagerung, Überholung oder Wiederinstandsetzung unterbrochen ist. Das gleiche gilt, während die Sache aus solchen Anlässen innerhalb des in dem Versicherungsschein bezeichneten räumlichen Bereichs bewegt, de- oder remontiert oder probeweise betrieben wird.

4. Der Versicherer leistet Entschädigung, wenn der Zeitpunkt, von dem an der Sachschaden für den Versicherungsnehmer nach den anerkannten Regeln der Technik frühestens erkennbar war, innerhalb der vereinbarten Versicherungsdauer liegt.

5. Bei Gefahrenerhöhungen, insbesondere durch Veränderung der technischen Eigenschaften oder der Betriebsweise der in dem Anlagenverzeichnis aufgeführten Sachen, gelten die Bestimmungen der §§ 23 ff VVG.

§ 2 Sachschaden

1. Sachschaden ist die Zerstörung oder Beschädigung durch ein unvorhergesehenes Ereignis. Entwendung steht dem Sachschaden gleich.

Insbesondere erstreckt sich der Versicherungsschutz auf Mehrkosten infolge von Sachschäden durch

a) Fahrlässigkeit, unsachgemäße Handhabung, Vorsatz Dritter;

b) Kurzschluß, Überspannung, Induktion;

c) Brand, Blitzschlag, Explosion oder Implosion oder durch Löschen, Niederreißen, Ausräumen oder Abhandenkommen bei diesen Ereignissen;

d) Wasser, Feuchtigkeit, Überschwemmung;

e) Einbruchdiebstahl, Diebstahl, Beraubung, Plünderung, Sabotage;

f) höhere Gewalt;

g) Konstruktions-, Material- oder Ausführungsfehler.

2. Der Versicherer leistet ohne Rücksicht auf mitwirkende Ursachen keine Entschädigung für Mehrkosten infolge von Sachschäden

a) durch Vorsatz des Versicherungsnehmers;

b) durch Abnutzung; wird infolge eines solchen Sachschadens ein benachbartes Anlageteil beschädigt oder entsteht ein solcher Schaden durch Gefahren, die nach den Allgemeinen Feuerversicherungsbedingungen (AFB) oder den Allgemeinen Bedingungen für die Versicherung gegen Leitungswasserschäden (AWB) gedeckt werden können, so leistet der Versicherer im Rahmen von § 1 und § 2 (Nr. 1 bis 3) Entschädigung;

c) durch Wasser- oder Säuredämpfe, die durch die Eigenart des Betriebes des Versicherungsnehmers verursacht werden;

d) durch Erdbeben;

e) durch Kernenergie;

f) durch Kriegsereignisse jeder Art, Bürgerkriege oder innere Unruhen;

g) die außerhalb des in dem Versicherungsschein bezeichneten räumlichen Bereichs eingetreten sind.

3. Ist der Beweis für das Vorliegen einer der Ursachen gemäß Nr. 2d bis 2 f nicht zu erbringen, so genügt für den Ausschluß der Haftung des Versicherers die überwiegende Wahrscheinlichkeit, daß der Sachschaden auf eine dieser Ursachen zurückzuführen ist.

4. Für Mehrkosten infolge von Sachschäden an Röhren leistet der Versicherer Entschädigung nur, wenn der Sachschaden beruht auf

a) Brand, Blitzschlag, Explosion oder Implosion oder auf Löschen, Niederreißen, Ausräumen oder Abhandenkommen bei diesen Ereignissen;

b) Wasser, Feuchtigkeit, Überschwemmung.

Nr. 2 und 3 bleiben unberührt.

5. Für Mehrkosten infolge von Sachschäden an

a) Zusatzeinrichtungen der in dem Anlagenverzeichnis aufgeführten Sache,

b) Außenleitungen, Masten und sonstigen bei Außenleitungen der Leitungsführung dienenden Vorrichtungen,

c) Erdkabeln,

d) Fundamenten

leistet der Versicherer Entschädigung nur, wenn diese Sachen in dem Anlagenverzeichnis genannt sind.

6. Der Versicherer leistet ferner keine Entschädigung für Mehrkosten infolge von Sachschäden an

a) Hilfs- oder Betriebsstoffen oder an Verbrauchsmaterialien oder Arbeitsmitteln, wie z.B. Chemikalien, Kühlmitteln oder Reinigungsmitteln;

Form 244 (Sachverband) 2/78

b) auswechselbaren Teilen, die der Anpassung der Sache an verschiedenartige Arbeitsvorgänge dienen, wie z.B. Werkzeugen, Meßfühlern, Rasterscheiben oder Schriftträgern;

c) Datenträgern, auch wenn sie Teil einer in dem Anlagenverzeichnis aufgeführten Sache sind. Datenträger sind das Datenträgermaterial (wiederkehrend zu verwendendes Speichermedium für maschinenlesbare externe Informationen) sowie die darauf befindlichen maschinenlesbaren externen Informationen. Externe Informationen sind Daten, die außerhalb der Zentraleinheit (Rechen-, Steuerwerk und Arbeitsspeicher), z.B. auf Magnetplatten, Magnetbändern, Lochkarten, Magnetkontokarten oder Klarschriftbelegen gespeichert sind.

7. Nr. 5 und 6 gelten auch, wenn es sich um Folgen eines Sachschadens an einer in dem Anlagenverzeichnis aufgeführten Sache handelt.

§ 3 Mehrkosten; Haftzeit

1. Der Versicherer leistet Entschädigung für die Mehrkosten, die der Versicherungsnehmer aufwenden muß, weil der frühere betriebsfähige Zustand einer beschädigten Sache wiederhergestellt oder eine zerstörte oder entwendete Sache ersetzt werden muß.

2. Der Versicherer leistet ohne Rücksicht auf mitwirkende Ursachen keine Entschädigung, soweit die Mehrkosten beruhen auf

a) Ursachen gemäß § 2 Nr. 2;

b) außergewöhnlichen Ereignissen, die während der Unterbrechung oder Beeinträchtigung der technischen Einsatzmöglichkeit eintreten;

c) behördlich angeordneten Wiederaufbau- oder Betriebsbeschränkungen;

d) dem Umstand, daß dem Versicherungsnehmer zur Wiederherstellung oder Wiederbeschaffung zerstörter, beschädigter oder entwendeter Sachen nicht rechtzeitig genügend Kapital zur Verfügung steht;

e) dem Umstand, daß zerstörte, beschädigte oder entwendete Sachen anläßlich der Wiederherstellung oder Wiederbeschaffung geändert, verbessert oder überholt werden;

f) der Wiederherstellung verlorengegangener Informationen und Programme;

g) Verderb, Zerstörung oder Beschädigung von Rohstoffen, Halb- oder Fertigfabrikaten oder Hilfs- oder Betriebsstoffen, und zwar - wenn nichts anderes vereinbart ist - auch dann, wenn diese Umstände einen weiteren Sachschaden an einer in dem Anlagenverzeichnis aufgeführten Sache darstellen oder verursachen.

3. Der Versicherer leistet Entschädigung nur, soweit die Mehrkosten innerhalb der vereinbarten Haftzeit entstehen.

Die Haftzeit beginnt mit dem Zeitpunkt, von dem an der Sachschaden für den Versicherungsnehmer nach den anerkannten Regeln der Technik frühestens erkennbar war, spätestens jedoch mit dem Zeitpunkt, von dem an versicherte Mehrkosten entstehen.

§ 4 Versicherte Mehrkosten

1. Versichert sind zeitabhängige Mehrkosten, die im Versicherungsschein im einzelnen bezeichnet sind.

Insbesondere können versichert werden Mehrkosten für

a) die Benutzung fremder Anlagen;

b) die Anwendung anderer Arbeits- oder Fertigungsverfahren;

c) die Inanspruchnahme von Lohn-Dienstleistungen oder Lohn-Fertigungsleistungen oder den Bezug von Halb- oder Fertigfabrikaten.

2. Nur soweit dies besonders vereinbart ist, sind zeitunabhängige Mehrkosten (z.B. einmalige Umprogrammierungskosten) versichert.

§ 5 Versicherungssumme

Versicherungssumme ist der Betrag, der innerhalb von 12 Monaten für die ihrer Art nach versicherten Mehrkosten aufzuwenden wäre, wenn die technische Einsatzmöglichkeit der in dem Anlagenverzeichnis aufgeführten Sachen während dieses Zeitraums infolge eines Sachschadens unterbrochen wäre. Dabei ist von den gemäß § 6 Nr. 1 pro Tag und Monat je Gruppe vereinbarten Beträgen auszugehen.

Abweichend von § 56 VVG verzichtet der Versicherer auf den Einwand der Unterversicherung.

§ 6 Entschädigungsleistung

1. Der Versicherer haftet bis zur Summe der je Gruppe vereinbarten Tagesentschädigungen, die auf die Haftung entfallen, je Monat jedoch höchstens bis zu dem vereinbarten Monatsbetrag.

2. Die Mehrkosten werden nicht ersetzt, soweit sie auch dann entstanden wären, wenn die technische Einsatzmöglichkeit der Sache nicht infolge des Sachschadens an ihr unterbrochen oder beeinträchtigt gewesen wäre.

Dies gilt insbesondere, soweit die Mehrkosten wegen geplanter oder notwendiger Überholungsarbeiten oder Änderungen ohnehin entstanden wären.

3. Die Entschädigung darf nicht zu einer Bereicherung führen, ersparte Kosten werden je Gruppe angerechnet.

4. Der gemäß Nr. 1 bis 3 ermittelte Betrag wird je Versicherungsfall um den vereinbarten Selbstbehalt, mindestens jedoch um das Zweifache der vereinbarten Tagesentschädigung (Nr. 1) gekürzt.

§ 7 Prämienzahlung; Beginn der Haftung

1. Die Haftung des Versicherers beginnt mit der Einlösung des Versicherungsscheines, jedoch nicht vor dem vereinbarten Zeitpunkt.

2. Für die Folgen nicht rechtzeitiger Prämienzahlung gelten die §§ 38, 39 VVG.

§ 8 Obliegenheiten des Versicherungsnehmers; Obliegenheitsverletzung; besonderer Verwirkungsgrund

1. Der Versicherungsnehmer hat dem Versicherer auf dessen Kosten jederzeit die Prüfung der in dem Anlagenverzeichnis aufgeführten Sachen und die Einholung von Auskünften bei der Liefer- oder Herstellerfirma zu gestatten. Der Versicherungsnehmer hat dem Versicherer jede gewünschte Auskunft zu erteilen und Unterlagen zur Einsicht zu überlassen.

2. Der Versicherungsnehmer hat bei jedem Schadenereignis, das einen Entschädigungsanspruch zur Folge haben könnte,

a) dem Versicherer unverzüglich schriftlich Anzeige zu machen; übersteigt der Schaden voraussichtlich 50.000,– DM, so sollte die Anzeige fernschriftlich oder telegrafisch erfolgen; Brand-, Explosions-, Einbruchdiebstahl-, Diebstahl- und Beraubungsschäden hat der Versicherungsnehmer gleichzeitig der Polizeibehörde zu melden;

b) den Schaden nach Möglichkeit abzuwenden und zu mindern und dabei die Weisungen des Versicherers oder dessen Beauftragten zu befolgen; er hat, wenn die Umstände es gestatten, solche Weisungen einzuholen; hierbei entstehende Kosten ersetzt der Versicherer gemäß § 63 VVG;

c) das Schadenbild bis zu einer Besichtigung durch den Beauftragten des Versicherers nur zu verändern,

aa) soweit Sicherheitsgründe Eingriffe erfordern oder

bb) soweit die Eingriffe den Schaden mindern oder

cc) nachdem der Versicherer zugestimmt hat oder

dd) falls die Besichtigung nicht unverzüglich, spätestens jedoch innerhalb von fünf Arbeitstagen seit Eingang der Schadenanzeige, stattgefunden hat.

3. Verletzt der Versicherungsnehmer eine dieser Obliegenheiten, so ist der Versicherer nach Maßgabe der gesetzlichen Bestimmungen (§§ 6 und 62 Abs. 2 VVG) von der Entschädigungspflicht frei. Ist die Anzeige eines in Nr. 2 a Teilsatz 3 genannten Schadens bei der Polizeibehörde unterblieben, so kann die Entschädigung nur bis zur Nachholung dieser Anzeige verweigert werden.

4. Der Versicherer ist auch dann von der Entschädigungspflicht frei, wenn der Versicherungsnehmer aus Anlaß des Versicherungsfalles in arglistiger Absicht versucht hat, den Versicherer zu täuschen.

§ 9 Sachverständigenverfahren

1. Versicherer und Versicherungsnehmer können verlangen, daß Ursache und Höhe des Schadens durch Sachverständige festgestellt werden.

2. Für das Sachverständigenverfahren gelten folgende Grundsätze:

a) Jede Partei benennt schriftlich einen Sachverständigen. Jede Partei kann die andere unter Angabe des von ihr benannten Sachverständigen zur Benennung des zweiten Sachverständigen auffordern. Die Aufforderung bedarf der Schriftform. Wird der zweite Sachverständige nicht binnen zwei Wochen nach Empfang der Aufforderung benannt, so kann ihn die auffordernde Partei durch die für den Schadenort zuständige Industrie- und Handelskammer ernennen lassen. In der Aufforderung ist auf diese Folge hinzuweisen.

b) Beide Sachverständige wählen vor Beginn des Feststellungsverfahrens einen Dritten als Obmann. Einigen sie sich nicht, so wird der Obmann auf Antrag einer Partei oder beider Parteien durch die für den Schadenort zuständige Industrie- und Handelskammer ernannt.

c) Die Feststellungen der Sachverständigen müssen außer der ermittelten oder vermuteten Schadenursache mindestens enthalten

aa) die Mehrkosten je Gruppe (§ 6 Nr. 1);

bb) die Umstände, die gemäß § 6 Nr. 2 die Entschädigungspflicht des Versicherers beeinflussen;

cc) die ersparten Kosten je Gruppe (§ 6 Nr. 3).

d) Die Sachverständigen legen beiden Parteien gleichzeitig ihre Feststellungen vor. Weichen diese voneinander ab, so übergibt der Versicherer sie unverzüglich dem Obmann. Dieser entscheidet über die streitig gebliebenen Punkte innerhalb der durch die Feststellungen der Sachverständigen gezogenen Grenzen und legt seine Entscheidung beiden Parteien gleichzeitig vor.

c) Jede Partei trägt die Kosten ihres Sachverständigen. Die Kosten des Obmanns tragen beide Parteien je zur Hälfte.

3. Die Feststellungen der Sachverständigen oder des Obmanns sind verbindlich, wenn nicht nachgewiesen wird, daß sie offenbar von der wirklichen Sachlage erheblich abweichen. Aufgrund dieser verbindlichen Feststellungen berechnet der Versicherer gemäß § 6 die Entschädigung.

4. Durch das Sachverständigenverfahren werden die Obliegenheiten des Versicherungsnehmers gemäß § 8 Nr. 1 und 2 nicht berührt.

§ 10 Zahlung der Entschädigung

1. Die Entschädigung ist fällig, sobald sie nach Grund und Höhe vollständig festgestellt ist.

Nach Ablauf eines Monats nach Eintritt eines Schadens und nach Ablauf je eines weiteren Monats kann der Versicherungsnehmer als Teilzahlung den Betrag verlangen, der nach Lage der Sache mindestens zu zahlen ist.

2. Der Anspruch auf die Entschädigung kann vor Fälligkeit nur mit Zustimmung des Versicherers abgetreten werden; die Zustimmung muß erteilt werden, wenn der Versicherungsnehmer sie aus wichtigem Grund verlangt.

3. Wenn der Anspruch auf die Entschädigung nicht innerhalb einer Frist von sechs Monaten gerichtlich geltend gemacht wird, nachdem ihn der Versicherer unter Angabe der mit dem Ablauf der Frist verbundenen Rechtsfolge schriftlich abgelehnt hat, so ist der Versicherer von der Entschädigungspflicht frei. Wird ein Sachverständigenverfahren (§ 9) beantragt, so wird der Ablauf der Frist für dessen Dauer gehemmt.

§ 11 Rechtsverhältnisse nach dem Versicherungsfall

1. Nach Eintritt eines Versicherungsfalles kann der Versicherungsvertrag gekündigt werden, und zwar vom Versicherungsnehmer, wenn der Versicherer seine Ersatzpflicht nicht anerkennt, vom Versicherer, wenn seine Aufwendungen für Schäden in dem zur Zeit des Versicherungsfalles laufenden Versicherungsjahr den zweifachen Betrag der Jahresprämie übersteigen.

Die Kündigung hat schriftlich zu erfolgen und ist bis zum Ablauf eines Monats nach Zugang der Ablehnung oder nach dem Tag der Ersatzleistung zulässig.

Die Kündigung wird einen Monat nach ihrem Zugang wirksam. Kündigt der Versicherungsnehmer, so kann er für die Wirksamkeit der Kündigung einen späteren Zeitpunkt bestimmen, jedoch spätestens den Schluß des laufenden Versicherungsjahres.

Kündigt der Versicherer, so hat er die Prämie zeitanteilig zurückzuzahlen. Hierbei ist jedoch die Nachzahlungspflicht gemäß Nr. 2 zu berücksichtigen.

2. Der Versicherungsnehmer hat für die Zeit vom Eintritt des Schadens an bis zum Ende des laufenden Versicherungsjahres Prämie aus dem Teil der Versicherungssumme zeitanteilig nachzuentrichten, der der Entschädigung entspricht; die Versicherungssumme behält die vereinbarte Höhe.

§ 12 Schriftliche Form der Erklärungen des Versicherungsnehmers; Einschränkung der Agentenvollmacht

1. Alle Anzeigen und Erklärungen des Versicherungsnehmers sind schriftlich abzugeben.

2. Die Agenten sind zur Entgegennahme von Anzeigen und Erklärungen des Versicherungsnehmers nicht bevollmächtigt.

§ 13 Verlängerung des Versicherungsvertrages

Der Versicherungsvertrag verlängert sich um ein Jahr und weiter von Jahr zu Jahr, wenn er nicht drei Monate vor dem jeweiligen Ablauf durch eine Partei schriftlich gekündigt wird.

Soweit nicht in den Allgemeinen Bedingungen für die Mehrkostenversicherung bei Fernmelde- und sonstigen elektrotechnischen Anlagen (AVFEM) oder durch besondere Vereinbarungen Abweichendes bestimmt ist, gelten die gesetzlichen Vorschriften.

Klauseln zu den AVFEM

702 zu § 1 Nr. 1 AVFEM
Mehrkosten und Gefahren nach FBUB

Der Versicherer leistet keine Entschädigung für Mehrkosten, für die Entschädigung aus einem Vertrag nach den Allgemeinen Feuer-Betriebsunterbrechungs-Versicherungsbedingungen (FBUB) geleistet würde.

703 zu § 2 Nr. 2 e und Nr. 5 a AVFEM
Radioaktive Isotope

Der Versicherer leistet Entschädigung auch für Mehrkosten infolge Verseuchung von Sachen, die in dem Anlagenverzeichnis aufgeführt sind, wenn diese Verseuchung durch einen im Anlagenverzeichnis aufgeführten radioaktiven Isotop als Folge eines Sachschadens gemäß § 2 (Nr. 1 bis 7) AVFEM entsteht.

709 zu § 2 Nr. 2 AVFEM
Klimatisierung

Der Versicherer leistet ohne Rücksicht auf mitwirkende Ursachen keine Entschädigung für Mehrkosten infolge von Sachschäden, die an den im Anlagenverzeichnis aufgeführten Sachen durch fehlerhafte oder unzureichende Klimatisierung entstehen, wenn Vorrichtungen fehlen, die die Klimawerte ständig kontrollieren, unabhängig von den Regeleinrichtungen der Klimaanlage arbeiten und bei Abweichungen von den zulässigen Grenzwerten die Klimaanlage selbsttätig abschalten oder Alarm geben, auf den hin auch außerhalb der Betriebszeit Rettungsmaßnahmen eingeleitet werden können.

718 zu § 4 Nr. 2, § 6 Nr. 1 und 4 AVFEM
Zeitunabhängige Mehrkosten

Abweichend von § 6 Nr. 1 AVFEM leistet der Versicherer für zeitunabhängige Mehrkosten Entschädigung je Versicherungsfall bis zu der vereinbarten Versicherungssumme.

Die Entschädigungsleistung wird abweichend von § 6 Nr. 4 AVFEM je Versicherungsfall um einen Selbstbehalt von 20 v.H. gekürzt.

720 zu § 7 AVFEM
Ratenzahlung

1. Ist für die Jahresprämie Ratenzahlung vereinbart, so gelten die ausstehenden Raten bis zu den vereinbarten Zahlungsterminen als gestundet.
2. Die gestundeten Raten des laufenden Versicherungsjahres werden sofort fällig, wenn der Versicherungsnehmer mit einer Rate ganz oder teilweise in Verzug gerät oder wenn eine Entschädigung fällig wird.

723 zu § 8 Nr. 1 AVFEM
Akkumulatorenbatterien

Der Versicherungsnehmer hat die in dem Anlagenverzeichnis aufgeführten Akkumulatorenbatterien durch sachverständige Personen überwachen zu lassen. Der Versicherungsnehmer hat alle durch Alterung erforderlich werdenden Reparaturen rechtzeitig vorzunehmen.

Verletzt der Versicherungsnehmer eine dieser Obliegenheiten, so ist der Versicherer nach Maßgabe des § 6 VVG von der Entschädigungspflicht frei. Besteht bei Eintritt des Versicherungsfalles ein Instandhaltungsvertrag, so gelten die Obliegenheiten als erfüllt.

730 zu § 10 AVFEM
Prozeßführung bei Mitversicherung

Soweit die vertraglichen Grundlagen für die beteiligten Versicherer übereinstimmen, wird folgendes vereinbart:

a) Der Versicherungsnehmer wird bei Streitfällen aus diesem Vertrag seine Ansprüche nur gegen den führenden Versicherer und nur wegen dessen Anteil gerichtlich geltend machen.

b) Die beteiligten Versicherer erkennen die gegen den führenden Versicherer rechtskräftig gewordene Entscheidung und die von diesem mit dem Versicherungsnehmer nach Rechtshängigkeit geschlossenen Vergleiche als auch für sich verbindlich an.

c) Falls der Anteil des führenden Versicherers die Berufungs- oder Revisionssumme nicht erreicht, ist der Versicherungsnehmer berechtigt und auf Verlangen eines Versicherers verpflichtet, die Klage auf einen zweiten und erforderlichenfalls auf einen dritten und weitere Versicherer auszudehnen, bis diese Summe erreicht ist. Wird diesem Verlangen nicht entsprochen, so ist Abschnitt b nicht anzuwenden.

731 zu § 10 AVFEM
Regreßverzicht

Regreß gegen Mitbenutzer der im Anlagenverzeichnis aufgeführten Sachen oder gegen das Personal der Mitbenutzer wird nur geltend gemacht, wenn diese Personen den Sachschaden oder die Mehrkosten vorsätzlich oder grob fahrlässig herbeigeführt haben.

732 zu § 12 Nr. 1 AVFEM
Führung

Der führende Versicherer ist bevollmächtigt, Anzeigen und Willenserklärungen des Versicherungsunternehmers für alle beteiligten Versicherer in Empfang zu nehmen.

733 zu § 12 Nr. 2 AVFEM
Makler

Die im Versicherungsschein genannte Maklerfirma ist bevollmächtigt, Anzeigen (ausgenommen Schadenanzeigen) und Willenserklärungen des Versicherungsnehmers entgegenzunehmen. Sie ist verpflichtet, diese unverzüglich an den Versicherer weiterzuleiten.

Form 274 (Sachverband) 2/78

Allgemeine Versicherungsbedingungen für Garantie-Versicherung (Haftung aus Sachmängeln)

§ 1 Versicherte Sachen

1. Die Versicherung erstreckt sich auf:
   a) Maschinen, maschinelle Einrichtungen und Apparate;
   b) Eisenkonstruktionen mit und ohne mechanische oder maschinelle Einrichtungen.

2. Die Versicherung erstreckt sich nicht auf:
   a) Werkzeuge, die ausgewechselt werden können, wie Bohrer, Brechwerkzeuge, Formen, Matrizen, Messer, Musterwalzen, Sägeblätter, Siebe, Steine, Stempel;
   b) Riemen, Seile, Gurte, Transportbänder, Ketten und dgl.

§ 2 Versicherte Gefahren und Schäden

1. Der Versicherer gewährt Versicherungsschutz gegen Folgeschäden an den versicherten Sachen, verursacht durch:
   Konstruktionsfehler, Guß- oder Materialfehler, Berechnungs-, Werkstätten- oder Montagefehler, soweit sie der Versicherungsnehmer auf Grund seines Verkaufs- oder Liefervertrages zu vertreten hat, unter Ausschluß der Kosten, welche zur Beseitigung der Fehler selbst erforderlich sind.

Wenn die gewählte und richtig durchgeführte Berechnung und Konstruktion und/oder das gewählte fehlerfreie Material sich den Betriebsanforderungen nicht gewachsen zeigen, werden Schäden, die in vorzeitiger Abnutzung bestehen, nicht ersetzt.

2. Der Versicherungsschutz erstreckt sich nicht auf:
   a) Schäden durch dauerne Einflüsse des Betriebes, Korrosion, Erosion und Rost, soweit sie nicht auf Ursachen zurückzuführen sind, die gemäß § 2,1 ersatzpflichtig sind;
   b) Schäden durch ungenügende Wartung oder sonstige unsachgemäße Behandlung während des Betriebes;
   c) Schäden, die auf einen vor dem Schadenfall bereits erkannten Konstruktions- oder Materialfehler zurückzuführen sind;
   d) Ersatzansprüche aus Vertragsstrafen, selbst wenn die Ursache auf einen ersatzpflichtigen Schaden zurückzuführen ist;
   e) Schäden durch Atomenergie.

§ 3 Ersatzleistung – Unterversicherung

1. Der Versicherungsnehmer hat 20 v.H. eines jeden Schadenbetrages, mindestens aber den in der Versicherungsurkunde für jede einzelne Sache als Mindestselbstbehalt angegebenen Betrag, selbst zu tragen.
   Die für jede Sache versicherte Summe abzüglich 20 v.H. oder des Mindestselbstbehaltes bildet die Grenze der Ersatzpflicht.

2. Die Ersatzleistung beschränkt sich – unter Ausschluß eines jeden weiteren Anspruches – auf Ersatz der beschädigten Teile oder Anlage, soweit für solche Versicherung genommen wurde. Die Ersatzleistung erfolgt:
   a) bei Wiederherstellung einer beschädigten Sache in den früheren betriebsfähigen Zustand durch Ersatz der Reparaturkosten auf Grund der vorzulegenden Rechnungen im Umfange des Verkaufs- oder Liefervertrages. Montagekosten nebst den einfachen Fracht- und Anfuhrauslagen werden nur dann vergütet, wenn diese Werte in der Versicherungssumme enthalten sind.
   Erfolgt die Lieferung ohne Montage ab Werk, so werden Fracht- und Montagekosten nur dann ersetzt, wenn sie gegen besonderen Prämienzuschlag ausdrücklich in die Versicherung eingeschlossen worden sind. Der Wert des Altmaterials wird angerechnet.
   Überstunden- und Eilfrachtzuschläge werden nur dann vergütet, wenn sie durch besondere Vereinbarung in die Versicherung eingeschlossen worden sind.
   Tritt durch die Reparatur eine Erhöhung des Wertes, den die Maschine vor dem Schaden hatte, ein, so wird dieser Mehrwert von den Wiederherstellungskosten abgezogen.
   Mehrkosten, die dadurch entstehen, daß bei der Reparatur Änderungen oder Konstruktionsverbesserungen vorgenommen werden, gehen zu Lasten des Versicherungsnehmers.
   Ist die Versicherungssumme im Umfange der Versicherungsurkunde niedriger als der am Schadentage geltende Neuwert der Sache einschließlich aller Nebenkosten, so wird nur derjenige Teil des Schadens ersetzt, der sich zum ganzen Schaden verhält wie die Versicherungssumme zu diesem Neuwert.
   Wird eine vorläufige Reparatur ohne Einwilligung des Versicherers vorgenommen, so gehen die Kosten dafür sowie alle daraus entstehenden Folgen zu Lasten des Versicherungsnehmers.
   b) bei völliger Zerstörung der versicherten Sachen nach dem Wert, den sie einschließlich aller Nebenkosten im Umfange der Versicherungsurkunde unmittelbar vor dem Schaden hatte, abzüglich des Wertes der Trümmer.
   Ist die Versicherungssumme im Umfange der Versicherungsurkunde niedriger als der am Schadentage geltende Wert der Sache einschließlich aller Nebenkosten, so wird nur derjenige Teil des Schadens ersetzt, der sich zum ganzen Schaden verhält wie die Versicherungssumme zu diesem Wert.
   c) Erreichen oder übersteigen die Instandsetzungskosten einer Sache ihren Wert am Tage des Schadens, so gilt sie als vollständig zerstört.

§ 4 Prämie – Beginn und Ende der Haftung

1. Die Prämie wird für die Dauer der Garantie im voraus berechnet.

2. Die Haftung der Gesellschaft beginnt nach Zahlung der Prämie
   a) bei Lieferungen ohne Montage, auch bei der Gestellung von Monteuren, mit dem Tage, an welchem der Versand erfolgt oder an welchem dem Besteller die Versandbereitschaft mitgeteilt wird;
   b) bei Lieferungen mit Montage, wenn sie betriebsbereit sind und, sofern ein Probebetrieb vorgesehen ist, nach Durchführung desselben und erfolgter Abnahme durch den Besteller. Die erfolgte Abnahme und der Beginn der Garantiezeit sind dem Versicherer jeweils rechtzeitig bekanntzugeben.
   Wird die erste oder einmalige Prämie nicht rechtzeitig gezahlt, so ist der Versicherer, solange die Zahlung nicht bewirkt ist, berechtigt, vom Vertrage zurückzutreten. Es gilt als Rücktritt, wenn der Anspruch auf die Prämie nicht innerhalb von drei Monaten vom Fälligkeitstage an gerichtlich geltend gemacht wird.

3. Endigt das Versicherungsverhältnis vor Ablauf der Vertragszeit, so gebührt dem Versicherer die Prämie für die laufende Versicherungsperiode.
   Im Falle der Anfechtung des Versicherungsvertrages oder seiner Aufhebung wegen Verletzung einer

Obliegenheit oder wegen Gefahrerhöhung gebührt dem Versicherer die Prämie bis zum Schluß lediglich der Versicherungsperiode, in der er von dem Anfechtungs- oder Aufhebungsgrund Kenntnis erlangt hat. Wird die Kündigung erst in der folgenden Versicherungsperiode wirksam, so gebührt ihm die Prämie bis zur Beendigung des Versicherungsverhältnisses.
Tritt der Versicherer gemäß § 4 Abs. 2 vom Vertrag zurück, so kann er nur eine angemessene Geschäftsgebühr verlangen.
Kündigt nach dem Eintritt eines Schadens der Versicherer (§ 9, 2), so hat er die Prämie, die auf die nach Abzug der Entschädigung verbleibende Versicherungssumme entfällt, nach dem Verhältnis der noch nicht abgelaufenen Versicherungszeit zurückzuzahlen.

§ 5 Rückgriffsrecht

Gemäß § 67 VVG gehen Ansprüche aus einem Schadenfalle gegen Dritte auf den Versicherer über.

§ 6 Schadenfall

1. Im Schadenfall hat der Versicherungsnehmer dem Versicherer, bei außerdeutschen Risiken dem zuständigen vom dem Versicherer namhaft gemachten Vertreter, innerhalb dreier Tage nach erlangter Kenntnis schriftlich oder telegraphisch Anzeige zu machen.

2. Der Versicherungsnehmer hat nach Möglichkeit für die Abwendung oder Minderung des Schadens zu sorgen und dabei die Weisung des Versicherers oder seines Beauftragten zu befolgen.

3. Die Reparatur kann nach erfolgter Anzeige sofort in Angriff genommen werden, doch darf das Schadenbild bei größeren Schäden vor der Besichtigung durch den Sachverständigen, die innerhalb von 8 Tagen nach Abgang der Schadenanzeige erfolgen muß, nur insoweit geändert werden, als es zur Aufrechterhaltung des Betriebes notwendig ist. Hat die Besichtigung des Schadens innerhalb der vorgenannten Frist von 8 Tagen nicht stattgefunden, so wird der Versicherungsnehmer von der Verpflichtung der Nichtänderung des Schadenbildes frei und kann die Maßnahmen zur Reparatur oder Erneuerung des beschädigten Gegenstandes unbeschränkt ergreifen.
   Die beschädigten bzw. ausgewechselten Teile sind jedoch dem Versicherer zwecks Besichtigung zur Verfügung zu stellen.
   Einem Beauftragten des Versicherers ist zu jeder Zeit die Untersuchung der beschädigten Sache zu gestatten; es sind ihm auch alle zur Ermittlung des Schadenfalles notwendigen Aufklärungen zu geben und auf Anforderung die für die Behebung des Schadens in Betracht kommenden Unterlagen zur Verfügung zu stellen.

4. Verletzt der Versicherungsnehmer eine der vorstehenden Obliegenheiten, so ist der Versicherer von der Verpflichtung zur Leistung frei; es sei denn, daß die Verletzung weder auf Vorsatz noch auf grober Fahrlässigkeit beruht. Bei grobfahrlässiger Verletzung der unter § 6, 1 und 3 bestimmten Obliegenheiten bleibt der Versicherer zur Leistung insoweit verpflichtet, als die Verletzung keinen Einfluß auf die Feststellung des Schadenfalles oder auf die Feststellung oder den Umfang der Entschädigungsleistung gehabt hat. Bei grobfahrlässiger Verletzung der unter § 6, 2 bestimmten Obliegenheiten bleibt der Versicherer insoweit verpflichtet, als der Umfang des Schadens auch bei gehöriger Erfüllung der Obliegenheiten nicht geringer gewesen wäre.

§ 7 Sachverständigenverfahren

1. Jede Partei kann verlangen, daß Ursache und Höhe des Schadens durch Sachverständige festgestellt werden. Die Feststellung, die die Sachverständigen im Rahmen ihrer Zuständigkeit treffen, ist verbindlich, wenn nicht nachgewiesen wird, daß sie offenbar von der wirklichen Sachlage erheblich abweicht.
   Jede Partei ernennt schriftlich einen Sachverständigen. Jede Partei kann die andere unter Angabe des von ihr gewählten Sachverständigen zur Ernennung des zweiten Sachverständigen schriftlich auffordern. Erfolgt diese Ernennung nicht binnen 2 Wochen nach Empfang der Aufforderung, so wird auf Antrag der anderen Partei der zweite Sachverständige durch das für den Schadenort zuständige Amtsgericht ernannt. In der Aufforderung ist auf diese Folge hinzuweisen. Beide Sachverständigen wählen vor Beginn des Feststellungsverfahrens einen dritten als Obmann. Einigen sie sich nicht, so wird der Obmann auf Antrag einer Partei oder beider Parteien durch das für den Schadenort zuständige Amtsgericht ernannt.

2. Die von den Sachverständigen zu beurkundenden Feststellungen müssen neben der Schätzung der Schadenkosten mindestens enthalten:
   a) die ermittelte oder vermutete Entstehungsursache des Schadens;
   b) den Wert der beschädigten Sachen unmittelbar vor dem Schaden;
   c) den Neuwert der beschädigten Sachen zur Zeit des Schadens;
   d) den etwaigen Mehrwert nach der Reparatur gemäß § 3, 2a;
   e) Gewicht und Wert der Trümmer unter Berücksichtigung ihrer Verwendbarkeit für die Reparatur oder andere Zwecke.

3. Die Sachverständigen reichen ihre Feststellungen gleichzeitig dem Versicherer und dem Versicherungsnehmer ein. Fertigen die Sachverständigen voneinander abweichende Feststellungen an, so übergibt der Versicherer sie unverzüglich dem Obmann. Dieser entscheidet über die strittig gebliebenen Punkte innerhalb der Grenzen beider Feststellungen und reicht seine Stellungnahme gleichzeitig dem Versicherer und dem Versicherungsnehmer ein.

4. Jede Partei trägt die Kosten ihres Sachverständigen; die Kosten des Obmannes tragen beide je zur Hälfte.

5. Auf Grund der Feststellung der Sachverständigen oder des Obmannes wird die Entschädigung nach den Bestimmungen des § 3 berechnet.

6. Durch das Sachverständigenverfahren werden die Pflichten des Versicherungsnehmers nach § 6 nicht berührt.

§ 8 Zahlung der Entschädigung

1. Die Entschädigung ist mit Beendigung der zur Feststellung des Versicherungsfalles und des Umfanges der Leistung des Versicherers nötigen Erhebungen fällig.

2. Wenn der Entschädigungsanspruch nicht innerhalb einer Frist von 6 Monaten gerichtlich geltend gemacht wird, nachdem der Versicherer ihn unter Angabe der mit dem Ablauf der Frist verbundenen Rechtsfolge schriftlich abgelehnt hat, so ist der Versicherer von der Entschädigungspflicht frei.

§ 9 Rechtsverhältnis nach dem Schadenfall

1. Nach Eintritt eines Schadens ruht die Versicherung der beschädigten Sache im Falle ihrer Weiterverwendung, bis die endgültige Wiederherstellung durchgeführt und ein ordnungsmäßiger Betrieb gewährleistet ist. Dies gilt nicht, wenn der Versicherer die Weiterverwendung ausdrücklich gestattet hat.

2. Nach Eintritt eines ersatzpflichtigen Schadenfalles ist jeder Teil berechtigt, den Versicherungsvertrag mit einer Frist von einem Monat schriftlich zu kündigen, der Versicherungsnehmer jedoch nur dann, wenn er den Schaden dem Versicherer in der vorgeschriebenen Frist (§ 6) angezeigt hat. Das Kündigungsrecht erlischt einen Monat nach Auszahlung oder Ablehnung der Entschädigung.

§ 10 Einschränkung der Agentenvollmacht

Alle Anzeigen sind schriftlich an die Direktion des Versicherers oder an diejenige Zweigniederlassung, Bezirksdirektion oder Generalagentur zu machen, die den Versicherungsschein ausgestellt hat. Die Agenten sind zur Entgegennahme nicht bevollmächtigt.

Versicherungs-Bedingungen

für Mitglieder der Vereinigung Deutscher Elektrizitätswerke (VDEW)

§ 1

Versicherte Sachen

I. Die Versicherung erstreckt sich auf:

1. diejenigen Sachen (auch gelagerte Reserveteile und nicht in Betrieb befindliche Maschinen), die in dem dem Versicherungsschein beigehefteten Maschinenverzeichnis einzeln oder in einer Sammelposition aufgeführt sind oder für die später Deckung zugesagt wird, z. B. für Sachen im Probebetrieb oder unter Garantie.
2. die Ölfüllung von versicherten Transformatoren, Schaltern und dergleichen. Auf die Ölfüllung von Dampfturbinen erstreckt sich der Versicherungsschutz dagegen nur dann, wenn dies besonders vereinbart ist.

II. Die Versicherung erstreckt sich nicht auf:

1. auswechselbare Werkzeuge, Kugeln und Schlaghämmer von Kugel- und Schlägermühlen sowie Riemen und Seile für Antriebe und Hebezeuge. Die Versicherung erstreckt sich jedoch auch auf diese Sachen, wenn sie infolge eines ersatzpflichtigen Maschinenschadens beschädigt werden.
2. Betriebsmittel, z. B. Schmiermittel, Brennstoffe, Chemikalien und Kühlmittel.

§ 2

Versicherungsort

Versicherungsschutz für die in § 1 genannten Sachen besteht:

1. innerhalb der im Versicherungsschein genannten Betriebsgrundstücke, und zwar auch während der Reinigung, Lagerung, Revision, Überholung, Instandsetzung, De- und Remontage und eines Transports innerhalb des Betriebsgrundstückes;
2. außerhalb der Betriebsgrundstücke nur in Reparaturwerkstätten.

§ 3

Versicherte Gefahren

I. Der Versicherer ersetzt nach Maßgabe der folgenden Bestimmungen Schäden an den versicherten Sachen, die durch ein unvorhergesehenes Ereignis entstehen, und zwar ohne Rücksicht auf einen Zusammenhang mit dem Betrieb.

Insbesondere werden Schäden ersetzt, die entstehen durch:

1. Bedienungsfehler, Ungeschicklichkeit, Fahrlässigkeit, Böswilligkeit;
2. Wassermangel in Dampfkesseln und Dampfgefäßen;
3. Material-, Konstruktions- und Ausführungsfehler, es sei denn, daß sich der Fehler nicht als Schaden, sondern nur in geminderter Brauchbarkeit auswirkt;
4. Zerreißen infolge Fliehkraft;
5. Überdruck, soweit er nicht nach Ziffer II, 5 ausgeschlossen ist, und Unterdruck;
6. Kurzschluß.
   Kurzschluß-, Überspannungs- und Induktionsschäden, die an elektrischen Einrichtungen mit oder ohne Feuererscheinung durch die unmittelbare Wirkung des elektrischen Stromes entstehen, fallen unter die Versicherung, außer, wenn sie Folgeschäden eines Brand- oder Explosionsschadens sind und durch eine Feuerversicherung gedeckt werden können. Schäden, die an elektrischen Einrichtungen infolge eines Blitzschlages durch Induktion, Influenz oder Blitzstromwanderwellen entstehen, sind in die Versicherung eingeschlossen. Aus solchen Vorgängen entstehende Brand- oder Explosionsschäden sind jedoch nicht ersatzpflichtig (vgl. § 3, II, 5);
7. Sturm, Frost und Eisgang.

II. Die Versicherung erstreckt sich nicht auf Schäden,

1. die durch Erdbeben, Erdsenkungen, Felssturz, Überschwemmungen infolge Hochwassers sowie andere katastrophale Naturereignisse entstehen;
2. durch Aufruhr, militärische Maßnahmen im Krieg oder Kriegszustand, endlich durch Ausständige oder Ausgesperrte, die zusammengerottet auf das Betriebsgrundstück eindringen und widerrechtlich daselbst verbleiben;
3. durch Atomenergie;
4. die vom Versicherungsnehmer, der Leitung des Unternehmens oder dem verantwortlichen Betriebsleiter eines Werkes vorsätzlich oder grobfahrlässig herbeigeführt werden, z. B. durch unzulässige Überschreitung der maximalen Belastung;
5. die durch Brand, Explosion, Blitzschlag, Löschen und Niederreißen bei einem Brande entstehen, soweit diese Gefahren durch eine Feuerversicherung gedeckt werden können;
6. die durch solche Mängel an den versicherten Sachen entstehen, die bei Abschluß der Versicherung bereits vorhanden und dem Versicherungsnehmer, der Leitung des Unternehmens oder dem verantwortlichen Betriebsleiter bekannt waren;
7. für die der Lieferant oder die Reparaturwerkstätte (§ 2, 2) einzutreten haben oder schadenersatzpflichtig sind. Läßt sich die Eintrittspflicht oder Haftung nur im Prozeßweg feststellen, so ersetzt der Versicherer den Schaden, wenn seine Ersatzpflicht sonst gegeben wäre, unter Eintritt in die Rechte gegenüber dem Lieferanten bzw. der Reparaturwerkstätte. Der Versicherer ist berechtigt, einen Prozeß gegen den Lieferanten bzw. gegen die Reparaturwerkstätte zu führen;
8. infolge von Rost, Kesselstein oder Schlamm, wenn deren schädliche Wirkung von dem verantwortlichen Betriebsleiter erkannt war und hätte beseitigt werden können;
9. die nachweisbar eine unmittelbare Folge der dauernden Einflüsse des Betriebes sind.

III. Wird durch einen Schaden, der durch eine der in II, 8 und 9 bezeichneten Ursachen entstanden ist, ein benachbartes Maschinenteil beschädigt, so leistet der Versicherer für die dadurch entstehenden Kosten Ersatz. Dabei wird vorausgesetzt, daß die benachbarten Teile nicht durch Rost, Kesselstein oder Schlamm bzw. die dauernden Einflüsse des Betriebes bereits soweit geschwächt oder entwertet waren, daß ihre Erneuerung ohnehin erforderlich gewesen wäre.

Der Ausschluß gem. II, 8 und 9 gilt nicht für Schäden an Wicklungen und Blechpaketen; solche Schäden werden nach § 4, II ersetzt.

§ 4

Umfang der Ersatzpflicht, Versicherungssumme, Unterversicherung

I. Teilschaden

1. Ein Teilschaden im Sinne dieser Bedingungen ist gegeben, wenn die versicherte Sache beschädigt oder teilweise zerstört ist. Eine versicherte Sache gilt als teilweise zerstört, wenn die Kosten, die zur Wiederherstellung in den früheren betriebsfähigen Zustand notwendig sind (Wiederherstellungskosten), den Zeitwert der unbeschädigten ganzen Sache nicht übersteigen. Der Zeitwert ist der Wert, den die Sache einschließlich der mitversicherten Fundamente sowie der Fracht- und Montagekosten unmittelbar vor dem Schaden hatte.
2. Im Fall eines Teilschadens ersetzt der Versicherer die Wiederherstellungskosten, die die Kosten für Ersatzteile, die Reparaturkosten, die Demontage- und Montagekosten, die Frachtkosten sowie die sonstigen mit der Schadenbehebung in Zusammenhang stehenden Kosten umfassen. Der Wert des Altmaterials wird angerechnet.
3. Nicht zu den Wiederherstellungskosten gehören Zuschläge für Überstunden, für Sonn-, Feiertags- und Nachtarbeiten sowie für Eil-, Expreß- und Luftfrachten. Diese zusätzlichen Kosten werden nur dann ersetzt, wenn dies besonders vereinbart ist.
4. Mehrkosten, die dadurch entstehen, daß Änderungen oder Verbesserungen vorgenommen werden, die über die Wiederherstellung hinausgehen, sowie die Kosten für Überholungen gehen zu Lasten des Versicherungsnehmers.
5. Die Erneuerung von beschädigten Teilen kann nicht verlangt werden, wenn eine Reparatur möglich ist und eine Gefährdung der Betriebssicherheit hierdurch nicht eintritt. Hierüber hat der Versicherer auf Wunsch eine Bestätigung beizubringen. Zweifelsfälle werden im Sachverständigenverfahren (§ 8) entschieden.
6. Der Versicherungsnehmer hat die Wahl, die Wiederherstellung in eigener Werkstatt vorzunehmen oder an eine ihm genehme Firma zu vergeben, sofern nicht der Versicherer begründete Bedenken geltend machen kann. Zweifelsfälle werden im Sachverständigenverfahren (§ 8) entschieden.
7. Kosten für eine vorläufige Wiederherstellung werden vom Versicherer insoweit ersetzt, als dadurch die bedingungsgemäß zu vergütenden Gesamtkosten nicht erhöht werden.
8. Eine Pflicht zur Wiederherstellung besteht nicht. Erfolgt keine Wiederherstellung, so ist der Betrag zu zahlen, der nach einer etwa erfolgten Wiederherstellung zu vergüten gewesen wäre.

II. „Abzug neu für alt" im Falle eines Teilschadens

1. Tritt durch die Wiederherstellung eine wesentliche Erhöhung des Zeitwertes ein, den die versicherte Sache vor dem Schaden hatte, so wird dieser Mehrwert von den Wiederherstellungskosten abgezogen („Abzug neu für alt").
2. Bei Schäden an elektrischen Maschinen und Transformatoren werden von den Kosten der reinen Neuwicklung und Neublechung vom nachstehenden Betriebsjahr seit der letzten Neuwicklung bzw. Neublechung an nur folgende Prozentsätze als „Abzug neu für alt" abgezogen:

   bis 500 kVA bis 30000 V Betriebsspannung
   ab 4. Betriebsjahr 3% p. a. - max. 30%
   bis 500 kVA über 30000 V Betriebsspannung
   im 4. - 6. Betriebsjahr 4% p. a.
   ab 7. Betriebsjahr 3% p. a. - max. 30%
   bis 1000 kVA ab 3. Betriebsjahr 3% p. a. - max. 30%
   bis 10000 kVA ab 3. Betriebsjahr 4% p. a. - max. 40%
   bis 50000 kVA ab 3. Betriebsjahr 5% p. a. - max. 50%
   über 50000 kVA ab 3. Betriebsjahr 6% p. a. - max. 50%
3. Der „Abzug neu für alt" kann durch besondere Vereinbarung gegen Prämienzuschlag ausgeschlossen werden. Im Fall des § 1, II, 1, Satz 2, ist dies jedoch nicht möglich.

   Für Wicklungen und Blechpakete elektrischer Maschinen und Transformatoren kann eine solche besondere Vereinbarung jedoch nur in folgendem Umfang getroffen werden:

   a) in den ersten 9 Jahren bei Maschinen über 1000 kVA bis 10000 kVA, ferner bei langsam laufenden Generatoren (n < 1.000 U/min), Motoren und Transformatoren über 1000 kVA bis 50000 kVA;

   b) in den ersten 8 Jahren bei Maschinen über 10000 kVA bis 50000 kVA, ferner bei langsam laufenden Generatoren (n < 1.000 U/min), Motoren und Transformatoren über 50000 kVA;

   c) in den ersten 5 Jahren bei Maschinen über 50000 kVA.

   Nach Überschreiten der angegebenen Zeitspanne beträgt für jedes weitere Jahr der Satz des „Abzugs neu für alt" für das

   1. Jahr 2% (a), bzw. 3% (b), bzw. 4% (c) und steigt für jedes folgende Jahr um 1/10.

   Im einzelnen wird dieser Satz wie folgt errechnet:

Lebensjahr	6.	7.	8.	9.	10.	11.	12.	13.	14.	15.
a)					2,0	4,2	6,6	9,2	12,0	15,0
b)				3,0	6,3	9,9	13,8	18,0	22,5	27,3
c)	4,0	8,4	13,2	18,4	24,0	30,0	36,4	43,2	50,0	50,0

Lebensjahr	16.	17.	18.	19.	20.	21.	22.	23.	24.	25.
a)	18,2	21,6	25,2	29,0	33,0	37,2	40,0	40,0	40,0	40,0
b)	32,4	37,8	43,5	45,0	45,0	45,0	45,0	45,0	45,0	45,0
c)	50,0	50,0	50,0	50,0	50,0	50,0	50,0	50,0	50,0	50,0

Unter „Jahren" im vorstehenden Zusammenhang wird das Lebensalter verstanden, errechnet von der Inbetriebnahme der Wicklung an.

III. Totalschaden

1. Ein Totalschaden im Sinne dieser Bedingungen ist gegeben, wenn eine versicherte Sache völlig zerstört ist. Eine versicherte Sache gilt als völlig zerstört, wenn die Wiederherstellungskosten den Zeitwert (vergl. § 4, I, 1, Satz 3) der unbeschädigten ganzen Sache übersteigen würden.
2. Im Fall eines Totalschadens ersetzt der Versicherer den Zeitwert der unbeschädigten ganzen Sache. Der Wert der Reste wird angerechnet.
3. Werden versicherte Sachen, die Teile einer im Maschinenverzeichnis aufgeführten Sammelposition sind, von einem Totalschaden betroffen und können die unbeschädigten Teile ohne wesentliche und unzumutbare Umbauten weiter verwendet werden, so werden solche Fälle behandelt, als ob die beschädigten Sachen selbständig versichert gewesen wären.

IV. Versicherungssumme - Unterversicherung

Ist die Versicherungssumme niedriger als der am Schadentag vorhandene Neuwert der Sache einschließlich der Kosten für Fracht und Montage sowie für mitversicherte Fundamente, so wird nur derjenige Teil des Schadens ersetzt, der sich zum ganzen Schaden verhält wie die Versicherungssumme zu diesem Neuwert.

V. Verzicht auf den Einwand der Unterversicherung (Vollwertklausel)

Unter der Voraussetzung, daß der Versicherung die Neuwerte zu Grunde gelegt sind, verzichtet der Versicherer für das erste Versicherungsjahr auf den Einwand der Unterversicherung. Der Verzicht auf die Unterversicherung gilt auch für das jeweils folgende Versicherungsjahr, wenn der Versicherer nicht vor Beginn des Versicherungsjahres eine Neufestsetzung der Werte verlangt. Wenn der Versicherungsnehmer einer Anpassung der Versicherungssummen an die Neuwerte nicht zustimmt, entfällt der Verzicht auf den Einwand der Unterversicherung ab Beginn des neuen Versicherungsjahres.

VI. Selbstbehalt

1. Der Versicherungsnehmer trägt an jedem Schaden 20%, mindestens aber den im Versicherungsschein angegebenen Mindestselbstbehalt. Werden durch ein Ereignis mehrere versicherte Sachen beschädigt, so kommt für die Berechnung des vom Versicherungsnehmer zu tragenden Anteils lediglich der höchste für die einzelnen Sachen angesetzte Mindestselbstbehalt in Abzug, sofern der 20%ige Selbstbehalt nicht wirksam wird.
2. Werden an einer versicherten Sache gleichzeitig mehrere Schäden festgestellt, z. B. gelegentlich der Turbinenrevision, so wird für diese Schäden der Selbstbehalt nur einmal abgezogen, auch wenn ein ursächlicher Zusammenhang dieser Schäden untereinander nicht besteht.

VII. Grenze der Ersatzleistung

In jedem Fall bildet die Versicherungssumme abzüglich des Selbstbehaltes die Grenze der Ersatzleistung.

VIII. Untersuchung bei Schadenverdacht

1. Untersucht der Versicherungsnehmer bei aufgetretenem Schadenverdacht mit Einwilligung des Versicherers eine versicherte Sache und stellt sich kein Schaden heraus, so werden die Kosten für das Auf- und Zudecken dieser Sache zwischen dem Versicherungsnehmer und dem Versicherer je zur Hälfte geteilt.
2. Für versicherte Sachen, für die Revisionsfristen vereinbart sind, gilt folgende Regelung:

   Die Kosten für das Auf- und Zudecken trägt der Versicherer im ersten Drittel der Revisionsperiode ganz, im zweiten Drittel der Revisionsperiode zur Hälfte. Im letzten Drittel der Revisionsperiode gehen diese Kosten ganz zu Lasten des Versicherungsnehmers.

§ 5

Beginn der Versicherung

Der Versicherungsschutz beginnt mit der Einlösung des Versicherungsscheines, frühestens mit dem als Beginn der Versicherung vereinbarten Zeitpunkt. Wird die erste Prämie erst nach diesem Zeitpunkt gefordert, alsdann aber ohne Verzug gezahlt, so beginnt der Versicherungsschutz mit dem vereinbarten Zeitpunkt.

§ 6

Betriebsberatung

Im Interesse der Schadenverhütung ist der Versicherer berechtigt, die versicherte Sache durch einen Beauftragten besichtigen und, sofern damit keine Behinderung des laufenden Betriebes verbunden ist, auf seine Kosten untersuchen zu lassen. Der Versicherungsnehmer hat dem Beauftragten des Versicherers die für die Beurteilung des Risikos gewünschten Auskünfte zu erteilen. Der Versicherer stellt dem Versicherungsnehmer den Besichtigungsbericht seines Beauftragten zur Verfügung.

§ 7

Obliegenheiten des Versicherungsnehmers

1. Reserveteile und nicht in Betrieb befindliche Maschinen müssen ordnungsgemäß gelagert bzw. gewartet werden.
2. Der Versicherungsnehmer hat den Eintritt eines Schadenfalles dem Versicherer unverzüglich schriftlich, möglichst telegraphisch anzuzeigen.
3. Das Schadenbild darf vor der Besichtigung durch den Sachverständigen des Versicherers nur insoweit geändert werden, als es die Aufrechterhaltung des Betriebes oder die Sicherheit erfordert, es sei denn, daß die Besichtigung nicht innerhalb von drei Tagen nach Absendung der Schadenmeldung erfolgt oder der Versicherer ausdrücklich auf eine Besichtigung verzichtet.
4. Der Versicherungsnehmer hat jederzeit einem Beauftragten des Versicherers die Untersuchung der beschädigten Sache zu gestatten und ihm auf Verlangen die für die Feststellung des Schadens erforderlichen Auskünfte zu erteilen.
5. Soll eine beschädigte Sache vor Durchführung der endgültigen Wiederherstellung wieder in Betrieb genommen werden, so muß hierzu die Einwilligung des Versicherers eingeholt werden. Bei Meinungsverschiedenheiten über die Maßnahmen zum Weiterbetrieb der beschädigten Sache ist im Sachverständigenverfahren (§ 8) zu entscheiden. Die Entscheidung der Sachverständigen ersetzt die Entscheidung des Versicherers.
6. Verletzt der Versicherungsnehmer eine der vorstehenden Obliegenheiten, so ist der Versicherer nach Maßgabe des § 6 des Versicherungsvertragsgesetzes von der Verpflichtung zur Leistung frei.

§ 8

Sachverständigenverfahren

1. Jede Partei kann verlangen, daß Ursache und Höhe des Schadens durch Sachverständige festgestellt werden. Die Feststellung, die die Sachverständigen im Rahmen ihrer Zuständigkeit treffen, sind verbindlich, wenn sie nicht offenbar von der wirklichen Sachlage erheblich abweichen.
2. Jede Partei ernennt schriftlich einen Sachverständigen. Nimmt eine Partei die Ernennung nicht innerhalb von zwei Wochen vor, nachdem sie von der Gegenseite hierzu unter Angabe des von ihr gewählten Sachverständigen aufgefordert wurde, so erfolgt die Ernennung durch das für den Schadenort zuständige Amtsgericht. In der Aufforderung ist hierauf hinzuweisen. Die beiden Sachverständigen wählen vor Beginn ihrer Feststellung einen dritten als Obmann. Kommt eine Einigung über dessen Person nicht zustande, so wird er auf Antrag einer der beiden Parteien durch das für den Schadenort zuständige Amtsgericht ernannt. Ist ein Sachverständiger nicht in der Lage, die ihm gestellten Aufgaben in einem Zeitraum zu erfüllen, der den berechtigten Interessen der Parteien entspricht, so kann jede Partei eine Umbesetzung verlangen.
3. Die von den Sachverständigen zu treffenden Feststellungen müssen, soweit nichts anderes vereinbart, mindestens enthalten:

   a) die ermittelte oder vermutete Entstehungsursache des Schadens,

   b) die Wiederherstellungskosten (§ 4, I, 2),

   c) den Neuwert (§ 4, IV),

   d) den Zeitwert der unbeschädigten Sache (§ 4, I, 1, Satz 3),

   e) die Erhöhung des Zeitwertes durch die Wiederherstellung (§ 4, II, 1),

   f) den Wert des Altmaterials (§ 4, I, 2) bzw. der Reste (§ 4, III, 2).
4. Die Sachverständigen reichen ihre Feststellungen gleichzeitig dem Versicherer und dem Versicherungsnehmer ein. Gelangen die Sachverständigen zu voneinander abweichenden Feststellungen, so legen sie diese unverzüglich dem Obmann vor. Dieser entscheidet über die strittigen Punkte innerhalb der durch die Feststellungen der Sachverständigen gezogenen Grenzen und reicht seine Stellungnahme gleichzeitig dem Versicherer und dem Versicherungsnehmer ein.
5. Jede Partei trägt die Kosten ihres Sachverständigen. Die Kosten des Obmanns tragen beide Parteien je zur Hälfte.

§ 9

Zahlung der Entschädigung

1. Die Entschädigung ist zwei Wochen nach ihrer endgültigen Feststellung fällig und von diesem Zeitpunkt ab zu verzinsen. Drei Wochen nach Anzeige des Schadens kann, sofern die Ersatzpflicht dem Grunde nach feststeht, als Teilzahlung der Betrag verlangt werden, der nach Lage der Sache mindestens zu zahlen ist.
2. Der Anspruch auf die Entschädigung kann vor seiner endgültigen Feststellung nur mit Zustimmung des Versicherers abgetreten werden.

3. Waren die versicherten Sachen bei Eintritt des Versicherungsfalles mit dinglichen Rechten (Hypotheken, Reallasten, Grund- und Rentenschulden) belastet, so wird die Entschädigung, wenn sie DM 10 000.- übersteigt, nur geleistet, soweit die Verwendung zur Wiederherstellung gesichert ist, es sei denn, daß die Realgläubiger einer vorbehaltlosen Zahlung schriftlich zustimmen.

4. Wenn der Anspruch auf die Entschädigung nicht innerhalb von 6 Monaten gerichtlich geltend gemacht wird, ist der Versicherer von der Verpflichtung zur Leistung frei. Die Frist beginnt erst, nachdem der Versicherer dem Versicherungsnehmer gegenüber den erhobenen Entschädigungsanspruch unter Angabe der mit dem Ablauf der Frist verbundenen Rechtsfolgen schriftlich abgelehnt hat. Stützt sich die Ablehnung auf Umstände, die der Beurteilung durch Sachverständige (§ 8) unterliegen, so steht der gerichtlichen Geltendmachung die Einleitung des Sachverständigenverfahrens gleich. Nach Abschluß des Sachverständigenverfahrens ist die 6-Monatsfrist zur gerichtlichen Geltendmachung der Ersatzansprüche erneut in Lauf zu setzen.

§ 10

Kündigung im Schadenfalle

Im Schadenfalle kann der Vertrag nur mit Zustimmung eines Ausschusses zum Quartalsende unter Einhaltung einer Kündigungsfrist von einem Monat gekündigt werden. Die Zustimmung zur Kündigung darf bei Vorliegen triftiger Gründe nicht versagt werden.

Dieser Ausschuß setzt sich aus je einem von dem beteiligten Versicherungsnehmer und dem beteiligten Versicherer zu benennenden Sachkenner sowie einem von der VDEW zu bestimmenden Obmann zusammen. Die Sachkenner werden Listen entnommen, die einerseits von den Versicherungsnehmern und andererseits von den Versicherern aufgestellt und von der VDEW-Geschäftsstelle den Beteiligten zugänglich gemacht werden.

Kündigt der Versicherungsnehmer, so gebührt dem Versicherer die Prämie für die laufende Versicherungsperiode; kündigt der Versicherer, so gebührt ihm der Teil der Prämie, der der abgelaufenen Versicherungszeit entspricht.

§ 11

Verlängerung des Vertrages

Wird ein Vertrag nicht spätestens einen Monat vor Ablauf gekündigt, so verlängert er sich jeweils um ein Jahr.

§ 12

Einschränkung der Agentenvollmacht

Alle Anzeigen und Erklärungen sind schriftlich an den Versicherer zu richten. Die Agenten sind zur Entgegennahme nicht bevollmächtigt. Die nach § 6 erforderlichen Erklärungen können auch mündlich abgegeben werden.

Soweit nicht in den Versicherungsbedingungen für Mitglieder der Vereinigung Deutscher Elektrizitätswerke (VDEW) oder durch besondere Vereinbarung Abweichendes bestimmt ist, gelten die gesetzlichen Vorschriften.

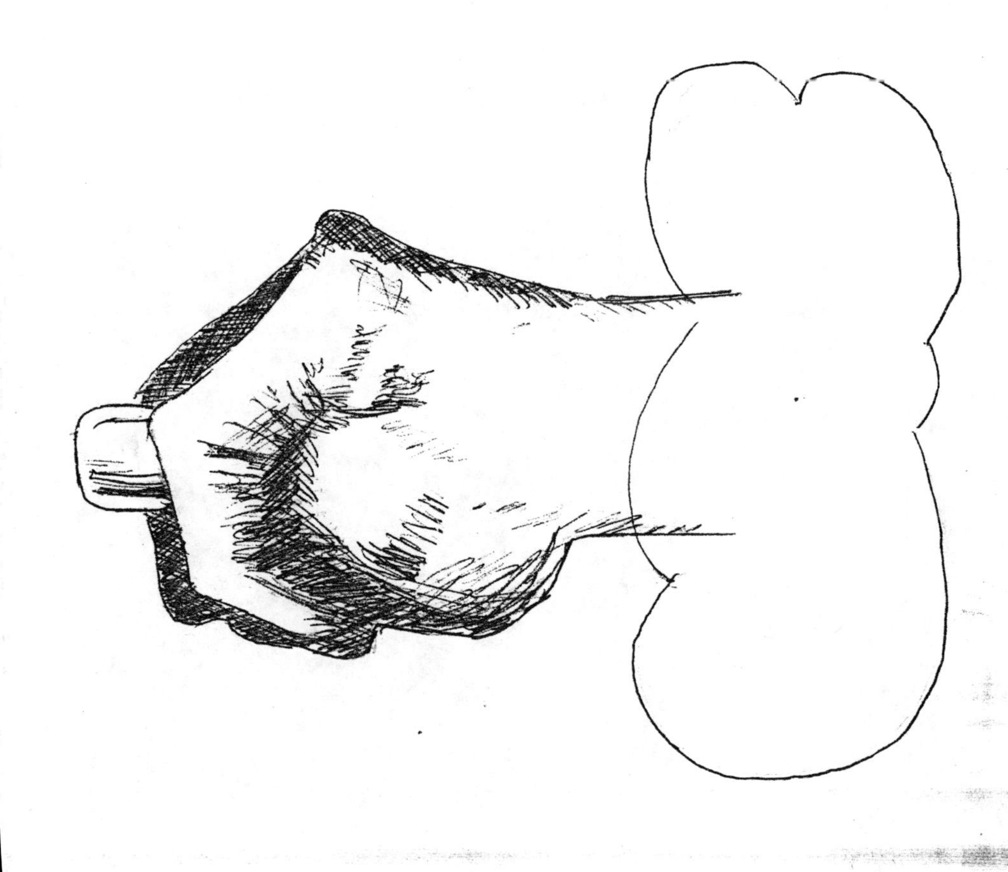

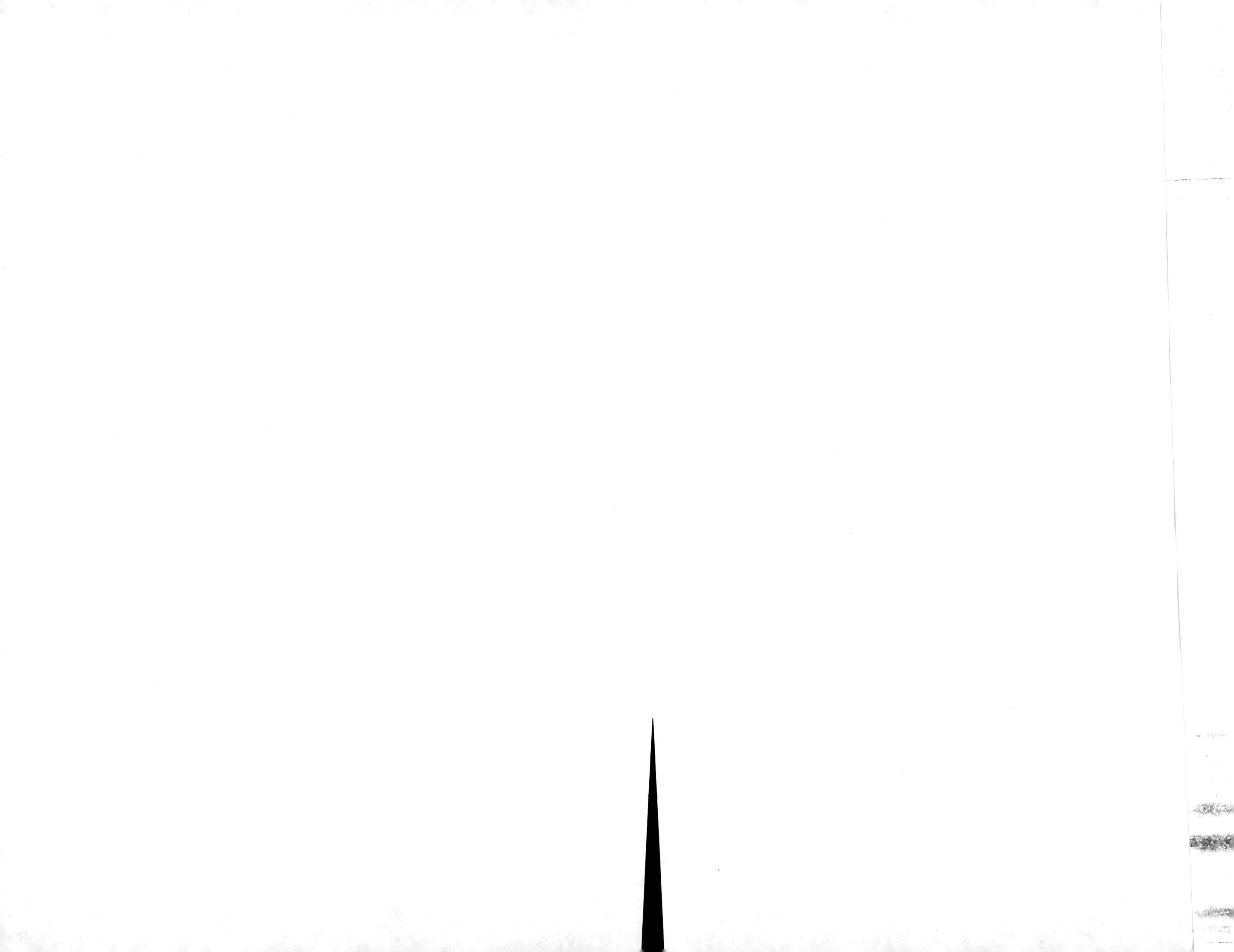